シンギュラリティ大学が教える

EXPONENTIAL TRANSFORMATION
Evolve Your Organization (and Change the World) with a 10-Week ExO Sprint

シリコンバレー式
イノベーション・ワークブック

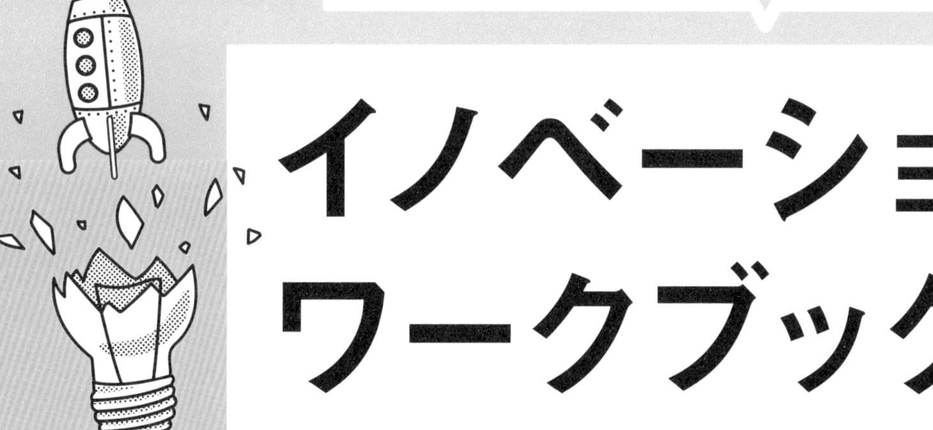

サリム・イスマイル／フランシスコ・パラオ／ミシェル・ラピエール
[序文]ピーター・H・ディアマンディス
[翻訳]山本真麻／日高穂香　[解説]吉田聡美 シンギュラリティ大学東京リーダーシップ／ExOアンバサダー

日経BP

明るい未来を作る取り組みに根気強く、かつ献身的にご尽力いただいた
優秀なExOの専門家コミュニティの皆様に深く感謝したい。
おかげで、飛躍的な一歩を進めることができた。

——フランシスコ、ミシェル、サリム

グッチを飛躍型企業に変えてみせる。

グッチ社長兼 CEO　マルコ・ビッザーリ

飛躍的に進歩するテクノロジーがビジネスのベストプラクティスをどう変化させているか知りたければ、『シンギュラリティ大学が教える飛躍する方法』を読むべきだ。

発明家・著述家・未来学者　レイ・カーツワイル

『シンギュラリティ大学が教える飛躍する方法』は非常に有益だ。この本を幹部の必読書にして、その理念の多くを実行している。

ユニリーバ CEO　ポール・ポールマン

あなたの会社が、ExOスプリントや「実験」を行っていないなら、あなたはすでに破壊へと続く道の途中にいる。

P&G　IT・グローバルビジネスサービス部門　副社長　トニー・サルダニャ

自分たちがまさに破壊されるであろう分野にいることはわかっていたが、まず何をすればいいのかわからなかった。だが、ExOスプリントがその答えだった。ExOスプリントによって私たちの文化はがらりと変わり、限界が取り払われ、まったく新しいイノベーションの世界への扉が開かれた。ExOスプリントは、私たちが最大限の力を発揮できるよう促してくれた。

インタープロテクション　CEO　パキ・カサヌエバ

ExOスプリントの成果には非常に満足している。私たちはExOモデルを会社全体に適用するだろう。

Iké Asistencia CEO　ホセ・フェルナルド・カナシ

ExOスプリントによって、組織の変化を攻撃する「白血球」が、活力ある「赤血球」になった。

Rassini 創設者兼取締役会長　エウヘニオ・マデロ

コーチとして3つのExOスプリントに参加したが、この方法論は本当に効果的だ。

Business Integration Partners パートナー　アウグスト・ファツィオリ

ExOについて学んだことで、業界を変えるということの本当の意味を定義するためのフレームワークが得られ、高い目標だと思っていたことを現実できた。

49 Financial/AXA　CEO 兼創設者　トラビス・ペンフィールド

『シンギュラリティ大学が教える飛躍する方法』は、ここ20年で読んだ組織設計に関する読み物のなかで最高の1冊だ。

Nanjad Advisory Services Inc. 社長　レン・ナンジャド

飛躍型企業は、いまあるものとこれから現れるもののあいだをサーフィンのようにたくみに移動する、私が出会ったなかで一番の、そして唯一の組織だ。

Civic Makers 審議プロセスデザイン部門ディレクター　ジョン・ケリー

ExOスプリントによって、考え方とイノベーションに対する視点が変わった。このプログラムはこれまで私たちが行ってきたイノベーションとはまったく異なるもので、私たちは多くのことを行った。ExOスプリントは間違いなく、新しいチャンスを生み出してくれた。

HP Inc. ExOスプリント参加者　アビブ・ハシドブ

私はいつも、すぐれた創造力を持ち、大きなイノベーションを起こしてきた起業家たちに感服し、圧倒されてきた。そして、そのような力は持って生まれた才能や特別な能力であり、自分にはない能力だと思っていた。だが、ExOスプリントを体験して学んだのは、イノベーションにはすばらしいアイデアを持つだけではなく、そのアイデアを実行可能でインパクトのあるビジネスチャンスに変えていく方法も身につけなければならないということ。おかげで私は、世界中で利用でき、ほぼすべての問題を解決するのに役立つ、無限の知的資源の存在に気づくことができた。

ドバイ電力水道局 ExOスプリント参加者　プリヤ・ナラヤンスワミー

Contents

序文 6

序論 8

イントロダクション 10
第四次産業革命 12
希少から豊富へ 14
飛躍型企業とは? 16
変革における課題 18
ExOスプリント 20
本書の対象読者 22
本書の使い方 24

ExOモデル 26

イントロダクション 28

MTP（野心的な変革目標） 30
- MTPの特徴 32
- さまざまな企業のMTP 34
- MTPとは似て非なるもの 36
- MTPの作り方 38

SCALE 42
- オンデマンド型の人材調達（S） 44
- コミュニティとクラウド（C） 46
- アルゴリズム（A） 48
- 外部資産の活用（L） 50
- エンゲージメント（E） 52

IDEAS 54
- インターフェース（I） 56
- ダッシュボード（D） 58
- 実験（E） 60
- 自律型組織（A） 62
- ソーシャル技術（S） 64

ExOキャンバス 66
- ExOキャンバスの使い方 69
- ExOキャンバス使用時のアドバイス 70

ExOスプリント 72

イントロダクション 74

変革への課題 76
ExOスプリントのアプローチ 80
ExOスプリントの構造 84
コア戦略とエッジ戦略 86
ExOスプリントにおける役割 90
ExOスプリントのチームづくり 92
ExOスプリントを支える IT ツール 94

準備フェーズ 96

計画 98
ビジョン決定 100
参加者選定 102
スケジュール設定 104
空間づくり 106
行動指針を受け入れる 108
準備状況チェックリスト 110

日覚め 112
イントロダクション 114
演習：直線型思考 vs 飛躍型思考 116

調整 118
イントロダクション 120
演習：ExOコア戦略・ExOエッジ戦略の発案 122
演習：ExOキャンバスの作成 124
演習：ビジネスモデルキャンバスの作成 126
演習：ブルー・オーシャン戦略キャンバスの作成 128
演習：実験の計画と実行 130

実行フェーズ 132

ケーススタディ 134

実行フェーズ エッジストリーム 136

イントロダクション 138
第1週 調査 140
第2週 発案 150
第3週 共有 158
第4週 選定 166
第5週 破壊 180
第6週 プロトタイプ 190
第7週 検証 202
第8週 改善 208
第9週 結集 216
第 10 週 発進 228

実行フェーズ コアストリーム 238

イントロダクション 240
第1週 調査 242
第2週 発案 254
第3週 共有 262
第4週 選定 270
第5週 破壊 282
第6週 プロトタイプ 292
第7週 検証 306
第8週 改善 314
第9週 結集 322
第 10 週 発進 334

フォローアップフェーズ 344

ExOスプリントの成果 347
ExOエッジ戦略の実行 348
ExOコア戦略の実行 349
飛躍的変化へ！ 350

ExOスプリント ケーススタディ 352

インタープロテクション 354
ドバイ電力水道局 356
スタンレー・ブラック・アンド・デッカー 358
HP 大判プリンティング部門 360
Grupo Cuerva 362

付録 364

ExOワークショップ 366
ExOスプリントでの役割に関するヒント 370
推薦図書 376

日本語版解説 378

著者プロフィール 380

序文

今日の世界では、これまでにないほどに激しく急速な変化が起きている。人工知能や3Dプリンティング、合成生物学、ナノテクノロジーといった、飛躍的な進歩を見せているテクノロジーによって、エネルギーや食べ物、医療や教育が非物質化、非収益化、大衆化されている。このままいけば近い将来、世界中のあらゆる男性、女性、子供たちが、ゼロに近いコストでそれらを利用できるようになるだろう。このコンセプトは「アバンダンス（豊富さ）」と呼ばれる。こうした豊富さが最終的に社会に及ぼす影響は軽視できない。

現在起きている変化のスピードを見抜くことは難しいが、新世代の機敏な企業の台頭によって、従来の企業が低迷や倒産に陥るなど、私たちはいたるところでその影響を目にしている。「人生における問題はあっという間にやってくる」という言葉のとおり、テクノロジーは速いものをさらに加速している。私たちは適応するために新しいルールを必要としているし、とりわけビジネスにおいては、適応のためのルールへの需要がかつてないほど高まっている。

テクノロジーは、それまでは少なかったものを豊富にする力だ。新しいテクノロジーによってもたらされる豊富な資源をどう扱おう。少なかったリソースが豊富になり、自分たちの業界の常識のすべてが破壊される状況にどう対応しよう。

そうした変化に対応する方法を熟知した、新しいタイプの企業が出現している。既存の企業の10倍の速さで成長することから「飛躍型企業（Exponential Organization：ExO）」と名付けられたそれらの企業は、加速するテクノロジーの影響下で生き延びる能力を持っているだけではない。その恩恵を享受し、いっそうの繁栄を遂げるのだ。ExOは、従来の企業が混乱だと考えるものを活用し、マネジメントすることによって成功を収める。

私は、自らが提唱した「6D」というフレームワークについてよく話をする。「6D」はレンズのようなものだ。それを通して、テクノロジーがもたらす変化とチャンスを明らかにできる。本書はこうしたチャンスをつかむためのロードマップであり、企業が生き残り、成功するために不可欠な「変革」において指針となるものである。

新しいExOを作る、または既存の企業をExOへと変える旅に乗り出す準備ができているなら、本書に詳細に示されているプロセスに従うことをお勧めする。本書には、ExOスプリントと呼ばれる10週間の集中プログラムを通して、あらゆる企業をExOへと変えるための戦略・戦術が書かれている。その効果は折り紙付きだ。すでにこのプログラムを実践した、すばらしい仲間たちがいる。世界的に評価されている会社も数多く含まれている。Visa、スタンレー・ブラック・アンド・デッカー、プロクター・アンド・ギャンブルはみな、ExOスプリントを行い、新しい企業を作るか、既存の事業分野を大きく変化させてきた。

既存の企業を変化させる、または新しいExOを作るには、2つのことを知らなければならない。どんな材料が必要かということと、それらの材料をどううまく組み合わせるかということだ。本書に示されているExOの特徴は材料であり、ExOスプリントはレシピである。この2つをどうするかはあなたしだいだ。

本書は、よい変化をもたらすために何十年ものあいだ企業とともに活動してきた、変革の実践者たちによって執筆されている。彼らの戦略・戦術が完成し、イノベーションラボが設立され、世界規模のアクセラレーションプログラムが行われた。

フランシスコとサリムは共同でExO Worksを立ち上げ、ExOスプリントの方法論をテストし、さらなる改良を加えた。ミシェルはExO WorksのCOOとして、アーリーアダプターたちがExOスプリントを実際に行うのを見て、うまくいっている点と改善すべき点を見極めた。

適切なタイミングや適切な商品を、ただ待っているだけではだめだ。今日では、脅威が認識できるようになるころには行動しても手遅れということがよくあるのだから。飛躍の時代においては、早期に行動し、実験し、顧客からフィードバックを集めてデータに基づいた判断を行うというサイクルをすばやく繰り返さなければならない。それこそが、成功のための新しいメカニズムだ。

本書を執筆するにあたり、フランシスコ、ミシェル、サリムの3人はExOスプリントの方法論を無償で公開した。これによって、抜本的な企業変革による新たな可能性を夢見る人は誰でも、その情報にアクセスできるようになった。最高のテクノロジーはただ存在するだけではなく、社会に付加価値をもたらさなければならないという信念に基づいた、すばらしい行動だ。

この驚異的な時代においては、驚異的なチャンスが得られる。私たちはこれからの10年間で、これまでの100年間に生み出したよりも多くの富を生み出すだろう。これまでの制度やプロセスを全面的に構築し直す必要がある。企業をよい方向に変えるよう努力すれば、未来はいまよりもずっとエキサイティングなものになるだろう。

ピーター・H・ディアマンディス
Xプライズ財団　創設者、会長兼CEO
シンギュラリティ大学 共同創設者

序論

イントロダクション

人類史上もっとも激しい変革の時代へようこそ。今日私たちは、テクノロジーが急激に進化し、ものごとが加速度的に進歩する世界に住んでいて、そうした進歩のすべてが無限のチャンスを与えてくれる。しかし、そのチャンスを利用するためには、組織にも変革が必要だ。加速するテクノロジーがもたらす急激な変化に適応しなければ、企業は成長はおろか、生き残ることすらできない。

本書は企業が変革を遂げる際のロードマップとなるものだ。

コンピューターの処理能力は平均で2年ごとに倍になるという「ムーアの法則」に従って、ITを用いたあらゆるものも2年ごとに倍の性能になっている。デジタル化されたものすべてが、コンピューターと同様にますます飛躍的な（指数関数的な）ペースで成長するのだ。

飛躍的に進歩するさまざまなテクノロジーが融合し、それぞれがほかのテクノロジーを土台にしてさらに進化していくことで、第四次産業革命が引き起こされ、あらゆる産業に豊富な資源をもたらすと同時に、何らかの形で混乱ももたらしている。従来のビジネスモデルはものの少ない環境では問題なく機能するが、急速に迫りくる、ものであふれた時代で機能するようにはできていないからだ。

本書は、飛躍型企業（ExO）の理念を実践した何千時間にも及ぶ実例から生まれた。ExOの理念を最初に扱った書籍『シンギュラリティ大学が教える飛躍する方法』で、著者のサリム・イスマイルはなぜこうした企業が活躍する時代が来たのかを解説するとともに、ExOを動かすものについて詳細に述べた。その内容をふまえて私たちは、ありとあらゆる種類の企業がExOの理念を使ってこの新しい世界で成功できるようなプロセスを確立してきた。

ExOスプリントは、その効果が実際に証明された10週間のプログラムだ。このプログラムを行えば、どんな組織でもExOモデルを実践して、業界の破壊的変化に対処し、変化に対する社内の抵抗を克服することができる。

本書ではExOスプリントを行うために必要なプロセスを順を追って示す。そしてそのプロセスは、最終的にマインドセットや行動、文化の面で企業全体が変化を遂げ、飛躍型企業になるために必要なものだ。

起業家にも社内起業家にも、大企業のリーダーにも中小企業のリーダーにも、単に変化を推進するという人にも、本書は自分の目標に適したExOスプリントの実施に役立つだろう。自分の周りの世界について新たな理解が得られるとともに、自分の会社が変化に対応するために必要なプロセスを知り、そのためのツールやテクニックを手に入れることができる。

また、あなた自身（とともに改革を進める人々）が、個人的にも仕事のうえでも変化を遂げることができるだろう。企業の変化でまず重要なのは、実のところ個人の変化だ。ここに成功の秘訣がある。

ExOスプリントによって変化を遂げることで、事業を加速し、世界をよりよいものに変える飛躍的な影響力を生み出せるようになる。

あなた自身の飛躍的な変化の旅へようこそ。

さあ、始めよう。

第四次産業革命

テクノロジー、すなわち機械は、私たちの人間らしさの一部だ。私たちは発展するために機械を生み出した。それは人類に特有のことだ。

——レイ・カーツワイル

私たちは第四次産業革命の黎明期にいる。この産業革命は単なるデジタルトランスフォーメーション以上のものをもたらしている。第四次産業革命は、技術的な能力と情報、接続性の収束であり、物理的なものとデジタルなもの、生物的なものの境界を曖昧にする新しいテクノロジーの融合だ。

その結果起こるのが、世界中の産業の大規模かつ全面的な見直しである。

これまでの産業革命でも、日常生活のほとんどすべての面に何らかの影響を与える革新的な技術が登場し、それによって社会は大きく変化してきた。しかし、世界経済フォーラムの創設者で会長のクラウス・シュワブが著書『第四次産業革命』で述べたように、第四次産業革命はそれまでにない規模で行われ、広範囲で複雑なものである。

新たなテクノロジーの飛躍的な発展は、人類がかつて見たことがないほどに急速で大規模な変化を生み出した。その理由のひとつには、非常に多くのテクノロジーの進歩が同時に起きており、それらが互いを土台にしてさらに発展していることがある。あらゆる産業において、加速するテクノロジーは互いに交わり合い、私たちの生活や仕事、コミュニケーションの方法に大きな変化をもたらしている。

こうした変化は当然のことながら、起業や経営方法に影響を及ぼす。それは単に、いますでに行っていることをよりうまく、速く、安く行うという問題ではない。テクノロジーそのものが、これまでとは根本的に異なる事業 を立ち上げる力を授けてくれるのである。

第一次産業革命

水と蒸気の力によって
機械化が可能に

第二次産業革命

電気によって
大量生産が可能に

第三次産業革命

コンピューターとインター
ネットで自動化が可能に

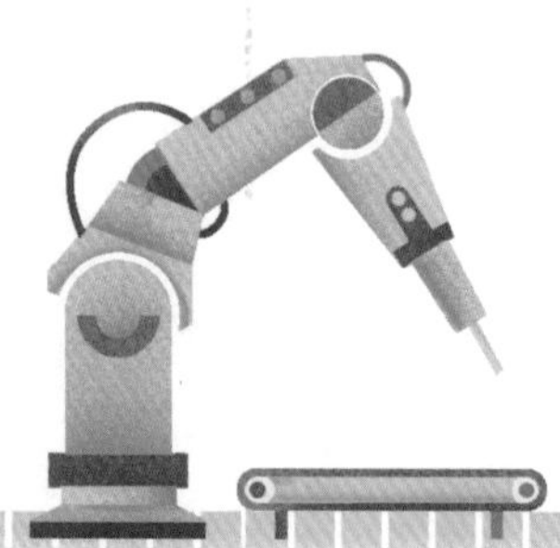

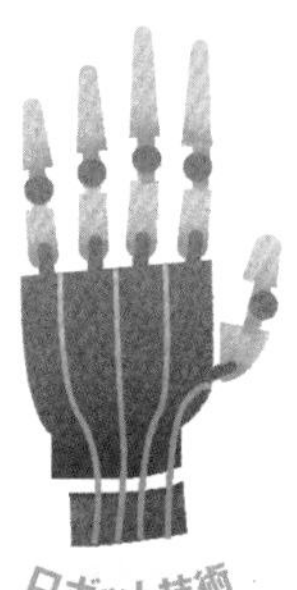
ロボット技術

バイオテクノロジー

ブロックチェーン

仮想現実(VR)/拡張現実(AR)

太陽エネルギー

3Dプリンティング

人工知能(AI)

第四次産業革命

現代

希少から豊富へ

豊かさは得るものではない。波長を合わせるものだ。

——ウエイン・ダイアー

従来のビジネスモデルは、ものが少ない環境の上に成り立っている。このような環境では、数に限りがある商品やサービスを売ることが価値を生む。しかし、テクノロジーが飛躍的に進歩すると、あらゆるものが豊富になる。

シンギュラリティ大学の共同創設者でエグゼクティブ・チェアマンのピーター・ディアマンディスは、混乱にもチャンスにもつながるテクノロジーの進歩の連鎖反応を「6D」と表現している。

何かがデジタル化されると、より多くの人がそれを利用できるようになる。誰もが強力なテクノロジーを使えるようになり、それによって個人や団体が次なる大きなブレークスルーを生み出すチャンスが生まれる。

問題空間が豊富性の経済に基づいた新しいモデルに移行し、それによってあらゆる産業がなんらかの影響を受けている。商品やサービスのデジタルな利用が可能になり、物理的な制約がなくなると、限界費用ゼロで、あり余るほど大量に製造・販売ができるようになる。

写真がアナログからデジタルに移行し、コダック社が倒産したことは、デジタル化による破壊の例としてよく挙げられる。だが、デジタルへの移行が実際のビジネスモデルに与えた具体的な影響について考えてみよう。この業界は、1本のフィルムでたった12枚、24枚、36枚といった程度の写真しか撮れず、フィルムにも現像にもコストがかかるという希少性に基づいたモデルから、誰もが実質無料で無限に写真を利用できるという豊富性に基づいたモデルに移行した。問題空間は「何枚写真を撮れるか」ということから「どうやって写真を共有するか」ということに変わった。そして、価格はもはや問題ではなくなった。このように希少から豊富への移行が起きたことで、Instagramはわずか13人の従業員しかいないにもかかわらず成功を収めた。同社は、コダック社が倒産するなか、Facebookから10億ドルで買収されたのだ。

写真以外にも音楽や映画、宿泊や交通の分野において、従来のビジネスモデルはすっかり破壊されている。また、医療や保険、製造、銀行、エネルギーの分野でも変化が進んでいる。結局のところ、どの産業もゆくゆくは破壊をまぬがれないだろう。もう1つの重要な点は、破壊のほとんどがその業界の外からもたらされるということだ。そのため、不可避かつ急速な変化に対する備えができていなければ、いずれ不意打ちを食らってしまう。

すべての産業にとっての最大の課題は、この新しい環境に合った新しいタイプのビジネスモデルを見つけ出すことだ。資産やユーザー、ビジネスチャンスが数に制限される希少性モデルから、いかにして無限のものを管理するかという豊富性モデルに移行するとき（あるいはそれを見越して）、企業はそれに適応する必要がある。

ほとんどのExOは、すでに豊富性に基づいたビジネスモデルを構築している。たとえばWazeは、世の中にあふれているスマートフォンのGPSを活用しているし、Airbnbは大量にある空き部屋を活用している。99designsは数多く存在するデザイナーを活用している。

新しい企業がほかのすべての企業を打ち負かすようなビジネスモデルを登場させる一方で、従来のビジネスモデルは希少価値のある商品やサービスを売ることを重視しつづけている。実は、マネジメントの考え方や企業のダイナミクスのほとんどは、直線的で予測可能な古い時代向けの代物だ。

豊富な資源を活用した、サービスに基づく新しいビジネスモデルを見つけ出すには、実験が必要だ。豊富な資源にアクセスすると、それを管理するための新しいツールや習慣が必要になる。そして、そのような新しいツールや習慣はまさに、飛躍型企業が得意とするものだ。

デジタル化

デジタル化され、0と1の2進数で表現できるようになったものはすべて、コンピューターによってアクセス、共有、配信することができる。そしてこれらはコンピューターと同じ速さで急速に成長する。

潜在的

飛躍的な変化の予兆は、簡単には気づけない。ある一定のところに到達するまでは、成長は一見ゆっくりとしたものに見える。

破壊的

デジタルテクノロジーは、従来の非デジタルなモデルを「効率」と「コスト」の両方で上回り、既存の商品やサービスの市場を破壊する。

非収益化

テクノロジーは安価になっていき、時には無料になることもあるので、金額はしだいに問題ではなくなっていく。

非物質化

ラジオ、カメラ、GPS、ビデオ、電話、地図といった、1つの用途しかないのにかさばるものや、高価なものは、スマートフォンに組み込まれ、物理的な製品のニーズがなくなっていく。

大衆化

ものがデジタル化されると、より多くの人が利用できるようになる。誰もが強力なテクノロジーを使えるようになり、個人や団体が次なる大きなブレークスルーを生み出すチャンスが生まれる。

飛躍型企業とは?

20世紀に成功するよう設計された企業は、21世紀には破滅する運命にある。

——デビッド・ローズ

新たなテクノロジーによってもたらされた豊富な資源を解き放つことができ、急速に変化するビジネスの環境にもすぐに適応できる、新しいタイプの企業が誕生している。従来の企業の10倍の速さで成長しているこれらの企業を指して「飛躍型企業(ExO)」という言葉が使われるようになった。

サリム・イスマイルのベストセラー『シンギュラリティ大学が教える飛躍する方法』は、世界的なExOムーブメントを巻き起こした。同書のなかでイスマイルは、飛躍型企業を次のように定義している。

飛躍型企業(Exponential Organization, ExO)とは、
加速度的に進化する技術に基づく新しい組織運営の方法を駆使し、
競合他社と比べて非常に大きい(少なくとも10倍以上の)
価値や影響を生み出せる企業である。

数年にわたってExOを研究してきたイスマイルは、その特徴を11の要素にまとめた。そして、その要素が今日のExOモデルを構成している。ExOモデルは、ExO時代をどう捉え、どう適応するか、そして究極的には、この時代においていかにリーダーになるかを理解するための枠組みを示すものだ。

飛躍型企業とはどんな企業だろう。おなじみの例はAmazon、Google、Airbnb、Uber、Facebook、Skypeなど。ExOは製造業から小売業、サービス業、慈善事業にいたるまで、ありとあらゆる産業を変化させている。

ExOモデルを使えば、企業は第四次産業革命がもたらす変化に適応することができる。なぜなら、ExOのビジネスモデルは加速するテクノロジーを利用するようにできているからだ。飛躍的に進歩するテクノロジーは資源を豊富にする。そして、ExOはその豊富な資源を活用する。

ExOモデルはいくつかの有名なイノベーションツールやフレームワークを基にしている。

- レネ・モボルニュとW・チャン・キムの『**ブルー・オーシャン戦略**』は、プロダクト・イノベーションと競争のない市場の創造に焦点を当てている。
- 『**スタートアップ・マニュアル**』のなかで、著者のスティーブ・ブランク は顧客開発という手法を紹介するとともに、学びを加速させるために「オフィスの外に出る」ことを推奨している。
- エリック・リースの『**リーン・スタートアップ**』は、迅速な実験による継続的なイノベーションの強力なムーブメントを巻き起こした。
- アレックス・オスターワルダーによる『**ビジネスモデル・ジェネレーション**』には、ビジネスモデルを定義し形作るための共通言語とプロセスが示されている。

ExOモデルは、新しいコンセプトとして試してみるために作られたものではない。すでに行われ、大きな成功を収めていることのフレームワークを示すために作られたものだ。これまでの方法論のなかでも最高のものを基に作られ、飛躍的に進歩するテクノロジーとそれらがもたらす影響である「6D」に対処するための要素も加わったこのモデルは、第四次産業革命への正しいアプローチである。ExOのフレームワークは本書の基礎であり、これこそ本書が示す方法論だ。

私たちは現在、企業のあらゆる面において、ここ数年のどんなデジタルトランスフォーメーションをも超える飛躍的な変化を経験している。こうした変化に対して私たちができることは、変化が持つ力を利用することだ。そのためには、いまの直線型の企業を飛躍型企業へと変えなければならない。

何から始めればよいのだろうか——その答えが本書にある。本書の目的は、企業が飛躍的な成果をもたらすような変化を遂げられるよう、具体的なタスクや方向性を示し、サポートし、手引きとなることだ。

EXPONENTIAL ORGANIZATIONS
Why new organizations are ten times better, faster, and cheaper than yours (and what to do about it)
SALIM ISMAIL
with MICHAEL S. MALONE and YURI VAN GEEST
FOREWORD and AFTERWORD by PETER H. DIAMANDIS
A SINGULARITY UNIVERSITY BOOK

THE NEW YORK TIMES BESTSELLER
THE LEAN STARTUP
How Today's Entrepreneurs Use Continuous Innovation to Create Radically Successful Businesses
ERIC RIES

産業の
変革

OVER TWO MILLION COPIES SOLD
International Bestseller
BLUE OCEAN STRATEGY
How to Create Uncontested Market Space and Make the Competition Irrelevant
W. Chan Kim • Renée Mauborgne

ビジネスモデルの
イノベーション

The Fourth Industrial Revolution
Klaus Schwab

プロダクト・
イノベーション

序論

変革における課題

私はよく、時代遅れだ、過去に生きる人間だ、などと言われる。
だが時に私は、進歩の速度が早すぎるのだ、と思ってしまう。

——ドクター・スース

本書に書かれた情報は、テクノロジーが与えてくれる強大な力への道を切り開く。しかし、その道は必ずしも簡単にたどれるわけではない。これまでにない速さで限界を広げていくのは、時に不快なことかもしれない。しかし安心してほしい。画期的なイノベーションは、もっとも不快なところから現れる可能性が高いからだ。

ExO を目指す旅においてもっとも大きな課題の 1 つは、企業の「**免疫システム**」である。この免疫システムは、ほぼ確実にあなたの進歩を阻止し、変化へのどんな試みも潰してやろうと防衛機能を動員してくる。免疫システムの反応はどんな企業にもあり、その第 1 の目的は現状を維持することだ（驚くかもしれないが、あなた自身も免疫システムの一部だ）。また、免疫システムとの戦い以外にも、企業は変革を試みる際にさまざまな課題に直面する。

・いかにして希少性の経済ではなく、豊富性の経済に結びついた適切なビジネスモデルを見つけるか。
・いかにして企業のマインドセットを効率重視の思考からイノベーション重視の思考に変えるか。
・いかにして企業のイノベーション力を育成・保持するか。
・いかにして社外にある情報にアクセスするか。
・いかにして企業のスピードの遅さや熱意の低さを克服するか。

ExO スプリントはこのような課題をどう克服するか、そして企業が現状を打開して飛躍型企業になるまでのあいだ、免疫システムをどう抑え込むかという問題の答えを教えてくれる。

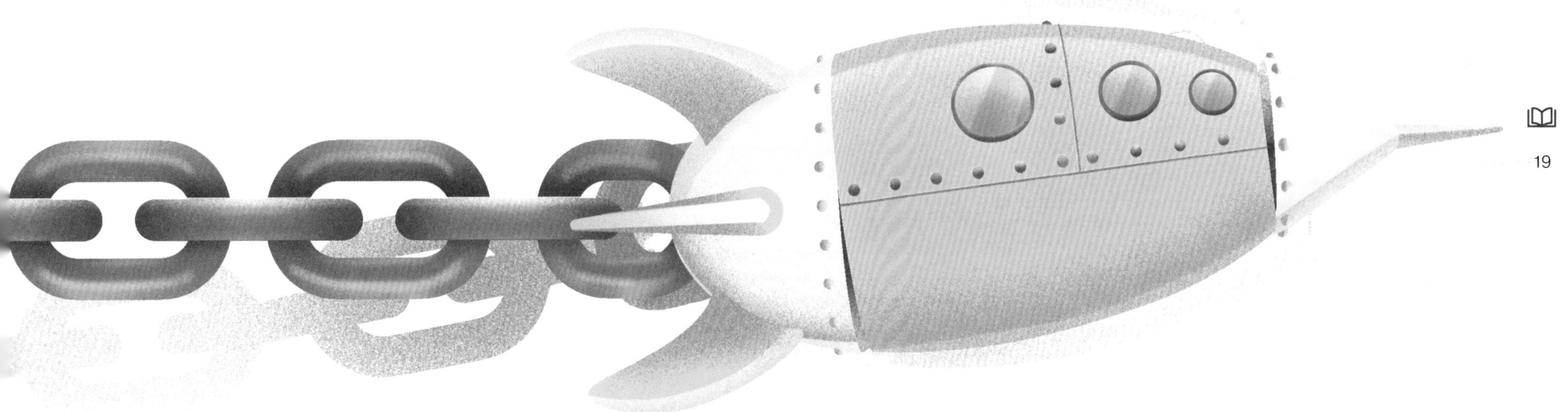

ExOスプリント

本書を読めばExOスプリントの実践方法がわかる。本書では、ExOスプリントにおいて「ビジネスモデルキャンバス」や私たちが考案した「ExOキャンバス」といった具体的なツールがどのように活用されているかを説明する。また、ExOスプリントがもたらす企業の変革が、個人の変革から始まり、そこから企業全体での高度なプロセス、およびテクノロジーの利用につながっていくまでの流れについても詳細に述べる。

ExOスプリントに取り組んだ人々にも変化が起こるので、組織内では変化が促進されるだろう。あなたが望む組織の変革は、人々の変化によって始まるのだ。

企業の規模によって変革のプロセスは異なる。一斉に起こる事もあれば、部署ごとに起こったり、Teslaが生まれたときのように大きな倉庫の片隅にある小さなテントから起こったりすることもある。

次章以降を読めば、ExOスプリントの仕組みや実行方法に加え、ExOスプリントを始める前にどんな準備が必要かがわかる。また、ExOスプリントの成功率を最大化するための、参加者の選び方についても学ぶことができる。

ExOスプリントは世界中の大企業や中小企業で成功してきた。私たちはこのツールをプロクター・アンド・ギャンブル（P&G）、スタンレー・ブラック・アンド・デッカー、HP Inc.、Visaなど、さまざまな業界の主要企業を相手に活用してきた。こうした事例の一部は、本書の終わりにある「ケーススタディ」の章で紹介されている。

私たちがこれまで行ってきた数々のExOスプリントが、このモデルの有効性を証明している。ExOスプリントを行う際、200人を超えるイノベーションコンサルタントが力を貸してくれた。そして、彼らのフィードバックや、彼らが発見した改善点のおかげで、現在のExOスプリントがある。

ExOスプリントには2つの種類がある。1つは、いまある企業や事業分野の**外**に向けた戦略を開発する「エッジストリーム」。もう1つは、現在の企業の**中**で実行する戦略を開発する「コアストリーム」だ。なぜこの2つの区別が重要なのか、そしてそれぞれにどのような意義があるかは後述する。どちらを行うか（または両方を行うかどうか）は、自分の目標と会社のニーズしだいだ。

ExOスプリントでは、ビジネスモデルを見つけるための実践的なアプローチを行うことができる。そのビジネスモデルとは、変化を試みる企業が直面しがちな課題を克服し、チームのイノベーション力を高める、豊富な資源に結びついたビジネスモデルである。そして、ExOスプリントによって生み出されるのは、ただちに実行できる「ExOプロジェクト」だ。このプロジェクトが完了すれば、既存の企業は飛躍型企業へと変革を遂げる。複数の飛躍型企業を生み出すことも可能だ。

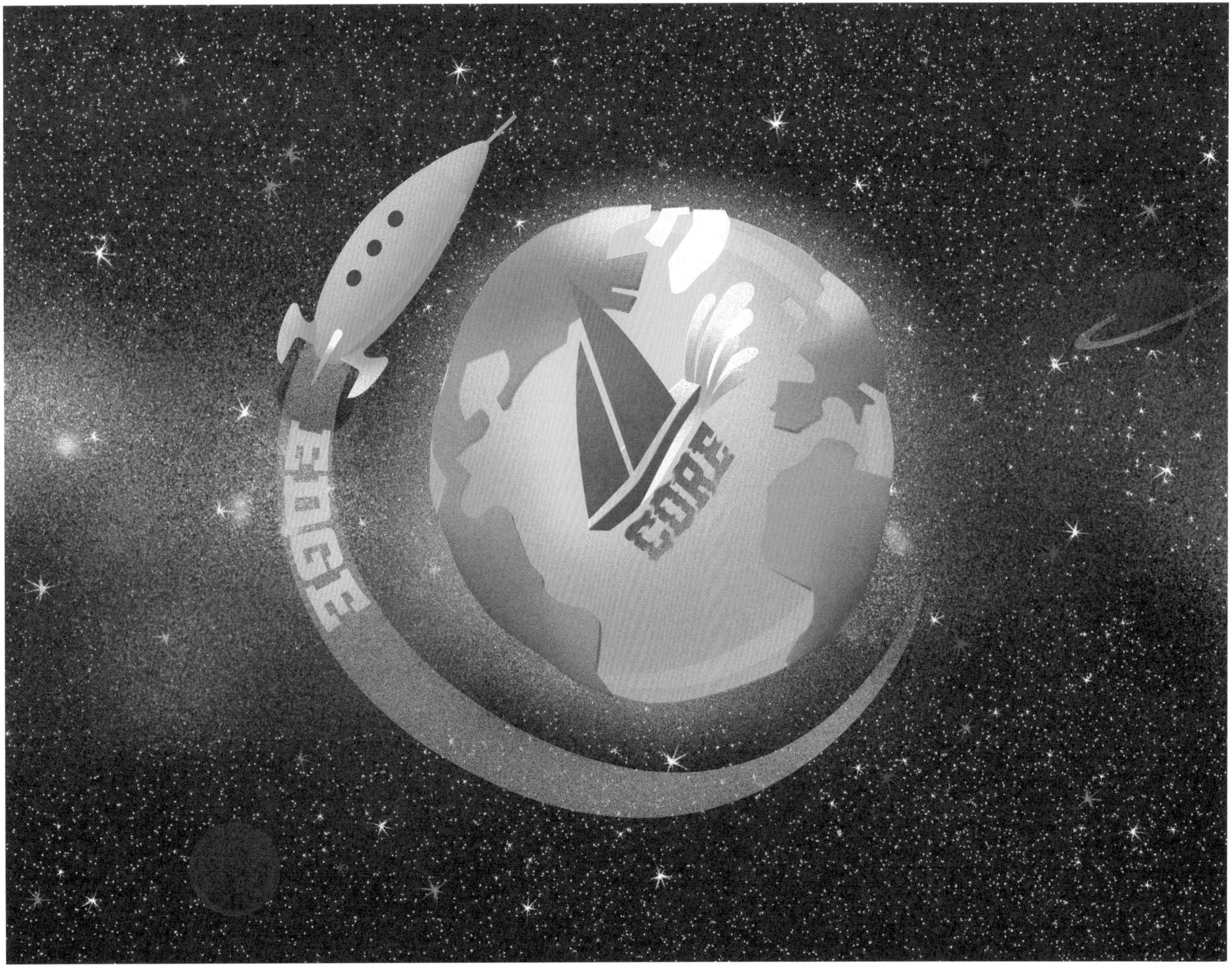

本書の対象読者

思慮深く献身的な少人数のグループが世界を変えられるということを疑ってはいけない。
実際に、そのようなグループだけが世界を変えてきたのだから。

――マーガレット・ミード

　自分の企業が業界におけるリーダーかそうでないかにかかわらず、予期せぬ外的要因がもたらす破壊的変化のなかで成功したいのであれば、変革が必要だ（新しく企業を立ち上げる場合は、初めから機敏さを備えておく必要がある）。本書と本書で紹介するアプローチは、あらゆる形態や規模の企業に適用できるように作られている。

　あなたが起業家でも社内起業家でも、大企業のリーダーでも中小企業のリーダーでも、単に変化を推進するという人であっても、根底にある ExO の理念は同じだ。

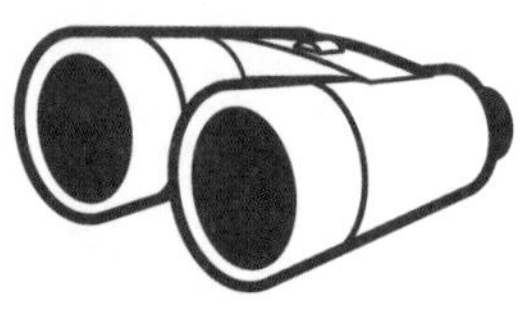

起業家やスタートアップチームの一員で、新しい飛躍型企業を一から作って産業を破壊したいという人は、真っ白な状態からスタートできるという幸運な状況にいる。そんな人はエッジストリームを行おう。

イノベーション志向のリーダーで、自分の企業を外部の破壊的変化に適応させることで守りたいという人は、現在の会社の内部に着目する、コアストリームを行おう。

破壊をもたらそうとしているリーダーで、自分の企業だけでなく自分の企業がいる業界も変えようとしている、または新しい業界を作ろうとしているという人は、目標達成のためにエッジストリームとコアストリームの両方を行おう。

自分が正しい道にいるかどうかを確かめるために、ExO スプリントを始める前に以下の質問に答えてみよう。

自分の会社で破壊を招くようなことを試すと、免疫システムの反応が起こる？

破壊的変化をリードしたいか？　または、少なくともその先を行きたいか？

会社を10倍に成長させたいか？

会社の新陳代謝を促進し、外の世界の変化により
すばやく反応できるようにしたいか？

新しいアプローチを試す準備はできているか？

低コストな失敗から学び、学んだことを生かし、
より速いスピードで発展を遂げる準備はできているか？

世界によい変化をもたらしたいか？

これらの質問のうち１つでも Yes に当てはまるものがあったのなら、おめでとう。旅はもう始まっている。本書は変革に向けたモデルの構成要素を示し、それらの要素をどう適用すればいいかを順を追って解説することで、これからの旅のガイドとなる。

本書の使い方

すばらしい夢というのは、ただのビジョンではない。実現のための戦略があるビジョンだ。

——アストロ・テラー

ここまで触れてきたトピックを初めて知ったという人は、もっと深く調べてみよう。あらゆる産業が破壊されている理由と経緯をしっかりと理解すれば、企業には変革が不可欠だということがわかるだろう。調べものを始められるように、この下準備にあたる工程に役立つ本のリストを本書に掲載した（p.376の「推薦図書」の項目を参照）。

加速するテクノロジーの恩恵を受けられるよう企業を変化させたり、そのような企業を立ち上げたりすることが必要なのはわかっていても、どうアプローチすればよいかがわからないという人もいるかもしれない。その場合は、新しい飛躍型企業を作るための構成要素をはっきりと理解することが次のステップだ。次章で述べるExOの11の特徴と、その特徴を実践するために使うExOキャンバスの項目を読もう。

準備ができたら（自分の企業を変える必要性とExOモデルの構成要素を理解したら）、そのままExOスプリントの章に行って、プログラムを始めよう。

最初のExOスプリントを終えたとき、企業にはかけがえのない知識の基盤ができていることだろう。ExOスプリントの経験を積んだメンバーは飛躍型の思考や手法を日々の仕事のなかで使えるようになるだけでなく、本書を使ってさらなるExOスプリントのプロジェクトを行えるようになる。

ExOスプリントを行う際の指南書、必携本、手引きとして、本書を活用してほしい。本書は、コアストリームとエッジストリームの課題も含め、どの項目も単独で読むことができ、必要に応じて参照できるようになっている。

ほかに類を見ない、エキサイティングで実りある旅への準備はいいだろうか。変革に向かって、よーい、スタート。

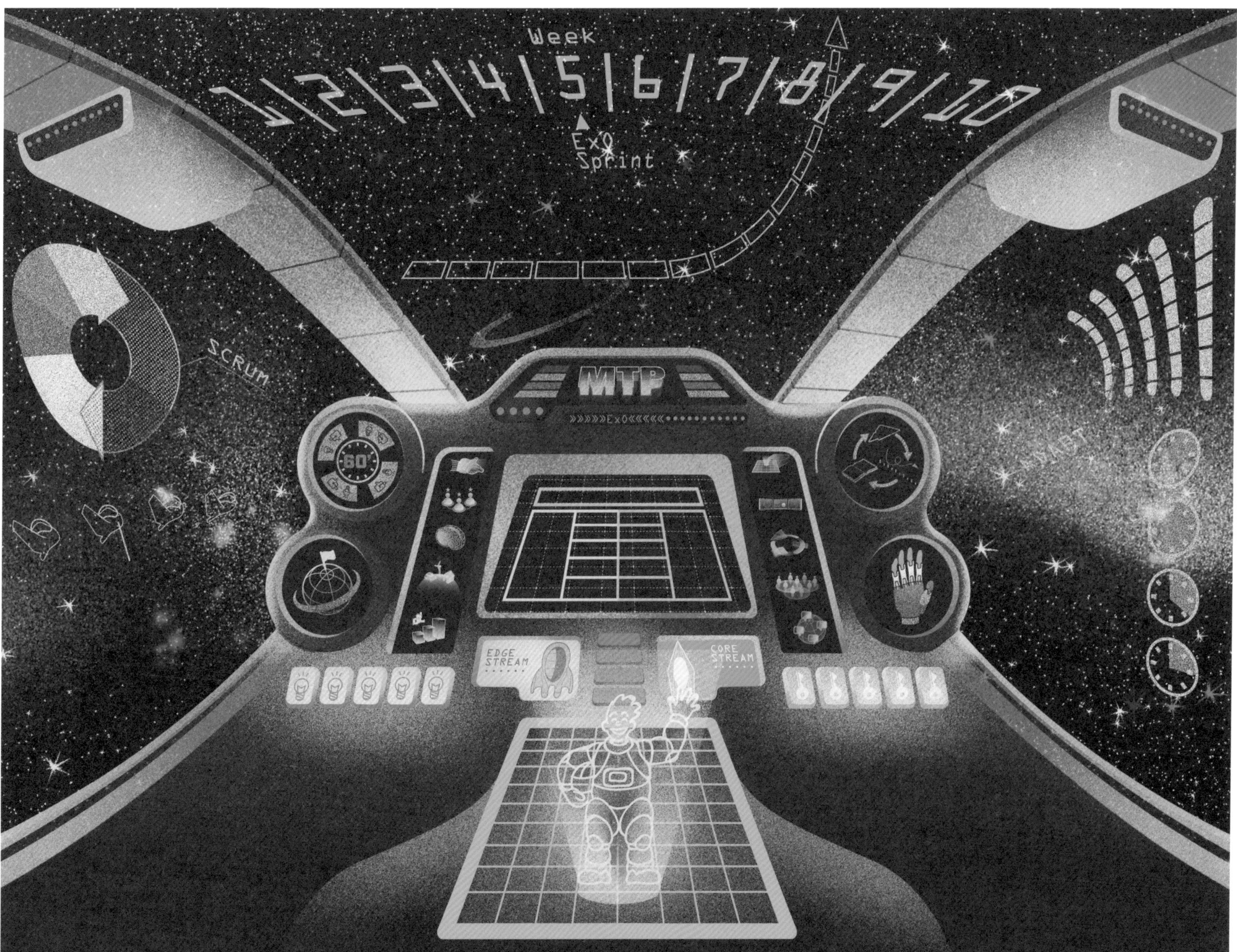
Week
1 | 2 | 3 | 4 | 5 | 6 | 7 | 8 | 9 | 10
ExO
Sprint
SCRUM
MTP
»»»»ExO««««
60'
EDGE
STREAM
CORE
STREAM

ExO
モデル

イントロダクション

ExOモデルを理解することは、飛躍型企業になるための最初のステップだ。加速するテクノロジーを活用し、競合他社の10倍以上の影響力を持つ企業の仲間入りを果たす準備をしよう。この章ではExOスプリントを行う準備として、ExOモデルの構成要素を1つ1つ解説していく。

ExOモデルは11の構成要素、言い換えれば11の特徴からなる。これらの要素は、世界的な規模と影響力を持った飛躍型企業を作るために欠かせない。どれも、企業が利用可能なリソースや見込み客、有益な情報といった形で豊富な資源を利用しマネジメントできるような数々のテクノロジーが活用されている。つまり、これこそが業界のトップとそのほかの企業を分ける行動なのである。

もっとも重要なのが、企業の目標を定義するMTP（Massive Transformative Purpose、野心的な変革目標）だ。

外側に目を向けた5つのExOの特徴を実践すれば、企業は世界中の豊富な資源に**アクセス**できる。

- **オンデマンド型の人材調達**
- **コミュニティとクラウド**
- **アルゴリズム**
- **外部資産の活用**
- **エンゲージメント**

STAFF ON DEMAND
（オンデマンド型の人材調達）

COMMUNITY & CROWD
（コミュニティとクラウド）

ALGORITHMS
（アルゴリズム）

LEVERAGED ASSETS
（外部資産の活用）

ENGAGEMENT
（エンゲージメント）

内側に目を向けた5つのExOの特徴を実践すれば、企業は豊富な資源を**マネジメント**するとともに社内文化を推進することができ、飛躍的な成長を遂げることが可能になる。

- **インターフェース**
- **ダッシュボード**
- **実験**
- **自律型組織**
- **ソーシャル技術**

これらのExOの特徴は、その1つ1つが、従来の少ないリソースを使うというマインドセットから、豊富なリソースのマインドセットへ移行する機会（加えて、その豊富性がもたらすあらゆるチャンス）を与えてくれる。

また、この章の最後に示すExOキャンバスは、飛躍型企業を設計するのに役立つ便利なツールだ（p.66）。

ExOの特徴を読んでいてなじみのない言葉があれば、調べてみよう。インターネットを使って特定の言葉やトピックを調べると、それらの言葉が現在どのように使われているかを知ることができる。

ExOの特徴がいまの世の中でどのように実践されているか調べよう。実例を見ればコンセプトが明確になり、思考が刺激される。

INTERFACES（インターフェース）

DASHBOARDS（ダッシュボード）

EXPERIMENTATION（実験）

AUTONOMY（自律型組織）

SOCIAL TECHNOLOGIES（ソーシャル技術）

MTP（野心的な変革目標）

次世代の企業は、単に利益を得るために商品やサービスを提供することに注力するのではなく、世界によい影響をもたらすという目標を根底に持って活動している。実際、今日におけるもっとも大きなビジネスチャンスは、世界が直面するもっとも大きな課題の解決方法を探るなかで見つけられる。

MTP（Massive Transformative Purpose、野心的な変革目標）には、企業の野心、核となる存在意義が反映され、あなたが「短期間では無理でもいつか世界に起こしたい」と思っている変化がはっきりと示される。MTPは、行動を促し、情熱を表現し、あなたと他者を有意義で前向きな変化に駆り立てる感情的なつながりを作る。

MTPは、従来の「ビジョンステートメント」や「ミッションステートメント」を超えた、「さらなる高み」に到達するための手段である。ビジョンステートメントはその企業に特化したもので、ミッションステートメントは企業がどうやって目標を達成しようとしているかを表している。これに対しMTPは、自分が達成したいと思っている目標を表す。

MTPは企業にとって、重要な選択を迫られた際に方向性を示す北極星となるものだ。労働力がどんどん自律的になり分散されていくなかで、MTPは企業の活動を目標に集中させておくための基準になる。MTPには目標の達成方法は盛り込まれないので、企業は状況に応じてアプローチを変え、時には企業の根幹さえ変えることができる。

重要なのは、MTPは多くのExOの特徴の根幹でもあるということだ。どんな企業も、ExOになりたければMTPを決定することから始めなければならない。MTPが決まれば、それが組織の足並みをそろえ、方向性が共有されているという感覚をもたらし、目標達成のために必要な人材を呼び込んでくれる。

飛躍的に進歩するテクノロジーは資源を豊富にする。そしてExOは、その豊富な資源と結びつくようにできている。今日では、どの業界もものが少ない環境から豊かな環境へと焦点を移しつつある。ExOの成功の土台を作った焦点の移動が行われているのだ。MTPを定めることは、自分の会社と豊富さの関係について考えるよい機会にもなる。その豊富さとは、大量のリソースのことでもいいし、あなたの会社が与えうる多大な影響のことでもいい。

たとえば、GoogleのMTPである「世界中の情報を整理する」は、ますますあふれるようになっている情報をマネジメントすることに結びつく。また、「Health For Everyone（みんなに健康を）」は社名でもあり、同社のMTPでもあるが、これは多くの人の問題を解決するという思い切った宣言であり、その点で豊富さと関係している。

追いかけている夢が怖気づくようなものでないなら、その夢は小さすぎる。

――ヴァージン・グループ創設者　リチャード・ブランソン

MTPの特徴

目標がある

何を達成したいか。

世の中の様子を描いている

MTPが達成されたら、どんな世の中になるか。

簡潔

シンプルで明確か。説明を必要としないか。

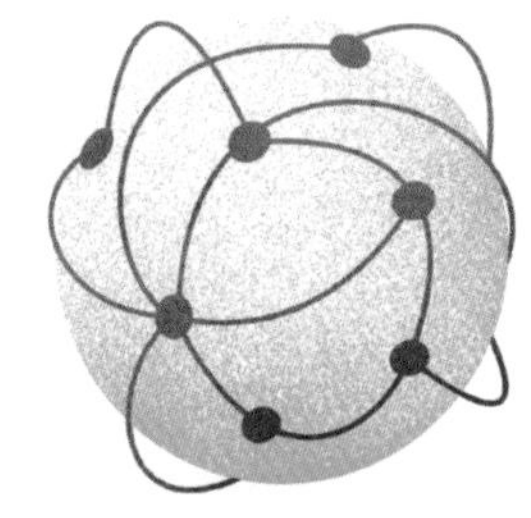

大規模

世界的な規模か。あるいはそうなる可能性があるか。

人の心を動かす

初めて会う人にMTPを伝えたら、その人は取り組みに参加したいと思うだろうか。

野心的

壮大で大胆か。達成できそうな範囲を超えているか。

豊富な資源と結びついている

新しい豊富な資源をどうやって作り出すか。あるいは、既存の豊富な資源をどう利用するか。

変化を起こす

MTPが達成されたら、世の中にどんなよい変化が起こるか。

情熱的

MTPから自分の情熱が伝わるか。

有益

世の中の人にどんなメリットがあるか。

MTPチェックリスト

シンプルで明確で理解しやすい？ □

力強くて大胆で達成困難？ □

重大で有意義な目標を示している？ □

世界をよい方向に変える？ □

ユニーク？ □

会社の存在意義を示している？ □

会社のリーダーの情熱を反映している？ □

会社全体で認知され、理解されている？ □

組織を牽引し、メンバーを集結させられる？ □

完全に達成することはほぼ不可能に見えるものでありながら、それでも挑戦したいと思える？ □

クイックチェック

頭文字の順番にMTPの案をチェックしよう。

野心的（Massive）か？ □

変化を起こすもの（Transformative）か？ □

本当の目標(Purpose)になっているか？ □

さまざまな企業のMTP

10億人の人々に
よい影響を与える
シンギュラリティ大学

広めるべき
価値あるアイデアを
共有する
TEDx

地球に生きるもののために
宇宙へのアクセスを
大衆化する
ヴァージン・ギャラクティック

世界に声を
Terepac

ともに交通の裏をかく
Waze

世界をもっと健康に
フィリップス

人々の毎日の暮らしに
輝きを加える
スワロフスキー

地球上のすべての
子供たちを教育する
World Top 20 Project

より安全な未来を作る
Infinitum Humanitarian Systems

より安全な運転、
より安全な道路を
Zendrive

ソーシャルコーディング
Github

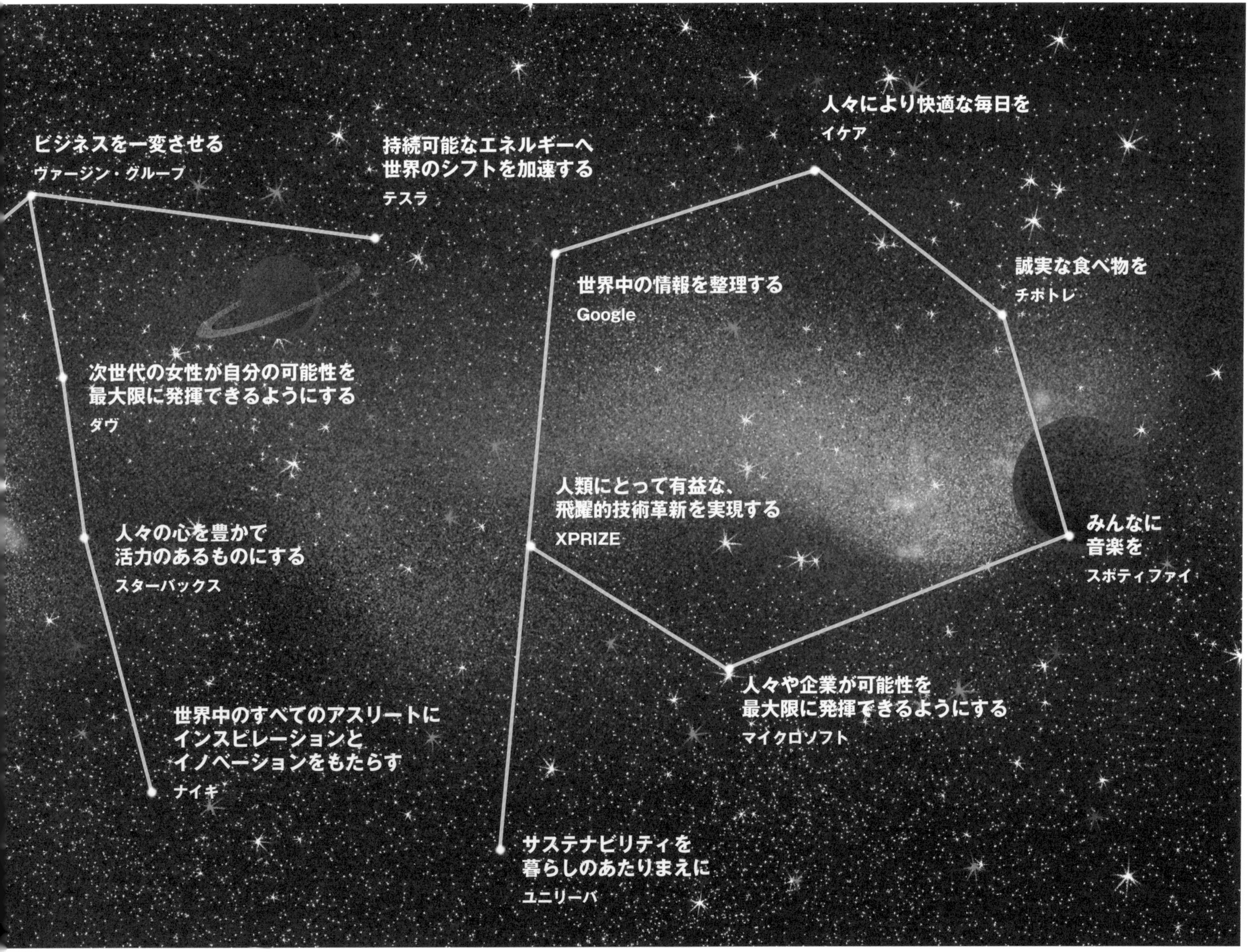

ビジネスを一変させる
ヴァージン・グループ

持続可能なエネルギーへ
世界のシフトを加速する
テスラ

人々により快適な毎日を
イケア

世界中の情報を整理する
Google

誠実な食べ物を
チポトレ

次世代の女性が自分の可能性を
最大限に発揮できるようにする
ダヴ

人類にとって有益な、
飛躍的技術革新を実現する
XPRIZE

みんなに
音楽を
スポティファイ

人々の心を豊かで
活力のあるものにする
スターバックス

人々や企業が可能性を
最大限に発揮できるようにする
マイクロソフト

世界中のすべてのアスリートに
インスピレーションと
イノベーションをもたらす
ナイキ

サステナビリティを
暮らしのあたりまえに
ユニリーバ

MTPとは似て非なるもの

その企業が**どんな企業か、または将来どんな企業になるか**というビジョンステートメント

企業の目標達成方法を述べたミッションステートメント

商品やサービスを宣伝する**マーケティングスローガン**

顧客に向けたもの（よく「あなた」という言葉が含まれる）

会社に向けたもの（よく「私たち」という言葉が含まれる）

将来、**会社のビジネスの転換を制限**するようなもの

ここに示したビジョンステートメント（MTPではない）の例は、その企業がどんな変化をもたらしたいかではなく、どうなりたいかを表現している。

以下のミッションステートメント
（これもMTPではない）は、
その企業がビジョンや目標を
どう実現するかを表している。

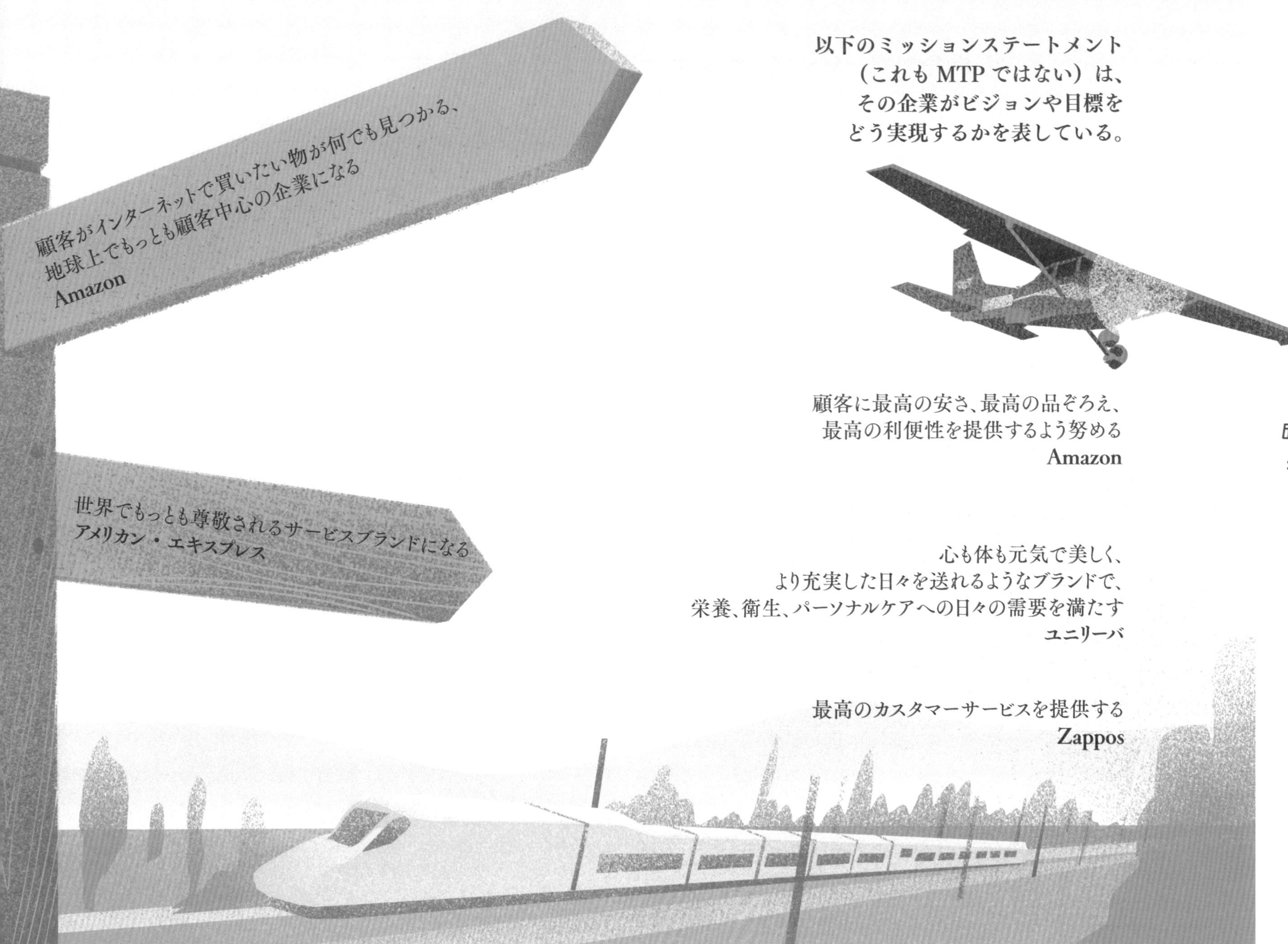

顧客に最高の安さ、最高の品ぞろえ、
最高の利便性を提供するよう努める
Amazon

心も体も元気で美しく、
より充実した日々を送れるようなブランドで、
栄養、衛生、パーソナルケアへの日々の需要を満たす
ユニリーバ

最高のカスタマーサービスを提供する
Zappos

MTPの作り方

MTPを作るのは難しい作業になることもある。MTPを形にするとき、始めのうちは会社の意図（何を実現したいか）と、実際のフレーズとを分けて考えよう。まだ目標を決めている段階なのにフレーズ作りのせいで脱線してしまうというのは、よくあることだ。

MTPを決める際、スタートアップであれば真っ白な状態から始められる。一方で既存の企業は、より広範な目標のために、現在の商品やサービス、自社の強みをどう向上させるかを考えなくてはならないという制約を受ける。

MTPの案を吟味・改良する時間を取ろう。MTPは最初こそ「ばかげたアイデア」だが、あとから組織を団結させる原動力になるということも多い。アーリーアダプター（自分と同じ情熱を持った人々）にMTPの案を話して、そのMTPを目の前に掲げられることがどれぐらい効果的かを確認しよう。彼らにとって有意義だろうか。説明や前後関係がなくてもわかりやすいだろうか。興味や興奮、意欲を引き起こすだろうか。

出た案はすべて大事に取っておこう。MTPが進化していったとき、以前のバージョンに戻ったりその一部を使ったりすることが役に立つかもしれない。

最終的な目標は、そのMTPが新しいコミュニティを牽引していけるか、または既存のコミュニティから受け入れられるかを見極めること。そのために、MTPは簡単に伝えられ、他者の共感を呼ぶような価値を示したものでなければならない。公式のMTPを決める前にいくつかの候補を何人かで吟味し、得られたフィードバックをふまえて決断しよう。

MTPを作る

WHY HOW WHAT アプローチ

次の３つの質問をして、Why How What アプローチを使って MTP を決めよう。

この３つのカテゴリーに従って考えをまとめると、MTP（目標）と実行することを分けて考えられる。あなたの MTP は Why に対する答えのなかにある。

MTPを作る

「5回のなぜ」アプローチ

「5回のなぜ」ではブレインストーミングによって目標を見つけ出す。社内のさまざまな役職・職種の人々に参加してもらおう。重要な顧客や協力会社からも有益な情報が得られる。

初めにこの質問をする。

90秒間で1人1人に付箋に考えを書き出してもらい（付箋1枚につき答えを1つ）、自分の答えを声に出して読んでもらう。全員の答えを聞いたあと、次は全員で1つのグループになり、出た答えのなかから1つを選ぶ。

選んだ答えに対し、この質問をする。

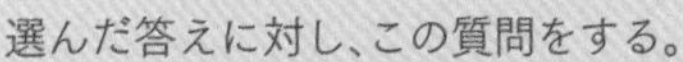

そして最初の工程を繰り返す。

この工程をあと3回行う。各回で違う色の付箋を使い、回が終わるたびにすべての付箋を色ごとにまとめて壁に貼る。

最終的に、グループの答えは「世界を救うため」というようなものになる。

「世界を救うため」

という答えが出てきたら、1つ前の回の答えに戻る。そのときに出た答えのなかから、グループが会社のMTPだと思っているものが何らかの形で見つかるだろう。

結果を振り返ろう。会社にとって何が一番大切なのかを最終的に見極めるために、似たアイデアをグループ化し、よく出てくるテーマを見つけよう。

MTPを作る

オープンディスカッションアプローチ

あなたのMTPの根底にある情熱について議論するために、ディスカッションを行うメンバー1人1人に以下の質問への答えを書いてもらおう。

世の中にどんな変化が起きてほしいか?

その変化は社会にどんなよい影響を及ぼすか?

日々取り組んでいる目標は何か?

もっと大きな目標を考えたとき、どんなことになら喜んで時間を費やそうと思うか?

MTPを作る

ストーリーテリング・アプローチ

ストーリーテリングはMTPにたどり着くのに効果的だ。自分の会社を鼓舞するものの裏側にはどんな物語があるだろう。ブラジル南部のトレーニングジムWellnessの例を見てみよう。

私たちは、人には大きな力があると信じている。私たちは大きな力を持って生まれてくる。すべての子供がそうだ。

子供時代の私たちは、忍者やスーパーヒーロー、サッカーのスター選手、あらゆるスポーツのアスリートだ。しかし時が経ち、ある時点を迎えると、ものごとは深刻になり、私たちはスーパーヒーローではいられなくなる。生産的な活動に従事し、成長し、大人にならなければいけない。そして突然、行き詰まってしまう。なぜ私たちは、子供のころは持っていたはずの「無限の能力」という魔法を失ってしまうのだろう。

私たちWellnessは、この魔法は死んでいるのではなく眠っているだけだと信じている。スポーツによって、私たちは自分の自信に火をつけ、障害を克服することができる。運動は自分を知るための旅だ。その旅を通じて、自分が驚くべき偉業を成し遂げる力を持っていることに気づく。

私たちは、誰もが無限の能力を持っていると信じている。そして、運動を通して世界をもっとアクティブで熱量のある場所にできると信じている。どうやって? 1人1人のなかに眠るスーパーヒーローを呼び起こすんだ。

最終的に、この会社は「スーパーヒーローを呼び起こす」をMTPに選んだ。

SCALE

SCALEは、企業が世の中にある豊富な資源と結びつくのに役立つ、ExOの5つの特徴の頭文字を取ったものだ。今ある未利用の豊富な資源にアクセスすることは、飛躍型企業を作るための基本である。豊富な資源と結びつくための、企業の外に目を向けた5つの特徴は、オンデマンド型の人材調達（Staff on Demand）、コミュニティとクラウド（Community & Crowd）、アルゴリズム（Algorithms）、外部資産の活用（Leveraged Assets）、エンゲージメント（Engagement）だ。

それぞれの特徴の性質や、どの特徴がもっとも自分のビジネスモデルや成長目標をサポートするかを理解することは、ExOになるための最初のステップとなる。もっとも重要なのは、SCALEを使えば、企業は自社のリソースを最小限に抑えたままで、急速かつ柔軟に成長するための手法を使えるということだ。

自分のMTP実現の助けとなる、未利用の豊富な資源はどこにあるだろう。

いまの会社が、少ない、または限られたリソースに頼っている部分はどこだろう。そのリソースが豊富かつ無料になったら、会社はどうなるだろう。

テクノロジーを通してつながっている人々の数は、今後数年のうちに50億人から70億人に増加すると見込まれている。このことは、あなたの会社にどんなチャンスを与えてくれるだろう。

SCALE

STAFF ON DEMAND
（オンデマンド型の人材調達）

COMMUNITY & CROWD
（コミュニティとクラウド）

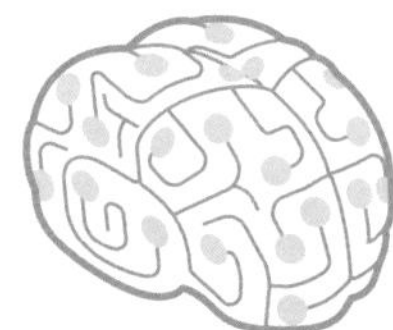

ALGORITHMS
（アルゴリズム）

LEVERAGED ASSETS
（外部資産の活用）

ENGAGEMENT
（エンゲージメント）

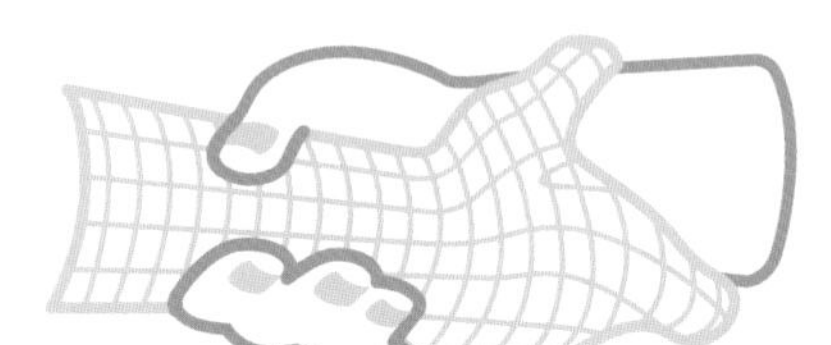

オンデマンド型の人材調達（S）

賢い人々はたいてい、あなたのために働いてはいない。あなたが誰であってもだ。

——コンピューター科学者　ビル・ジョイ

会社が飛躍的に成長しているなら（またはそうなってほしいなら）、商品やサービスを絶えず改善していかなければならない。そして、従業員の構成やスキル、職務を調整するあなた自身の能力も、会社の成長に遅れないようにする必要がある。従業員と、それに関連するインフラを「持たない」ことで、会社は機敏かつ柔軟になれる。

オンデマンド型の人材調達では、適任と認められる働き手をプールしておき、必要に応じてコアビジネスの業務を行うために雇用する。職務の範囲は、シンプルな作業から複雑な仕事までさまざまで、非常に重要な工程が含まれる場合もある。

会社や従来の採用プロセスという枠を超えてリソースを利用することで、驚くほど豊富で多様な人材にアクセスできる。グローバルな労働力から生まれる新鮮な視点は、さまざまな知見を絶えず与えてくれる。そしてその結果、新たな知見を得て商品やサービスを迅速に改善することが可能となる。オンデマンド型の人材調達を使って業界内のすぐれた人々に出会い、まだ使われていない能力や可能性を活用しよう。

オンデマンド型の人材調達を極端に活用した場合、そのExOは、中核となるチームの規模が比較的小さく、ビジネスのほぼ全体を外部のリソースで行うことになるだろう。重要なのは、オンデマンド型の人材調達によって可能になるこのスケーラビリティ（限界費用ゼロあるいはローコストでリソースを調達できること）が、ExOの成長にとって必要不可欠だということだ。

アドバイス・注意点

- 外部の人々を活用する「オンデマンド型の人材調達」と、外部の物的資産を活用する「外部資産の活用」（これについては後述する）を混同しないこと。
- オンデマンド型人材は、ExOの特徴の1つである「コミュニティとクラウド」のコミュニティと密接な関係がある（オンデマンド型人材は、広い意味でのコミュニティの一部だ）。オンデマンド型人材と自分との関係と、コミュニティと自分との関係の違いを考えよう。
- どんな形にせよ、豊富な資源にアクセスするためには、それを管理するインターフェースが必要だ（後述する「インターフェース」を参照）。スタッフを雇い、彼らが必要とするリソースやツールを与え、フィードバックをするのに、オンデマンド型の人材調達のためのインターフェースを利用しよう。
- 後述するもう1つのExOの特徴である「ダッシュボード」は、大規模な外部の労働力をマネジメントするために欠かせない。ダッシュボードを使って、成果を確認し、重要な基準を可視化し、明確な業績の指標を設定しよう。
- どんな条件やトレーニング、フィードバックがあれば外部スタッフの質が高くなるかを見極め、それらをExOの特徴である「エンゲージメント」を実践している人間関係のなかに取り入れよう。
- 成果を測定し、よい成果を出す人材には見返りを与えよう。自動で仲間やユーザーからのレビューを集めるようにすれば、低コストかつリアルタイムでそれぞれのスタッフの質を測ることができ、質の高いスタッフを皆が知ることができる。
- どんな企業も何らかの形でオンデマンド型人材の恩恵を受けられる。自分がUberのようにオンデマンド型の人材調達によって成り立つビジネスを作ろうとしているのか、それとも単に、オンデマンド型人材のサービスを使って既存のビジネスの効率を高めようとしている（つまり、必要なときに一時的に仕事を手伝ってくれる人材にアクセスできるようにする）のかを見極めよう。

実践方法

1 明確な作業指示書を作る

オンデマンド型の人材に何を依頼するのかを知り、それを明確に相手に伝えられるようにすることは不可欠だ。明確な指示書があれば、どの作業をいつ完了させ、いつどのような方法で報酬が支払われるのかについて共有できる。

2 外部のプラットフォームを使う

すぐにスタートするためには、豊富にある既存のオンデマンド型人材サービスを使うといい。外部の労働力を一時的に活用し、不足している専門技術や人手を補うことから始めよう。

3 ベストな人材を採用するために MTP を使う

既存のプラットフォームがない場合、1人1人の人材に直接コンタクトするといい。MTP を伝えて、自分の目標に沿った情熱を持った人々の初期グループを作ろう。仕事の性質によっては、新しく入ってくるオンデマンド型人材に対して選考や認定のプロセスを設ける必要があるかもしれない。

4 インターフェースを作りオンデマンド型人材とのかかわりを自動化する

労働力を効果的に管理するためには、インターフェースを使ってかかわりを自動化する必要がある。これは労働力をスケーラブルなものにする鍵でもある。インターフェースは仕事上の人間関係にかかわるすべての情報を集約し拡散するものでなければならない。初期のメンバーとともに自分たちのインターフェースの使いやすさを試し、改善を加えよう。

Gigwalk

活用事例

Gigwalk は 2010 年、「モバイルな世界の仕事を改革する」という目標を掲げて設立された。同社は Gigwalker と呼ばれるオンデマンド型人材を提供している。このサービスによって、自社の商品やイベントの現地の様子を見たいブランドや小売業者が、そのニーズを Gig というタスクとして投稿することができる。ユーザーの目的は一般的に、自社の商品が正しい展示方法と値段で店頭に並んでいるか、あるいはマーケティングイベントが正しいやり方で時間どおりに行われているかを確かめることだ。

120 万人の Gigwalker たちは、スマートフォンのアプリを使って実行するタスクを選ぶ。報酬はタスクが完了すると PayPal で支払われる。結果を位置情報のついた写真で記録することも含め、すべての仕事がアプリを通して行われる。Gigwalker は1人1人が Gig の成果や活動レベルなどに基づいてパフォーマンススコアを得ていて、スコアが高いほどより複雑で報酬の高い Gig を行える。

顧客はある Gigwalker がいつもいい仕事をしてくれると思ったら、その Gigwalker を自社のグループに加えて、Gig をそのグループに直接依頼することもできる。

考察しよう！

オンデマンド型の人材調達の観点から、これらの企業について考えよう。労働力を集め、維持するために何をしているだろう。どうやってオンデマンド型の人材調達をベースにした事業を立ち上げたのだろう。

Uber
TaskRabbit
Kaggle
Roamler

Upwork
(旧Elance)
Fiverr
Topcoder
Eden McCallum

成功のためのチェックリスト

- 自分たちのニーズを満たすような、質の高い外部の人材を豊富に供給するものはあるか？
- 迅速なスタートのために、利用できるプラットフォームを使っているか？
- オンデマンド型の人材にすぐにアクセスできるか？
- タスクや期待していることを明確に伝えているか？
- タスク完了の明確な基準を設けているか？
- 仲間やユーザーから、オンデマンド型の人材1人1人の仕事に対する客観的なフィードバックを集めているか？
- 望ましい行動を取った人に、見返りとしてインセンティブを与えているか？
- すぐれたパフォーマンスをする人々とのつながりを維持しているか？

コミュニティとクラウド(C)

コミュニティを築き、公の場でものごとを行うなら、適切な人材を探す必要はない。
彼らのほうがあなたを見つけてくれる。
——DIY Drones 創設者　クリス・アンダーソン

世界は広い。大成功を収めているExOには共通して、世界中の人々に働きかけ、目標を同じくする人々をたくさん集め、リソースとして活用する能力がある。そしてこれをたくみに行っている企業は、人を引きつけるMTPと有効なプラットフォームを持っている。

ExOの話題におけるコミュニティとは、あなたのMTPに対して情熱を持ち、会社のおもな機能に直接かかわっている人々で構成される大規模でグローバルな集団を指す。この集団の人々は、共通の目標に忠実で、組織の目標をとりまく問題を解決することに労を惜しまない。

コミュニティは会社の土台になることがある。たとえばTEDxやAirbnbのような企業は、自分たちが集めたコミュニティによってすべてが決まる。一方でAppleサポートコミュニティのように、コミュニティがコアビジネスと密接に関係し、自分たちの主要製品をサポートするという恩恵をもたらす場合もある。最先端を行くExOでは、コミュニティが目標以外のすべてを動かす。

クラウドはさらに大きなグループで、少しはあなたのMTPに興味を持っているものの、(まだ)直接的には会社にかかわっていない世界中の人々を指す。これには、その会社の商品やサービスをたまにしか使わないユーザーも含まれる。クラウドはアイデアを生み出し、検証し、裏付けるのに活用できる。クラウドのなかで見込みのある人にコミュニティに入りたいと思わせ、また、そういった人々が簡単にコミュニティに入れるようにしよう。

MTPへの情熱が共有されていることを生かしたり、仲間同士の交流のためにプラットフォームを設けたりすることで、企業は多くのチャンスを得られる。コミュニティとクラウドを活用すれば、アイデアやフィードバックのクラウドソーシングや、新しいアイデアを実現させる資金を調達するためのクラウドファンディングができるほか、一緒に商品やサービスを作り上げる「生産消費者」を作り出したり、新商品がすぐに売れる市場を獲得したりすることもできる。

アドバイス・注意点

- 活用できる既存のコミュニティやクラウドはどこにあるだろう。
- 既存の会社の場合、現在の顧客や支持者が、コミュニティを成長させる貴重な出発点になる。
- ExOは、クラウドを作るのではなくリソースとしてクラウドを刺激する(リーダーや流行、ムーブメントはほとんどの場合、活用できるコミュニティやクラウドを生み出す)。ExOは、メンバーがよりしっかりとつながり、ともに成長できるようなプラットフォームを設ける。
- コミュニティのメンバーは、連帯感や共通の目的、共通の価値観で結ばれている。強力なMTPはコミュニティとクラウドの土台となるものであり、コミュニティを牽引して参加を促進するために不可欠だ。
- コミュニティは、個人がそれぞれのMTPに気づき、それを練り上げ、実現するための強力な助けになる。そしてそれこそが、コミュニティと深く、長くかかわることにつながる。
- 多大な貢献をしてくれる人材を雇用し、より近くに引き寄せるために、インセンティブを用いたアプローチを体系的に行おう。コミュニティが離れていかないよう、メンバーに価値を提供しなければならない。
- コミュニティの信頼を獲得し、維持することは大切だ。コミュニティはあなたが示したリーダーシップや信頼性、透明性をつながりのモチベーションにしている人たちでできているということを覚えておこう。
- コミュニティを作り、維持するためにはケアが必要だ。コミュニティのニーズにしっかりと目を向け、すばやく対応しよう。注意したいのは、コミュニティの維持には、立ち上げる際のおよそ5倍の費用がかかるということだ。
- コミュニティとクラウドを使って、アイデアをすばやく生み出し、試し、繰り返し考える力を強化しよう。各グループの反応から、何がうまくいっていて、何に改善の余地があり、何がまったく機能していないのかを知ることができる。
- 「コミュニティとクラウド」は、「エンゲージメント」や「インターフェース」と密接に関連している。どうやってこの3つすべてを一緒に実践しよう。

コミュニティには、さまざまなカテゴリーの人が含まれている。各層ごとにMTPへの献身のレベルや、関与の度合いが異なり、必要な注意のタイプも違う。

実践方法

1 MTP を使ってコミュニティの初期メンバーを集める

初期段階では、この工程は既存のグループやつながりに1つ1つ働きかけて MTP を伝え、初期のグループをまとめるという、個人的な対応と地道な作業を要するものになる。活用できる既存のコミュニティを探そう。

2 関係を構築する

試験的にいくつかのグループと接し、ニーズや好みに対する理解を深めよう。コミュニティをさらに発達させるうえで有益な知見を与えてくれる強力なメンバーを見つけ（彼らのほうがこちらを見つけてくれることも多い）、そのメンバーとの関係を構築しよう。

3 コミュニティを育てる

コミュニティ作りの最初の段階は、1本のマッチで火を起こすようなものだ。注意深く扱い、適切な大きさと量とタイミングで燃料を加えて炎を調節しよう。会社の幹部クラスの人間による、信頼性と透明性のあるリーダーシップが必要だ。

4 アーリーアダプターのためのプラットフォームを作る

将来的に規模を拡大するためには、有効なプラットフォームが必須だ。コミュニティのメンバーにとって、あなたやほかのメンバーと連絡を取ることが、簡単で魅力的なことになるようにしよう。コミュニティのメンバーにとって価値のあることは、仲間と交流し協力できること。最初にリリースしたプラットフォームの使いやすさを初期のメンバーと試し、改善していこう。

5 できたコミュニティに新しいメンバーを引き入れるため、プラットフォームの範囲を拡大する

初期のグループでテストした自動のプラットフォームを一般に公開し、より多くの人が利用できるようにしよう。MTP とプラットフォームへのアクセシビリティに引き寄せられて、目標を同じくする人が大勢参加できるようになる。

ミュニティは作るとき、育てるとき、管理するときでそれぞれ手法が異なる。

TP（火花）を作り、早いうから好意的なコミュニティメンバーを集めるのが第一階。

コミュニティを育てるには、注意深く世話をし、ニーズや意見にすばやく反応しなければならない。

十分に確立したコミュニティを管理するには、リーダーシップと注意が必要。

成功のためのチェックリスト
MTP を使って、世界中の人々にコミュニティやクラウドへの参加を促しているか？
コミュニティのメンバーの MTP やパーパス・ステートメントは、自分たちのものと合致しているか？
コミュニティは価値の創造に積極的にかかわっているか？
コミュニティ内のエンゲージメントを高めるためにゲーミフィケーションを使っているか？
参加しているコミュニティやクラウドのメンバーに対する評価の基準や期待事項を、明確に設定しているか？
希少な専門知識を持つ者も含め、その分野の先発者を引き入れたか？
コミュニティやクラウドから商品やサービスについてのフィードバックや市場のインサイトを得ているか？
クラウドの人々をコミュニティに移行させるために、行動や参加を促すようなインセンティブを提示しているか？

WIKIPEDIA
The Free Encyclopedia

活用事例

ウィキペディアは、利用者の協力によって記事が書かれている無料オンライン百科事典だ。毎月 150 億回以上閲覧されている5番目にポピュラーなウェブサイトで、合わせて 4700 万以上の記事が 298 の言語で掲載されている。いつでも誰でも記事の作成や編集が可能で、日々膨大な数の変更や改善が行われている。

ウィキペディアの記事を執筆・編集するボランティアである「ウィキペディアン」は、大胆に「改善できるものを見つけてよりよくする」よう奨励されている。3700 万を超えるユーザーがユーザーネームを登録していて、登録者は記事の執筆・編集ができる。このコミュニティは「人類の持つ知識を、地球上のすべての人が利用できるようにしたい」という思いのもとに団結している。

考察しよう！

コミュニティとクラウドの観点からこれらの企業を見てみよう。参加を促進するために何をしているだろう。

Airbnb
DIY Drones
Xiaomi Global Community
TopCoder

Gustin
Lending Club
99designs
Purchx

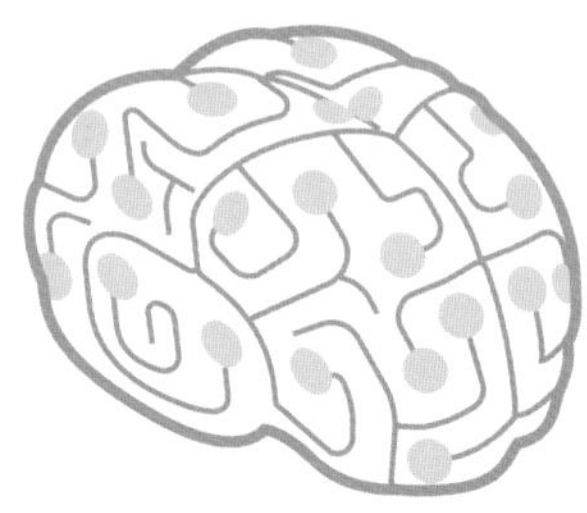

アルゴリズム（A）

AIが私たちに取って代わることはない。AIは私たちを高めてくれるだろう。今、すでにそうなっている。

――発明家・著述家・未来学者　レイ・カーツワイル

私たちがデジタルの時代へと真っ直ぐに突き進み、物理的な世界を構成しているものがどんどんデジタルな面を持つようになるなかで、そのデジタルな情報すべてを理解する手段となるアルゴリズムが、企業が生き残っていくための基盤となることは明白だ。

1つのアルゴリズムは、タスクを自動化したり特定の問題を解決したりするために使われる、段階を追ったひとまとまりの指示にすぎない。人工知能（AI）の分野では、アルゴリズムが複数になったときにどれほど「賢く」なれるのかを探っている。事前に指示を設定しなくても学習して問題を解決できるようになったり、人間が介入しなくても新しい問題に対し新しい解決策を生み出したり、といった具合だ。AIを使ったコンピューターシステムは、複雑な問題を解決したり、時間とともに学びを得てパフォーマンスを向上させたりというように、人間のようにふるまったり「考え」たりすることができる。

アルゴリズムやAIは、文章や画像、映像や音声などのデジタルデータのパターンを認識することで学習する。システムは経験や以前の使用事例の分析によって、自分で学習することもできる。学習アルゴリズムは長いあいだ存在しているが、現在データが豊富になりコンピューターの性能もよくなったことで、ついに学習アルゴリズムが真価を発揮し、企業に利益をもたらすようになった。SFの世界が現実のものになりつつあるのだ。

ExOはアルゴリズムを使い、人の手で行われていることを自動化する。そのため、事業が大きくなっても同じペースで従業員を増やす必要はない。最近の傾向としてAIやアルゴリズムを使って会社の業務を自動化する動きがある。今後はますます、AIやアルゴリズムは現在中核チームやオンデマンド型人材が行っているようなより複雑な仕事に使われるようになり、さらに数十年後には人間の知能のレベルに達するだろうと見込まれている。

アルゴリズムの使い方がたくみであればあるほど、現在およびこれからのテクノロジーによって得られる大量の情報をうまく活用できる（シスコによると、2030年までにデータを集めるセンサーが埋め込まれたデバイス約5000億個が世界中でつながるようになるという）。

飛躍型企業にとって、アルゴリズムは商品やサービスが最大限スケールすることを可能にするものであり、たとえば意思決定支援システムなどを通して、よりよい問題解決策を見つけることで商品やサービスの質を向上させるものだ。データを活用するための大量のデータ処理を可能にし、人間のバイアスを補えるうえに、容易にアップデートでき、日々改善されていく。大規模な事業を行うにあたり、アルゴリズムは競争における強みになる。

アドバイス・注意点

- データは文章のほかにも、音声や画像、動画、ウェアラブルなど、さまざまなインターフェースを通して手に入れることができる。
- アルゴリズムは購入することも可能なので、自分で開発する必要はない。第三者のアルゴリズムやデータを使うとしたら、どんなものが役に立つだろう。
- いまアクセスできるデータで、活用していないものは何だろう。
- 自分個人のデータを充実させるために、どんな公共のデータが活用できるだろう。
- センサーがもっと広く普及したら、ほかにどんなデータが手に入るだろう。そのデータからどう恩恵を受けられるだろう。
- 人間の活動のどこでAIを使えば、よりよい成果を得られるだろう。
- 繰り返し行われるタスクで、自動化できるのはなんだろう。知識労働者の役割のうち、自動化できるものはなんだろう。自分のマーケットにおいて、人間による手作業が必須で、自動化すべきでないのはどの部分だろう。
- 「自律型組織」を可能にするために、どんな面でアルゴリズムが使えるだろう。
- オンデマンド型人材が行っているタスクには、ゆくゆくはアルゴリズムが行うようになるものがあるかもしれない。アルゴリズムやAIが将来どのように自社でオンデマンド型人材に取って代わる可能性があるだろう。
- アルゴリズムやAIが人間の知能のレベルで動くようになったら、どう活用できるだろう。
- 増え続ける利用可能なデータを、MTPを実現するためにどう活用できるだろう。

実践方法

1 ニーズを特定する

自分は顧客のどんなニーズを解決しようとしているだろう。力を注ぐ際には、この最終的なゴールを念頭に置くことが大切だ。意思決定をデータに基づき自動で行うことで、このニーズはどう解決されるだろう。このニーズはMTPに合致しているだろうか。

2 専門技能を調達する

必要としていることの性質や、それがコアビジネスにどれほど大切かによって、社内でソフトウェア開発ができるようにするか、アウトソーシングするか、それともオンデマンド型人材を雇うのかが変わってくる。Kaggle、IBM Watson Analytics、Amazon Web Services（AWS）など、第三者のアルゴリズムやデータが得られるソースを調べてみよう。

3 解決したい問題に関するデータを集める

データがどこから生まれるのかを特定しよう。人からの場合もあれば、センサーや公共のデータセットからという場合もある。テクニカルチームと、そのデータを自動で集める最良の方法を見つけよう。

4 データを整理する

山のようなデータは、分析し、そこから知見を得られるような状態に整理して初めて意味を持つ。ETL(Extract、Transform、Load：抽出、変換、加工）と呼ばれる手法では、プログラミングツールを使ってデータをソース・データベース（データが集められた場所）から別のデータベース（データを評価できる場所）へ移している。

5 アルゴリズムを使う

データにアクセスできるようになれば、アルゴリズムを使ってプロセスを自動化したり、新しい問題への解決策を見つけたり、データから知見を得たり、傾向を発見したり、新しいアルゴリズムを調整したりすることができる。自分が解決したい顧客のニーズに集中しつづけることで、そのニーズに合致した解決策を実行できる。

6 コミュニティにデータを公開する

成長を遂げ、ExOとしての価値を生み出すために、自社のアプリケーション・プログラミング・インターフェース（API）を一般に公開するといいだろう。APIを使えば、アプリケーションが簡単にほかのサービスとやりとりをしたり、ほかのサービスを利用したりできる。AIPを公開すれば第三者の開発者があなたの会社のサービスを利用した製品を作れるようになる。そうすれば自社の商品の機能性が高まり、インターネットがもたらすチャンスを存分に活用できる。

成功のためのチェックリスト

- 十分なデータを集めているか？内部のデータを補うために外部のデータセットを見つけることができるか？
- センサーはどこで使えるだろう？
- 測定しているものは正しいか？
- データの質は高いか（不適切なデータは含まれていないか）？
- どうすればデータを最大限活用できるか検討したか？
- アルゴリズムを継続的にアップデート・改良しているか？
- アルゴリズムを日常的に生じるデータに基づいた意思決定に使っているか？
- アルゴリズムによって得られた分析結果を使って、商品やサービスに関する意思決定をしているか？
- アルゴリズムの結果として起こる、社内文化の変化をマネジメントしているか？

NETFLIX

活用事例

Netflixは世界最大手のインターネットテレビネットワークだ。190を超える国に1億400万人のユーザーがいて、1日に1億2500万時間のテレビ番組や映画が視聴されている。パーソナライゼーション・アルゴリズムのおかげで、ユーザーはログインするたびに違った作品を勧められる。アルゴリズムは24時間ごとにリセットされ、視聴履歴に基づいて、ユーザーが視聴しそうな作品が表示されるようになっている。

推定約1万3000作品が常に視聴できるため、ユーザーが作品の多さに圧倒されやすいということを、Netflixは理解しているのだ。Business Insiderによると、同社はユーザーがサービスの利用を止めてほかのものに移ろうとするとき、実際にそうするまでに、Netflixに見たい作品があると思わせるのにおよそ90秒間の猶予があるということも知っている。パーソナライゼーションはユーザーをつなぎとめておくために重要だ。そのためNetflixでは、約1000人のスタッフが商品やパーソナライゼーション・アルゴリズムのカスタマイズを行っている。

考察しよう！

アルゴリズムの観点から右の企業を見てみよう。アルゴリズムはどのようにこれらの企業のビジネスモデルを支えているだろう。

Google
Apple(Siri)
Amazon
FICO
Facebook
Airbnb
Uber
UPS

外部資産の活用(L)

マリオットは2014年にホテルの客室を3万室増やしたいと考えている。
当社はそれをこれから2週間で実現する。
——Airbnb 共同創業者兼 CEO　ブライアン・チェスキー

Uber は車を 1 台も所有していないが、人を運ぶ乗り物を世界最大規模で管理していて、その範囲は数十カ国に及ぶ。Airbnb はホテルの客室をまったく所有していないが、リスト上には全世界に 2017 年時点で 400 万の客室があり、その数はトップのホテルブランド 5 つを合わせたよりも多い。これらのおなじみの ExO の例は、物理的な資産を「持つ」のではなく「活用する」ことで、どのように企業の経済を大きく変えられるかを物語っている。

資産を（事業に必要不可欠なものでさえも）貸し借りしたり、共有したりすれば、企業は身軽になり、機敏に動くことができる。供給のための限界費用は劇的に下がり、発達したモデルの費用にいたってはほとんどゼロだ。物理的な資産を持たないことで、管理コストだけでなく、関係するインフラにかかるすべてのコストを浮かせることができる。

オンデマンド型の人材調達と同じように、外部資産の活用を行っても、必要に応じてリソースにアクセスすることができ、所有する必要がなくなる。たとえばクラウドコンピューティングでは、データを自分のサーバーやハードドライブではなく、プロバイダーのサーバーに保管できる。またハッカースペースでは、プロジェクト用の共有のワークスペースやツールを利用できる。

顧客の資産を使うことは、外部資産を有効に活用し、スケーラブルな商品やサービスを生み出すための強力な手段になる。Netflix は映画を流すのに顧客のデバイスを使っているし、Waze はユーザー 1 人 1 人のスマートフォンやタブレットからリアルタイムの交通情報を集めている。こうすれば専用のデバイスやネットワークは不要になる。

外部資産の活用をもっとも極端に行った場合、その ExO は物理的な資産をまったく持たないことになる。結果として、資産にかかる固定費用を実質的にゼロにすることができ、企業はとても柔軟になれるだろう。

アドバイス・注意点

- 「外部資産の活用」には人材のアウトソーシングは含まれない。アウトソーシングは「オンデマンド型の人材調達」に当てはまる。
- 自社のバランスシートにある資産のうち、ほかのところに移せるものはどれだろう。
- 顧客が持っている資産で自分のビジネスに役立ちそうなものには何があるだろう。
- 情報化した資産やコモテディティ化しつつある資産は、活用の筆頭候補だ。
- データ関係のソリューションとしてクラウドコンピューティングを活用しよう。また、ハードウェアのソリューションとしてハッカースペースの利用を検討しよう。
- 自動でリアルタイムのユーザーレビューを集めれば、使われている資産の質について低コストでフィードバックが得られる。
- 外部資産を活用することで、どのようにスケーラブルな商品やサービスを生み出せるだろう。

実践方法

1 自分のビジネスモデルと目的を理解する

どんな企業でも、外部資産を活用すれば何らかの形で恩恵を受けられる。Uber や Airbnb のように外部資産の活用を基盤にしたビジネスを構築しようとしているのか、それとも必要に応じて使えるオフィス空間を手に入れるなど、単に既存のビジネスの効率を高めるために外部資産を使おうとしているのかを見極めよう。完全に外部の資産によって成り立つ企業は、真の ExO への可能性を秘めた企業であり、以下のステップが当てはまる。

2 価値ある資産が豊富に存在する場所を見つける

余分にあって別の目的で使うことができる資源はどこにあるだろう。今自分が持っている関係性の外だろうか。それとも中だろうか。未利用の豊富な資源で、MTP を支えてくれるものは何だろう。

3 人間関係を構築する

活用する外部資産のコミュニティの初期メンバーを見つけ出し、その人たちと密に連携しよう。彼らのニーズを知り、自分との関係にどんな価値を見出しているのかを理解しよう。

4 インターフェースを作る

活用する外部資産を含め、大量にある資源を効率的にマネジメントするためには、インターフェースを使ってかかわりを自動化する必要がある。インターフェースは仕事上の関係にかかわるすべての情報を集約し拡散するものでなければならない。アーリーアダプターと一緒にインターフェースの使いやすさを試し、改善しよう。

5 インターフェースおよび自分が提供する価値を活かして、活用する外部資産のコミュニティに新しいメンバーを引き入れる

初期のグループでテストした自動のプラットフォームを、もっと多くの人が利用できるようにしよう。ビジネスの有益な関係に加わって利益を得ることに惹かれ、適切な人材がやってくるだろう。

成功のためのチェックリスト
外部資産を活用することで、ビジネスをスケールできているか？
必要なときに簡単に資産を利用できるか？
明確な参加条件を設けているか？
成果を測定しているか？
リアルタイムのユーザーレビューを自動で集めているか？

活用事例

Zendrive はアメリカとインドに拠点を置く会社で、スマートフォンのセンサーを使って運転時の行動を測定し、改善を行っている。「より安全な運転、より安全な道路を」という MTP を掲げ、輸送会社や保険会社、個人に交通安全分析を提供している。同社はライドシェアリングサービスやカーシェアリングサービスも含む今日の運転モデルを超えて、自動運転車が普及し、能動的に衝突を避けるためにデータを監視・分析するリアルタイムの通信が必要となる未来に目を向けている。

Zendrive はハードウェアを持たない。同社のビジネスはユーザーのスマートフォンにすでに組み込まれているセンサーを通して集められたデータを収集し分析することで成り立っていて、高価な独立したハードウェアや設備への投資は必要ない。この会社はただ、すでに世の中で大量に使われているスマートフォンを活用しているのだ。

考察しよう！

外部資産の活用という観点からこれらの企業を見てみよう。どうやって固定資産への投資なしで事業を立ち上げたり、他者がそうすることを可能にしたりしているだろうか？

Lyft
Uber
Airbnb
Getaround

WeWork
Waze
Amazon S3

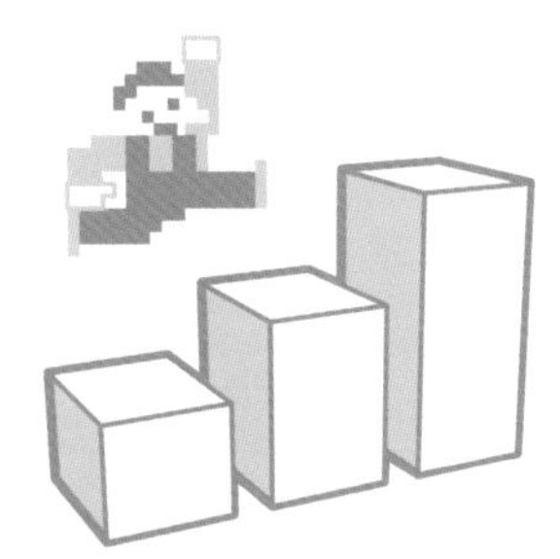

エンゲージメント(E)

エンゲージメントのない成長は、水漏れするバケツのようなものだ。
——起業家、著述家　ニール・エヤル

大きな規模で価値を生み出したり行動を起こしたりする際に人々のやる気をもっとも引き出すものは、「連帯感」や「共通の目的」だ。MTPは顧客やクラウド、コミュニティを引きつける出発点になる。エンゲージメントとは、こうした人々が自分と共通の目的に興味を持ち続け、かかわりを維持し、いっそう熱心に取り組んでくれるよう、リピュテーションシステムやゲーミフィケーション、ロイヤリティプログラム、インセンティブなどの手法を使うことだ。

エンゲージメントは、顧客やコミュニティの忠誠心を生み出す。また、クラウドをコミュニティへと変化させる有効な手段にもなる。エンゲージメントを通して、顧客やクラウド、コミュニティのことをより深く知ることができ、どうすれば彼らのニーズを満たせるかをよりよく理解することができる。

それぞれのグループのやる気を引き出すものは何だろう。さまざまなエンゲージメントの手法を使えば、マーケティングを活用し、数々のアプローチを試す機会を得られる。クラウドがコミュニティに変化するように、関連コンテンツを作ったり共有したりしよう。また、デジタルなレピュテーションシステムを使って、コミュニティのメンバーを引き付け、意欲を刺激し、メンバー間に信頼が生まれるようにしよう。熱心なユーザーからの前向きなフィードバックは、有益な複合作用をもたらし、好循環につながる。

サービスの透明性は、顧客エンゲージメントにおいて大きな役割を果たす。FebExやUPSでは、出荷から配達まで荷物の配達状況を確認することができる。Uberでは、車が配車から到着までのどの段階にあるかを確認できる。サービスに透明性を持たせてユーザーに自分が主体であり影響力を持っていると思わせれば、長年不透明のままだった多くのビジネスのプロセスに変化が起こるだろう。

ゲーミフィケーションを用いたり、結果に応じてインセンティブを設定したりすることは、非常に有効なエンゲージメントのテクニックだ。学習プラットフォームではエンゲージメントの手法をうまく使った事例を多く目にすることができる。そしてそれらは、商品やサービスの向上など、ビジネスに応用可能だ。自社の商品やサービスを毎日使ってもらうために、何をすればいいだろう。

アドバイス・注意点

- ゲーミフィケーションはコミュニティを引きつけるのに効果的だ。また、クラウドをコミュニティへと変化させるには、インセンティブを使うといい。
- 「エンゲージメント」は「コミュニティとクラウド」「実験」という2つのExOの特徴と密接に関係している。また、人々の関心を引くのにMTPを使う。
- 従業員はコミュニティを構成する貴重な一団だ。エンゲージメントの手法を使って彼らの独自の視点を活用し、彼らを対象とした実験から学びを得よう。社内文化のどんな面をよりよいものにできるだろう。
- イノベーションマネジメントのためのソフトウェアはあふれるほど存在する。いま市場にある、従業員や顧客、協力者にアイデアを共有してもらう目的に特化したツールやプラットフォームを調べよう。
- 仮想通貨やポイントをどう有効活用できるだろう。
- 明確でしっかりとしたルールや目標、報酬を示そう。結果には報酬を与え、すぐにフィードバックをしよう。
- ネガティブな感情ではなく、ポジティブな感情を引き出すように努めよう。
- 協力やコペーティション（協調的競争）を行うことで、イノベーションが促進される。楽しいものにし、有意義な行動が起こるよう刺激を与えよう。参加を促進するような質問をしよう。
- フィードバックを考慮しながら、実験と調節を行おう。

実践方法

1 MTPがあることを確認する

心に響くわかりやすいMTPは、コミュニティを引きつけ、心をつかむための大切な第一歩だ。

2 顧客、クラウド、コミュニティをはっきりと特定する

顧客、クラウド、コミュニティにどんなグループが含まれているか特定しよう。エンゲージメントの手法を最初に試してみたいグループを選んで、そのグループのメンバーにとって何が魅力的かを調べよう。

3 エンゲージメントの手法を考えよう

明確かつ測定可能で、客観的な目標を必ず設定しよう。コミュニティに積極的にかかわりたいと思わせるものはあるだろうか。自分たちの主催する報酬付きコンテストは、勝つために画期的な考えや革新的な商品が必要だろうか。信頼を築きコミュニティを育てるために、デジタルなリピュテーションシステムを活用しよう。

4 初めにエンゲージメントの手法を試してみる

小さなグループでエンゲージメントの手法を実験してみよう。規模を拡大する前に、学んだことを生かそう。

5 すべてのユーザーのかかわりを集約し分析する

エンゲージメントを効果的に活用するには、継続的な進歩に加え、ユーザーが誰なのか、ユーザーに対して何が効果的で、何が効果的でないかを理解する必要がある。集めた情報を基に、エンゲージメントのための活動を絶えず進化させていこう。

成功のためのチェックリスト
熱心なコミュニティとクラウドがいるか？
信頼を築いているか？
顧客ロイヤルティを生み出しているか？
マーケティングの効率を高めているか？
コアビジネスのプロセスには、ゲーミフィケーションが組み込まれているか？
商品やサービスをエンゲージメントを考えて作っているか？
自社のエンゲージメントの手法は、コミュニティの意欲をかき立て、やる気にさせるか。それによってコミュニティを活用できるようになるか？

活用事例

XPrizeは、人類にとって有益な、飛躍的技術革新を実現することに力を注いでいる。同組織は、行動の動機を作ることで望む結果を得られると考えている。自らの手で革新を生み出すことに資金を使うのではなく、世界の人々に特定の問題を解決したいと思わせることで、解決策そのものが出てくるよう促しているのである。100万ドルを超える賞金を提示し、さまざまなバックグラウンドを持つチームが競争に参加できるようなガイドラインを設定することによって、XPrizeはイノベーションを促進し、よい変化を加速させている。

考察しよう！

エンゲージメントの観点からこれらの企業を見てみよう。どうやってコミュニティのやる気を引き出しているだろう。

Eyewire
Duolingo
Kaggle
Airbnb
Uber

Gigwalk
CarePay
Spigit
GitHub

IDEAS

IDEASとはExOの内側にある5つの特徴の頭文字を取ったもので、SCALEを通じてアクセス可能になる豊富な資源をマネジメントするのに役立つ。企業の内部に着目したこれらの特徴は、インターフェース（Interfaces）、ダッシュボード（Dashboards）、実験（Experimentation）、自律型組織（Autonomy）、ソーシャル技術（Social Technologies）だ。自分が求めている豊富な資源の特性を理解すれば、IDEASのうちどれがもっとも事業活動を支えてくれるかがわかる。

選んだSCALEを使って、何の豊富さを利用しているだろう。

IDEASの要素のうち、どれがその豊富な資源をマネジメントし、俊敏性や適応力を与えてくれるだろう。

IDEAS

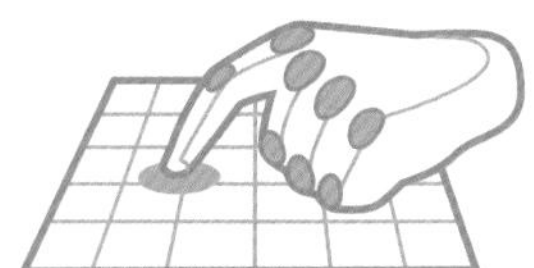

INTERFACES
（インターフェース）

DASHBOARDS
（ダッシュボード）

EXPERIMENTATION
（実験）

AUTONOMY
（自律型組織）

SOCIAL TECHNOLOGIES
（ソーシャル技術）

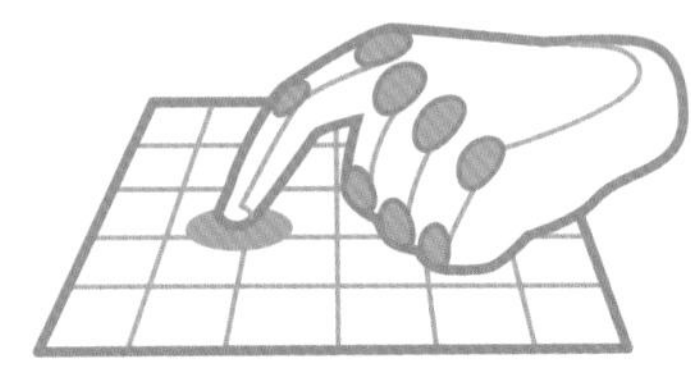

インターフェース(I)

情報は爆発的に増加しているが、人々は雑多な情報に埋もれることなく、関係のあるコンテンツにすばやくアクセスすることを求めている。
——元ゼロックス・コーポレーション会長兼CEO　アン・M・マルカーイー

あなたの会社のユーザー（顧客、協力会社、スタッフなど）は、どんな方法であなたの会社と連絡を取り合うだろう。どうやってデータを効率よくやりとりすればよいのだろう。外部にある豊富な資源を役立つものにするためには、フィルターをかけ、マネジメントしなければならない。インターフェースは効率的かつ選択的でシームレスに、これを可能にする。

インターフェースとはSCALEの自動化だ。アルゴリズムと自動化されたワークフローを用いたマッチングとフィルタリングのプロセスであり、企業はこれを使えば、大量のデータを行動の基となる有意義な情報へと変換することができる。インターフェースは飛躍的な成長を促進するもの（SCALE）と安定を促進するもの（IDEAS）の架け橋なのだ。

インターフェースは、大量にあるアクショナブルな情報を自動的に社内の適切な担当部署へ届ける。自動で転送を行えば、手作業での処理によくある限界やエラーがなくなるので、自動転送は企業をスケーラブルにするために必要不可欠だ。

インターフェースはユーザーがかかわるものでも、ほかのシステムがかかわるものでもある。ユーザーがかかわるインターフェースである「ユーザーインターフェース（UI）」は、ユーザーが使うソフトウエア・アプリの目に見える部分だ。効果的なものであるために、UIはユーザーエクスペリエンス（UX）のニーズをよく理解して作られ、楽しく簡単に商品やサービスにかかわる手段になっていなくてはならない。システムがかかわるインターフェースである「アプリケーション・プログラミング・インターフェース（API）」は、データや機能を集約し、やりとりするために自社のシステムが外部（または内部）のシステムとのあいだに持つコードをベースとしたつながりだ。

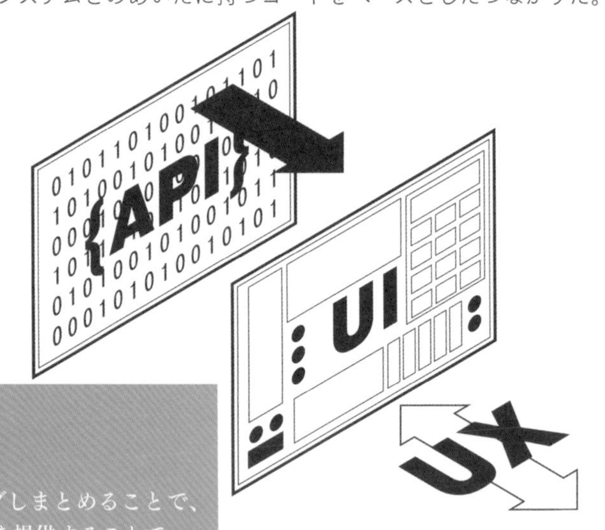

アドバイス・注意点

- インターフェースはSCALEと組み合わせることで機能する。
- インターフェースを構築する際は、人間が使いやすいようなデザインを考えよう。
- 自分のインターフェースは最終的に、セルフプロビジョニングが可能になるだろうか。
- アルゴリズムをどのようにインターフェースと組み合わせて活用しているだろう。
- APIは外部のデータをフィルタリングしまとめることで、内部の価値を生み出し、内部のデータを提供することで、外部の価値を生み出す。それによって、価値の交換が促進される。
- 現在物質世界で起きているユーザーエクスペリエンスのうち、新たな技術によってデジタルの世界へ移行できるものには何があるだろう。t

実践方法

1 利用している豊富な資源のソースを特定する

ビジネスへのたくさんのインプットを生み出すには、周りからたくさんのアウトプットを得る必要がある。

2 やりとりを人間味のあるものにして適切なUXを決定する、またはやりとりを自動化して適切なAPIを決定する

外部のソースとかかわるのに効果的な方法は何だろう。人の手によるやりとりやモデルで実験を行い、外部とのやりとりについての仮説を検証してみよう。この実験から学ぶことは、やりとりを最適化するのに役立つだろう。

3 標準化されたプロセスを作る

情報の流れや、各段階で何が行われるかを決めよう。人の手によるプロセスで実験を行い、決定したものがどう機能するかについての仮説を検証してみよう。繰り返しになるが、この実験から学ぶことは、プロセスを最適化するのに役立つだろう。

4 アルゴリズムを使ってプロセスを自動化する

スケールするためには、インターフェースをセルフプロビジョニングができるプラットフォームにする必要がある。これを可能にする効率的なアルゴリズムを作ることは、企業にとって非常に重要だ。

5 インターフェースを少人数でテストする

企業が世界的な規模になる前に、インターフェースを効果的なものにしておかなければならない。学びを得て最適化するために、小さな規模で実験を行おう。

6 定期的にインターフェースをアップデートする

インターフェースの効果を継続的に観察し、学んだことを反映させよう。

成功のためのチェックリスト

- 自社のインターフェースで、会社はスケールできるか？
- インターフェースは価値を生み出すか？
- インターフェースによって、SCALEのうちいくつが可能になるか？
- アルゴリズムや自動化されたワークフローの効果を測定しているか？
- インターフェースはユーザーの心をつかむものになっているか？

活用事例

CarePayは「あらゆる場所のあらゆる人を、よりよいヘルスケアに結びつける」というMTPを持つケニアの企業だ。モバイルテクノロジーによって資金提供者と患者、医療機関を結ぶことで、最初はケニアの、そして次に世界の医療分野に改革を起こすことを目標としている。

同社のプラットフォームであるM-TIBAは、携帯電話からアクセスでき、公的および民間の資金提供者から医療サービスのために提供された資金を受領者に直接届ける「健康の財布」（インターフェース）だ。この資金は、ケニア中の指定された医療機関での、一定の条件を満たす用途にのみ使用できる。取引が行われるごとに、デジタルでの支払いと同時に医療や金銭に関するデータがリアルタイムに集められ、医療をより安全で、患者と医療機関双方にとって透明性のあるものにするのに役立っている。CarePayはこれまでにケニア中の2000を超える医療機関と契約していて、数千万のケニアの人々が医療を受けられるよう推進している。

考察しよう！

インターフェースの観点からこれらの企業を見てみよう。つながりをユーザーにとって魅力的にし、企業にとって価値のあるものにするために、どんなことをしているだろう。

Google
(Adsense)
Airbnb
Uber
Apple App Store
LivePerson
Linden Labs
Pokemon Go

ダッシュボード(D)

測定できるものは測定し、測定できないものは測定できるようにしよう。

——ガリレオ・ガリレイ

従来の年に一度、または四半期に一度の報告では、現在のビジネス環境で起きている変化には追いつけない。ExOに特有の驚異的な成長には、しっかりとしたコントロールフレームワークとただちに軌道修正を行える能力が必要だ。現代においては、意思決定に影響する情報は可能な限り早くアクセスできるものでなければならない。

ダッシュボードはビジネスに必要なリアルタイムの情報を与えてくれる。ダッシュボードには会社と従業員の重要な指標が反映され、短いサイクルでフィードバックを行うことが可能になる。ここにはよく言われている「測定できるものは管理できる」という言葉が当てはまる。急成長するExOにとって、ダッシュボードは経営者が変化の速さに遅れずに意思決定を行うために必要不可欠なものだ。

1つ1つのダッシュボードは、見る者にとって重要なデータを視覚的に表示しているスクリーンにすぎない。しかしダッシュボードは、全員が同じものを使うのではなく、見る者の特定の目的に応じて多種多様なフォーマットでデザインされている。その機能は、重要な実績の評価指標のすべてを1ヶ所にまとめ、ユーザーが容易に、自分の仕事にもっともかかわりのある事柄について常に最新の情報を知っておけるようにすることだ。

ダッシュボードを会社の誰もがアクセスでき、透明性のあるものにすれば、学習とモチベーションを与えることができ、協調的でオープンな雰囲気を支えられる。

アドバイス・注意点

- リアルタイムで知りたい重要な指標は何だろう。
- 改善できる点に気づかせてくれるアクショナブルな指標を定め、そうでない価値のない指標を避けよう。同様に、影響が出やすい先行指標と、そうでない遅行指標を区別しよう。
- ExOは、「実験」などの重要な「特徴」の測定や、MTP実験に向けた前進に重きを置いたダッシュボードを使うべきである。
- ダッシュボードには柔軟性が必要だ。なぜなら、重要な成長促進剤である内部と外部のデータを、リアルタイムで測定しているからだ。
- ダッシュボードは自律型組織の支援に役立つ。
- ダッシュボードを使って企業全体でオープンなコミュニケーションを取ろう。企業の全員が目標設定やデータおよびフィードバックの提供に参加するべきだ。
- ダッシュボードをOKR（Objectives and Key Results: 目標とおもな成果）や実際の数字であるKPI（Key Performance Indications：重要業績評価指標）と一緒に使おう。これらのメソッドの詳しい扱いについては、インターネットや紙のリソースがたくさんあるので調べてみよう。
- ダッシュボードをユーザーインターフェースに組み込むことで、商品やサービスに対する顧客エンゲージメントを支えることができる。ただしこれはExOの特徴としての「ダッシュボード」の例ではない。ExOの「ダッシュボード」は、企業の内部でダッシュボードを活用して日々の意思決定を支えることに重きを置いているからだ。

実践方法

1 自分の事業にとって重要な指標を見極める

登録者数、ダウンロード数、PV数といった従来の価値のない指標を避け、何が事業の成功の根幹を担っているかを決めよう。仮説や学習事項といった要素のなかで、データが必要なものには何があるだろう。どんな指標から、行動につながるような情報が得られるだろう。

2 利用者を見極める

同じ企業内でも、戦略担当か実務担当かといった立場によって関係のある指標は異なる。そのダッシュボードを誰が何の目的で使うのかを見極め、利用者にとって重要なものになるように設計しよう。ダッシュボードはいまやあちこちに存在するので、インスピレーションを得られる例や、ダッシュボードを作るためのリソースには事欠かない。

3 データをリアルタイムに追跡・収集・分析する

顧客の指標から始め、次に従業員の指標に移ろう。リアルタイムでアクセスできればフィードバックのサイクルは短くなり、意思決定のスピードが速くなる。

4 目標設定のフレームワークを実践する

全社で個人やチームのOKRやそれに似たものを設定することで、集中力を高め、成果につなげよう。本質的には「目標」は行きたい場所を定義するもので、「成果」はそこにたどり着いたかどうかを教えてくれるものだ。学んだことを生かして改善をしていこう。

5 指標を透明性があってアクセスしやすいものにしよう

企業の誰もが重要な指標へアクセスできなければならない。ただし指標が機能するためには、従業員から企業文化の一部として受け入れられ、価値を高めるものとして認められる必要がある。

成功のためのチェックリスト

- 事業の推進力となるものを測定しているか？
- よりよい判断をより迅速に行うために必要な情報を得ているか？
- 集めているデータはアクショナブルな次のステップにつながるか？
- データはどんな問題を解決するか？
- 測定からわかるダッシュボードの恩恵は、データを得て分析するために必要なリソースよりもはるかに大きいか？
- 従業員からどんなフィードバックを得ているか？　ダッシュボードは従業員にとって必要不可欠なものになっているか？
- 自分たちの会社はデータに基づいて行動するか？　1つ1つのチームの日々の決定をサポートしているか？　また、能力に応じて、メンバーにイノベーションやアイデア、改善点を提案させているか？

活用事例

Facebookは、変化が激しい会社では効率的な社内のコミュニケーションが欠かせないことを知っている。2万5000人を超える従業員の生産性を支えるためには、情報共有のための革新的なアプローチが必要だ。

同社の社内ツールの担当チームは、会社のダッシュボードを簡単に作成・カスタマイズできるような仕組みを作り出した。ダッシュボードを作る人は、アクティブなユーザーの数や日々成立する友達の数などの統計を表示させたいかもしれないし、会社中の部署から寄せられる内部の状況や、特定のチームのエンジニアが行ったコードレビュー全件など、従業員のアクティビティがわかる社内用のニュースフィードがほしいかもしれない。

1つ例を挙げれば、Facebookの社内コミュニケーションのチームが作成したダッシュボードには、新製品の発売情報や会社の発表、イベント、会社中の人々からの社内向けのお知らせといった情報に加え、興味のある話題を投稿して同僚とディスカッションを行う社内向けの近況報告の場が設けられた。

ユニークなビジネスのニーズが従業員全体に広がっていることを考えると、カスタマイズできるダッシュボードによって、Facebookの従業員たちがデータの傾向や自分たちに関係のある情報を閲覧できると同時に、組織全体のオープンさと透明性も高まる。

考察しよう！

ダッシュボードの観点からこれらの企業を見てみよう。最初の4つの企業にとって、どのようなリアルタイムの指標が大切だろう。また、残りの企業がどのようにダッシュボードの利用に役立つか調べよう。

Facebook
Twitter
LinkedIn
ZenDrive
Oracle

Aha!
Stocktouch
Perdoo
Tableau
Geckoboard

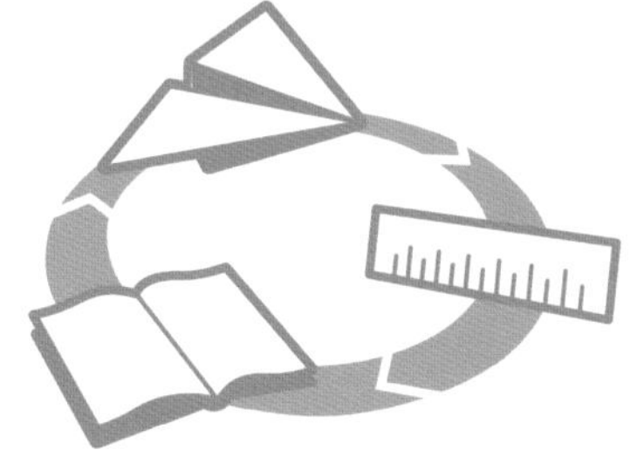

実験(E)

成功を測る本当のものさしとは、24時間でできる実験の数である。

——トーマス・エジソン

初期の段階では、ExO はスタートアップに似ている。どちらもまだスケーラブルなビジネスモデルを模索しているのだ。スティーブ・ブランクが言うように「最初の顧客に出会ったとき、生き残るビジネスプランは存在しない」。新しいビジネスモデルはどれも、実行するべき一連の行動ではなく、検証すべき仮定であり、仮説である。

一方で、ExO が破壊的変化に適応しようとしている、または破壊的変化をリードしようとしている既存企業というケースもある。この場合、企業は新しい商品やサービス、プロセスなど、新しいアイデアを絶えず生み出さなくてはならない。これらのアイデアはすべて仮説として考え、大規模な実行に移す前に検証する必要がある。

従来のビジネスプランや商品プランは、市場が求めるものに関する多くの仮定に基づいて作られている。実験とは大きな投資をする前に仮定を検証する行為である。1 つ実験を行えば複数の学びが得られ、それを生かして商品やサービス、プロセスを改善することができる。

新しい企業か既存の企業かに関係なく、ExO はどのように発展するのが最良かを知るために絶えず実験を行わなければならない。企業内で実験を行うためのベストな手法の 1 つが、リーン・スタートアップだ。この手法はフィードバックのサイクルをすばやく実行することを重視しているので、企業はある特定の方向に膨大な時間と資金をつぎ込む前に、学んだことを取り入れて調整を行うことができる。

実験は複数の部署で行われるので、リスクを取ることを受け入れる文化を生み出せる。リスクを取ることで戦略的優位性が得られ、より早い学びにもつながる。目まぐるしく変化する外部の状況に合わせてプロセスを構築したり、商品を真のニーズに合ったものにもできる。

アドバイス・注意点

- 現在の自社の文化はどれくらい変化に適しているだろう。従業員は協力的、意欲的でオープンだろうか。こうした要因は、実験が成功するかどうかにかかわってくる。
- 失敗は実験に不可欠な要素だ。成果が芳しくなかった部分は、改善のための学びやチャンスがある場所だ。失敗をネガティブなもの（最高の評価を得られなかった）ではなくポジティブなもの（学びを得られた！）と考えるよう、マインドセットを変えなければならない。
- 知見や学びをもたらす「よい失敗」に報酬を与えることは、組織内に実験をコア・バリューとして植え付け、実験を抵抗や偏見なく行えるようにすることにつながる。
- たとえば、行った実験の数や検証した仮説の数を測るなどして、個人や部署が実験のステップに意欲的に取り組むようにしよう。
- 外部のオンデマンド型人材はあなたに何と言っているだろう。こうした人々は実験に適したグループだ。その事業に十分にかかわっているのでユニークな知見をもたらすことができるし、改善への直接的な関心もある。同時に、会社との関係が遠いため、客観的なフィードバックを与えてくれる。
- 既存の顧客や仕入先は、簡単にアクセスできて効果的な実験対象だ。仮説を検証するために、「オフィスの外に出よう」の言葉に従おう。
- 商品やサービスを、あとから簡単に変化を加えられるように作ろう。顧客からのフィードバックを継続的にまとめられるだろうか。
- 実験のタイムボックスを決め、事前に結果を予測しよう。また、測定方法を決めて、反証可能な仮説のみで実験を行おう。質問を設定するときは、確証バイアスを避けるように。

TATA MOTORS
Connecting Aspirations

活用事例

インド最大の自動車会社 Tata Motors は、子会社や協力会社を通して世界中で事業を行っている。同社は急速に変化するビジネス環境のなかで将来を保証するためには、先進的なモビリティソリューションの分野に遅れずについていかなければならないということを知っている。

Tata Motors は世界的なスタートアップや大手テクノロジー企業とのネットワークを構築するために、オープン・プラットフォームとして、新ブランドとなる TAMO を導入した。TAMO は顧客や幅広いコミュニティとのやりとりを変えるものでもあった。テクノロジーやコンセプトを迅速に検証するために、同社は TAMO というエコシステムを通して、少量かつ低コストな車のモデルを使って実験を行うことができる。こうした実験の結果は、未来の主力商品や主力サービスの設計に役立つ。

実践方法

1 チームを教育し、実験を奨励する

質問することの重要性や、よい質問の作り方、価値をもたらす答えの見つけ方について、従業員を教育しよう。スタッフに質の高い実験を迅速に行うこと（そして学びを得るために失敗することも）を奨励し、その権限を与えるような文化を作るため、会社のリーダーとしてサポートを示そう。

2 検証する仮説や価値提案を決める

何を検証しているだろう。その成果はいま行っていることに影響を与えるだろうか。根底にある顧客についての仮説を絶えず検証しよう。ビジネスモデルキャンバスは、自分のビジネスにおけるすべての仮説が組み合わさったものだ。検証する仮説を選ぶ際には、ビジネスモデルキャンバスを出発点にしよう。

3 実験を計画・実行し、仮説を検証する

実験の計画についてよく考えよう。結果は定量可能だろうか。その結果はどのようにイノベーションを可能にするだろうか。真のニーズを明らかにするため、クリエイティブな方法で質問を設定しよう。どんな基準を満たす必要があるかも含め、成功の指標となるものをはっきりと定義しよう。

4 実験結果からデータを集め、分析する

学びを得るために実験の過程を追い、結果を測定しよう。

5 データから学ぶ

結果から何を学んだだろう。実験から得たデータによって、仮説は立証されただろうか。それとも否定されただろうか。ビジネスモデルを発展させるなど、学んだことを基に状況に対応したり方針を変えたりする覚悟を持とう。

6 アプローチを繰り返す

どこを調整すれば、実験の成果の質が高まるだろう。実験の計画や実行も含め、アイデアのあらゆる側面に対し、継続的に実験を行おう。

突き詰めれば、リーン・スタートアップは最初にアイデアを用意し、それを評価するために構築―測定―学習のサイクルを行うという手法だ。

構築
アイデアの段階に応じて、単に自分の新しいアイデアに関して顧客や関係者への質問を作ってもいいし（これには「顧客開発」の手法が最適だ）、最初のMVP（Minimum Viable Product：実用最小限の製品）を作成してもいい。MVPを作ると製品を早く市場に出せるほか、フィードバックも早く得られる。どちらのアプローチも実験だ。

測定
リーン・スタートアップの基本方針の1つは、データに基づいた決定を行うことだ。つまり、インタビューなのかMVPなのか、ほかの方法なのかにかかわらず、実験のデータを集める必要がある。

学習
実験結果を分析すれば、検証している仮説の妥当性がわかるだろう。仮説が立証されたかどうかに関係なく、実験で得られた学びはかけがえのないものだ。その学びによって企業は当初のアイデアをさらに発展させ、それから構築―測定―学習のサイクルを繰り返すことができる。

構築―測定―学習のサイクルを使えば、新しいアイデア（革新的な商品など）への投資を減らし、無駄を削減することができる。ニーズを確かめていない機能を開発するのに時間を割かずにすむからだ。この3ステップのサイクルをすばやく頻繁に行えば行うほど、短い期間でより多くのことを学べる。

ビジネスによってはこのサイクルに変化を加えたバージョンが合うこともある。Googleベンチャーのジェイク・ナップの著書『SPRINT 最速仕事術』では、構築の部分を飛ばしたデザイン手法が紹介されている。また、テニー・ピニェイロの著書『サービス・スタートアップ』では、デザインを学習からスタートするよう提唱されている。MVP、実物大模型、プロトタイプのどれをいつ導入するかも検討の余地がある。

成功のためのチェックリスト

- ビジネスを促進するような仮説をはっきりと定めたか？
- 価値のある質問をしているか？
- 実験は価値のある結果を生み出しているか？
- 結果を基に、絶えず成長・改善しているか？
- 実験は会社のコア・バリューになっているか？
- 結果をカテゴライズするためにツールを使うなど、新しい知識を獲得・活用するためのプロセスはスムーズで柔軟になっているか？
- 予算と計画のなかにフィードバックと商品改良にかける時間を含めているか？

Dropbox
Adobe
General Electric

Google X
Amazon
Uber
Groupon

考察しよう！
実験の観点から上記の企業を見てみよう。これらの企業にはどんなタイプの実験が役立つだろう。

自律型組織（A）

できないという者は、それを行っている人々の邪魔をするべきではない。
——中国のことわざ

化石化したプロセスやルール、報告体制から解放され、共通の目標を達成するために自らを組織する権限を与えられたチームは、意思決定の迅速化やイノベーションの加速、アイデアのすばやい検証など、さまざまなことが可能になる。

自律型組織とは、自らを組織する力があり、多様なバックグラウンドを持つ人々が集まる、一定の権限を委譲されたチームのことを指す。このアプローチは、縦社会的な役職ややり方を特徴とする従来の企業の対極にあるものだ。自律型組織を実践するExOは、組織がフラットだ。そして、イノベーションを起こす権限を持ち、やる気にあふれ、自発的に行動する人々がいる。

自律型組織はさまざまな形で実践できる。社内で実践すると、中核チームがより機敏かつ柔軟に活動できるようになり、その結果、組織は絶えず変化する環境により早く適応できる。また、自律型組織は社外の人材（オンデマンド型人材）に対して適用することもできる。この場合、オンデマンド型人材はより独立した活動ができるようになり、結果として、会社が飛躍的に成長する可能性が高まる。

自律型組織を実践するということは、コントロールをしないということではない。個人やグループに自制心ある自由を与えることだ。自律型組織の実践により、機敏性や柔軟性が増し、反応や学習時間が速くなり、従業員の士気が上がる。

自律型組織の実践に役立つ、よく使われるフレームワークには次のようなものがある。

- **スクラムやかんばんなどのアジャイル製品開発フレームワーク**は、製品開発チームでの自律型組織の実践に役立つ。これらのフレームワークはソフトウェア開発会社でよく使われるが、どんな企業でも使うことができる。
- **OKR（目標とおもな成果）**は、全社的な自律型組織の実践や機敏性をサポートする。OKRは商品開発の活動を超えて企業全体に関係し、すべてのチームや個人の取り組みを、まとまりと柔軟性を兼ね備えたものにしてくれる。
- **ホラクラシー**は（直線型ではなく）ネットワーク型の組織設計とマネジメントモデルの一例だ。これを使えば、企業はその時々の目標や課題に取り組むために、柔軟にチームを作ることができる。もう1つの例はティール組織だ。これについてはフレデリック・ラルーの『ティール組織』で解説されている。
- **自ら飛躍型企業を生み出したり、飛躍型企業と提携したりして、その企業自身の既存ビジネスを破壊しようとする「秘密工作」の実行チーム**は、既存の企業の末端、もしくは外部に作られた、担当の仕事やプロジェクトに関して独自の判断を下す権限を与えられたグループの例だ。こうすることで意思決定のスピードが上がり、より革新的で機敏な活動を行ったり、ブレークスルーのアイデアを生み出したりすることにつながる。

アドバイス・注意点

- 勤続年数の長い従業員と短い従業員を混在させると、チームにとってプラスになる。
- アイデアやインスピレーションを得るために、ホラクラシーや類似の手法について調べよう。
- 自律型組織にも説明責任は必要だ。
- 企業がより大きな信頼を得たり、役割をより明確にしたり、みんなが一緒に働くためにかかるコストや労力を下げたりするためには、どうすればいいだろう。
- 社内で自律型組織を実践するためには、文化的に受け入れられることが必須となる。
- 自律型組織はExOの特徴の1つである「エンゲージメント」と併せて実践できる。
- 自律型組織の実践には、ブロックチェーン技術が役立つ。ブロックチェーンを使うと、離れた場所の機器や人々が中央管理システムなしでやりとりすることができる。

実践方法

1 MTP を定める

多くの ExO の特徴と同様、MTP は適切な人材を引きつけ、意思決定を導くのに不可欠だ。

2 適切な人材を見極める

自ら行動を起こせる従業員や起業家は、この革新的なスタイルの企業にうってつけだ。アジャイルフレームワークの活用や自らを組織するチームの実現に向けたモチベーションや構造、イノベーションを支えるには、新しいリーダーシップモデルやスキルが必要となる。

3 チームを作る

多様なバックグラウンドを持った、独立した小さなチームを持つ文化を浸透させよう。有能で革新的な、自ら行動できる人材を採用しよう。

4 フレームワークやツールを活用する

グループの自律型組織のレベル（自由の程度）を定め、親会社との接点はどこなのかを決めよう。MTP や会社の価値観に基づいて明確な指針を設け、そのグループがどう活動し、どう説明責任を果たすのかのフレームワークを明確にしよう。

5 目的を伝える

この組織的なアプローチの目的を定め、それを伝えよう。スタッフが会社の MTP に沿った新しいプロジェクトを始めたり、進行中のプロジェクトのなかから好きなものを選んだりすることを奨励しよう。

6 ダッシュボードを活用する

オープンで透明性のあるダッシュボードを作り、チームがデータに基づいてよりよい意思決定を行えるようにしよう。

成功のためのチェックリスト

- 従業員は自分で意思決定を行うよう奨励されているか？
- 意思決定権は分散されているか？
- 自律型組織や独立性を支持する文化になっているか？
- 仲間への説明責任は果たされているか？
- 社内の役割には、柔軟性があるか？
- 自律型組織のチームが効果的にリスクや失敗をマネジメントするための明確なプロセスがあるか？

BUURTZORG

活用事例

Buurtzorg はオランダで設立したヘルスケア組織のパイオニアで、その特徴である看護師を主体とした総合的な地域ケアのモデルは、世界中で地域の保健医療福祉にイノベーションを起こしている。このモデルでは、登録された看護師や資格のある准看護師、看護補助者から成る 12 人のチームが、地域にオフィスを設け、地元のコミュニティやその地域の総合診療医、療法士といった関係者たちに挨拶をする。こうすることで、口コミや紹介で顧客を得られる。それぞれのチームは自分たちでチームの管理を行い、どのように仕事を組み立て、責任を共有し、決定を下すかを決めている。

このモデルによってケアの質が高くなり（国内のヘルスケア組織のなかで最高の顧客満足度を達成している）、仕事の満足度が向上し、全体的なコストも低下した。時間当たりのコストはほかのヘルスケア組織よりも高いものの、Buurtzorg は同じ数の患者に対応するのに必要な時間を 50 パーセント削減することに成功している。

考察しよう！

自律型組織の観点からこれらの企業を見てみよう。どうやって権限の分散を実行したり、それを可能にしたりしているだろう。

Enspiral
Medium
Zappos
Valve Corporation
ING Direct
Axosoft
Scaled Agile
Haier

ソーシャル技術（S）

1人ではほんの少しのことしかできないが、力を合わせれば多くのことができる。
——ヘレン・ケラー

ソーシャル技術は、従業員やオンデマンド型人材、顧客などのコミュニティがすばやく簡単にコミュニケーションを取れるようになるためのツールだ。これらのツールを使えば、会話や決断のサイクル、学習がより迅速になる。アイデアが共有され、受け入れられ、実行されるまでのタイムラグを実質的になくすことができるのだ。

ExOの特徴としての「ソーシャル技術」は、ソーシャルメディアをマーケティングに使用することを奨励するものではない。コミュニケーションやコラボレーション、ワークフローなどに役立つテクノロジーを通して社会的な交流を促したり、どうすればそれをうまく行えるかを検討したりして、社内の業務を改善することだ。

ソーシャル技術にはコミュニケーションツール（ソーシャルメッセージングやディスカッションフォーラムなど）やコラボレーションツール（文書を共有しリアルタイムで編集できるクラウドベースの文書管理など）、タスクや活動の流れを管理するためのワークフローツールがある。これらの技術を利用することで、企業は完全にデジタル化されたコミュニケーション基盤の恩恵を受けられる。ツールによって透明性が生まれ、企業の情報の遅延（情報がある場所から別の場所に到達するまでに要する時間）も小さくなる。

ExOは社内でソーシャル技術を活用し、スタッフがリアルタイムに連携できるようにすることで、サイクルタイムを劇的に削減している。チームは急速に変化する環境のなかにあっても常につながっていて、安定を保っている。連携の方法としては、ウィキやブログ、ソーシャルネットワークやウェブ会議が主流だが、仮想現実（VR）や拡張現実（AR）のツールも急速に出現している。

ExOは、会社の枠を超えて顧客やその他のコミュニティのメンバーとつながるためにもソーシャル技術を用いる。これにより、ExOの特徴の1つである「コミュニティとクラウド」のサポートとして、情報を商品やサービスの開発に利用する風潮が生まれ、社会的要素を組み込んだ商品やサービスの設計が可能になる。

アドバイス・注意点

- ソーシャル技術が効果を発揮するためには、協力的な文化が不可欠だ。職場は協力的でやる気に満ち、透明性があるだろうか。もしそうでないなら、それを改善するために何ができるだろう。
- 企業内で、縦と横、両方のコミュニケーションが取れるようにしよう。
- テレプレゼンスや仮想世界、感情認識といった新たなソーシャル技術を社内でどのように活用できるだろう。
- バーチャルな働き方が可能になると、自分の企業にどんな影響があるだろう。
- ソーシャルツールを導入すると、コミュニケーションや連携のメカニズムが大きく変わる可能性がある。たとえば、会社の首脳陣やマーケティング部、広報部は一方通行のコミュニケーションに慣れているかもしれないが、ソーシャル技術を駆使することで、双方向かつ複数の方面に向けたリアルタイムのコミュニケーションが取られるようになる。
- インターフェースのサポートとしてソーシャル技術を社外に向けて使い、情報の遅延なしで顧客とコミュニケーションを取れるようにしよう。
- ユーザーインターフェース（UI）にソーシャル技術を組み込むとエンゲージメントを促進できる。だが、これは社内での活用に重きを置いた、ExOの特徴としての「ソーシャル技術」には当てはまらない。
- 豊富な資源をマネジメントして企業を成長させるために、ソーシャル技術をどう使えばいいだろう。ソーシャル技術をどのように用いれば、開発のスピードを上げたり、新規顧客を獲得したりできるだろう。
- 企業に適切な社会構造や情報の流れを作り、テクノロジーによるコミュニケーションを可能にすることで、機敏性が向上し、大規模なイノベーションが促進される。また、企業が成長していくなかで、人間味を残しておくことにもつながる。

実践方法

1 MTP を定める

従業員が共通の目的に沿って連携するためには、野心的な MTP が設定されていなければならない。

2 現在の社会環境を分析する

既存の社会やコミュニティの交流にはどんなものがあるだろう。誰がどのようにコミュニケーションを取っているだろう。いまは交流ができていないが、交流できれば有益になると考えられるグループにはどんなものがあるだろう。

3 ツールを利用する

自分の交流状況について学んだことを基に、全社でクラウドのソーシャルツールを活用しよう。市場に出回っているたくさんのツールを試し、自分に合ったものを見つけるといい。コミュニケーションツールだけでなく、共同作業や仕事の流れをサポートするツールも検討しよう。

4 カメラをオンにする

ツールの機能を存分に活用しているだろうか。たとえば、Skype for Business のように映像を映す機能もあるサービスを、音声通話にしか使っていないということはないだろうか。映像があるかどうかの違いは大きい。映像があれば、話している相手についてより多くのことがわかり、言語外のフィードバックを得ることができ、互いに理解し合える。自分たちの持つツールの機能をすべて調べ、一緒に働くための新しい方法を見つけよう。

5 経験から学ぶ

自分にとって、ソーシャルツールはどんなことにもっとも役立っているだろう。人々はどのソーシャルツールに魅力を感じているだろう。従業員や顧客からどのようなフィードバックを得ているだろう。

成功のためのチェックリスト

- 幹部はこれらのツールを率先して利用しているか？
- ソーシャル技術を大切な意思決定のサポートに使っているか？
- 相手との良好な関係を構築するために、定期的に直接会い、ソーシャル技術ではカバーできない部分を補っているか？
- スタッフや顧客はソーシャルツールを難なく取り入れているか？　ソーシャル技術を知っていて、使い方のトレーニングを受けているか？
- 自社の IT 部門はソーシャルツールの使用を支援しているか（そして阻害していないか）？
- 社会的要因を考慮して商品やサービスを決定しているか？

TED

活用事例

TED はニューヨークに本社を持つが、ほかの州や国に住む開発者もいる。1ヶ所に集まらずに仕事を行うという体制を取ると、住む場所に関係なく有能な人材にアクセスできる一方で、バーチャルによるしっかりとした連携が必要不可欠となる。

TED の技術チームは使えるソーシャル技術をフル活用している。

- GitHub（コーディングでの共同作業）
- Googleドキュメント（進行中の仕事に関する記録）
- Skype や Googleハングアウト（小規模なミーティング）
- Dropbox（共有資産の保管）
- BlueJeans（ビデオ会議）
- グループのウィキ（共同でのスケジュール作成）
- チャット（1 対 1 の会話）
- Flowdock（チーム内での雑談や会話の共有）

スタッフはポータブルのWiFiホットスポット「MiFi」を支給され、誰もが常に最高の接続状態を保てるようになっている。チームはカスタマイズを行っていて、問題点を知るために定期的にスタッフの意見を集めている。彼らは全員が直接会うことの大切さを認識していて、年に数回チームで集まって目標やアイデアについて話をする。

考察しよう！

ソーシャル技術の観点から右の企業を見てみよう。これらの企業のサービスは、チームの連携にどのように役立つだろう。

Yammer（コミュニケーション）
Slack（共同作業）
Trello（プロジェクトマネジメント）
Asana（業務のトラッキング）
Dropbox（ファイル共有）
Zoom（ビデオ会議）
Aha!（製品ロードマップ）
Sansar（仮想現実（VR））
Skype（ビデオ会議）
Evernote（整理）
Google ドライブ（共同作業）
Google ハングアウト（コミュニケーション）
Flowdock（グループチャット）
Vidyo（ビデオ会議）
Join.me（ビデオ会議）
Poll Everywhere（交流）
Medium（情報発信）
GitHub（コーディング）
99Designs（デザイン）

ExOキャンバス

ここまで読んだあなたは、ExO が豊富な資源にアクセスし、マネジメントするために実践している特徴について理解できたことだろう。次は ExO キャンバスについて説明する。ExO キャンバスはたった 1 ページのシンプルなツールで、これを使えば自分の飛躍型企業を簡単に設計（そして改善も）できる。

ExO キャンバスは、マネジメントのためのテンプレートで、ビジョナリーやイノベーター、企業の最高幹部や起業家が飛躍的に加速するテクノロジーを活用して機敏な企業を作る際に役立つ。ExO キャンバスを使って新しい ExO を設計したり、ExO のフレームワークを既存の企業で使ったりしよう。

自分の会社はどれくらい柔軟で機敏だろう？　自分の会社は ExO だろうか？　ExO キャンバスはこれらの質問に答える際に役立つように作られている。このツールは、会社が柔軟で機敏な ExO になれるよう導いてくれる。

ExO キャンバスは ExO モデルを構成するすべての特徴を 1 ページにまとめたものだ。新しい飛躍型企業の設計、あるいは既存の企業のなかでの ExO 戦略の創出に向けて、シンプルで明快な基礎を作るのに役立つのに加え、飛躍型企業の全体像がしっかりと考えられているかを確かめることもできる。ExO キャンバスを使うことで、ExO のどの特徴を導入するかだけでなく、もっと具体的に、それぞれの特徴をどう実践するかについてしっかりと考える機会を得られる。

ExO キャンバスは、ビジネスモデルをビジネスモデルキャンバスで表現されるような形で捉え、それを円滑に飛躍型企業のビジネスモデルへと変化させるのに効果的なツールだ。構想の初期段階で使えば、ExO キャンバスは、自分の企業に関係のある飛躍型技術をどのように応用できそうかについて学ぶ、よいきっかけにもなる。

私たちは、ExO キャンバスを世界中の 100 人を超える ExO の専門家たちとともに生み出した。共同制作者全員のリストは www.exocanvas.com で閲覧できる。また、このサイトでは ExO キャンバスをダウンロードすることもできる。

ExO キャンバスを左から右へ移動してみよう。最初は、豊富な資源の世界とつながるために SCALE を使うことになる。次に IDEAS に移り、その豊富な資源を実験と実行によって機能させる。この方法を使えば、新たな豊富な資源を自らの手で生み出せるようになる。覚えておきたいのは、このプロセスが企業の存在意義を決める重要な MTP に沿って行われるということだ。

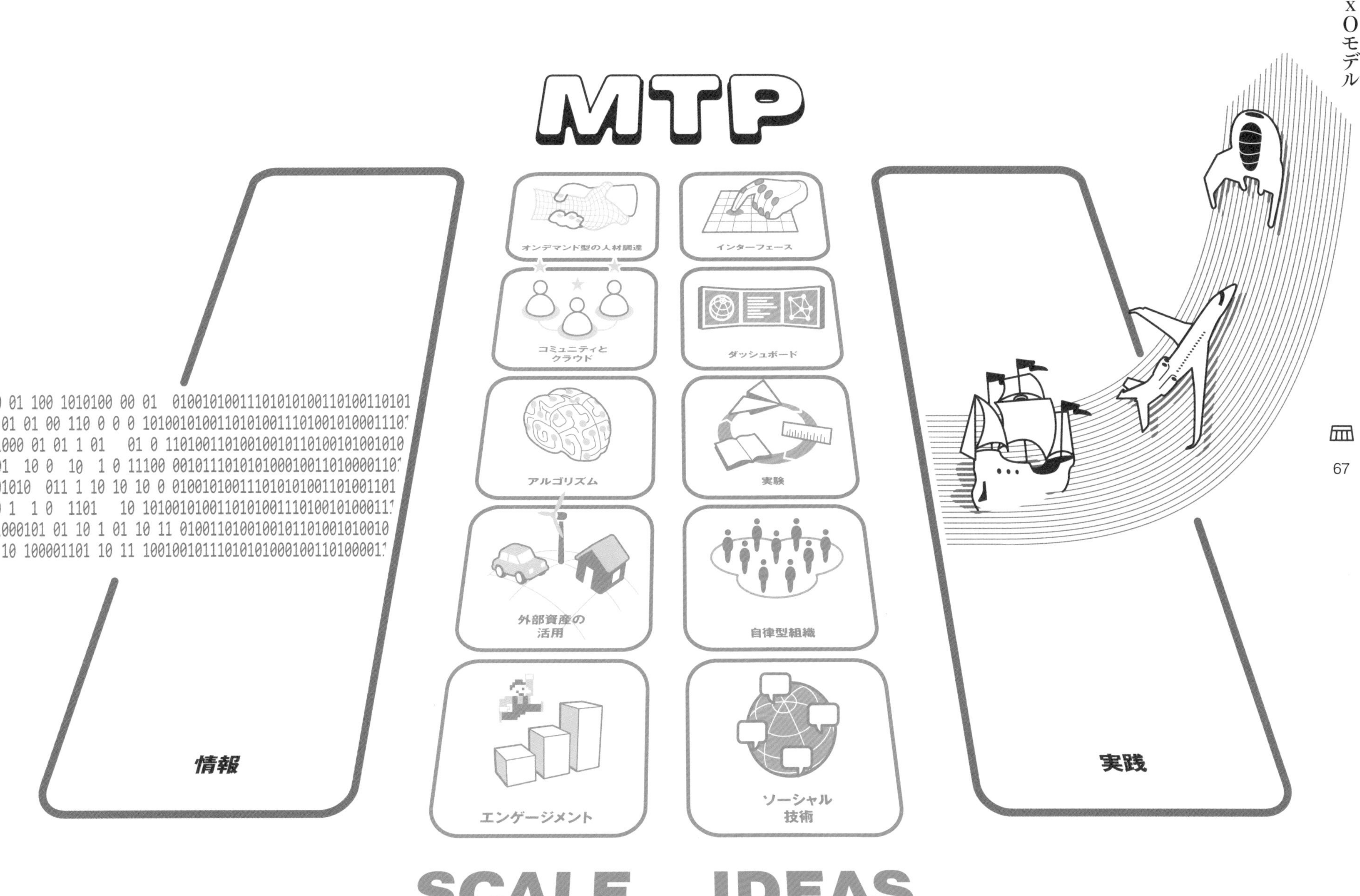
MTP
オンデマンド型の人材調達
インターフェース
コミュニティと
クラウド
ダッシュボード
アルゴリズム
実験
外部資産の
活用
自律型組織
エンゲージメント
ソーシャル
技術
情報
実践
SCALE
IDEAS

ExO キャンバスをダウンロードすると、このようになっている。

野心的な変革目標（MTP）			
情報	オンデマンド型の人材調達	インターフェース	実践
	コミュニティとクラウド	ダッシュボード	
	アルゴリズム	実験	
	外部資産の活用	自律型組織	
	エンゲージメント	ソーシャル技術	

ExOキャンバスの使い方

グループでExOキャンバスに取り組むなら、何も書き込まれていないExOキャンバスをできるだけ大きく印刷しよう。大規模なグループでブレインストーミングを行う際には、壁ぐらいの大きさが最適だろう。小さいグループの場合はA0サイズがベストだ。ExOキャンバスのすべての項目に付箋が貼れるよう、十分なスペースを確保しよう。

ExOキャンバスの各項目は、最終的には付箋で埋め尽くされる。そのため、グループ全員に行きわたるように十分な数のマーカーを用意しよう。始める前に、参加メンバーには、記入内容は付箋の大きさに合わせて簡潔にするよう伝えておくといいだろう。

参考にできるように、メンバー全員にExOキャンバスのコピーを配っておこう。このとき、それぞれの項目にあらかじめ発想を促す質問を入れておくこと（www.exocanvas.comで入手できるExOキャンバスを参考にしてほしい）。作業の際にアイデアがあれば、思考プロセスが刺激される。

ExOキャンバスの一番上には、いま考えているMTPを書こう。その後書かれるものはすべて、このMTPをサポートするものだ。

次に、MTPを達成するのに役立つような新しい豊富な資源がどこにあり、どうすればアクセスできるかを考えよう（たとえば、Airbnbは使っていない部屋が豊富にあることを利用した）。先に述べたように、ExOキャンバスの左側に書かれた5つの特徴（頭文字：SCALE）は、豊富な資源へのそれぞれ違ったアクセス方法になっている。

SCALEと豊富な資源を結びつけられるような情報、あるいはデータのソースを考えてみよう。それがExOキャンバスの左側、SCALEの隣にある項目だ。自分がどんな情報やデータを持っていて、何が必要で、その必要な情報がどこから来ていて、どうやって集めるのかを考えよう。

豊富な資源のソースを特定したら、ExOキャンバスの右側にある5つの特徴（頭文字：IDEAS）に移る。IDEASは、それぞれ豊富な資源のマネジメント方法になっている。それぞれの特徴の関係性を考えて、どの順番で実践するかを決めよう。たとえば、コミュニティとクラウドが決まったらエンゲージメントに移る、といった具合に。

最後に、いまの会社でのExOの特徴の実践、または新しい飛躍型企業づくりを進めるために、どんな中間目標やタスクが必要かを考える。これらのステップは、個別に分かれていて測定可能なものでなければならない。ExOキャンバスの右側にある「実践」の項目にステップを書き込もう。

それぞれのMTPに対して作成したExOキャンバスは、ExOスプリントを行うなかで何度も発展のサイクルを繰り返す。アイデアをすばやく何度も繰り返し考えることや、ExOキャンバスを急速に発展させていくことが重要だ。だが、あくまでもまだ初期段階。いまの段階でピカピカに磨き上げておく必要はない。

古いバージョンのExOキャンバスも取っておこう。あとになって、そこに書かれたことが役に立つかもしれない。

サリム・イスマイルの『シンギュラリティ大学が教える飛躍する方法』で紹介されている飛躍型企業度診断は、「自分の企業はどのくらい飛躍型企業なのか」という質問に答えるものだ。

変革の旅を始めるにあたり、基準となる値を知ることから始めるのは有効だ。https://exqsurvey.comで質問に回答して、飛躍型企業度を診断しよう。自分の企業に関する質問に答えれば、飛躍型企業度が点数でわかる（75点以上なら飛躍型企業だと考えられる）。

この診断に答えることは、ExOの特徴への理解を深め、自分の企業に照らし合わせて考えるのに役立つ。聞きなれない用語があれば調べよう。

ExOキャンバス使用時のアドバイス

MTP はすべての飛躍企業にとって必須のものであり、これこそが出発点となる。

豊富な資源に**アクセスする方法**（SCALE）を考えることから始め、それから**マネジメントする方法**（IDEAS）を考えよう。

SCALE と IDEAS で、使う数のバランスを取るように。SCALE と IDEAS は互いに重なり合っているため、両方のグループの特徴を活かす必要がある。SCALE と IDEAS で、使う特徴の数を近いものにするのもよいだろう。

それぞれの特徴の関係性を考えよう。たとえば、SCALE でオンデマンド型の人材調達を活用したい場合、IDEAS ではインターフェースとダッシュボードが必要になる可能性が高い。同様に、自律型組織を活用する場合は、ダッシュボードやソーシャル技術が必要になる。

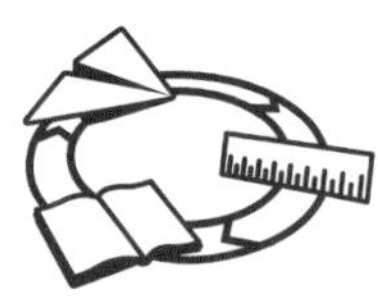

少なくとも ExO の初期段階においては、**実験は必須の特徴**だ。この要素は継続的に学び続けるというマインドセットを得るために欠かせない。

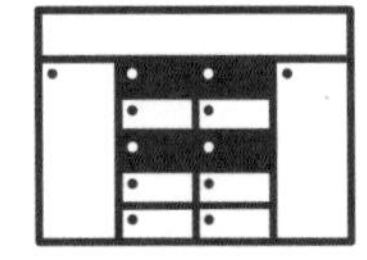

ExO の特徴をすべて実践する必要はないが、真の飛躍型企業を作るためには**最低でも 4 つは必要**だ。

ExO の特徴を単なるチェックリストとして使うという傾向がある（コミュニティ？　チェック！　インターフェース？　チェック！　というように）。ExO キャンバスを使うことで、このような軽い使い方で留まることなく、それぞれの特徴をどう実践するかをはっきりと決めよう。

あなたは、ExO モデルの要素とその相互関係（MTP、世界中の豊富な資源へのアクセスを可能にする 5 つの外側の特徴 SCALE、その豊富な資源を管理するのに役立つ 5 つの内側の特徴 IDEAS）を理解した。次はなんだろう？

ExO スプリントは 10 週間のプログラムだ。これを行えば、ExO モデルを活用できるようになる。ExO の特徴を変革の「材料」、ExO スプリントを「レシピ」だと考えよう。次の章では、あなたが ExO 戦略を決定し飛躍のための変革を実現できるよう、課題や方向性を示し、サポートを行うことで、ExO スプリントを完遂できるよう導いていく。

ExO
スプリント

イントロダクション

企業に変革を起こし、飛躍的な成果を上げるため、ExO モデルを実践する準備はいいだろうか。

この飛躍型技術の時代において、飛躍型企業がもっとも成功する企業だということに疑いはないが、正直なところ、ExO モデルを実践するのは容易ではない。正しい方法で行わなければ、企業自身の免疫システムをはじめとする多くの問題が生じ、あなたが望む変革が阻害されてしまう。

この章では 10 週間の ExO スプリントを行う方法を、段階を追って週ごとに解説する。ExO スプリントを完了したとき、企業は破壊に耐える力を持つだけでなく、現在のイノベーターたちを追い抜く立場となり、業界でトップの地位を得るだろう。あるいは、新しい産業を生み出すことになるかもしれない。

変革への課題

ExOのフレームワークを既存の企業に当てはめるのは容易ではなく、変革の過程で多くの課題に直面することになる。以降のページでは、それらの課題について説明し、ExOスプリントを最初から最後まで行うことで、どのようにその課題を解決できるようになるかを示す。

既存の企業の場合は、プラットフォームになったり、独自のエコシステムを作ったり、別の豊富性に基づいたビジネスモデルを選んだりすることで、ビジネスモデルを豊富な資源に結びついたものに変えるのもいいだろう。適切なアプローチを見つけるために、現在の企業をリスクにさらすことなく、新しいビジネスモデルを試してみよう。

適切なビジネスモデルを見つける

従来のビジネスモデルは希少性の上に成り立っている。このモデルでは数に限りがある商品やサービスを売ることが価値を生む。しかし先述のように、飛躍型技術によって、情報からエネルギーにいたるまであらゆるものが豊富に存在するようになっている。そのため、すべての産業が直面する大きな課題は、ものが豊富に存在する環境に適した新しいビジネスモデルを見つけることだ。以下はその例である。

UBER

サービスとしての商品

サービスとしての商品とは、顧客が物を買うのを減らし、借りるのを増やすようなシステムだ。よい例がUberで、ユーザーは車が必要になったときだけUberに頼る。Uberは運転手の豊富さと依頼者の豊富さの両方を活用してサービスを提供している。

シェアリングエコノミー

シェアリングエコノミーでは、人々が使われていないリソースを貸し出す。これによって共有が促進され、ムダが削減される。たとえばAirbnbの例では、使っていない家や部屋を個人が貸し出している。Airbnbは貸し出す場所の豊富さを活用しているのだ。

99designs

プラットフォーム

プラットフォームは、消費者と生産者のあいだにあるプロセスをつなぎ、自動化するオンライン・ソフトウエアだ。一例はグラフィックデザインのオンライン・マーケットプレイスである99designsだ。このサービスでは、ロゴなどのデザインを探している人が、リクエストを投稿し、デザイナーたちに仕事を受注するためのコンペをさせることができる。99designsは依頼者に多種多様なデザインを提供するために、デザイナーの豊富さを利用している。

エコシステム

エコシステムはプラットフォームを超えてさまざまなサービスとソリューションを結びつけ、エコシステムのメンバーに包括的な価値を提供する。最近では最新のエコシステムが、プラットフォームのモデルを拡張している。

成功したグローバル企業は独自のエコシステムを構築していて、そのエコシステムのなかにはたくさんの企業が存在している。これらの企業のすべてがはっきりとしたビジネスモデルを持っているわけではないが、すべての企業がエコシステムに価値をもたらしている。たとえば、次のような例がある。

- **Google** はGmailやGoogleマップ、Googleドライブなどのサービスを作ることで、独自のエコシステムを構築した。
- **Facebook** はInstagramやWhatsApp、Oculusなどの企業を買収することで、独自のエコシステムを構築した。

真の課題は、特定の企業や業界に適したビジネスモデルを見つけること。もっと正確に言えば、さらに困難な、特定の企業や業界に適したエコシステムの形態を見つけることだ。

企業の免疫システムは必ずイノベーションを攻撃する

豊富な資源と結びつくために自分の企業がどのようなビジネスモデルを実行するべきか、すでによくわかっている人もいるかもしれない。すばらしいことだ。しかし、適切なビジネスモデルを選ぶのは比較的簡単だ。より困難で、絶対に避けられない課題は何かというと、大きな企業がイノベーションや変革を起こそうとしたときに、必ず企業の免疫システム（反射的に企業の変革を妨げようとする特定の従業員やプロセス）が攻撃してくるということだ（これには誰もが共感できるだろう）。

企業の免疫システムが働くのには理由がある。既存の企業は通常、進行中のビジネスを抱えていて、それを維持することが重要だからだ。ここでの目標は、この免疫システムを破壊することではなく、マネジメントすることだ。

企業がイノベーションの手法を取り入れる際、免疫システムの問題を大きくするような方法が取られがちである。外部のコンサルタントに、変革を成し遂げるには何をすればいいかと尋ねてしまう企業は多い。また、外部のスタートアップに投資や買収を行って、企業本体に統合することもある。どちらの方法であろうと、その企業の免疫システムはありとあらゆる新たな動きを攻撃することになるだろう。

なぜなら企業の免疫システムは、外来DNAだと思うものなら何にでも反応するからだ。

現在のビジネスモデルをそのまま保持し、破壊的なプロジェクトは企業本体の外で実行することで、イノベーションとリスクのバランスを取ろう。

企業のDNAを損なわないように、変革プロセスは今いる従業員とともに実行しよう。また、外部のスタートアップを買収する場合は企業本体の外で運営し、より大きなエコシステムのなかにある新しい組織という形のままにしておこう（Facebookが行ったように）。

企業の変革には人の変革も必要

主力の従業員は変革のプロセスに深くかかわらなければならない。新しいコンセプトを学び、新しいツールを使う練習をして、自分自身の変革のアイデアを生み出すべきだ。新しい環境や変化は時に（いや、しばしば）不快なものになるため、首脳陣は従業員を全力でサポートする必要がある。

ExOスプリント

企業に変革を起こすには、企業だけでなく、そこで働く人々のマインドセットや知識の基盤も変える必要がある。重要なのは、これが企業の免疫システムの問題に強く結びついているということだ。免疫システムの問題に取り組むためには、最初に人々のマインドセットや知識基盤を変えることに取り組まなければならない。つまり、企業の抗体（白血球）を支持者（イノベーションを促進する赤血球）に変えなければならないのだ。

効率を重視する既存の文化やマネジメント、プロセス

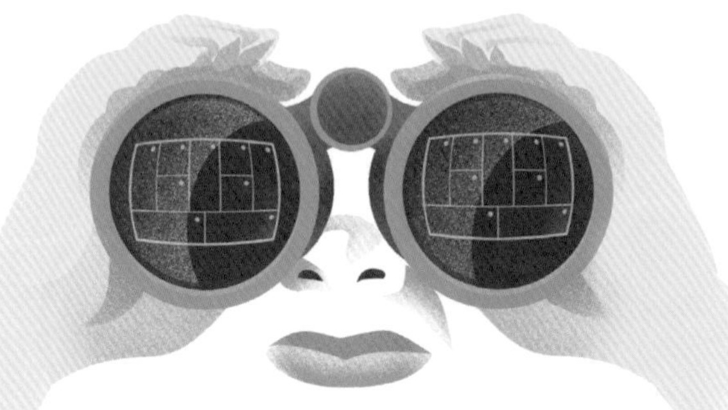

既存の企業は効率を重視する。なぜなら、最大の利益を得ることを目的としているから。しかし破壊的なイノベーションを目標とするなら、そのようなマネジメントの習慣やプロセスは通用しない。

破壊的な企業は本質的に、初期の段階でははっきりとしたビジネスモデルすら持っていないからだ。結果的に、効率ではなく適切なビジネスモデルを探すことに重きを置くことになる。スティーブ・ブランクはこう言った。「スタートアップは、スケーラブルで再現可能なビジネスモデルを探す一時的な組織だ」

イノベーションや変革のプロセスを実行するには、顧客開発やデザイン思考、リーン・スタートアップなどの探求志向のイノベーション手法を使おう。

バスケットボールのやり方を本から学ぶことはできない

先述した探求志向の手法については、エリック・リースの『リーン・スタートアップ』、スティーブ・ブランクの『アントレプレナーの教科書』、そしてもちろんサリム・イスマイルの『シンギュラリティ大学が教える飛躍する方法』でも説明されている。

しかし、本を読んだだけではバスケットボールのやり方を真に学ぶことはできないのと同じで、本を読んで理論を知るだけでは、チームはその実践方法を理解することはできない。チームのメンバーが変革のプロセスを自分たちのものにして、自らの手で実行することが大切だ。つまり、彼らは変革のプロセスの仕組みを真の意味で理解するために、自分たちで実際にアプローチをしなければならない。

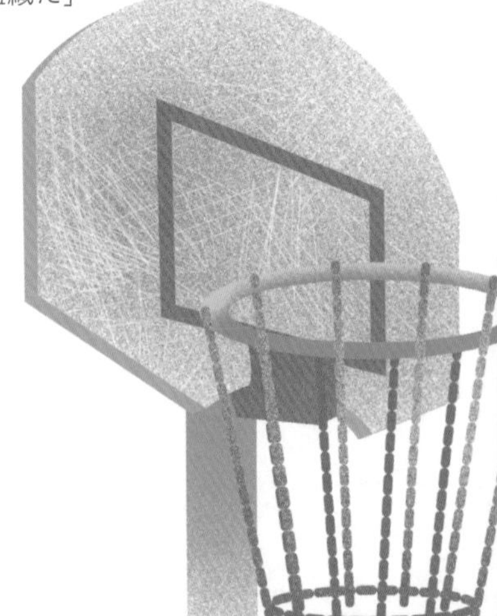

もっとも賢い人たちはあなたのためには働いていない

企業の大きさに関係なく、企業のなかにいる人よりも外にいる人のほうが多い。これには重要な意味が2つある。まず、その企業にいる人材が、その道においてもっとも知識のある人材とは限らないということ。そして、イノベーションが成功するか否かという重要な問題への答えを握っている顧客の意見を必ず得られるとは限らないということだ。

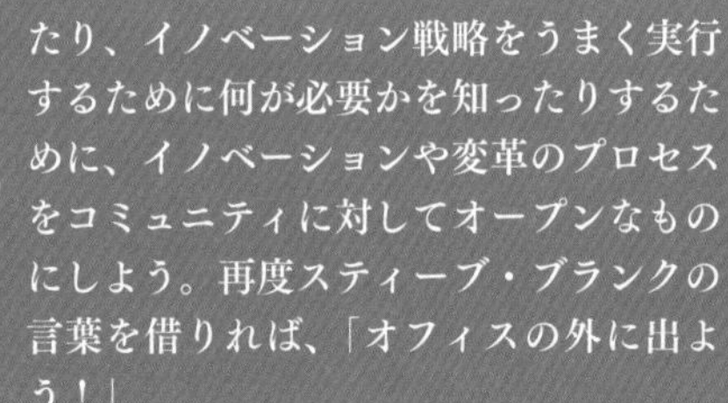

新たな知見を得たり、妥当性を判断したり、イノベーション戦略をうまく実行するために何が必要かを知ったりするために、イノベーションや変革のプロセスをコミュニティに対してオープンなものにしよう。再度スティーブ・ブランクの言葉を借りれば、「オフィスの外に出よう！」

チームがさまざまな手法について知り、外部の世話役やコーチの助けを借りて（本書もルールブックにして）変革のプロセスを実行する、「実践して学ぶ」アプローチを行おう。

スピード不足（そして熱意不足）

企業が何よりも力を注ぐのは現在の事業を行うことで、変革を遂げることではない。結果として、イノベーションのための活動はいつも二の次になってしまう。これこそ、破壊と変革の進行が遅くなる原因だ。

同時に、1日で終わるようなワークショップや小規模なプログラムを行うのも効果的とは言えない。短期間のプログラムは人々の気持ちを盛り上げて心を開かせるのにはよいが、それだけで参加者が行動を変えることはない。

長すぎず短すぎないプログラムを実行しよう。目標は、行動に変化を起こし、最後までやり遂げるだけのエネルギーを保ちながら、長期間熱意を持って取り組むことだ。

ExOスプリントのアプローチ

ExO スプリントはここまでに述べた課題すべてに対処できるように作られていて、それぞれの課題に立ち向かう際の実用的なソリューションとアドバイスが得られる。

本書にまとめられたプロセスは、著者が過去 15 年にわたりイノベーションや変革のプロジェクトを行って得た経験の集大成であり、200 人を超えるイノベーションコンサルタントたちから貴重なフィードバックを得て生まれた戦略だ。

ExO スプリントは P&G、スタンレー・ブラック・アンド・デッカー、HP Inc.、Visa といった、世界中のさまざまな業界、さまざまな企業で実行され、みごとに成功を収めてきた。

ExO スプリントを行うことで、企業は適切なビジネスモデルを見つけ出し、豊富な資源とつながることができるだろう。また、イノベーションや変化を阻む免疫システムをマネジメントする力を手にし、適切なイノベーション志向の手法を実行する方法を学び、「実践して学ぶ」アプローチによって企業内部の能力を培うことができる。

これらすべてを、たった 10 週間で実現可能だ。

豊富性に基づいた適切なビジネスモデルを見つける

ExO スプリントによって得られるのは、複数の ExO 戦略だ。ExO 戦略は、既存のビジネスモデルを外部の破壊的変化に適応できるように改善し、業界をリードする可能性を秘めた次世代の企業を生み出す。

企業の免疫システムを抑制する

企業の免疫システムからの攻撃を防止するためには、外部のコンサルタントに来てもらうのではなく、いまいる従業員に変革のプロセスを計画・実行させよう。従業員に自分たちのアイデアを出させることで、そのアイデアから生まれた戦略は確実に実行され、免疫システムの反応も小さくなる。

免疫反応を軽減するもう1つの方法は、社内では漸進的なイノベーション（現在のビジネスモデルを維持する戦略）を実行し、破壊的な戦略（新しいビジネスモデルに関係するもの）はすべて会社の外部で展開することだ。

変革の最中にある人々をサポートする

ExOスプリントでは短期間に多くのことが要求される。多くの場合、人々はこれまでとはまったく違ったやり方を行うよう求められるのだ。ExOスプリントを行うあいだ、参加者は新しいツールや理念に触れていかなければならない。また、クライアントと不完全なアイデアを検証したり、情報が限られ、次のステップもかなり不確かな状況下で不完全なアイデアを発展させたり、数日間でプロトタイプを用意したりといったことも要求される。

私たちの経験によると、ExOスプリントの参加者はこの経験を受け入れる――最終的には。しかしその境地にたどり着くのは、すべてのプロセスが終わるころかもしれない。そのため、「参加者は会社の首脳陣とExOスプリントのスタッフの両方からの心理的サポートが必要となるような、激しいプログラム（マインドセットを永久によい方向へと変えるもの）を経験するのだ」ということを知っておくことが重要だ。

ExOスプリント

探求志向のイノベーション手法を使う

ExO スプリントでは、従来のマネジメント手法とあわせて、ブルー・オーシャン戦略や顧客開発、リーン・スタートアップ、デザイン思考などの探求志向のイノベーション手法を使うよう促す。

実践による学習を行う

ExO スプリントは学びの経験だ。参加者は毎週の課題をこなしていくことで、ExO スプリントの理念や手法、外の世界について学ぶ。新しい働き方やコミュニケーション方法、アイデアの組み立て方を実践し磨いていくなかで、参加者のマインドセットには変化が起こる。そしてこの経験によって、ExO スプリントを完了した参加者たちは企業全体で ExO の理念を実行する際に、アンバサダーの役割を果たすだろう。

外部の人材を活用する

企業の免疫反応を避けるために、その企業の従業員を使うことが不可欠である一方（それ以外にもメリットは多くある）、外部のコーチやアドバイザーを ExO スプリントにかかわらせれば、外部の意見や知識をとり込むことができ、成果を最大にすることができる。

10 週間で終わる

参加者に新しい習慣を定着させるために、ExO スプリントの理想の期間は 10 週間だ。

ExOスプリントの構造

ExOスプリントは大きく3つのフェーズに分けて行われる。それぞれのフェーズには、さらにいくつかの構成要素がある。

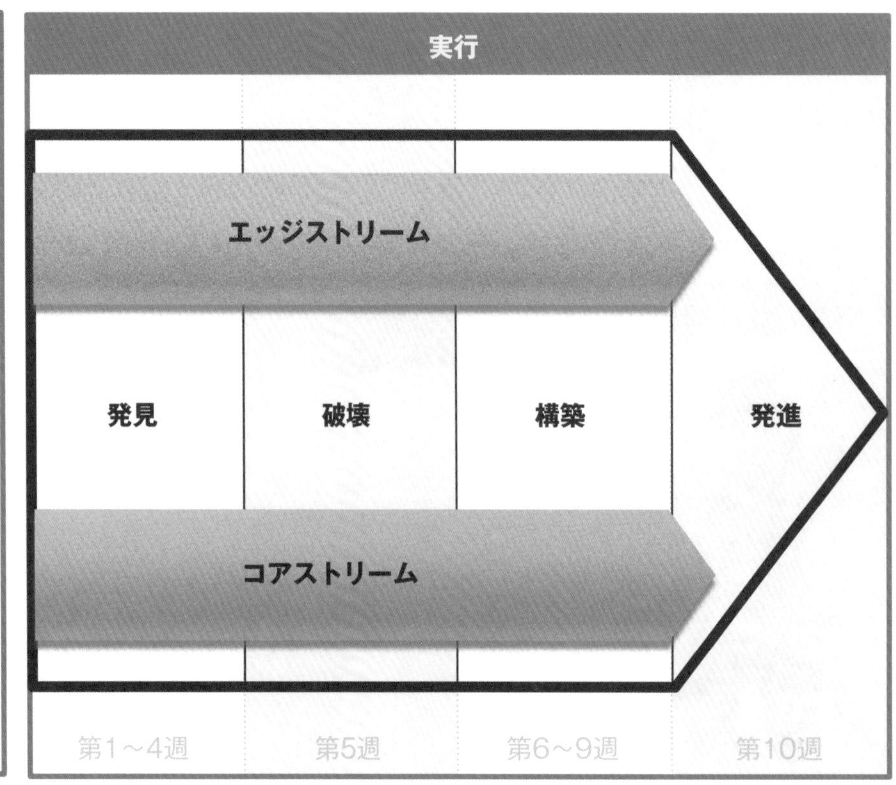

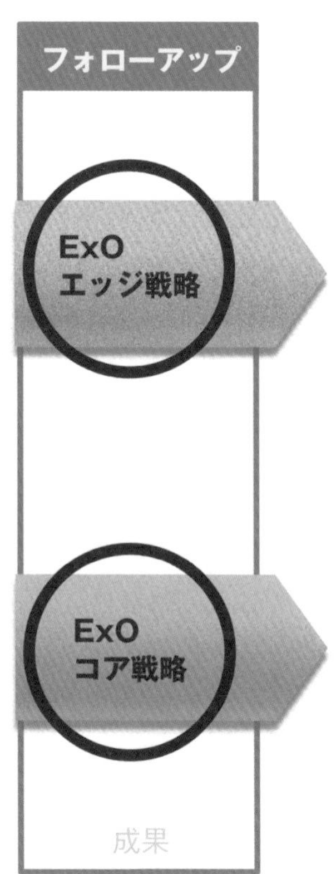

準備フェーズ

10週間のプログラムを始める前に、必要な要素をすべてそろえることに集中する。

計画

企業がExOスプリントのビジョンを定め、おもな参加者を決定する。

目覚め

企業が直線型思考と飛躍型思考の違いを理解し、ExOスプリントを行うことの重要性を参加者に理解させる。

調整

ExOスプリントの参加者が、ExOモデルなどのExOスプリントの実行に必要な手法やツールに関するトレーニングを受ける。

実行フェーズ

ExOスプリントは10週間かけて行われる。このフェーズでは、参加者はアイデアを出して企業を（さらには業界を）変えるためのExO戦略を練る。この段階には2つの流れがある。1つはイノベーションに焦点を当てた「コアストリーム」で、これは（免疫システムの反応を引き起こすのを避けるために）現状のビジネスモデルを変えることなく、外部の破壊的変化に適応することに重点を置いている。もう1つは破壊に焦点を当てた「エッジストリーム」で、こちらは最終的に産業をリードするような次世代の企業（いまの企業の外の新しい企業）を作ることを目的とする。どちらの流れもまとまりがあって包括的な成果を生み出すようになっている。

発見

参加者は最初の4週間で変革のプロセスについてアイデアを出し、最良の案を見極めるために並行してそのアイデアを評価する。

破壊

ExOスプリントの折り返し地点で、ベストなアイデアを発表する。このセッションの目的は、フィードバックを得て戦略に改良を加え、今後さらに発展させていく最良の戦略を選び出すことだ。

構築

残りの5週間で、参加者は最良の戦略のプロトタイプを作る。

発進

最終週の終わりに、参加者は最良の戦略を企業の首脳陣に発表し、最終的に認められた戦略を実行するための資金を確保する。

頭に入れておきたいのは、ExOスプリントの核となる10週間は、前半にチームでなるべくたくさんのアイデアを出し、後半でもっとも成果が見込める戦略に集中するという形になっているということだ。これは創造と統合という、イノベーションのベストプラクティスに従うものだ。

フォローアップフェーズ

実行フェーズで得られたExO戦略を実行する。既存の企業のなかで実行されるものもあれば、企業の外部で実行されるものもある。

ExO エッジ戦略

ExO コア戦略

コア戦略とエッジ戦略

ExO スプリントによって得られるのは、会社を飛躍型企業へと変貌させる ExO 戦略だ。複数の飛躍型企業が生まれることさえある。

先述のとおり、ExO スプリントには 2 種類の流れがある。ExO コアストリームは現在の企業を外部の破壊的変化に適応させるための戦略を生み出し、ExO エッジストリームは新しい飛躍型企業を立ち上げることでマーケットを破壊する戦略を生み出す。

10 週間のプログラムのなかで、ExO スプリントの参加者たちは多種多様なアイデアを出し、そのうちのいくつかが実際の戦略になる。ここでは、ExO コア戦略と ExO エッジ戦略を区別する方法を解説する。また、最大の成果を得られるよう、ExO スプリントの参加者がそれぞれの戦略の意味をより深く理解できるように、さらに細かいタイプにも触れる。

1 つ目の質問に答えれば、その ExO 戦略がコアとエッジのどちらのタイプかを見分けることができる。そして 2 つ目の質問に答えれば、ExO コア戦略またはエッジ戦略のさらに細かいタイプを見分けられる。

yes

新しいビジネスモデルは**破壊的でスケーラブル**

いまの企業の資産を活用するか？

No → いまの企業とは完全に独立している　Pure Edge　E　airbnb

YES → いまの企業との関係を維持　Linked Edge　E　Hotels.com

いまのビジネスモデルを改良する

戦略は再現可能で、販売できるものか？

YES → 戦略はあとでほかの企業にも役立つかもしれない　Edge Core　C　aws

→ 新しい商品で新しい市場（ブルー・オーシャン）を狙う　Blue Core　C　Wii

No → いまの企業に**特化**　Pure Core　C　**デジタルトランスフォーメーション**

ExOスプリント

最初に、ExO コア戦略か ExO エッジ戦略かを
見分けるための質問は……

そのExO戦略は新しいビジネスモデルか?

答えがYes で、その新しいビジネスモデルが破壊的（業界や現在の企業の仕組みを脅かすもの）でスケーラブル（すばやく世界規模に達することができる）なら、そのプロジェクトは ExO エッジ戦略だ。注意したいのは、ビジネスモデルが新しくはあるが破壊的またはスケーラブルではない場合、その戦略は飛躍型企業にはつながらないかもしれないが、それでも ExO エッジ戦略として発展させることができるという点だ。大切なのは、これまでと異なるビジネスモデルを使うものを現在の企業の内部に取り入れないようにする、ということだ。そんなことをすれば、企業の免疫システムが攻撃を始めるだろう。

答えがNo で、その戦略が企業の既存のビジネスモデルに沿ったものなら、そのプロジェクトは ExO コア戦略だ。既存のビジネスモデルを改善する方法はいくつかある。たとえば新しい商品やサービスを（同じビジネスモデルや収益モデルで）発売したり、飛躍型技術や ExO の特徴を駆使して現在のサービスや企業運営を改善したりといったことだ。

次に、ExO エッジ戦略のタイプを
判別するための質問は……

その戦略は現在の企業の資産を活用するか?

答えがNo なら、その戦略は**ピュアエッジ戦略**だ。元の企業の（そしてほかの類似の企業の）資産や大きさに縛られることなく成長できる、独立した飛躍型企業ができるだろう。ExO ピュアエッジ戦略の例は、既存のホテルチェーンが Airbnb のような企業を立ち上げる場合だ。このケースでは新しいプラットフォームは既存の資産を活用せず、他人の資産（個人所有の家や部屋）に頼る。

答えがYes なら、その戦略は**リンクトエッジ戦略**だ。この戦略では、本体企業との（そしておそらくほかの類似企業との）関係を維持し、既存のクライアントや施設、物理的な資産やデータなど、その企業の資産を活用する。リンクトエッジ戦略の例は、ホテルチェーンが Hotel.com のようなオンラインポータルを立ち上げ、インターネットで客室を販売する場合だ。親会社の周辺（外部）で営業するこの新しい企業は、のちに自社のプラットフォームを使って競合他社と協力し、他社の客室をラインナップに加えることもありうる。

ExO コア戦略のタイプを
判別するための質問は……

その戦略は ほかの企業で再現でき、他社に売ることができるか？

答えが Yes、つまりその ExO 戦略をいまの企業で実行することもできるし、最終的にはほかの企業に売ることもできるなら、その戦略は**エッジコア戦略**だ。たとえば、世界中の企業で利用されている Amazon Web Services (AWS) は、Amazon が自社の IT インフラを改善するネットワークサービスを開発するために始めた内部のプロジェクトから誕生した。Amazon はその後、AWS をほかの企業が持つ同じニーズに応えるための、新たな企業として立ち上げた。この事例からわかることは、企業の内部で発展した ExO コア戦略が、時には親会社の外でさらなる発展を遂げる ExO エッジ企業に成長する場合もあるということだ。

答えが No、すなわちその ExO 戦略が現在の自社に特化したもので、ほかのどこかで実行してもスケーラブルなビジネスモデルにつながらないのであれば、それは**ピュアコア戦略**だ。たとえば、紙の記録をすべてデジタル化するためにデジタルトランスフォーメーションのプロジェクトを行う場合がこれにあたる。また、AI ベースのアルゴリズムを使って企業のさまざまなプロセスを自動化するのもこのカテゴリーに当てはまる。

ExO 戦略は、企業の現在のビジネスモデルのもとで開発される新商品・新サービスという形を取ることもある。こうした新しい商品やサービスは**ブルーコア戦略**と呼ばれ、ふつうは新しい市場をターゲットにする。実際、新しい商品やサービスを発売することで、企業はブルー・オーシャン戦略に従い、競合他社が少ないかまったく存在しない新しい市場を作り出すチャンスを得られる。よい例が任天堂の Wii だ。この商品では、ビデオゲームのグラフィックの複雑さ以外の部分に焦点が置かれていて、スクリーン上でゴルフやテニス、野球などのゲームが物理的に楽しめる。そして任天堂は、その機能に魅了されたベビーブーム世代の高齢者という、非常に収益性の高い新たな顧客を見つけ出したのである。

最後に、これらは ExO スプリントの参加者が ExO スプリントの流れに沿って ExO 戦略を分類して形作るための、単なるガイドラインであることに注意してほしい。

エッジストリームを「ワイルドな流れ」、コアストリームを「マイルドな流れ」と考えよう。ExO エッジ戦略を作り出すときは、現在の企業の枠から遠く離れることになる。一方、ExO コア戦略には制約がある。現在のビジネスモデルを尊重し、企業の既存の資産を維持しなくてはならないからだ。

ExOスプリントにおける役割

ExO スプリントでは、企業の内部と外部の両方が重要な役割を担う。

先述のように、従業員は企業の DNA を維持するための鍵となる。彼らの存在は、企業の免疫反応を抑制するのに役立つ。企業を変えるには、そこで働く人々を変えることがもっとも大事だということを思い出そう。

同時に、ExO スプリントを行うために必要な知識や専門性にアクセスしたいなら、社外の人材を雇う必要がある。すでに述べたように、もっとも賢く、もっとも有能な人材が全員あなたのために働いているなどということはありえない。そのため、プロジェクトを外部のコミュニティにつなげる必要があるのだ。

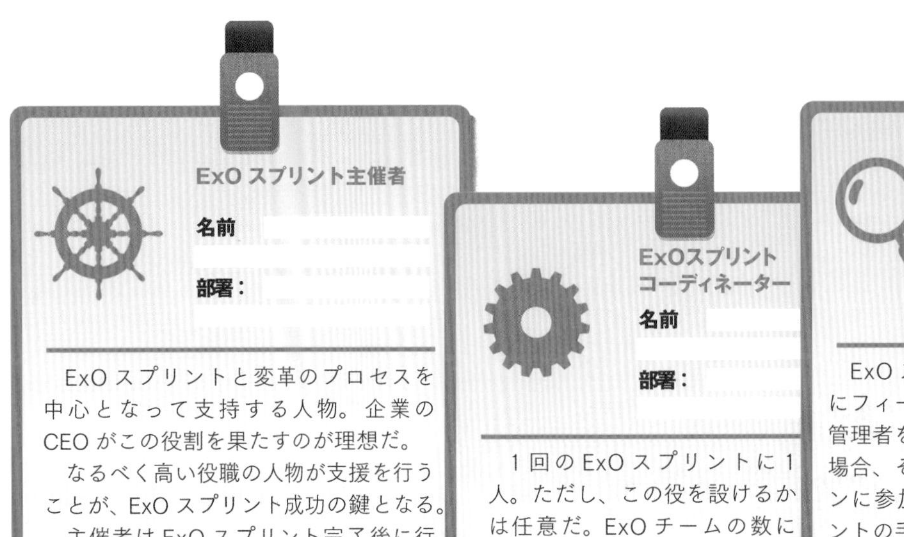

ExO スプリント
オブザーバー
名前
部署：

ExO スプリントの進展に関し継続的にフィードバックができる首脳陣や中間管理者をチームに入れるものいい。その場合、そういった人々が目覚めセッションに参加し、飛躍型企業と ExO スプリントの手法についてしっかりと研修を受けることが不可欠だ。そうしなければ、彼らは免疫システムとして攻撃を加える側になる可能性が高い。

リーダーおよび調整役

チームメンバー

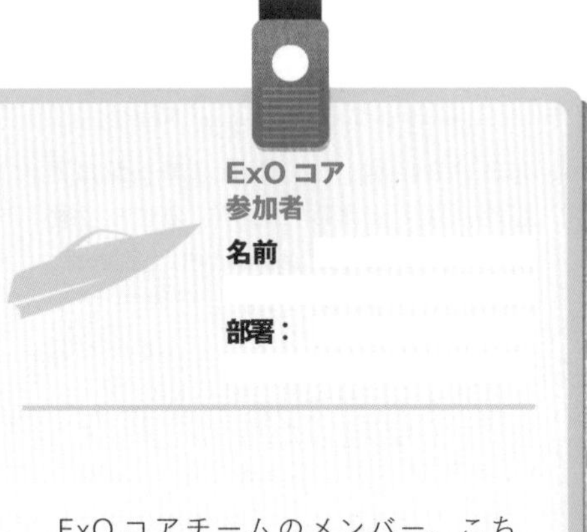

外部のサポート

外部の人々からのサポートや、外部の人材を利用できる環境があると、ExO スプリントを行うチームにとって有益となる。

ExO ヘッドコーチ

名前

1 回の ExO スプリントに 1 人。ExO スプリントの実行を監督し、各 ExO コーチをサポートする。また、まとまりのある結果を得て、目標が達成できるようにする。ExO モデルとそのアプローチをよく理解している人物がこの役割を務める。

ExO コーチ

名前

1 チームに 1 人。参加者 1 人 1 人が演習やタスクを理解し、無事完了するのをサポートすることで、プログラムの進行を助ける。

ExO ディスラプター（破壊者）

名前

イノベーション全般、特に ExO モデルについて深く理解している人々。破壊セッションおよび発進セッションにおいて、チームの ExO 戦略に対しフィードバックを行うことができる人物がこの役割を務める。企業や企業の首脳陣とは違う、独立的な立場でなければならない。

外部アドバイザー

名前

ある特定のテーマについての知見や、飛躍型技術や飛躍型企業の特徴についての専門知識を求められた場合に対応する。ExO スプリントの全期間にわたって対応可能でなければならず、また、チームの特定のニーズに沿って選ばれる必要がある。

ExO スピーカー

名前

目覚めセッションや破壊セッションにおいて「衝撃と畏怖」の講演をすることができる ExO の専門家。この役割を設けるかは任意。

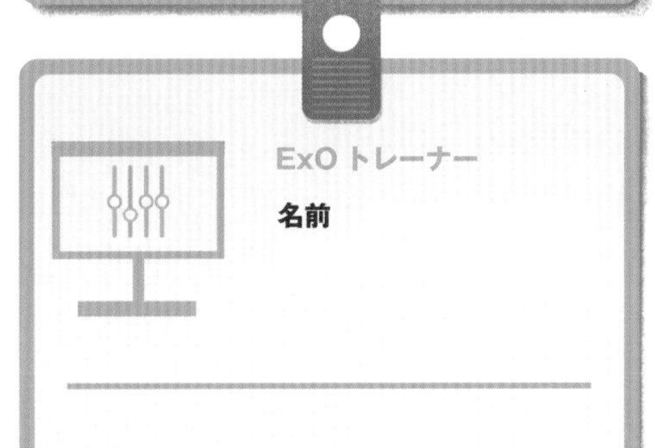

ExO トレーナー

名前

調整セッションを行い、参加者に ExO スプリントで使う ExO のフレームワークやプロセス、ツールについて教育を行う。この役割を設けるかは任意。

ExOスプリントのチームづくり

ExOスプリントチームを
サポートするために
必要な**外部**リソースは？

毎日、毎週ExOスプリントチームをサポートする**ExOコーチ**（1チームに1名）

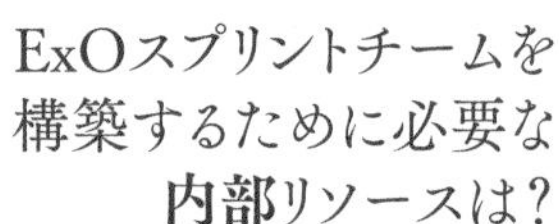

ExOスプリントチームを
構築するために必要な
内部リソースは？

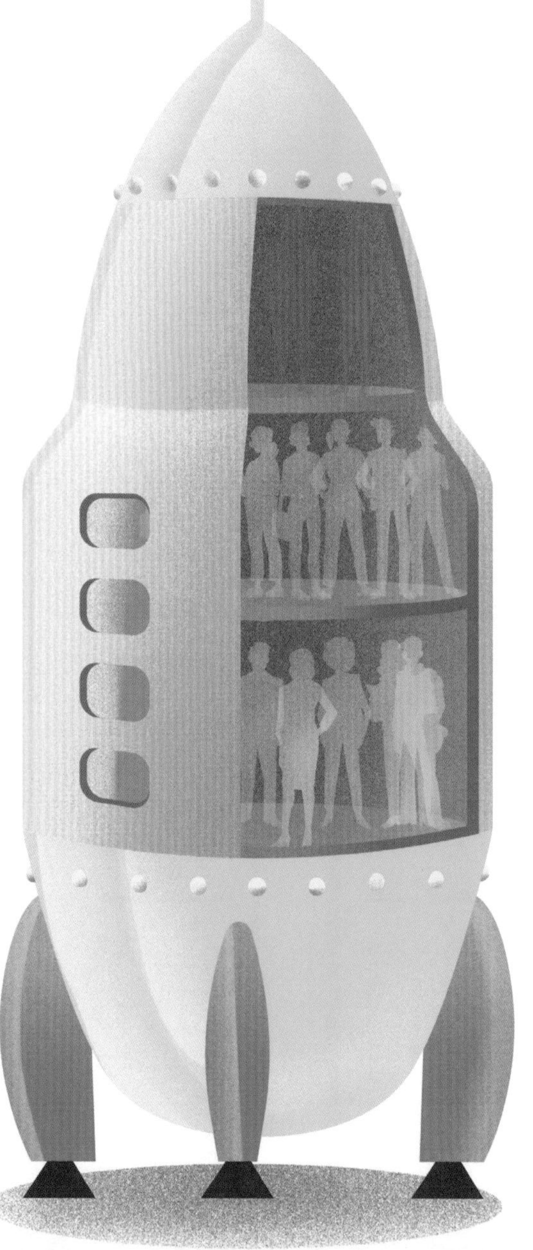

あなたの会社が**大手企業**で、

自社だけでなく業界をも変えたい（そして新しい業界を作り出したい）なら、必要なのは……

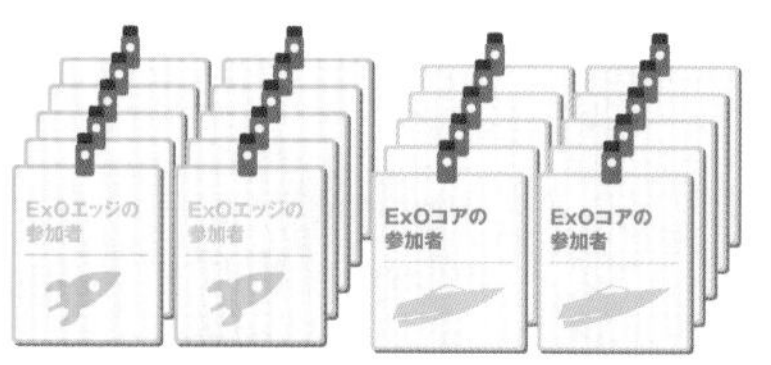

エッジチーム2つと、コアチーム2つ。1チームの人数は4～6人にしよう。ただし目標に応じて、たとえばエッジチームとコアチームを1つずつなど、チームの数がそれより多くても少なくてもExOスプリントを行うことは可能だ。また、エッジチーム1つ、コアチーム3つなどのように、バランスを変えてもいい。ただし経験から言えば、一般的にはエッジチームとコアチームを2つずつ作るのがベストだ。

プロジェクト主催者1名
ExOスプリントの影響を受ける企業の最高幹部の代表。主催者はExOスプリントの終わりに資金提供の決定を行う権限がある人物でなければならない。

プロジェクトコーディネーター1名
プロジェクトをまとまりのあるものにし、細かい管理・運営をマネジメントする。

ExOコーチ全員の監督・調整・サポートを行う**ExOヘッドコーチ**1名

破壊セッションと発進セッションのための**ExOディスラプター**数名

ExOスプリントチームが外部のExOアドバイザー（さまざまなテクノロジーや業界、イノベーション手法の知識を与えてくれる専門家）を利用できるようにすることもお勧めする。

あなたの会社が**伝統ある企業**で、

外部の破壊的変化に適応できるよう変化させることで、企業の安全を守りたいなら、必要なのは……

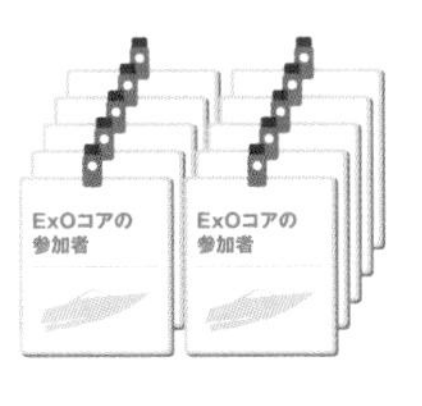

コアチーム2つ。1チームの人数は4～6人にしよう。目標に応じて、チームの数がそれより多くても少なくてもExOスプリントを行うことはできる。たとえば1チームでも、4チームでもいい。ただし経験から言えば、一般的にはコアチームを2つ作るのがベストだ。

プロジェクト主催者1名
ExOスプリントの影響を受ける企業の最高幹部の代表。主催者はExOスプリントの終わりに資金提供の決定を行う権限がある人物でなければならない。

プロジェクトコーディネーター1名
プロジェクトをまとまりのあるものにし、細かい管理・運営をマネジメントする。

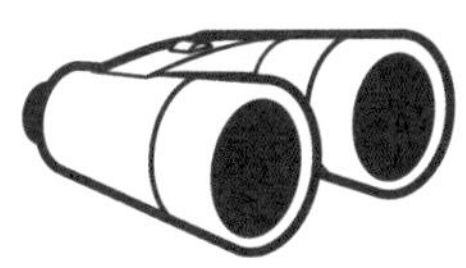

あなたが**起業家**で、

飛躍型企業になるという目標を持って新しい事業を立ち上げ、業界を破壊したいなら、必要なのは……

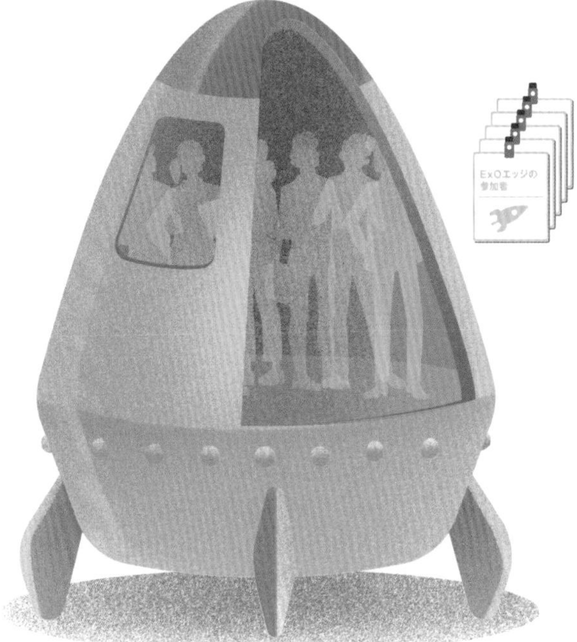

エッジチーム1つ
（1チーム4～6人）。1つのMTPに集中しよう。

ExOスプリントを支えるITツール

ExOモデルのおもな狙いの1つは、新しいテクノロジーの活用により企業の機敏性を高めることだ。ExOスプリントはチームにとって、ソーシャル技術を試し、その恩恵を身をもって知る絶好の機会だ。

ExOスプリントの課題のペースや密度から考えて、チームはファイルを共有しリアルタイムに共同で作業できなければならない。ExOスプリントのチームが地理的に分散している場合は、バーチャルなコミュニケーションや共同作業のためのツールが不可欠となる。

関連するリソースにアクセスし、プログラムをサポートする適切なツールを使えば、ExOスプリントの体験と成果はまったく新しいレベルに達する。

ここでは、ExOスプリントの成果をより大きくするのに役立つツールを紹介する。これらのツールを使えば、チームは組織化され、つながることができる。

ExOスプリント

https://slack.com/intl/ja-jp/

Slackはメッセージのやりとりなど、ExOスプリントチームのメンバーがリソースを共有したり簡単にコミュニケーションを取ったりするのに役立つツールだ。

ExOスプリントに役立つおもな機能：

コミュニケーション

Google Drive

https://www.google.com/drive/

Googleドライブはファイルの保管と同期ができるサービスだ。ユーザーはGoogleドライブのサーバー上にファイルを保管し、さまざまなデバイスでファイルを同期し、共有することができる。GoogleドキュメントやGoogleスプレッドシート、Googleスライドを使えば、チームのメンバーはExOスプリントの課題にみんなで同時に取り組める。

ExOスプリントに役立つおもな機能：

文書管理　共同作業

zoom

https://www.zoom.us

企業向けビデオコミュニケーションシステムであるZoomは、ビデオ会議や音声会議、チャット、Webセミナーのための、使いやすく信頼性のあるクラウド型プラットフォームを提供している。このサービスはスマートフォンやデスクトップ、オフィスのシステムで使うことができる。

ExOスプリントで役立つおもな機能：

定期および臨時のビデオ会議

https://www.openexo.com

OpenExOは認定を受けたExOスプリントのスタッフ（コーチ、アドバイザーなど）をオンデマンド型人材の形で提供するグローバルな変革のためのエコシステムで、ExOスプリントのためのその他のリソースも提供している。プラットフォームにはチームの連携を促すツールも用意されている。

ExOスプリントで役立つおもな機能：

認定を受けたExOスプリントのスタッフ（オンデマンド型）
ExOスプリントのリソース
ExOスプリントのツール
ExOスプリントのプロセス
コミュニケーション
ファイル管理

ここで挙げたのは、数多くあるExOスプリントに役立つツールの一部にすぎない。ほかのものも自由に使おう。

準備フェーズ

さあ、大きな目標を持とう。いまこそ心地よい場所を飛び出して、魔法が起こる場所へ向かうときだ。

イノベーター、とりわけ若いイノベーターは、あらゆる業界を破壊するような、あるいは新しい業界まで生み出すような、新しい商品やサービスを作っている。25歳の時に世界で初めて3Dプリンターを使って服のコレクションをデザインしたダニット・ペレグや、15歳ですい臓癌などの癌を早期発見する有望な方法を研究し、賞を受賞したジャック・アンドレイカがその例だ。

今度はあなたの番だ。夢を描きはじめよう。達成したいことが何であれ、それが唯一の道だ。

ExOスプリントの成功は、適切な基盤を作れるかどうかにかかっている。準備フェーズを使ってExOスプリントの目標を明確にし、その目標を達成するための要素や計画をすべてそろえよう。

準備フェーズにかかる時間は一般的に2～8週間で、ExOスプリントのビジョンや企業の大きさによって変わる。

計画

何を達成したい？

会社が外部の破壊的変化に適応できるように、**業界を改革し、会社を変えたい**。ExOを作り出せば、新しいグローバルなエコシステムを構築することができる。

これに該当するなら、エッジチームとコアチームの両方でExOスプリントを行おう。

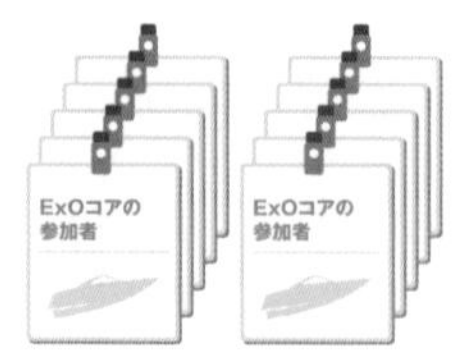

外部の破壊的変化に適応できるように**会社を変えたい**。そうすれば、会社を既存のエコシステムに適応させるのに役立つ。

これに該当するなら、コアチーム2つでExOスプリントを行おう。

ビジョン決定

何を変えようとしている？

会社が対象としているすべてのマーケットと業界も含む、**会社全体**。

特定の業界の**特定の事業部門**

業界を変えるためにExOを1社、または複数社立ち上げたい。

これに該当するなら、エッジチーム1つでExOスプリントを行い、あなたが育て、立ち上げたいと思うExOに集中しよう。

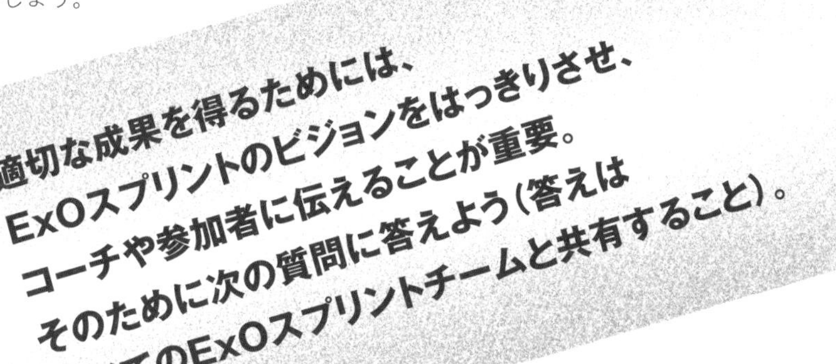

適切な成果を得るためには、ExOスプリントのビジョンをはっきりさせ、コーチや参加者に伝えることが重要。そのために次の質問に答えよう（答えはすべてのExOスプリントチームと共有すること）。

対象の業界は？

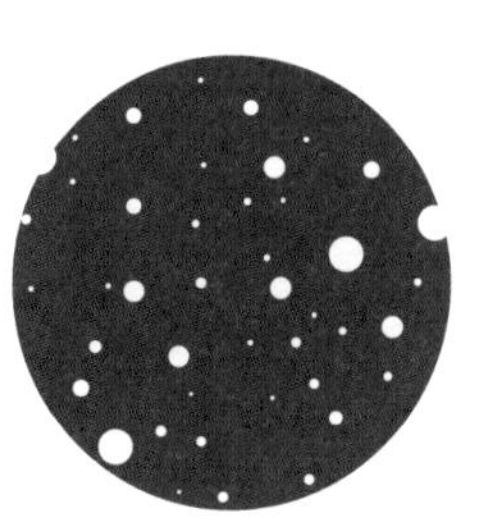

何の業界でもいい。何かの業界で飛躍型企業を作ることが目標で、その業界は既存の業界でも、まだ存在していない業界でもかまわない。

注意しておきたいのは、このアプローチでは、いまの自分の企業ではとうてい実現できない新しいExOエッジ戦略が成果として出てくるということだ。

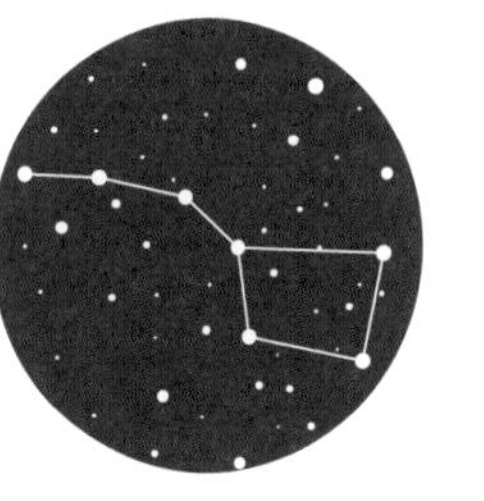

いまの業界に近い業界。現在の業界に関連した何らかの業界で飛躍型企業を作りたい。

これを選んだ場合、関連業界への進出に役立つ、既存の資産や関係性を活用できる。

現在の業界で飛躍型企業を作りたい

業界の改革も目指しているなら、自分がExOスプリントを通じて立ち上げた事業は、いずれ自分の会社をも破壊することになるだろう。だが、これはよい成果だ。なぜなら、自分で破壊しなくともきっとほかの誰かに破壊されるのだから。理想は、自分の会社を破壊し、次のリーディングカンパニーを自分の業界に作り出すことだ。

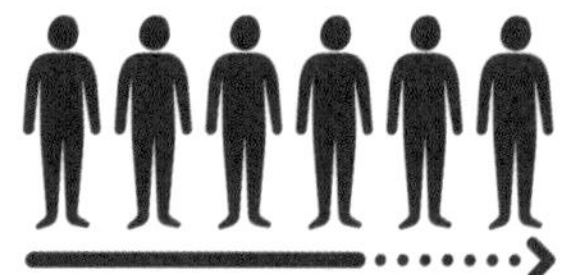

チームの人数は各チーム4～6人が最適。

Mon Tue Wed Thu Fri
10-20 時間

参加者は全員、ExOスプリントに毎週最低でも10時間はかけられる状態でなければならない（毎週約20時間をお勧めする）。週を通してExOスプリントを行えるよう、仕事量を調整する必要がある。

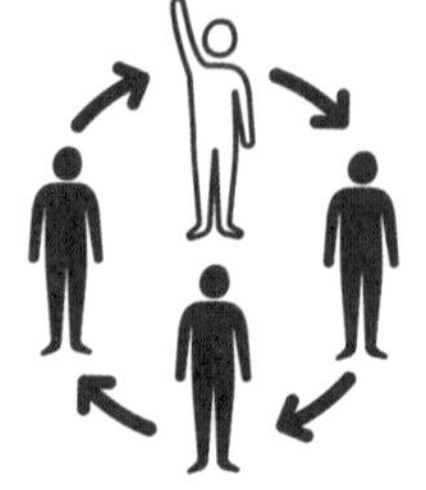

各チームに1人、グループの代表となり、課題がスケジュールどおり進んでいることを確認するコーディネーターを選ぶ。チームによっては、この役割を毎週ローテーションしてもいい。この場合10週間のプログラムのなかで、各メンバーが1、2回コーディネーターを引き受けることになる。

エッジチームとコアチームが2つずつあると、友好的な競争が生まれるだけでなく、ExOスプリントで得られる戦略の幅も広がる。

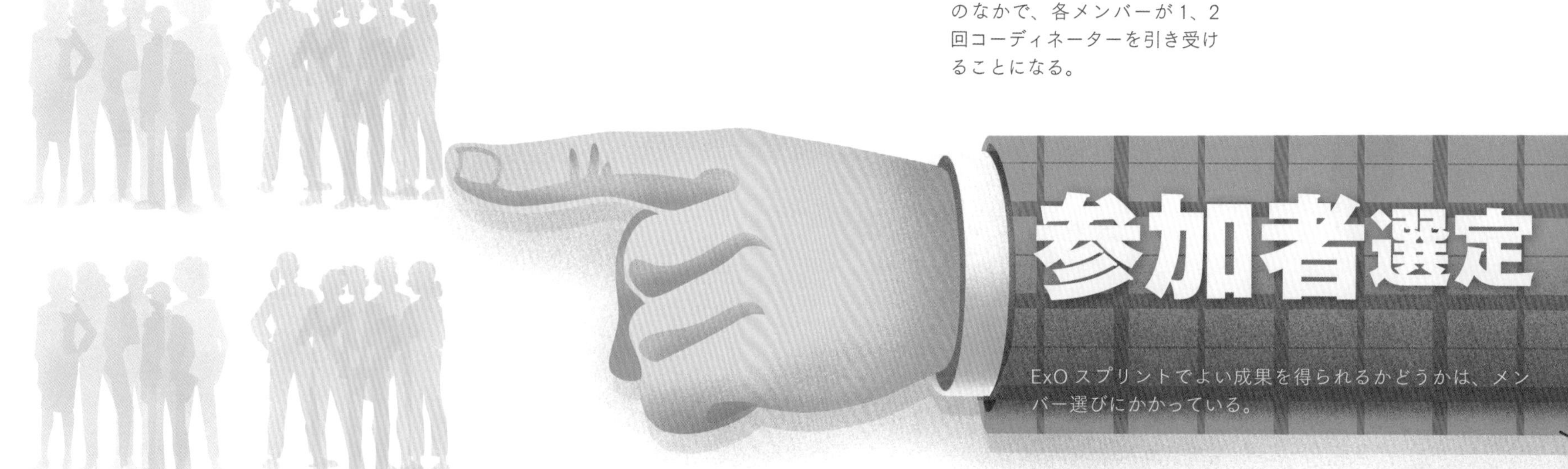

チームの数は会社にとって効果的だと思う数にしよう。経験によれば4チーム（エッジ2チーム、コア2チーム）が最適のようだが、一般的に2～6チームであればよい。頭に入れておきたいのは、1チームの人数は4～6人で、どのチームもエッジストリームかコアストリームのどちらかに集中しなければならないということだ。

ExOスプリントに取り組むスタッフの人数を考える際、何を思っただろう。あまりに多くの幹部をあまりに長期間日々の仕事から引き離してしまうような気がしただろうか。既存の業務を行うことと、破壊を防ぐプロジェクトのために時間を作ることのどちらを優先させるかという現在の優先順位について、このことから何がわかるだろう。

必要な人材・能力はチームによって異なる。

コアストリームチームに必要な人材：

ExO スプリントがもたらす新たな戦略をリードできる、最高幹部や中間管理職。

会社のさまざまな部門のメンバー

さまざまな専門分野の従業員

エッジストリームチームに必要な人材：

イノベーションに熱心な、若いリーダーや、クリエイティブな考え方をする人物や、社内起業家。年齢を重ねた従業員のなかからもすばらしい候補者が見つかる可能性はあるが、一般的には若ければ若いほどいい。

起業経験がある人物。既存の企業でExO スプリントを行うのなら、異なる価値観をもたらすとともに、破壊的な思考を促進できるような、外部の起業家を入れよう。

ExO スプリントから生まれたExO エッジ戦略をマネジメントできる人物。ExO エッジ戦略では、企業本体の周辺（外部）で活動する新しい会社が生まれるということを覚えておこう。

任意：社外の起業家（複数人可）。会社の外部からの意見があれば、いっそう破壊的なアイデアが得られる。

スケジュール設定

ExOスプリントを始める前に、実施日と日々の流れを決めよう。ExOスプリントをスムーズに行うためには、参加者全員に必ずスケジュールを確保してもらうことが大切だ。

スケジュールを決めるべきイベント：

目覚めセッション

ExOスプリントの始まり。このセッションは顔を合わせて行うことをお勧めする。所要時間は1時間から丸1日まで、自由に決めてよい。

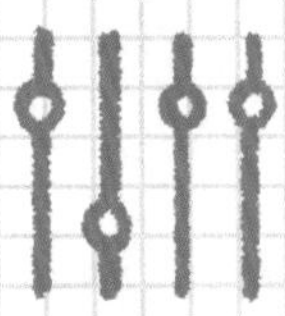

調整セッション

実際に集まって行うかは任意。顔を合わせてのトレーニングセッションを何回か開催して、参加者にExOスプリントで使う手法やツールについて教えてもいいし、インターネットでのリサーチや読書、動画視聴などの学習活動にしてもいい。

破壊セッション

ExOスプリントの中間地点。各チームがほかのExOスプリント参加者や会社の首脳陣、ディスラプターたちにチームのExO戦略を伝え、改善に向けて有益なフィードバックや意見を得る。

発進セッション

各チームが会社の首脳陣に最終版のExO戦略を発表する。首脳陣から選ばれた戦略には、その後の発展のための資金が与えられる。

スケジューリングのアドバイス

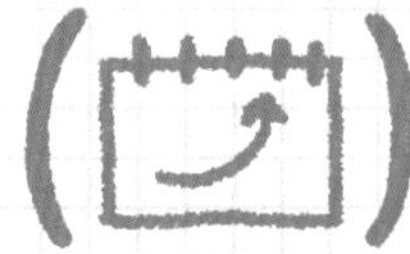

おもな祝日や一般的な休暇の時期を避けて10週間のExOスプリントを計画することで、集中力と勢いを維持しよう。

会社の繁忙期に10週間のExOスプリントを予定するのはやめよう。

ExOスプリントが祝日や休暇と重なったら、全員が仕事に戻るまで中断しよう。祝日がある週はExOスプリントを中止するのがベスト。休みがある週に、1週間分の作業をするのは大変かもしれないし、追加の休暇を取る従業員も多いからだ。

必須ではないが、特定の四半期内にExOスプリントを行うのが好ましい。

ウィークリー・ミーティング

その週の課題の伝達：

各チームがその週の課題を受け取る。
課題を与えるのは毎週月曜日の朝がお勧め。

Mon Tue Wed Thu Fri

チームミーティング：

それぞれのチームは、進捗を確認し仕事を割り当てるために、何回かミーティングを行う必要がある。就業開始時には、最低30分のミーティングや電話によって進捗を確認し、その日に行うステップを明確にしておくことをお勧めする。

課題提出：

それぞれのチームはExOコーチに課題を提出し、コーチはそれを見てフィードバックを行う。フィードバックは内容ではなく過程に重きを置くこと。また、翌週の課題の質がよくなるように以降のステップに関することに触れてもよい。お勧めなのは、コーチが毎週木曜日に最新の情報を受け取り、それから金曜日に1時間ほどチームと電話をして、提出物を見てフィードバックを行うことだ。

空間づくり

ExO スプリントの参加者が、いつもの習慣やパターンから抜け出して活動できるのがベストだ。また、会社の未来を創造するという使命のもとで新しいグループとして集まった参加者たちを鼓舞する必要もある。創造性を高めるような、機能的で魅力的な専用スペース（壁に進行中の作業が貼ってある）を作ることで、この結束と使命感を保てるようにしよう。チームに専用の会議室を与えるといったシンプルなものでも、社外に作業場所を設けるといった手の込んだものでもいい。

専用スペースがあると、参加者同士が集う場所ができ、別のチームのメンバーとの交流もさかんになる。また、この場所があることで ExO スプリントにかかわっていない従業員との会話も促進されるだろう。その結果、多くの従業員の興味を引くことができ、チームのメンバーはいま取り組んでいるアイデアについて伝え、議論し、吟味するチャンスを得られる。

物理的な空間に加えて、バーチャルな空間を作ることも重要だ。バーチャルな空間があれば、連携し、生産的に働くための基盤ができる。ビデオ会議やメッセージのやりとり、リアルタイムで共同作業ができる文書共有システムなどを、ExO スプリントの参加者が気軽に利用できるようにしよう。ソーシャル技術の利用は ExO スプリントの過程に不可欠であり、飛躍型企業ではすでに広く浸透している。

すべてのチームが 1 つの場所で一緒にいるとは限らない。メンバーがそれぞれ離れたところにいるチームにとっては、バーチャルな空間やツールが特に大切だ。ただし、人間関係を築き、強固にするためには、目覚めセッションと調整セッションでは実際に ExO スプリントのチームが集まることも重要になる。破壊セッションと発進セッションで行うプレゼンテーションの前に集まっておくのもいいだろう。

行動指針を受け入れる

1

創造性と大胆さを引き出す。

2

既存の企業にとらわれずに考える。

3

役職や職務の枠を越えて連携する。

4

スピード、フィードバック、実験、継続的な学習、新しい方法を受け入れる。

5

みんなのアイデアを尊重する。すべてのアイデアが名案だ。

6

新しいツールを使ってコミュニケーションを行い、新しいパターンで一緒に働くことを受け入れる。

ExO スプリントでは、ほかとは違ったプロセスを行うことになる。それはおそらく会社にとってなじみのないものだろう。変化のなかで成長するマインドセットを作り出すためには、次のような指針に従わなければならない。

「失敗」のなかに貴重な学びがあることを理解する。

プロトタイプや MVP を見たり、ほかの人に見せたりすることをいとわない。これらは欠点や改善点があって当然のものだ。

自分の限界に挑戦する。

不快な思いをすることを受け入れる。

失敗やフラストレーションは ExO スプリントのプロセスの一部だということを理解する。

準備状況チェックリスト

準備はいいだろうか。ExO スプリントを始める前に、計画フェーズのすべての質問に答えられるかチェックしよう。

1. 対象の業界は？　現在の業界？　何の業界でもいい？
それともいまの業界に近い業界？

2. 何を変えようとしている？　会社全体？
特定の事業部門？

3. 達成したいことは？　業界といまの会社を改革したい？
いまの会社に変革をもたらしたい？　新しい ExO を 1 社立ち上げたい？
それとも複数社？

4. 全チームの参加者リストはあるか？

☐ Yes　　☐ No

5 参加者全員がプロセスを理解しているか？　また、積極的な関心を持っているか？

6 参加者全員が、ExO スプリントに就業時間の 25 ～ 50 パーセントの時間を注ぐだけの自由、そして首脳陣からのサポートを得ているか？

☐ Yes　　☐ No

7 参加者全員がカレンダーにスケジュールを入れているか？

目覚めセッション　　破壊セッション

調整セッション　　発進セッション

8 会社の首脳陣は、ExO スプリントから生まれる ExO 戦略のなかから最良のものを選び、資金を提供することを約束したか？

目覚め

イントロダクション

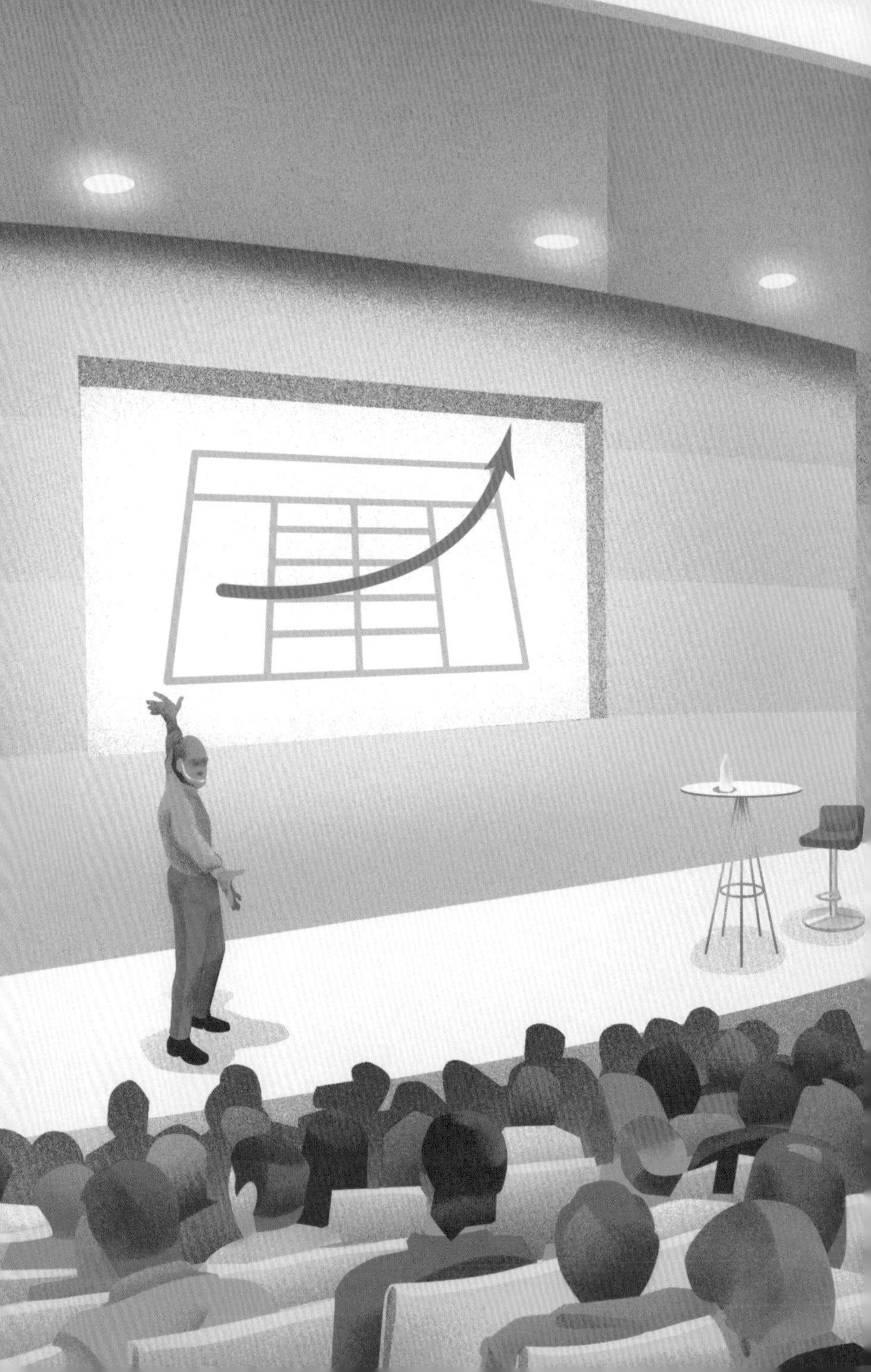

ExO スプリントの鍵となる要素の 1 つは、世の中で何が起きていて、それに関して何をすればいいのかを会社の人々に気づかせること。さあ、いまこそ会社を目覚めさせるときだ。

目的は、なぜ会社を変えることが重要なのかを全社員に理解させることだ。外部の破壊的変化が自社の業界にどう影響を及ぼすか、また、直線型思考と飛躍型思考の違い、飛躍型技術がもたらす「豊富な資源」というチャンス、飛躍型企業を立ち上げてそうした資源を活用する方法について、ExO スプリントにかかわる人全員が理解しなければならない。

形式は直接顔を合わせる形のイベントとし、飛躍型企業や最新のテクノロジー、破壊的変化に焦点を当てたものにする。理解を促進するために、実際に演習を行ってもいい。

誰が参加すべきか？　会社の関係者、最高幹部、中間管理職、そして ExO スプリントの参加者全員だ。ほかにも、興味がある人なら誰でも招待しよう。メッセージを受け取る従業員の数が多ければ多いほど、全体としての目覚めの範囲が広がる。

このセッションにお勧めの内容：

- 会社の CEO または ExO スプリントを行う事業部門のリーダーからの歓迎の挨拶。挨拶のなかで、ExO スプリントが会社にとって非常に大切なものである理由や、期待される成果、プロジェクトのビジョンについて明確に述べること。
- 破壊をテーマにしたキーノート・スピーチ。セッション参加者に「衝撃と畏怖」を与え、すべての業界が遅かれ早かれ破壊されるということに気づかせることができる人物がスピーカーの役割を務める必要がある。また、聞き手が ExO のフレームワークを実践して飛躍型技術がもたらすチャンスを活用できるように、スピーチの内容は変化のプロセスを受け入れようという気持ちになるものにしよう。
- 飛躍型技術がその会社の業界にもたらすチャンスとリスクがわかる、実践的な演習問題（推奨する演習問題については後述）。

直接集まって行う目覚めセッションの補足または代わりとして、首脳陣や ExO スプリント参加者に**次のことを求めるのもよい：**

- サリム・イスマイルの『シンギュラリティ大学が教える飛躍する方法』を読む。
- インターネットでサリム・イスマイルによる飛躍型企業に関するスピーチを視聴する。
- 次のページにある「直線型思考 vs 飛躍型思考」の演習問題を行う。

目覚めセッションは会社の免疫システムを抑制するために重要な役割を果たす。したがってこれを実施すれば、ExO スプリントの成果を発展させやすくなる。

演習：**直線型思考 vs 飛躍型思考**

この演習の目的は、会社の首脳陣とExOスプリント参加者全員が、飛躍型思考とその影響を理解することである。

ムーアの法則によれば、ITを使ったあらゆるものの性能は平均で2年ごとに倍になる。理論的な観点から見れば、テクノロジーが飛躍的に進化するということを理解するのは難しくない。たとえば、私たちが使っている携帯電話の性能も2年ごとに倍になるかもしれない、といったことだ。

しかし私たちの脳は直線的に働くため、飛躍型の変化を捉えるのは難しいこともある。たとえば、1歩ごとに1メートル、直線型の歩幅で30歩進んだら何メートル移動できるかを知りたければ、答えは簡単だ。1歩で1メートル、2歩で2メートル、3歩で3メートル……となり、30メートル移動できる。だが飛躍型の歩幅、つまり指数関数的に大きくなる歩幅で30歩進んだら何メートル進めるかとなると、答えを計算するのはそう簡単ではない。1歩目の歩幅は1メートル、2歩目は2メートル、3歩目は4メートル、4歩目は8メートルとなり、最終的に進む距離は1,073,741,823メートルとなる。このように、飛躍型の歩幅で30歩進んだ場合、どこにたどり着くかは誰にもわからない（電卓を使えば、地球26周分以上に相当するとわかる）。

1歩1メートル、直線型の歩幅で30歩移動すると……

1歩1メートルから始めて飛躍型の歩幅で30歩移動すると、地球を26周以上まわる。

飛躍型技術で大切なのは、これらのテクノロジーが自分の会社や業界にもたらす影響を理解することだ。結果を予想するのは不可能なことも多いが、少なくとも指数関数的な飛躍がもたらす影響を理解するための「正しいマインドセット」を持たなければならない。

専門家はよく自分の分野の未来予想に失敗する。なぜなら彼らは、現在と未来を直線型の関係で結びつけ、飛躍型の成長ではなく直線的な成長が続くという誤った推測をしてしまうからだ。

■ **演習問題**

直線型思考と飛躍型思考を使って、以下の例について考えよう。次に、その飛躍型の変化がどんな影響をもたらすかを考えよう。

例	直線型思考	飛躍型思考	飛躍型の変化による影響
1歩ごとに1メートルという直線型の歩幅で30歩進んだら、何メートル進むことになるか。飛躍型の歩幅の場合はどうか。	直線型の歩幅で30歩歩くと、出発地点から30メートル進む。	飛躍型の歩幅で30歩歩くと、出発地点から1,073,741,823メートル進む。	飛躍型の歩幅で30歩歩くと、地球を26周以上回ることになり、最終的にどこにたどり着くかを正確に知ることはほぼ不可能になる。
2018年初頭、Boeingのドローンは200kgもの荷物を運ぶことができた。2017年に運べたのはたった100kgだった。今後8年でどれくらいの重さを運ぶことができるようになるだろう。			
2001年に最初の全ゲノムシーケンスが行われた際には1億ドルの費用がかかったが、2017年には1000ドル以下で行えるようになった。今後10年で費用はいくらになるだろう。			
従来の直線型ビジネスモデルでは、新しいビジネスホテルを作るのにかかるコストは1室あたり平均で9万ドルだ。Airbnb（飛躍型企業）が自社のプラットフォームに新しい部屋を1室加えるためには、いくらかかるだろう。			

飛躍的な技術の進歩を考慮すれば、ドローンは今後8年で5万kgの荷物を運べるようになるだろう。また、バッテリーも飛躍的に進化すると考えれば、数年のうちに3万kg程度のコンテナを運べるドローンが現れる可能性が高い。

DNAシークエンスはおそらく数年のうちに、個別化医療としても知られるDNAを活用した医療が利用可能になるほど安価に（そして早く）なる。このようなテクノロジーの進歩は現在の診療方法や治療法を廃れさせるだろう。

ExOのアプローチ、特に外部資産の活用を行うことで、Airbnbは供給コストをほぼゼロにまで減らすことができる。ホテル業界の破壊において、飛躍型技術の影響は計り知れない（2017年にAirbnbが世界でもっとも大きなホテルチェーンになった理由はここにある）。

準備フェーズ

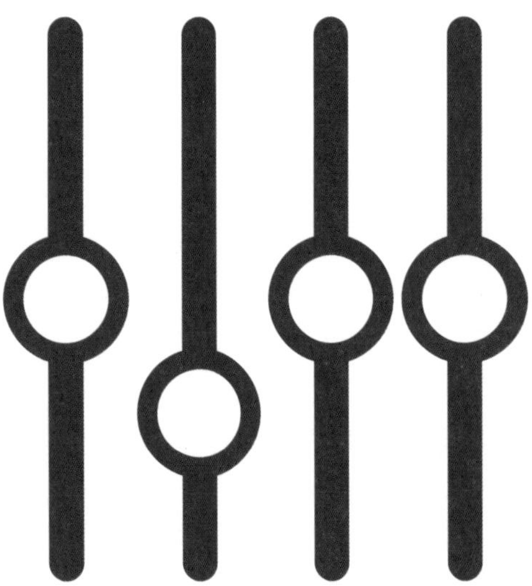

調整

イントロダクション

変革の旅を始める前に、成功のためのツールや手法をマスターする必要がある。

調整セッションの目的は、10週間のプログラムのなかでExO戦略を決定し発展させるために必要な知識と自信を、ExOスプリントの参加者に与えること。そして、同じぐらい重要なのが、会社の首脳陣に破壊的なイノベーションと新しい飛躍型企業をマネジメントするための知識を与え、トレーニングを行うことだ。

理想的な形式は、実際に参加者が集まって何度かトレーニングを行うというもの。トレーニングは参加者が実践によって学べるように、理論を学ぶセッションと実践的な演習問題を組み合わせるといい。また、もう1つの選択肢として、ExOスプリントの参加者と首脳陣に、インターネットでのリサーチや資料、本、動画を使って学習してもらうのもよい。

誰が参加すべきか？ 最低でもExOスプリントの参加者全員が調整セッションに参加しなければならない。会社の首脳陣も同じトレーニング（または少なくともその簡易版）を受けておくことをお勧めする。

お勧めの内容：

ExOスプリントの参加者は以下のことをよく理解しなければならない。

コンセプト
- 飛躍型企業
- ExOの特徴
- ExOコア戦略とExOエッジ戦略

ツール
- ExOキャンバス
- ビジネスモデルキャンバス
- ブルー・オーシャン戦略キャンバス

手法
- 構築―測定―学習サイクル
- 顧客開発

推薦図書
- **『シンギュラリティ大学が教える飛躍する方法』**サリム・イスマイル他著
- **『楽観主義者の未来予測　上・下』**ピーター・ディアマンディス著
- **『リーン・スタートアップ』**エリック・リース著
- **『ビジネスモデル・ジェネレーション』**アレックス・オスターワルダー著
- **『スタートアップ・マニュアル』**スティーブ・ブランク著

マネジメントチームも飛躍型のマインドセットを培い、ExOのフレームワークを理解する必要がある。したがって、以下のことをよく理解しなければならない：

コンセプト
- 飛躍型のリーダーシップ（直線型マインドセットvs飛躍型マインドセット）
- 飛躍型企業のマネジメント（探求vs実行）
- イノベーションとリスクのバランス：ExOコアとExOエッジ

推薦図書
- **『シンギュラリティ大学が教える飛躍する方法』**サリム・イスマイル他著
- **『楽観主義者の未来予測　上・下』**ピーター・ディアマンディス著

直接集まって行うトレーニングの代わりとして（あるいは補足として）、ExOスプリントの参加者が以降のページに示す演習問題を行うのもよい。これらの演習問題ではExOスプリントを実行するうえで役立つコンセプトや手法、ツールを取り上げている。

演習：ExO コア戦略・ExO エッジ戦略の発案

この演習問題の目的は、ExO スプリント参加者が ExO エッジ戦略と ExO コア戦略の違いを理解することである。

解説

ExO エッジ戦略も ExO コア戦略も、ExO スプリントの過程で生み出される。ExO エッジ戦略の目的は、飛躍型技術を活用することで、産業を破壊する力を持つ、新しいスケーラブルな事業を作り出すことだ。一方 ExO コア戦略は、既存の企業が外部の破壊的変化に適応し、より機敏になるのに役立つ。

■演習

以降の演習問題を行うために、サンプルとして自社以外の企業を 1 社選ぼう。銀行業や小売業などの、商品やサービスを提供する会社を選ぶのがベスト。B to C のビジネスモデルなら、外部からでも比較的分析しやすい。

その企業について、外部の破壊的変化に適応するための ExO 戦略（ExO コア戦略）のアイデアを生み出そう。また、飛躍的技術を活用して産業を破壊できるような、新しいスケーラブルなビジネスモデル（ExO エッジ戦略）を作り出そう。

ExO 戦略の名前	概要	ExO 戦略のタイプ	影響

演習：**ExO キャンバスの作成**

この演習の目的は、ExO スプリントの参加者が ExO キャンバスを実際に使ってみることである。

解説

先に述べたように、ExO キャンバスはビジョナリーやイノベーター、最高幹部や起業家が新しい飛躍型企業を 1 ページで設計するのに役立つツールのことだ。ExO キャンバスを作成する際には MTP が必要になる。また、ExO の 10 の特徴を使う。

■演習

前回の演習で決定した ExO 戦略を 1 つ使い、適用できる ExO の特徴を考えて ExO キャンバスを埋めよう。

新しい企業を（SCALE を使って）豊富な資源と結びつける方法を考えられるように、ExO エッジ戦略を使うとよい。次に、IDEAS を使ってそれらをどうマネジメントするかを考えよう。

野心的な変革目標(MTP)			
情報	オンデマンド型の人材調達	インターフェース	実践
	コミュニティとクラウド	ダッシュボード	
	アルゴリズム	実験	
	外部資産の活用	自律型組織	
	エンゲージメント	ソーシャル技術	

演習：ビジネスモデルキャンバスの作成

この演習の目的は、ExO スプリントの参加者がビジネスモデルとは何かについて、そしてビジネスモデルキャンバスを使ったビジネスモデルの設計方法について、基本的な理解を得ることである。

解説

ビジネスモデルは定義上、ある企業が利益を生む団体（少なくとも持続可能な団体）であるために、どのように価値を創造・提供・獲得するのかを示すものだ。

ビジネス理論家で起業家のアレックス・オスターワルダーが考案した「ビジネスモデルキャンバス」は、1 枚の紙の上で新しいビジネスモデルを作ったり既存のビジネスモデルを書き起こしたりするためのツールで、9 つの要素（ブロック）で構成されている。

顧客セグメント：会社が商品やサービスをアピールし提供しようとしている、さまざまな人や組織のグループ。

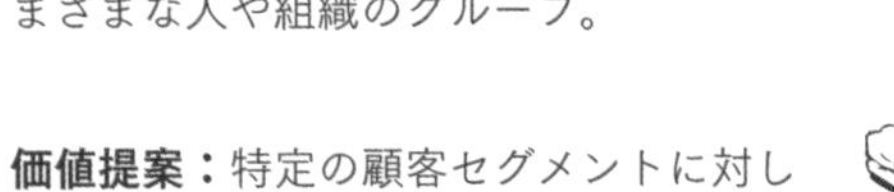

価値提案：特定の顧客セグメントに対し価値を創造する商品やサービス。

チャネル：各顧客セグメントに対する、価値提案を行うためのコミュニケーションやアピールの方法。

顧客との関係：会社が特定の顧客セグメントと築く関係のタイプ。

収益の流れ：会社が各顧客セグメントから生み出すお金。

リソース：ビジネスモデルを機能させるために必要な最重要資産。

主要活動：ビジネスモデルを機能させるために会社が行う、もっとも重要な活動。

パートナー：ビジネスモデルを機能させるサプライヤーやパートナーのネットワーク。

コスト構造：ビジネスモデルを運用するのにかかる全コスト。

より詳しい情報については、アレックス・オスターワルダーの『ビジネスモデル・ジェネレーション』を参照してほしい。

■**演習**

前に定めたExO エッジ戦略を1つ使ってビジネスモデルキャンバスを埋めよう。また、さまざまなExO の特徴をどのように適用できるか考えながら、戦略をより詳しく定めよう。

パートナー	主要活動	価値提案	顧客との関係	顧客セグメント
	リソース		チャネル	

コスト構造	収益の流れ

演習：ブルー・オーシャン戦略キャンバスの作成

この演習の目的は、ExO スプリントの参加者がブルー・オーシャン戦略とブルー・オーシャン戦略キャンバスの使い方について、基本的な知識を身につけることだ。

解説

ブルー・オーシャン戦略は、プロダクト・イノベーションに着目したマーケティング理論だ。この理論は、価格や機能をめぐって激しい戦いが繰り広げられる市場（レッド・オーシャン）から、競争がまったくない、あるいは非常に少ない新たな市場（ブルー・オーシャン）に移るチャンスがどの業界にもあるという考えから生まれた。

ブルー・オーシャン戦略キャンバスは XY グラフになっていて、自分のビジネスや商品、サービスが競争においてどのような状況にあるかが一目でわかる。横軸である X 軸は商品の特徴、つまり競争の要因を示し、縦軸である Y 軸はそれぞれの商品の特徴（競争要因）の評価を示す。

ブルー・オーシャン戦略キャンバスでは基本的な考えとして、X 軸の商品・サービスの特徴を 4 つのカテゴリーに分けている。X 軸を下記のように整理するとよい。

- **増やす**：競合他社の商品やサービスの要素のうち、自社の商品やサービスで現在の業界の水準を大きく上回りたいもの（例：任天堂Wiiのグラフの「使いやすさ」）
- **取り除く**：自社の商品・サービスから取り除きたい、競合他社の商品・サービスの特徴（例：任天堂 Wii のグラフの「ハードディスク」「ドルビー 5.1ch」「接続性」「DVD」）
- **減らす**：自社の商品・サービスでは減らしたい、競合他社の既存の商品やサービスの特徴（例：任天堂 Wii のグラフの「プロセッサ速度」「価格」）
- **加える**：自社の商品やサービスに加えたい、既存のものにはない特徴。（例：任天堂 Wii のグラフの「モーションコントローラー」）

例：任天堂 Wii はビデオゲームの機器をシンプルにし、モーションセンサーを加えたことで、年配の消費者のなかに新しい市場（ブルー・オーシャン）を見つけ出した。

より詳細な情報については、レネ・モボルニュおよびW・チャン・キムの『ブルー・オーシャン戦略』を参照のこと。

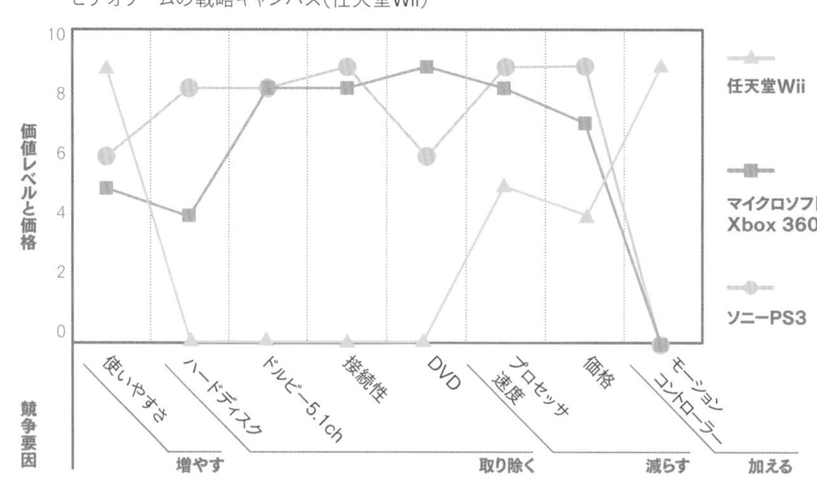

■ **演習**

ブルー・オーシャン戦略キャンバスを使い、架空の新商品や新サービスについて、競争のない市場を見つけよう。少なくとも2つの競合商品と比較すること。

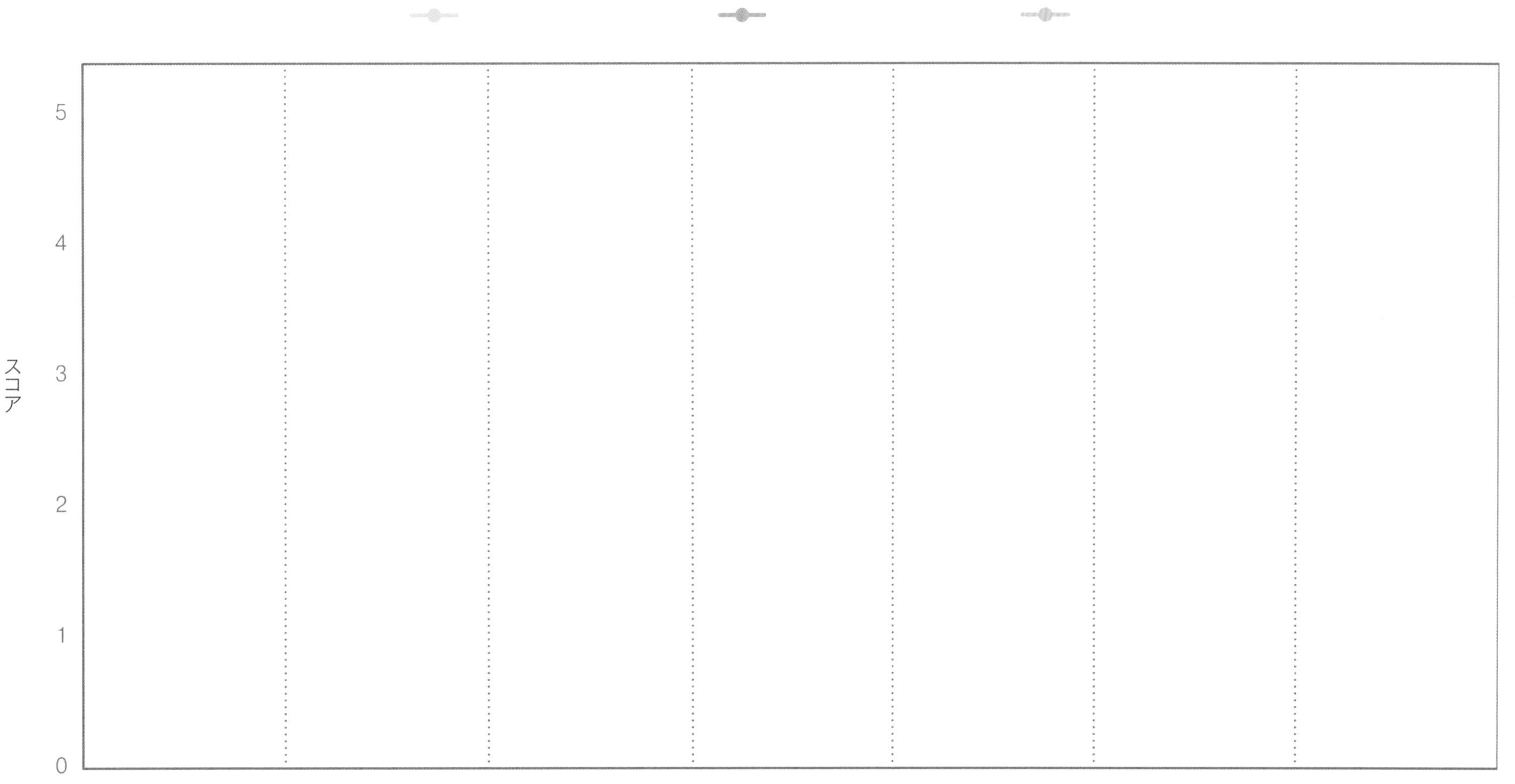

演習：実験の計画と実行

この演習の目的は、ExO の特徴の 1 つである「実験」について説明し、ExO 戦略の評価に役立つ実験の計画・実行に必要となる基礎知識や経験を、ExO スプリントの参加者に与えることだ。

解説

ExO 戦略などの新しいイノベーションのアイデアはどれも、その性質上、複数の仮説から成り立っている。ビジネスモデルキャンバスや ExO キャンバスを作成する際は、1 つ 1 つの要素がただの仮説にすぎないかもしれないということを頭に入れておこう。したがって、よい成果を得るうえで重要な鍵となる仮説を検証することはきわめて重要だ。たとえば新しい事業を考える際には、顧客セグメントや価値提案に関係する仮説を検証することから始めよう。

鍵となる仮説を特定し、それを評価するための実験を計画するには、スティーブ・ブランクの顧客開発モデルに従うとよい。これは包括的な手法だが、要するに仮説として顧客セグメントを 1 つ選び、その顧客に対するインタビューを計画するというものだ。

- 方向性が正しいかどうかを確かめるため、見込み客からニーズや困っていることを聞き出す。
- 見込み客に彼らのニーズに応える完璧なソリューションは何だと思うか尋ねる。自分が考えたこともないようなアイデアが手に入るかもしれない。
- 自分が提案するソリューションを見込み客が気に入るかどうか確かめるため、価値提案を説明する。
- インタビューが終わったら、インタビューを受けた顧客が自分が想定していたとおりの問題を抱えていたかどうかに基づき、顧客セグメントの仮説が有効か無効かを判断する。また、顧客が自分の提案を気に入ったかどうかを基に、価値提案の仮説が有効か無効かを判断する。
- より詳しい情報は、スティーブ・ブランクの『アントレプレナーの教科書』を参照。

革新的なアイデアを評価し、進化させる（そして先に挙げた手法の補足にもなる）もう 1 つのよい方法は、リーン・スタートアップの「構築―測定―学習サイクル」を使うことだ。このサイクルは、1 つのプロジェクトのなかで、さまざまな段階において継続的に実行しなければならない。ここでの目的は、アイデアが正しいと立証することではない。すべてのエゴを捨て、真実を知ることだ。

構築：まず、アイデア（仮説）を決めて、それを検証するための実験を計画する。初期段階では、実験は見込み客や関係者へのインタビュー程度のものかもしれない。だがその後、実験はプロトタイプや最終製品になることさえある。

測定：何かを構築したり計画したりしたら、次はそれを試す番だ。見込み客にインタビューを行い、何パーセントの人がアイデア（仮説）を気に入るか調べよう。のちの段階でサイクルを実行するときには、MVP（実用最小限の製品）を作ってその性能を測定することになるだろう。

学習：すべての情報がそろったら、データに基づいて自分のアイデア（仮説）が立証されたかを判断しなければならない。結果にかかわらず、どんな学びも大きな進歩だ。目的は特定のアイデアを立証することではなく、短い時間でできるだけ多くの学びを得ることだと覚えておこう。このステップが完了したら、「構築」に戻って学んだことを基にサイクルを繰り返し、プロジェクトを発展させつづけよう。

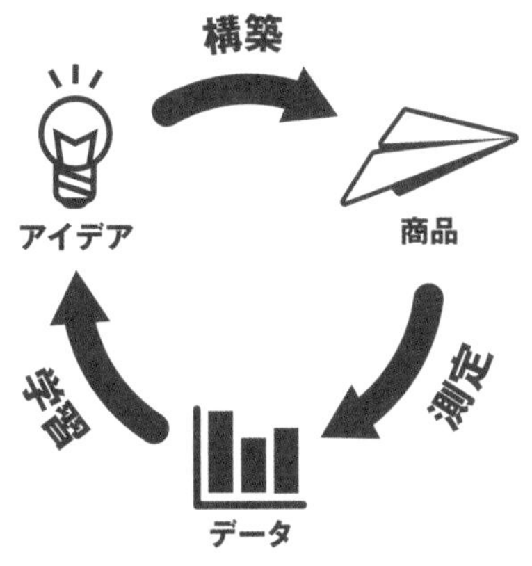

より詳しい情報は、エリック・リースの『リーン・スタートアップ』を参照のこと。

■**演習**

ビジネスモデルキャンバスと、前の演習で決定したExOエッジ戦略を1つ使って、

- 顧客セグメントとそれに対応する価値提案の仮説のペアを1つ選ぼう。
- 選択した仮説を検証するためのインタビュー（実験）を計画しよう。質問と評価基準（一般的には、仮説の立証に必要な顧客セグメントと価値提案のパーセンテージ）のリストを作ること。
- 実験を行い、仮説を検証しよう。

構築		測定		学習
仮説	実験内容	評価基準	実験結果	学び

実行フェーズ

このセクションでは、ExO スプリントをやり遂げるためのプロセスを週ごとに分けて解説する。覚えておきたいのは、ExO スプリントにはエッジとコアという 2 つの流れがあり、どちらを行うか、または両方を行うかどうかは目的しだいだということだ。

自分の会社が大手企業で、自社だけでなく自社の業界も変えたい、もしくは新しい業界を作りたいという人は、エッジストリームとコアストリーム両方の課題に取り組もう。

自分の会社が伝統ある企業で、いまの会社を外部の破壊的変化に適応させることで守りたいという人は、エッジストリームを飛ばして、コアストリームの課題に進もう。

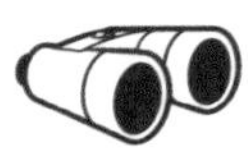

飛躍型企業を一から作り、業界を破壊したいという起業家や、グローバルな規模へと成長を目指すローカルな企業は、エッジストリームの課題だけを行おう。

どの道を選んでも、10 週間が終わるころには、有効性の保証された ExO 戦略や新しい ExO のアイデアを生み出し、その実践方法をはっきりと理解しているはずだ。

ExO スプリントの参加者を選ぶときに、エッジチームとコアチームをいくつ作るかも決めることになる。チームの数によって、得られる戦略の数が決まる。各チームはそれぞれ週ごとの課題を完成させ、ExO スプリントの始まりと半ば、終わりにグループとして集まる。

これから見ていくように、各週の課題には複数のタスクと、それらのタスクに役立つリソースガイドが示されている。

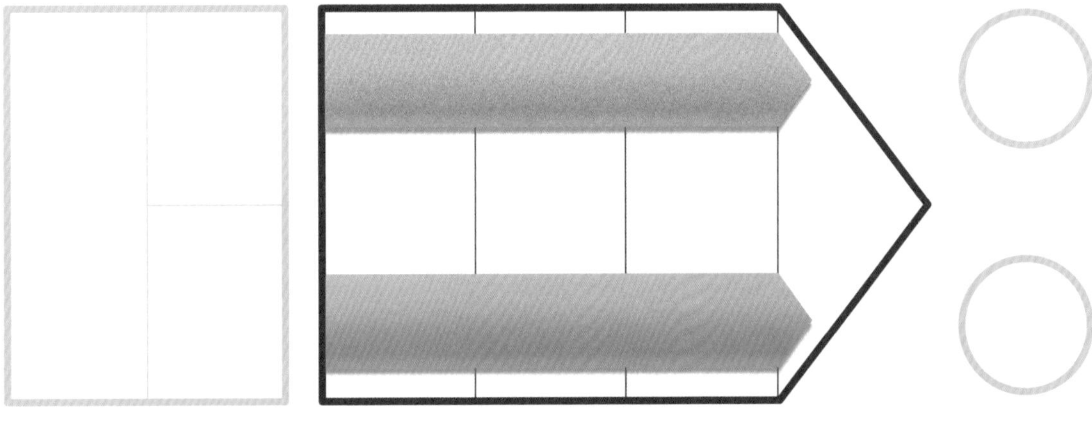

ケーススタディ

ExO スプリントの実行方法をわかりやすくするために、フィクションのケーススタディを作成した。例として示すタスクは ExO スプリントで実際に完了しなければならないタスクを簡略化したものだが、このケーススタディで ExO を作っていく過程は、実際の課題を理解するのに役立つだろう。

企業の概要：

エコプレイス

110 カ国　　10 週間

環境にやさしいホテルを展開する世界的なホテルチェーン。
世界中で 500 以上のホテルを経営する。
業界：サービス業
ビジネスモデル：所有するホテル客室の貸し出し
規模：2 万 5000 室以上
場所：110 カ国

ExO スプリント：

この企業の目標は、サービス業界でトップの地位を築くことだ。準備フェーズを終えて、首脳陣は下記の方法で ExO スプリントを行うことにした。

ビジョン

エコプレイスは何を達成したいか？

この会社を、外部の破壊的変化に対応でき、サービス業界を改革できる会社に変えたい。ExO スプリントではエッジストリームとコアストリームの両方を行う。

エコプレイスは何を変えようとしているか？

会社全体およびサービス業界。

対象業界は？

サービス業界。この業界内で飛躍型企業を作るのが目標。

参加者とExOチーム

ExO スプリント主催者

エコプレイス CEO

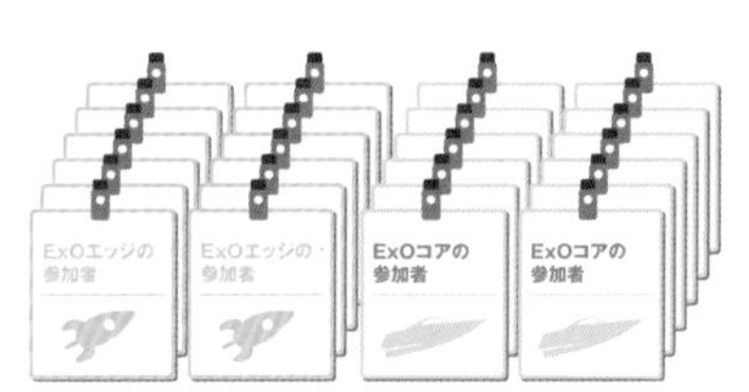

ExO スプリント参加者 24 名（4 チーム）

ExO エッジチーム 2 つ
1 チーム 6 名
ExO コアチーム 2 つ
1 チーム 6 名

ExO ヘッドコーチ 1 名

ExO スプリントの実行を監督し、ExO コーチを助ける

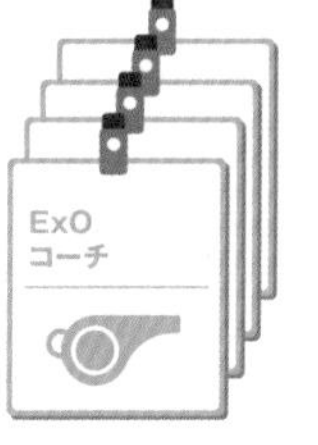

ExO コーチ 4 名

各チームに 1 名

ExO ディスラプター 4 名

破壊セッションと発進セッションでフィードバックを行う。

注意：このケーススタディはほかのタイプのホテルチェーン（昔ながらのホテルやブティックホテル、B&B など）にも応用できる。エコなプロジェクトを行わなくても、飛躍的な影響をもたらして世界をよりよいものに変えることは可能だ。ExO スプリントはどんな企業でも実践できる。

実行フェーズ

エッジストリーム

イントロダクション

エッジストリームを行えば、既存の業界や新しい業界をリードする力を備えた次世代のグローバル企業を生み出せる。

特徴

エッジストリームでは、今までとは違うマインドセットを持つことが要求される。既存企業では、何かを実行する際、会社がそれをコントロールすることが求められる。そして何よりも、業務の効率化に力が注がれている。それに対し、革新的な企業を作るためには、適切な価値提案や特定の産業を破壊できるビジネスモデルを見つけ出すための、探求ベースの手法が必要となる。

得られる機会

- かつて局地的な影響しか持っていなかった業界で、世界的な存在感を確立する。
- 既存の業界を破壊し、その過程で現在の競合他社を圧倒する。
- 既存の業界を改革する。
- 新しい業界を作る。

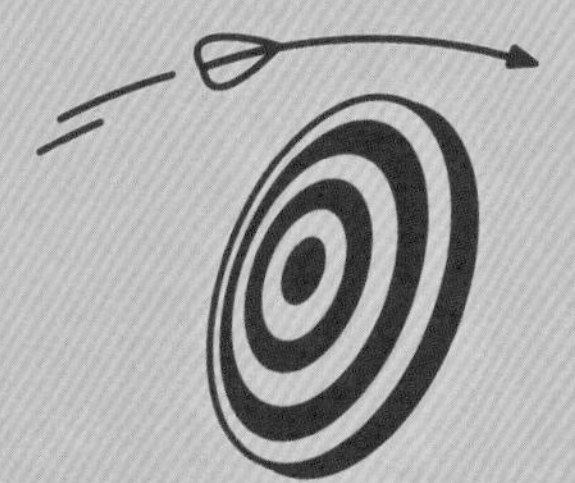

課題

・人々に既存の枠にとらわれない思考をさせる。そのために、業界の外から起業家を連れて来ることをお勧めする。
・失敗を避けられないプロセスの一部として受け入れ、市場にぴったり合うものが見つかるまで、実験と再挑戦を繰り返す。

用意するもの

・新しいExOが対象とする業界。ただし、そのような枠を決めずにエッジストリームを行うことも可能だ。そうすれば業界を限定せずに新しいExOを思いつくことができる。
・今後10週間、業界の未来を築くための新しい戦略の創出に意欲的に取り組む人々。

得られるもの

初期段階のExO。複数のExOが得られることもある。そうした企業がいずれ業界を破壊し、リードすることになる。ExOエッジ戦略には以下のものが含まれる。

・新しいExOについてのハイレベルで詳しい説明
・実験や教訓
・発展のロードマップ
・プロトタイプ
・最初のクライアント候補（アーリーアダプター）

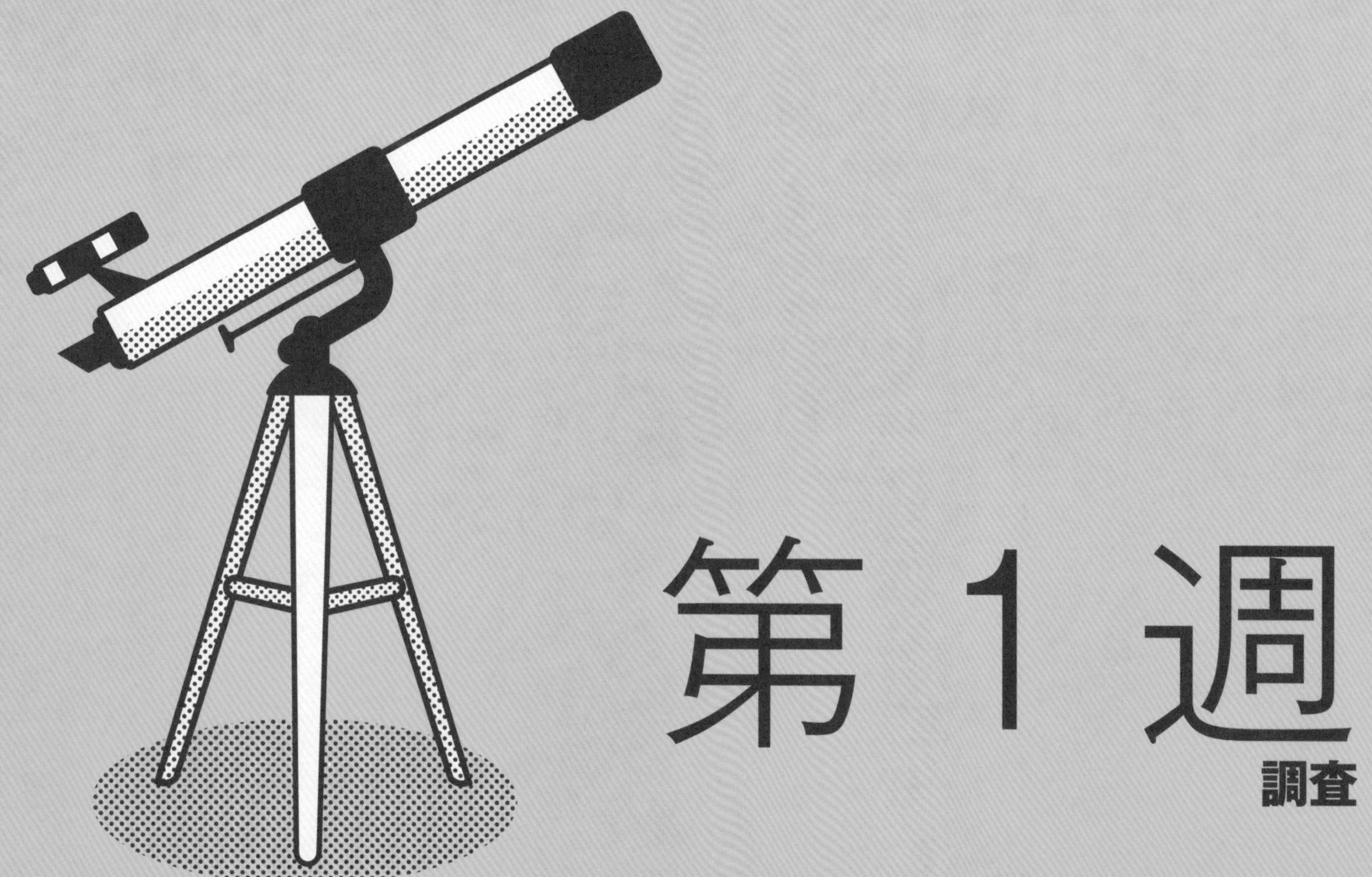

第1週
調査

今週のテーマ

世の中は日々変化している。世の中を調査することは、エキサイティングな学びの体験になるだろう。あなた自身も驚かされるかもしれない。

多くの重役が、時間の大半を内部の問題を処理するのに使ってしまい、企業の外で起きていることにはまったく目を向けていない。だが、そうなってはいけない！

最大のチャンスは、世界規模の課題（解決すべき問題）と、それらの課題を解決しうる飛躍型技術、そして企業を収益化し成長させるビジネスモデルが交わるところで見つかる。

今週はエッジストリームの土台を築く。これによって、世界のもっとも大きな課題と、現在または将来において自分の業界を破壊するかもしれないもっとも重要なテクノロジーの全体像を、戦略的に把握できる。あなたの業界で、すでに起きはじめている変化は何だろう。「オフィスの外」に目を向ければ、最近使われはじめている、従来のものとは違う破壊的なビジネスモデルについて理解できるはずだ。

タスク 1 世界規模の課題を調査する

解説

世界が直面している問題や、プロジェクトのビジョンに関係する世界の動向（自分の業界に特有のことでも、もっと幅広いことでもよい）について考え、調査する。

また、社会のニーズと動向も調べてみよう。

社会問題

- 教育
- 貧困
- エネルギー
- 環境
- 健康
- 平和
- 人権
- 子供
- 公正

動向

- 市場
- 消費者行動
- 競合他社
- サプライヤー
- 社会の変化
- 政治

ツール

このセクションのテンプレートを使用する。

リソース

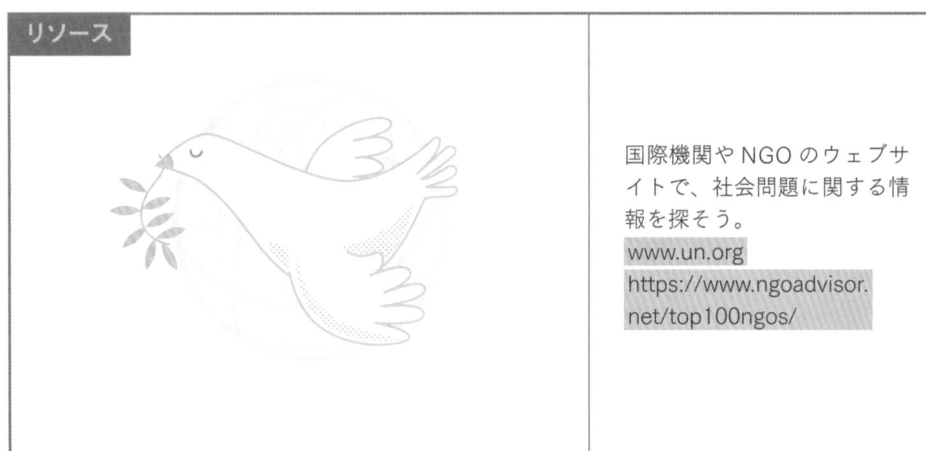

国際機関や NGO のウェブサイトで、社会問題に関する情報を探そう。
www.un.org
https://www.ngoadvisor.net/top100ngos/

アドバイス

ニュースに気を配ろう。ニュースから、世界全般や自分の業界のおもな動向の一部を知ることができる。

タスク 2 飛躍型技術について学ぶ

解説

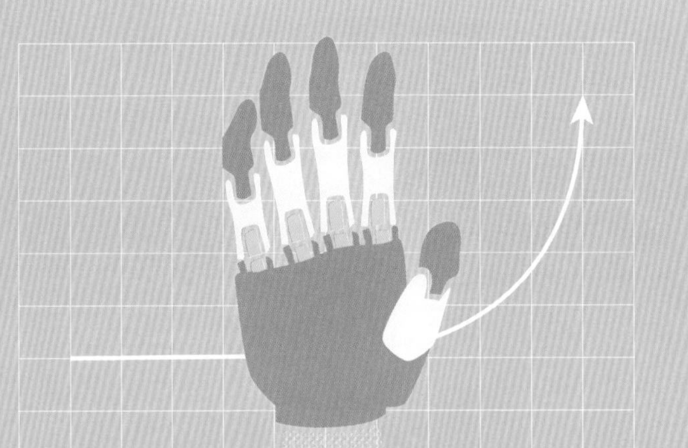

ほとんどの飛躍型技術が、あなたの業界に直接的、あるいは間接的な影響を及ぼすだろう。同時に、業界が破壊されることで、活用できる（そして活用すべき）新しいチャンスがもたらされる。

次に挙げる新しいテクノロジーや飛躍型技術が自分の業界にどのような影響を及ぼすか（またはどのような影響を及ぼしたか）を考えよう。頭に入れておきたいのは、このリストは最終的なリストではないということ。新しいテクノロジーは日々現れるからだ。

- 人工知能（AI）
- ロボット技術
- 3D プリンティング
- 仮想現実（VR）
拡張現実（AR）
- バイオテクノロジー
バイオインフォマティクス
- ブロックチェーン
ビットコイン
- ナノテクノロジー
- ドローン
- モノのインターネット（IoT）
- 量子コンピューティング

インターネットで「XX 業界　新技術」などのキーワードを検索しよう。よい実例がたくさん見つかるはずだ。

ツール

このセクションのテンプレートを使用する。

リソース

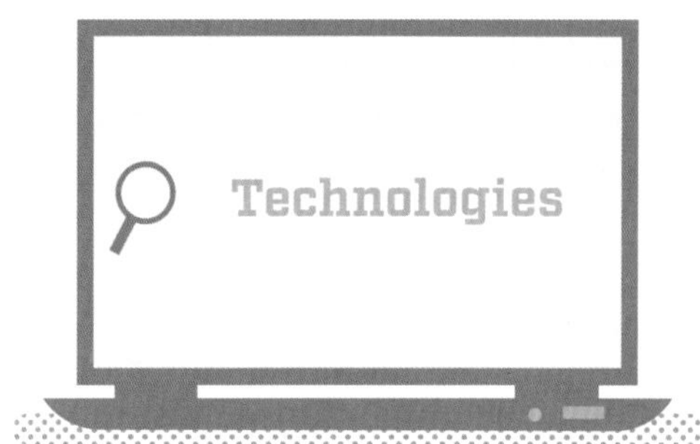

テクノロジー関連の情報を集めたウェブサイトで最新の記事を探そう。自分の業界の話題でなくても、関係性や応用可能なものを見つけ出せるかもしれない。次のようなウェブサイトが役に立つ。

・MIT テクノロジーレビュー
https://www.technologyreview.com
https://www.technologyreview.jp（日本版）
・Singularity University Hub
https://www.singularityhub.com
・Disruption Hub
https://disruptionhub.com
・Wired
https://www.wired.com
https://wired.jp（日本版）
・TechCrunch
https://www.techcrunch.com
https://jp.techcrunch.com（日本版）

タスク2 飛躍型技術について学ぶ

アドバイス

テクノロジー関連の情報を集めたウェブサイトから出ている、週刊ニュースレターを購読しよう。新しいテクノロジーの最新の開発状況を常に把握しておける。毎週ざっと目を通しておくと、絶えず情報を得られ、特定のトピックが目に留まったら、詳しく調べることもできる。

アドバイス

自分の業界から出ているレポートは避けるか、少なくともそれだけに注目するのはやめよう。そのようなレポートはたいてい、既存の業界を改善することだけを目的としている。あなたが行おうとしている改革を目指したものではない。

アドバイス

Googleアラートを作成して、特定のキーワードに関連するニュースを受け取ろう。

アドバイス

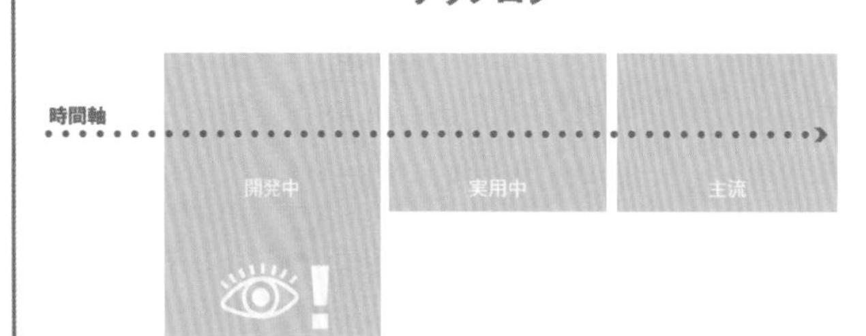

これから調査するテクノロジーは、それぞれ開発から主流になるまで、さまざまな段階にあるだろう。すでに積極的に使用されているものもあれば、まだ開発中のものもある。市場に影響が出る時期を考えよう。覚えておきたいのは、「専門家」は一般的に直線型の予想をするということ。初期段階の飛躍的な増加のパターンを見落とさないように。飛躍的な変化は潜在的かもしれないということを心に留めておこう。最初のころは、指数関数のカーブは非常にフラットなこともある。

タスク 3 破壊的なスタートアップについて学ぶ

解説

テクノロジーは、それ単体ではユーザーにとって無価値だ。成功するためには、企業は適切なビジネスモデル、つまり価値を創造し、流通させ、維持していく方法を実行する必要がある。

自分の業界やほかの業界で新しい破壊的なビジネスモデルをうまく実行しているスタートアップを調べよう。目標はターゲット業界でビジネスを行う新しい方法を発見することだ。

破壊的なスタートアップや新しいビジネスモデルを探す際には、自分の業界の中と外の両方を見よう。Next Big Thing となる企業は、どこから現れるかわからない。

「XX 業界　スタートアップ」などのキーワードをインターネットで検索しよう。著者が検索したときには、よい例がたくさん見つかった。

ツール

このセクションのテンプレートを使用する。

リソース

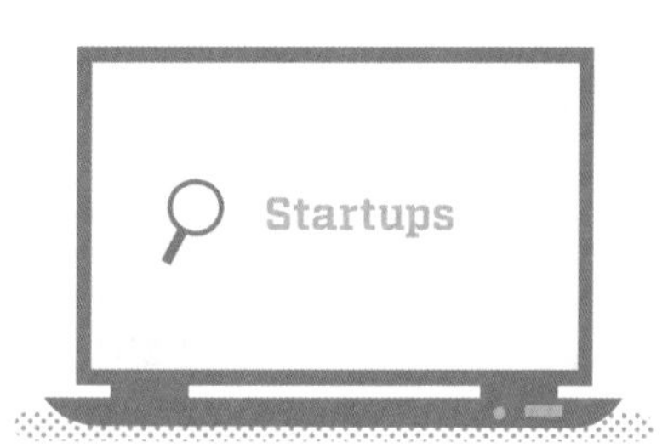

スタートアップ関連の情報を集めたウェブサイトを調べよう。さまざまな新しいスタートアップに関する記事が見つかるだろう。自分の業界だけに絞ってスタートアップを探しているのではなく、自分の業界に応用できそうな新しいビジネスモデルを探しているのだということを忘れないように。以下に役立つウェブサイトを挙げておく。

・TechCrunch
https://techcrunch.com
https://jp.techcrunch.com（日本版）
・エンジェルリスト
https://angel.co
https://angellist.jp（日本版）
・Gust
https://gust.com
・Entrepreneur
https://www.entrepreneur.com

アドバイス

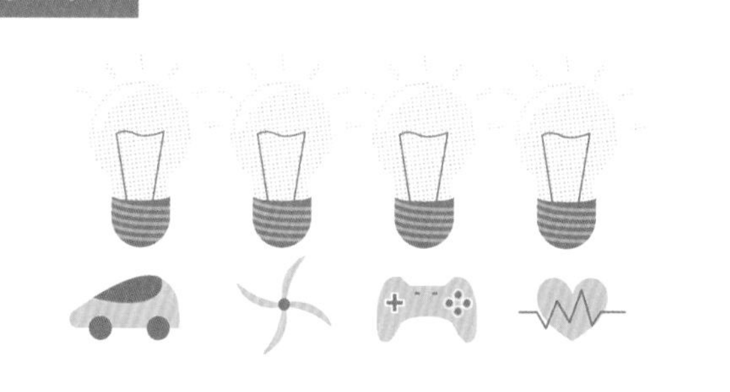

業界を破壊する新たな手法を発見しているスタートアップは無数にある。このようなアプローチの多くは、あなたの業界でも応用できるものだ。これらを使って自分の業界へ刺激を与えよう。

アドバイス

以下の質問について考えよう。特定の業界に縛られないこと。

- どんな新しいビジネスの方法が、世の中に革新的な影響を与えているだろう。
- スタートアップが次々に顧客と直接つながっていくなかで、どのようにして、従来の企業を介さない商品やサービスの提供が行われているだろう。

テンプレート 提出用

世界的な課題	リスク	機会	時期
説明	業界にどのような影響があるか	その問題が解決すると世の中はどうなるか	その傾向の影響が現れるのはいつか

飛躍型技術	リスク	機会	時期
名称・説明	その飛躍型技術は自分の業界をどのように破壊するか	その飛躍型技術は新しいビジネスの機会をどのようにもたらすか	その飛躍型技術が業界に影響を及ぼすのはいつか

破壊をもたらすスタートアップとビジネスモデル	リスク	機会	時期
企業名とビジネスモデルの内容	業界をどのように破壊するか	そのビジネスモデルをどのように自分の業界で実行するか	その新しいビジネスモデルが自分の業界に破壊をもたらすのはいつか

テンプレート 提出用（エコプレイスの例）

世界的な課題	リスク	機会	時期
説明	**業界にどのような影響があるか**	**その問題が解決すると世の中はどうなるか**	**その傾向の影響が現れるのはいつか**
旅行をする金銭的な余裕がない人がたくさんいる。	多くの消費者に経済的制約があるため、市場が限られている。	ホテルが繁栄する。	今
消費者が個人化されたサービスを求めている。	消費者は従来にない新しいホテルを選択肢として求めている。	世の中のパーソナライゼーションのレベルが高くなる。	今
シェアリングエコノミー	利用できるスペースを持っている人が、そのスペースを貸し出す。	資源をより有効活用できるようになる。	今
エコの流行	流行には寿命がある。	既存のエコのコミュニティを活用できるようになる。	今
エコな商品やサービスについてよく知らない消費者が多い。	エコなものは低品質だと思っている消費者もいる。	消費者にエコな旅を選ぶよう促す PR になる。	今

飛躍型技術	リスク	機会	時期
名称・説明	**その飛躍型技術は自分の業界をどのように破壊するか**	**その飛躍型技術は新しいビジネスの機会をどのようにもたらすか**	**その飛躍型技術が業界に影響を及ぼすのはいつか**
インターネット	シェアリングエコノミーと P2P 型のビジネスモデルを実現する。	ホテルは顧客へアピールしやすくなり、新しいビジネスモデルを構築できるようになる。	今
AI とロボット技術	ホテル業務の大半を自動化し、競争を激化する。	顧客のことをより理解し、サービスを個人化するのに役立つ。	2 年以内
ドローン	旅行意欲を低減させる可能性がある。	新しい旅行の手段を生む。	5 年以内

テンプレート 提出用（エコプレイスの記入例）

破壊をもたらすスタートアップとビジネスモデル	リスク	機会	時期
企業名とビジネスモデルの内容	**業界をどのように破壊するか**	**そのビジネスモデルをどのように自分の業界で実行するか**	**その新しいビジネスモデルが自分の業界に破壊をもたらすのはいつか**
Airbnb（シェアリングエコノミーで資産を活用）	Airbnb（あるいはその他の類似のスタートアップ）がエコな宿泊場所を顧客に提供する可能性がある。	P2P 型のシェアリングエコノミープラットフォームを立ち上げる。	今
Uber（オンデマンド型の人材）	オンデマンド型の人材によって競合他社が市場のニーズに応えやすくなるかもしれない。	オンデマンド型人材を活用する。	今
Cratejoy（サブスクリプションというビジネスモデル）	ほかのホテルチェーンがサブスクリプションを始めると、市場が減少する。	サブスクリプションを使ったビジネスモデルを立ち上げる。	今

今週のアドバイス

スムーズな進行のヒント

最初の４日間を
課題の調査に充てる。

Sun	Mon	Tue	Wed	Thu	Fri	Sat

５日目に、わかったことを
ExO コーチと振り返る。

心を開いた状態で
すべての調査を始めよう。
先入観は捨てること！

よく見知った居心地のいい空間から
外に出て、未知の領域を探索しよう。

調査や学習をやめてはいけない。
たとえ ExO スプリントが
終わったあとでもだ。

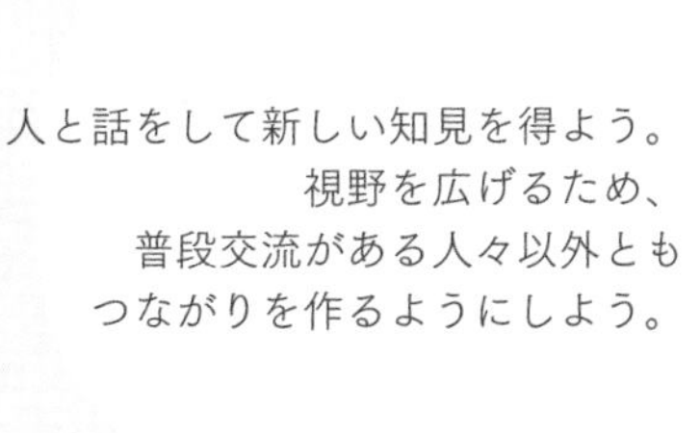

人と話をして新しい知見を得よう。
視野を広げるため、
普段交流がある人々以外とも
つながりを作るようにしよう。

第2週
発案

今週のテーマ

未来を作り、世界をよりよい場所にするチャンスはすぐ目の前にある。

飛躍型技術を使えば、どんなものでも豊富にすることができる。同時に、解決しなければならない世界的な課題も無数に存在する。実際のところ、最大のビジネスチャンスは多くの場合、世界が直面する最大の問題と関係している。

トーマス・エジソンが言ったように、「偉大なアイデアを1つ得るには、たくさんのアイデアが必要だ」。したがって今週は、確実に成功をつかむために、できるだけ多くのExOエッジ戦略のアイデアを出すことにする。

次世代の飛躍型企業が、飛躍型技術の活用と破壊的なビジネスモデルの実行によって、さまざまな業界をリードし、世界をよりよい場所にするところを想像してみよう。

今週の課題で、あなたの創造性が解放されるだろう。未来に飛びこみ、自分の業界や会社にとってもっとも破壊的なアイデアを決めるときが来たのだ。10億ドルの価値があるアイデアを生み出そう。初めに幅広いアイデアを生み出せば、この先の工程でインスピレーションを得られ、選択肢も豊富になる。

タスク1 複数の野心的な変革目標（MTP）を設定する

解説

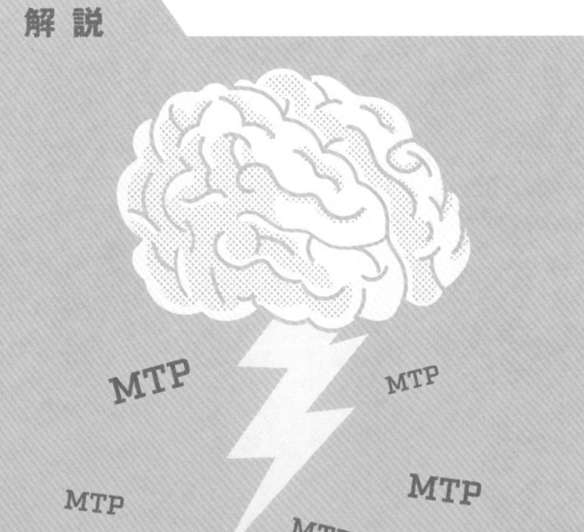

飛躍型企業を定義する出発点は、なぜこの世界にいたいのかを自分自身に問いかけることだ。次に、自分のプロジェクトが成功したら、世界がどうなるのかを表現しよう。このタスクは複数のMTPを設定することだというのを忘れないように。1つでは不十分だ。

ブレインストーミングや「What-if（もし～だったらどうなる？）」（という思考）、ビジュアルシンキングなどの手法を使って、このセッションを行おう。

リソース

自分の企業に適したMTPを設定する方法については、MTPのセクション（**p.30**）を読み返そう。

アドバイス

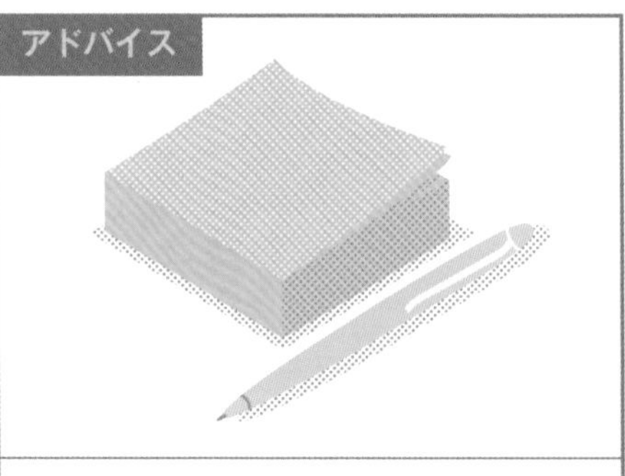

付箋とペンさえあれば、ブレインストーミングを実施できる。

アドバイス

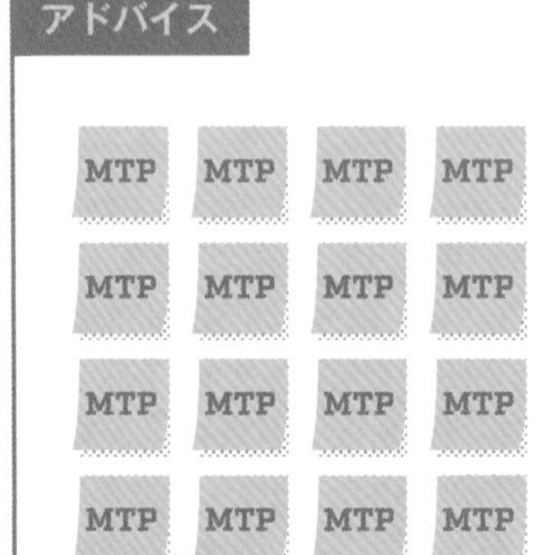

ExOスプリントのなかでも、いまは発案の段階だということを念頭に置くこと。MTPのアイデアは多ければ多いほどいい。

アドバイス

ここでの根本の目標は、業界を改革するだけでなく、世の中によい影響をもたらすことである。MTPはこの目標を反映し、他者に伝えるものだ。

アドバイス

MTPは顧客や従業員、投資家などの人々と共有できるものでなければならないということを覚えておこう。

タスク 2 それぞれのMTPに対し、問題と解決策のペアを挙げる

解説

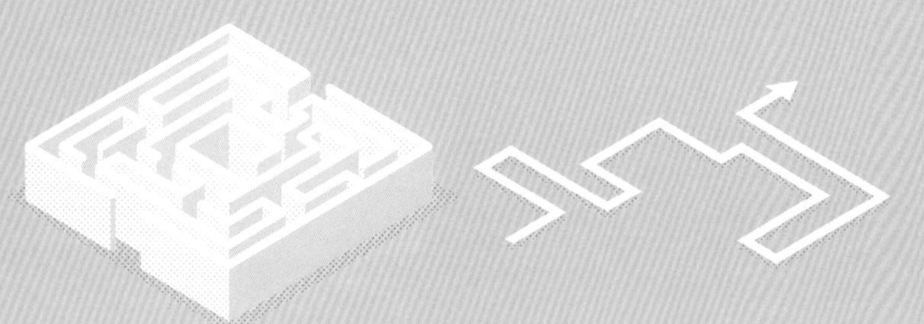

MTP が用意できたら、次のステップはその MTP に関連する問題とその解決策を考えることだ。今回のタスクは、設定した MTP に関連する問題とその解決策のペアを最低 10 組は挙げることである。1 つの MTP に対し、問題と解決策のペアは 1 つでも複数でもいい。注意したいのは、問題とその解決策のペアは 1 組につき 1 つの ExO エッジ戦略と結びつくということ。

リンクトエッジ：会社本体（あるいはその他の類似企業）との関係を保ち、その会社の既存の顧客や設備、物理的な資産やデータなどの資産の一部を活用する。ExO リンクトエッジ戦略の例としては、ホテルチェーンが Hotel.com のようなオンラインポータルを立ち上げてインターネットで空室を提供する場合が挙げられる。親会社の周辺（外部）で営業するこの新しい会社が、その後プラットフォームを使って競合他社と提携し、他社の客室も扱うといったことも起こりうる。

ピュアエッジ：会社本体とはまったく関係を持たないため、既存の会社の資産に成長を制限されない。もしホテルチェーンが Airbnb のプラットフォームを立ち上げていたら、既存のホテルの資産を一切活用せず、他人の資産（物件所有者の家や部屋）のみを活用する新しい企業になっただろう。

ツール

このセクションのテンプレートを使用する。

アドバイス

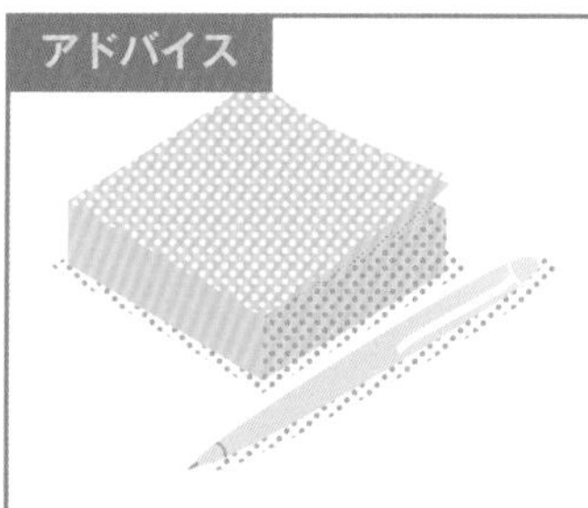

付箋とペンさえあれば、ブレインストーミングを実施できる。

リソース

問題を見つけ出すには、第 1 週でまとめた世界的な課題のリストを見直すといい。次に、解決策を思いつくために、飛躍型技術のリスト（これも第 1 週にある）や ExO の 10 の特徴を見直そう。

アドバイス

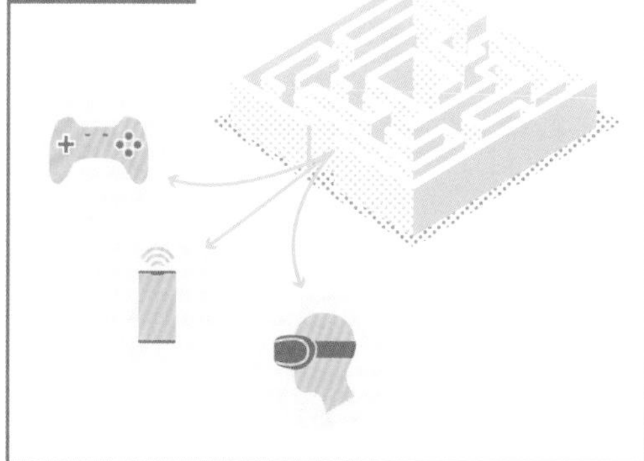

アイデアを考えるときは、飛躍的なマインドセットを持つように。飛躍型技術を活用した、破壊的でスケーラブルな解決策を探そう。

タスク 2 それぞれのMTPに対し、問題と解決策のペアを挙げる

アドバイス

発案セッションでは、ブレインストーミングやストーリーテリングを通して問題を決定し、「What-if（もし〜だったらどうなる？）」という思考を使って解決策を考え出す。

アドバイス

チームのダイナミクスはExOスプリントの最初の数週間ですぐに明らかになる。ブレインストーミングのセッションのあいだ、チーム全員が（会社での立場にかかわらず）アイデアを出すチャンスを得られるようにしよう。

アドバイス

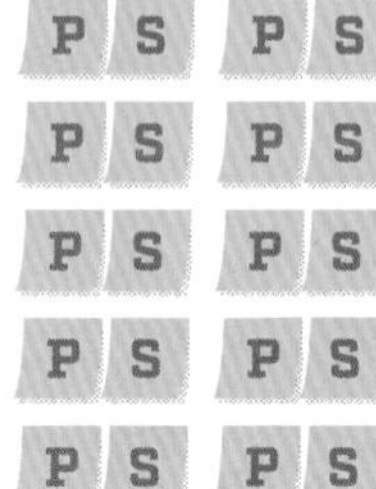

問題とその解決策のペアを最低10個は挙げるようにする。もっと多くてもいい。また、1つの問題に対して複数の解決策を挙げてもいい。つまり、1つの問題を使って、問題と解決策のペアを複数作ってもかまわない。

アドバイス

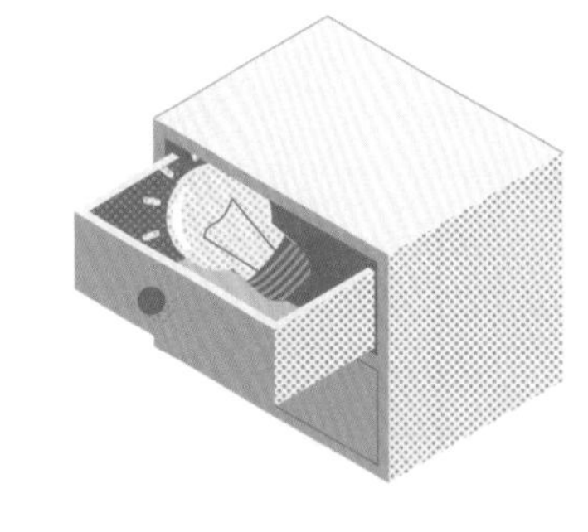

ExOスプリントを既存のプロジェクトを進める手段にするのは避けたい。したがって、今週のうちに、チームが発案したアイデアのなかに、これまでに社内のどこかにあったアイデアがないか確認しよう。もしあえて既存のアイデアを選ぶのなら、会社の首脳陣の同意が必要だ。

テンプレート 提出用

MTP	ExO エッジ戦略名	問題	解決策
エコを開発する	AirEco	エコな旅行者はさまざまなエコ体験を求めている。また、個人所有の使われていないエコな物件がたくさんある。	エコな家の所有者とエコな旅行者をつなぐプラットフォームを作る。使われていないエコな物件を活用し、シェアリングエコノミーの手法に従って貸し出す。
エコを大衆化する	ローカル・エコ	金銭的な余裕がなく、旅行でホテルに泊まれない人がたくさんいる。	エコなホテルの宿泊客に地元体験を提供する地域のコミュニティを作る。見返りとして、活動に参加するコミュニティのメンバーは無料でホテルに宿泊できるようにする。これによってサービスが利用しやすくなる。
いつもエコを	サービスとしてのエコプレイス	エコな旅行者は、新しい宿泊場所を提案すると喜ぶ。また、割引をしてほしいと思っている。	さまざまなエコなホテルに割引料金で２泊できる、月単位のサブスクリプションサービスを行う。

今週のアドバイス

スムーズな進行のヒント

最初の2日間を
MTPの設定に充てる。

5日目にExOコーチと
成果を振り返る。

Sun | Mon Tue | Wed Thu | Fri | Sat

次の2日間を、設定したMTPに対する
問題とその解決策のペアの発案に充てる。

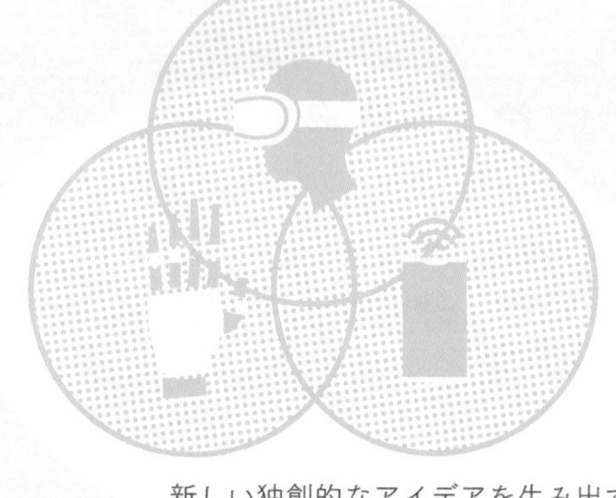

新しい独創的なアイデアを生み出すために、
さまざまなテクノロジーと
さまざまな業界の接点を考えよう。

問題と解決策のペアは、
本書で指示した数より多く考え出してもいい。
過去には60以上のペアを挙げたチームもいた。

エッジストリームの目的は、将来業界を
リードするようになる次世代の企業を作ることだ。
ここで生み出すアイデアのターゲットは、
自分の会社がいる既存の業界でも、
それに近い業界でも、
まだ生み出されていない業界でもいい。
アイデアをブレインストーミングするときは、
自分の業界にとらわれずに考えよう。

MTP

成功するExOを作る秘訣は、
MTPから始めること。MTPがあれば、
さまざまな問題に対して破壊的な解決策を
考えることができる。

生み出されるExOエッジ戦略（現段階ではMTPと問題・解決策のペア）は、多ければ多いほどいい。
破壊セッションでは最低でも4つの戦略を発表する必要があるため、いまの段階でできるだけ多くの案を出しておいたほうがいい。
実験の段階で却下となる案もあるかもしれないからだ。

たくさんのExO戦略を練り上げて管理するのは、
大きな負担となるかもしれない。
だから、細かい部分は飛ばしてもかまわない。
この段階では、細部まで突き詰めた戦略が少しだけ
あるよりも、まだ内容は充実していなくても、
たくさんのアイデアを生み出したほうがいい。

第3週
共有

今週のテーマ

実験はどんな革新的なプロジェクトにも必要不可欠だ。「最初の顧客に出会ったとき、生き残るビジネスプランは存在しない」というスティーブ・ブランクの言葉は正しい。結局、どんな革新的なビジネスプランも仮説の塊にすぎないので、すぐに実行に移すのではなくまずは評価するべきだ。革新的なビジネスプランは解決したい問題を決めることから始まり、それからその問題に対して構じたい解決策に移っていく。したがって、最初に評価するべき仮説は、先週作った問題と解決策のペアだ。いわゆる「プロブレム・ソリューション・フィット」である。

今週は、仮説を評価するための実験に焦点を置く（スティーブ・ブランクの「オフィスの外に出よう！」の ExO 版)。これによって、ExO の 10 の特徴の 1 つである「実験」を体験することができる。

今週学んだことを基に、次週からはチームでもっとも有望なアイデアを 4 つ選び、さらに発展させていく。

タスク 1 鍵となる仮説を決定し、実験を計画する

解説

以前挙げた問題とその解決策は仮説であり、これから評価しなければならない。しかしすべてを評価する時間はないため、ExO 戦略の成功の鍵を握る仮説だけに的を絞ろう。

知ってのとおり、目標は最新のテクノロジーと ExO の特徴を活用して飛躍的な成長を遂げる会社を作ることだ。そしてその最初のステップとなるのが、解決すべき本当の問題を見つけることだ。価値の創造に重きを置いた実験を行う理由はここにある。のちの工程では会社をスケールさせることに重点が置かれる。

プロジェクトの初期段階である今回に最適なのは、スティーブ・ブランクの顧客開発の手法を応用することだ。この手法では、人々に何か困っていることはないか尋ね、あなたが提示する解決策を気に入ったかどうか尋ねる（プロダクト・ソリューション・フィット）。

- **今回評価を行う仮説を決定する：**ほとんどの場合、顧客やユーザーが想定どおりの問題を抱えているか、自分が提案した解決策を顧客やユーザーが気に入るかといったことが中心となる。しかし、ターゲット市場が十分大きいか、解決策が技術的に実現可能かといった、ほかのタイプの仮説を考えてもいい。
- **鍵となる仮説を評価するための実験を計画する：**決定した仮説に関する実際のデータを集めるためにインタビューを計画し、各仮説が有効か無効かを判断するための評価基準を設定しよう。

ツール

このセクションのテンプレートを使用する。

リソース

「調整」のセクションにある実験計画の演習を見よう（p.118）。

タスク 1　鍵となる仮説を決定し、実験を計画する

リソース

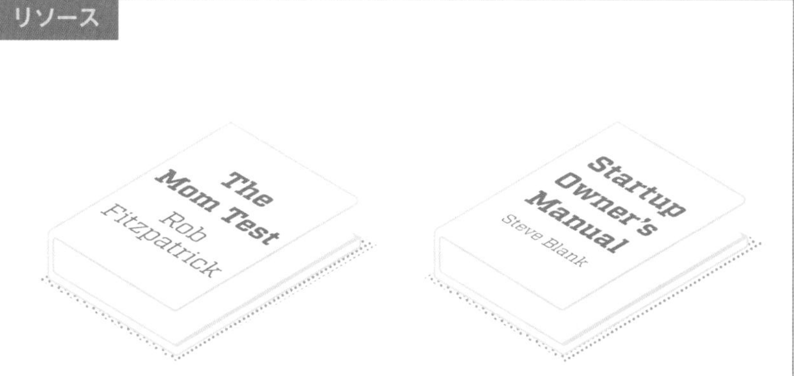

見込み客へのインタビュー方法を示した本としては、ロブ・フィッツパトリックの『母に尋ねるな（The Mom Test）』（未邦訳）とスティーブ・ブランクの『スタートアップ・マニュアル』が役立つ。手短に言うと、ある問題について人々に尋ね（解決策は言わずにおこう）、それからフィードバックを引き出すために自分の解決策を説明するといい。特にスティーブ・ブランクの著書の「顧客発見」のフェーズについて述べた個所を重点的に読むことをお勧めする。

アドバイス

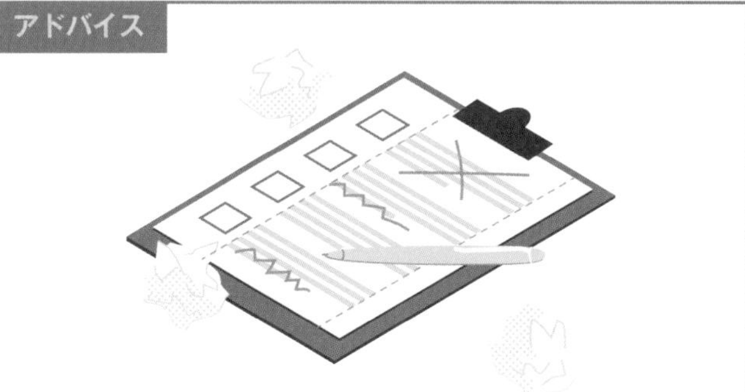

実験を始める前に、しっかりと計画を練ること。実験結果は、単なる「これはいいアイデアだろうか？」という問いに対する答えではなく、本当のニーズがわかるものでなければならない。インタビューの質問の構成も重要だ。実験で得た結果から、どのように戦略を改善できるだろう。また、何をもって実験を成功とするのか、満たすべき基準などを明確にしておこう。

アドバイス

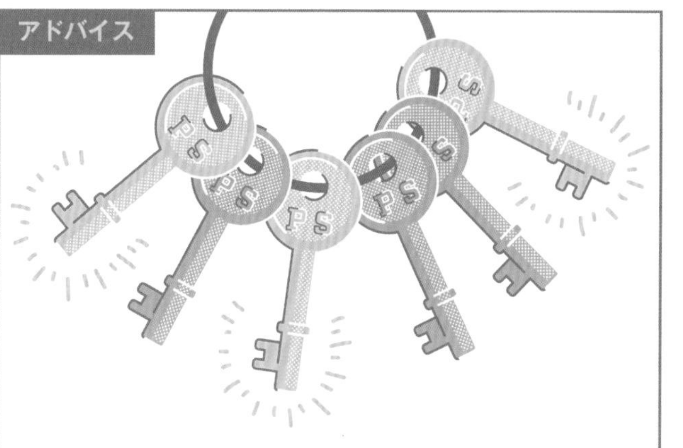

実験の優先順位を決定することが成功の鍵となる。評価しなければならない仮説の数が多すぎて、すべてを実験できない可能性もあるからだ。そのため、一般的には、技術的な実現性や顧客セグメント、価値提案や収益源といった、事業成功のために重要な鍵となる仮説を優先的に評価するといい。

タスク2 ExO戦略を評価する実験を行う

解説

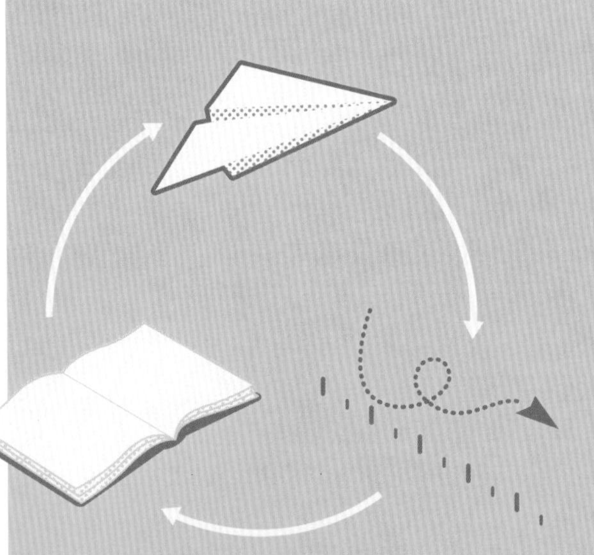

次のステップは、計画した実験を行うことだ。この段階ではほとんどの実験が見込み客へのインタビュー（問題と解決策を評価するため）や技術者へのインタビュー（商品の実現可能性を評価するため）なので、電話会議やミーティングを手配するといい。これらのインタビューの目的は、実際のデータを集めることだ。

実験が完了したら、結果を分析する時間を取ることが重要だ。すべての仮説を評価し、学んだことを基にExO戦略を改良し、改良したExO戦略に対して最終的な評価を下そう。

構築―測定―学習のサイクルは顧客開発の手法を補うものだが、現時点の第一の目的である仮説の評価に役立つガイドラインにもなる。

ツール

このセクションのテンプレートを使用する。

リソース

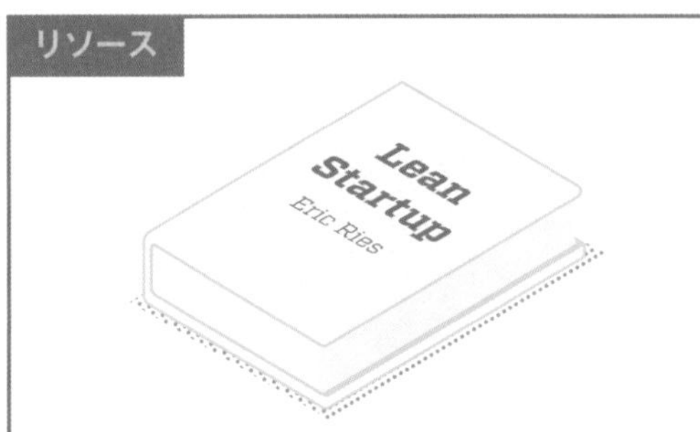

エリック・リースの『リーン・スタートアップ』では構築―測定―学習のサイクルが紹介されていて、この手法の実践方法を学ぶうえで非常に参考になる。

アドバイス

この時点での一番の資産は、実際のデータだ。なぜなら構築―測定―学習のサイクルでは、すべての決定を意見や直感ではなく、確かなデータに基づいて下すことを目標としているからだ。

アドバイス

正直なフィードバックを求めよう。仮説を捨てることは悪いことではなく、イノベーションのプロセスの一部だ。第一の目的は学習だということを忘れないように。

アドバイス

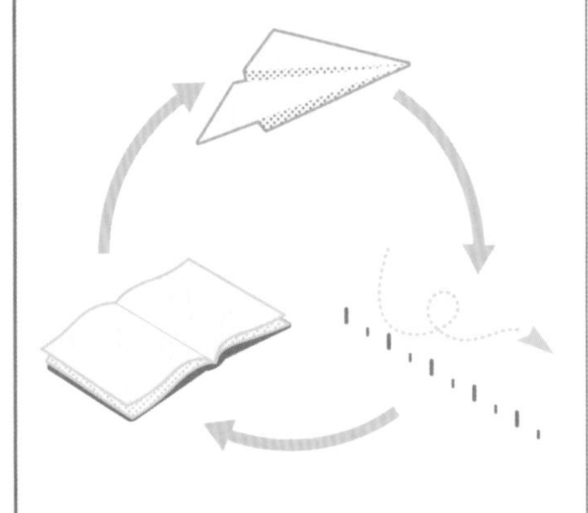

すべてではないにせよ、ほとんどのExOがExOの特徴である「実験」を行っているということを頭に入れておこう。リーン・スタートアップの理念や構築―測定―学習のサイクルに従うことで、会社が常に学習に重きを置くようにすることができる。

テンプレート 提出用

実験を計画、実行する（プロブレム・ソリューション・フィット）

	構築		測定		学習
ExO 戦略名	鍵となる仮説	実験内容	評価基準	実験結果	学び
AirEco	エコな旅行者は、さまざまな旅行先や体験を求めている。	顧客開発の手法を基にしたインタビューのテンプレートを使い、見込み客 10 名にインタビューを行う。	見込み客の少なくとも 60% が、この仮説に当てはまらなければならない。	見込み客の 80% がこの仮説に当てはまると答えた。	**仮説は有効** 見込み客のほとんどが仮説に当てはまった。また、回答者の大部分は若いエコな旅行者であることがわかった。 結論：若いエコな旅行者が顧客セグメントである。
	エコな物件の所有者は、エコな旅行者に喜んで物件を貸し出す。	顧客開発の手法を基にしたインタビューのテンプレートを使い、所有する物件を貸し出してくれる可能性のある人 10 名にインタビューを行う。	物件を貸し出してくれる可能性のある人のうち、少なくとも 60% が仮説に当てはまらなければならない。	物件を貸し出してくれる可能性のある人のうち、物件を貸し出すと答えたのはわずか 30% だった。	**仮説は無効** 仮説は立証されなかったが、回答者の 70% が「貸し出しのためのプロセスを引き受けてくれるスタッフがいれば、喜んで物件を貸す」と答えた。

今週のアドバイス

スムーズな進行のヒント

Sun	Mon	Tue Wed Thu	Fri	Sat
	1日目に鍵となる仮説の特定、実験の計画、インタビューの手配、アンケートの作成を行う。	次の3日間で実験を行う（インタビューの実施やアンケートの送付など）。 4日目に結果を集約し、おもな学びをまとめる。	5日目にExOコーチと成果を振り返る。	

どんな場合でも、アンケートより
インタビューのほうが好ましい。
特に自由回答形式の質問を用いると、
インタビューのほうがよりすばらしい知見を得られるからだ。
ただし複数のアイデアを評価したい場合には、
アンケートを選ばざるをえない場合も多い。

問題と解決策のペアすべてに対して実験を行うことが目標だ。
ペアの数がチームのメンバー1人あたり1～2個なら、
各メンバーが1～2個を担当して実験を行うといいだろう。
メンバー1人あたりのペアの数が2つよりも多い場合は、
直接のインタビューではなく見込み客へのアンケート送付を行い、
より広く浅く実験を行うことも検討しよう。

さまざまな仮説を評価するために、
自分の業界や特定のテクノロジー、
手法などの専門家である外部のアドバイザーに
意見を聞く必要があるかもしれない。

オフィスの外に出て実際の顧客と話をすることが、
仮説を事実へと進化させる最良の方法だということを、
常に頭に入れておこう！

いくつかのExOエッジ戦略が
同じ顧客セグメントを持つこともある。
その場合は、さまざまなグループの人々に対し、
一度にさまざまなExOエッジ戦略について尋ねるといい。

第4週
選定

今週のテーマ

これまで、できるだけ多くのチャンスを模索するために、数々のExO エッジ戦略に取り組んできた。いまこそ、実験とそこから学んだことを基に、最良の戦略を選ぶときだ。

来週はExO ディスラプター（その業界またはイノベーション全般に経験がある社外の人物）などの人々の前でもっともよいアイデアを発表し、これまでの取り組みについてフィードバックをもらうので、それを考慮して今週の課題に取り組もう。

今週の第一の課題は、来週の破壊セッションに向けてプレゼンテーションに取り組むことだ。破壊セッションでは４つの戦略それぞれにつき５分の時間が与えられ、会社の首脳陣やほかのExO スプリント参加者、そして選考にも加わるディスラプターたちにプロジェクトを発表して、フィードバックをもらう。

タスク 1 もっとも有望なアイデア4つを選定する

解説

最初のタスクは、破壊セッションで発表する戦略を4つ選ぶことだ。そのために、先週の結果（実験や主要な学び）や以下の基準に従って、戦略を評価しよう。

- **MTP**：本当に野心的か？　人々の心をつかむか？　実験でそのMTPについて何か学んだか？
- **解決しようとしている問題**：グローバルなものか？　実験によって有効と判断されたか？
- **検討している解決策**：スケーラブルか？　破壊的か？　実行可能、または飛躍型技術によって将来実行可能になるか？　実験によって有効と判断されたか？

アドバイス

必ずデータに基づいた意思決定を行うこと。強力な根拠のあるプロジェクトを選ぼう。

アドバイス

選ばなかったExO戦略も、将来発展させる機会があるかもしれないので、すべて保管しておこう。ExOエッジ戦略としては選ばれなくても、社内のほかの部署がその調査内容を高く評価して、実行を引き継ぎたいと思うかもしれない（これは免疫システムの抑制に有効だ）。

アドバイス

自分の戦略がどれくらい破壊的かをテストするには、以下の質問を自分に問いかけるといい。

- ほかの誰かがこのExOエッジ戦略を実行したら、自分の会社にどのような影響があるだろう？

アドバイス

各戦略に、魅力的でわかりやすいタイトルと、一行の説明をつけよう。

アドバイス

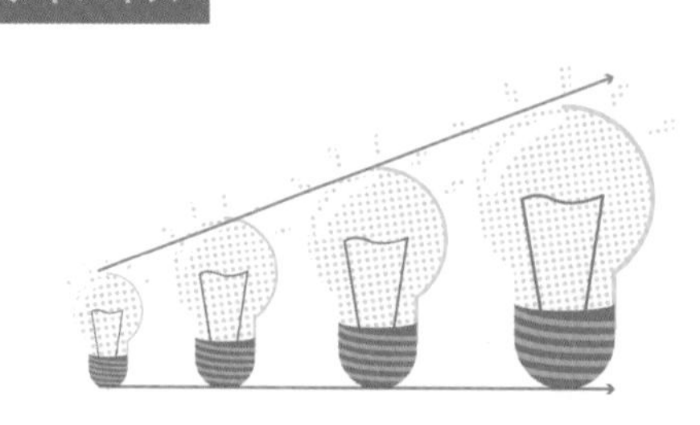

自分の戦略がどれくらいスケーラブルかを確認するには、「事業がうまくいった場合、この新しい会社の評価額を今後5年で10億ドルに成長させることは可能だろうか」と自問するといい。

タスク 2 ExOキャンバスを設計する

解説

　自分の会社が豊富な資源にアクセスし、マネジメントすることで飛躍型企業になれるようにするために、ExO キャンバスの項目を埋めよう。こうすれば、ExO の 10 の特徴のそれぞれをどう活用するか考える機会を得られる。前に挙げた問題と解決策のペアそれぞれに対して、ExO キャンバスを作成しよう。その 1 つ 1 つが ExO になる可能性を秘めている。

　ExO キャンバスの各項目に沿ってアイデアを出し、ブレインストーミングを行おう。

ツール

ExO キャンバスのテンプレートを使用する（p.68)。

リソース

ExO キャンバスのセクションを読み直して、各 ExO の特徴をどう決めればいいか思い出そう（p.66)。

アドバイス

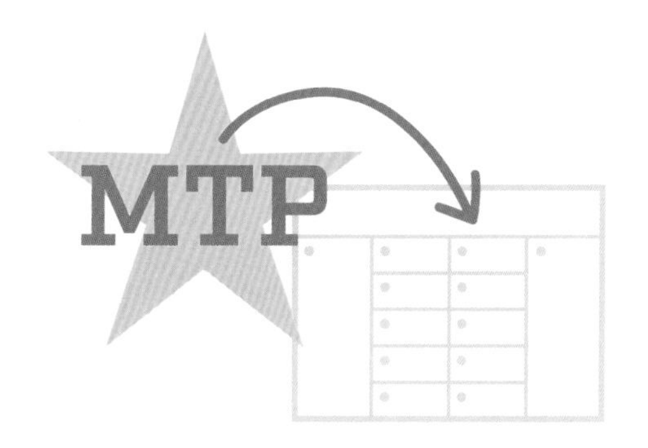

MTP を ExO キャンバスに忘れずに書き込むこと。2 番目のステップで決めた問題と解決策のペアはそれぞれが、最初のステップで生み出した MTP の 1 つとつながっていなければならない。

アドバイス

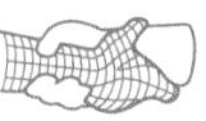

豊富な資源にアクセスするために SCALE を、豊富な資源をマネジメントするために IDEAS を使うのを忘れずに。

タスク3 ビジネスモデルを明確にする（任意）

解説

ビジネスモデルとは、企業が価値を創造し、流通させ、維持する仕組みのことだ。十分な時間があるなら、ExO エッジ戦略のビジネスモデルを考え始めたり、設計に着手したりするのもいいだろう（いまできなくても、数週間後にこのための時間がある）。

いま取り組んでいるExO戦略は初期段階にあり、学習を重ねていくなかで急速に変化していく。そのため、ビジネスモデルキャンバスを使って、ビジネスモデルを明確にする必要がある。

ツール

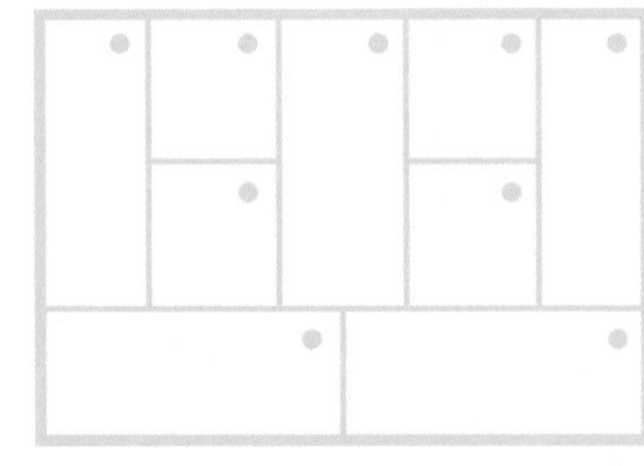

このセクションにあるビジネスモデルキャンバスのテンプレートを使用する。

リソース

「調整」のセクションで、ビジネスモデル設計の演習を見直そう（p.126）。

リソース

アレックス・オスターワルダーの著書『ビジネスモデル・ジェネレーション ビジネスモデル設計書』はビジネスモデルキャンバスの設計に役立つ。

アドバイス

第1週で調査した破壊的なビジネスモデルを覚えているだろうか。もう一度見直して、インスピレーションを得よう。

タスク 3 ビジネスモデルを明確にする（任意）

アドバイス

まずは付箋に顧客セグメントを記入しよう。このとき、セグメントごとに付箋の色を変えること。次に、各顧客セグメントに対する価値提案を、対応する色の付箋に記入する。そして最後に、対応する色の付箋に収益モデルを記入しよう。利益を得る仕組みを明確に示すように。このようにして、ビジネスモデルキャンバスの残りのブロックを埋めていく。全体にかかわる項目（事業全体やすべての顧客セグメントに関係する項目）には、別の色の付箋を使うこと。

アドバイス

ビジネスモデルを明確にする作業は、この段階では任意だ。時間がないときには無理して行う必要はない。ただし可能であれば、ビジネスモデルキャンバスの主要な項目である顧客セグメント、価値提案、収益モデルの３つを決めておくことをお勧めする。

アドバイス

ビジネスモデルは営利組織にも非営利組織にも必要だ。

アドバイス

ビジネスモデルキャンバスに書かれていることはすべて仮説と考えるべきだ。将来いつでも変更になる可能性があるということを覚えておこう。

アドバイス

ExO リンクトエッジ戦略では、自社（やその他の類似の組織）を「パートナー」の欄に入れる必要があるかもしれないということを頭に入れておこう。

タスク 4 各ExOエッジ戦略のエレベーターピッチ（ロングバージョン）を作成する

解説

ExO エッジ戦略 1 つにつき、5 分間のプレゼンテーションを作成しよう。加えて、それを補足するスライドも作ろう。

現時点（ExO 戦略の構想段階）では、エレベーターピッチの作成をお勧めする。これは、自分のアイデアをエレベーターに乗っている間の短い時間で伝えられるようにまとめるものだ。エレベーターピッチは通常 60 〜 90 秒間で行うが、今回は 5 分間バージョンを作る。

このエレベーターピッチには次の項目を含めること。

MTP
会社の存在意義を説明する。

問題
解決したい問題を示す。

解決策
その解決策のほかとは違う特徴を示し、自分の解決策がどうやって業界を破壊するのか、スケーラブルになるのかを述べる。

ExO の特徴
ExO の 10 の特徴のなかから、組織が豊富な資源にアクセスする、またそれをマネジメントする助けとなる特徴を選び出し、もっとも重視する特徴として発表する。

ビジネスモデル（任意）
考える時間があった場合は、どうやって価値を創造し、流通させ、維持しようと思っているか説明する。つまり、どうやって利益を得るつもりなのかを発表する。

タスク 4 各ExOエッジ戦略のエレベーターピッチ(ロングバージョン)を作成する

ツール

このセクションのエレベーターピッチ・スクリプトを使用する。

リソース

エレベーターピッチの作り方や話し方について説明したウェブサイトは無数に存在する。

リソース

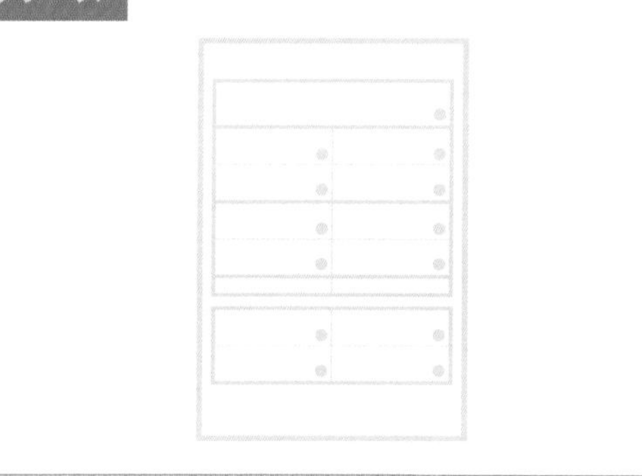

インターネットで手に入るブレインストーミングのツール「ピッチキャンバス」を調べてみるといい。これは起業家がプレゼンテーション全体を1枚の紙に視覚化するのに使うものだ。

アドバイス

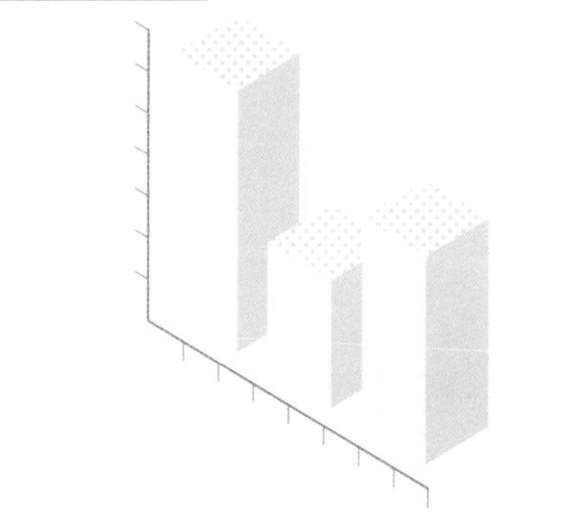

プレゼンテーションのなかに実験から得た実際のデータを入れよう。すばらしいアイデアは価値あるものだが、実証済みだとなおよい。

アドバイス

ストーリーテリングはエレベーターピッチに適した手法である。

アドバイス

話す内容を紙に書き出してみると、繰り返し練習しやすい。

アドバイス

時間管理は重要だ。急がなくても5分以内に完了できるようなプレゼンテーションを作ろう。

タスク 5 プレゼンテーションを補足するスライドを作成する

解説

延長版エレベーターピッチ用に、スライドを作ることを検討しよう。

視覚資料を使ったプレゼンテーションにするなら、イメージや理解を助ける画像やグラフを数点だけ使うなど、シンプルなものにしよう。

ツール

このセクションにあるプレゼンテーションのテンプレートを使用する。

アドバイス

スライドの作成には、ガー・レイノルズの著書『プレゼンテーション zen』が役立つ。同書では、シンプルさとストーリーテリングを使って聞き手にアピールする手法について解説している。

アドバイス

スライドには可能な限り文字ではなく画像を使おう。スライドを読ませるのではなく、話す内容に注意を向けさせるためだ。

アドバイス

ExO キャンバスやビジネスモデルキャンバスは ExO 戦略の設計に役立つが、プレゼンテーションで各 ExO 戦略を解説する際にこれらのキャンバスを使う必要はない。もっと視覚的でクリエイティブな方法で説明しよう。

タスク 6 エレベーターピッチの練習をする

解説

たくさんのアイデアを発表することになるので、簡潔で的を射た話し方をしなければならない。練習すればするほど上達する。練習あるのみだ！

リソース

話の内容、声、そして情熱。

リソース

この段階でもらうフィードバックはとても重要だ。チームのメンバーをはじめ、さまざまな人にプレゼンテーションを聞いてもらおう。

アドバイス

時間管理が重要だ。できる限り多く練習を重ねよう。

アドバイス

コツは、肩の力を抜いて自然体で話すこと。繰り返しになるが、できる限り多く練習を重ねよう。

テンプレート

ExOキャンバス　AirEcoの例

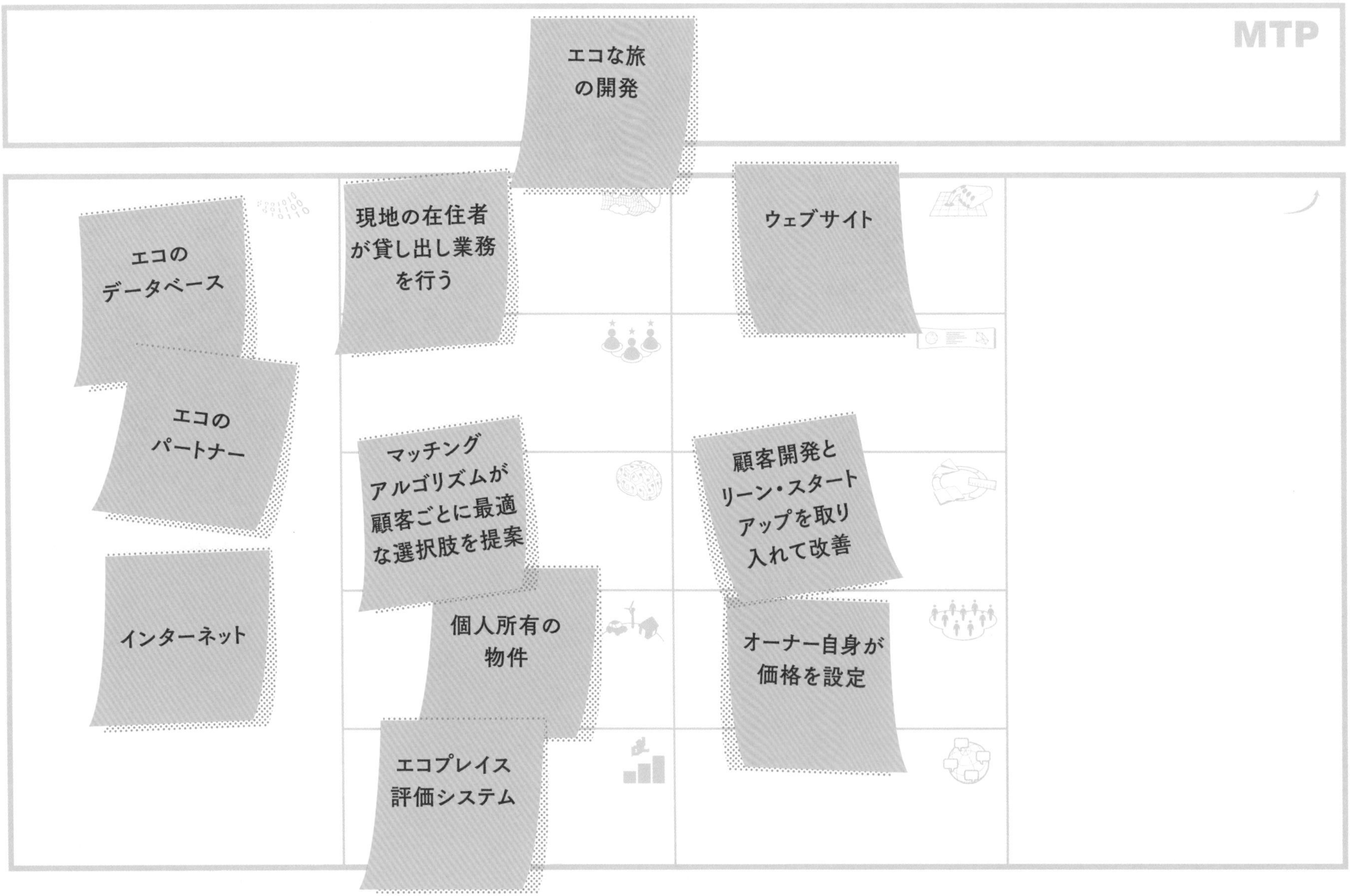

MTP

エコな旅の開発

エコのデータベース

エコのパートナー

インターネット

現地の在住者が貸し出し業務を行う

マッチングアルゴリズムが顧客ごとに最適な選択肢を提案

個人所有の物件

エコプレイス評価システム

ウェブサイト

顧客開発とリーン・スタートアップを取り入れて改善

オーナー自身が価格を設定

テンプレート

ビジネスモデルキャンバス　AirEcoの例

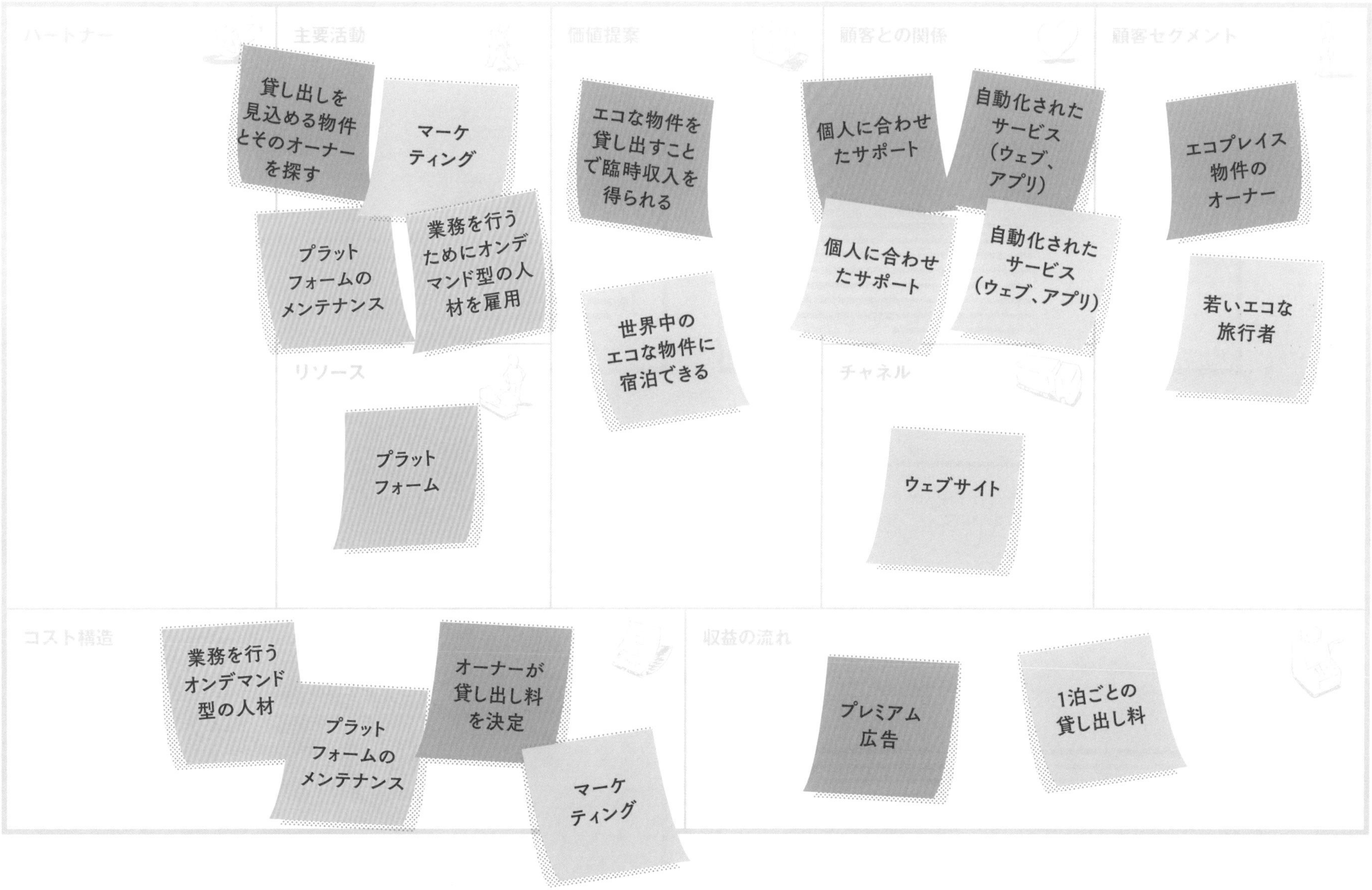

パートナー

主要活動
- 貸し出しを見込める物件とそのオーナーを探す
- マーケティング
- プラットフォームのメンテナンス
- 業務を行うためにオンデマンド型の人材を雇用

リソース
- プラットフォーム

価値提案
- エコな物件を貸し出すことで臨時収入を得られる
- 世界中のエコな物件に宿泊できる

顧客との関係
- 個人に合わせたサポート
- 自動化されたサービス（ウェブ、アプリ）
- 個人に合わせたサポート
- 自動化されたサービス（ウェブ、アプリ）

チャネル
- ウェブサイト

顧客セグメント
- エコプレイス物件のオーナー
- 若いエコな旅行者

コスト構造
- 業務を行うオンデマンド型の人材
- プラットフォームのメンテナンス
- オーナーが貸し出し料を決定
- マーケティング

収益の流れ
- プレミアム広告
- 1泊ごとの貸し出し料

プレゼンテーション

プレゼンテーションには下記のスライドや内容を入れること。

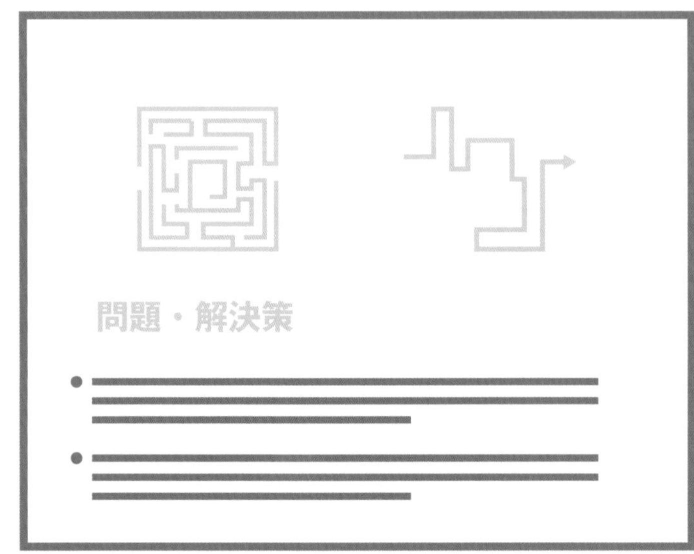

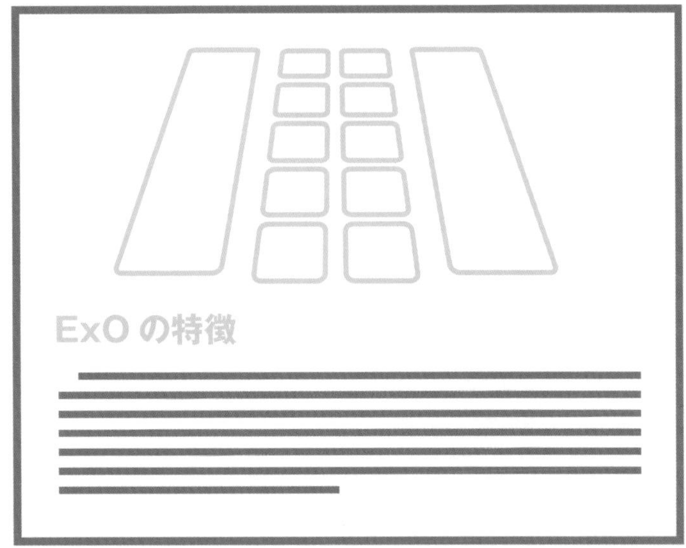

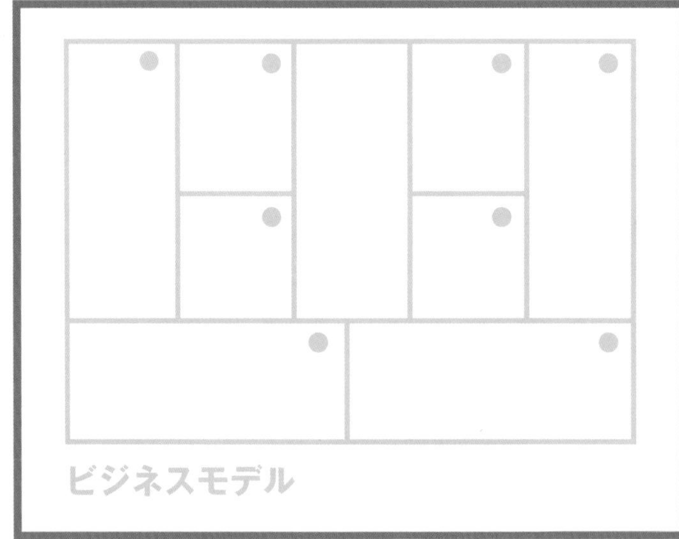

MTP

ExO エッジ戦略のプレゼンテーションは必ず MTP の紹介から始めなければならない。

複数の ExO エッジ戦略が同じ MTP を持つこともある。その場合は最初に MTP を発表し、その後で各 ExO エッジ戦略を説明するといい。

基本的には、MTP の紹介はスライド 1 枚に収める。

問題・解決策

先に問題を、それから解決策を発表すること。

問題の概要を話したあとに、革新的な方法で解決策を紹介しよう。実際の活用事例を示すと、解決策を効果的に説明することができる。

問題と解決策の両方を 1 枚のスライドに入れても、それぞれ別のスライドを使ってもいい。

ExO の特徴

新しい ExO を立ち上げようとしているのだから、豊富な資源にアクセスする方法（SCALE を使う）と、それをマネジメントする方法（IDEAS を使う）を示さなくてはならない。

また、ExO キャンバスを示して、ExO エッジ戦略に適用する各 ExO の特徴について説明するのもいいだろう。

ビジネスモデル

どうやってユーザーにとっての価値を作り出すか（これはここまでのセクションからすでに明らかかもしれない）だけでなく、その価値をどうやって維持するかも示す必要がある。

ビジネスモデルキャンバスを 1 枚のスライドに入れるか、スライドを 2 枚ほど使ってビジネスモデルの基礎を説明しよう（後者のほうがずっといいだろう）。

今週のアドバイス

スムーズな進行のヒント

Sun / Mon / Tue Wed / Thu / Fri / Sat

Mon: 1 日目に発表するアイデアの優先順位付けと選定を行い、各プレゼンテーションを準備する担当者（またはグループ）を決める。

Tue Wed: 次の 2 日間ではプレゼンテーションの作成に専念する。

Thu: 4 日目にチームでプレゼンテーションの練習を行い、内部からのフィードバックを基に改善を加える。先に次週の課題を読んで、話し方のテクニックを見ておくことをお勧めする。

Fri: 5 日目にプレゼンテーションを ExO コーチの前で行い、フィードバックを得る。破壊セッション（第 5 週）に向けて、プレゼンテーションの練習を繰り返す。

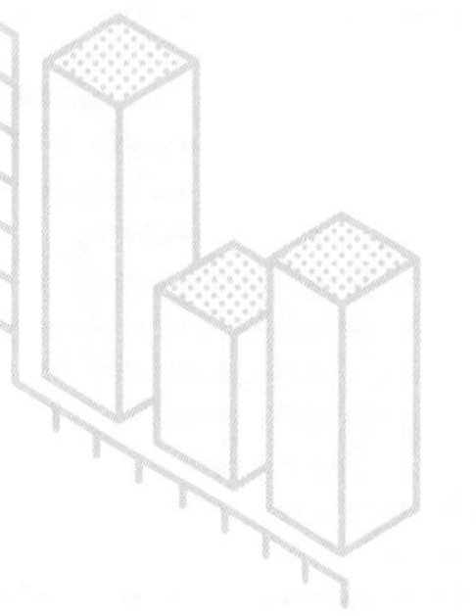

実験で得た実際のデータをプレゼンテーションに入れよう。上手な話し方は常にプラスになるが、結局は飾りにすぎない。実際の顧客やユーザーから得たデータや知見（生の声など）を示して学んだことを説明するほうが、絶対に価値が高い。

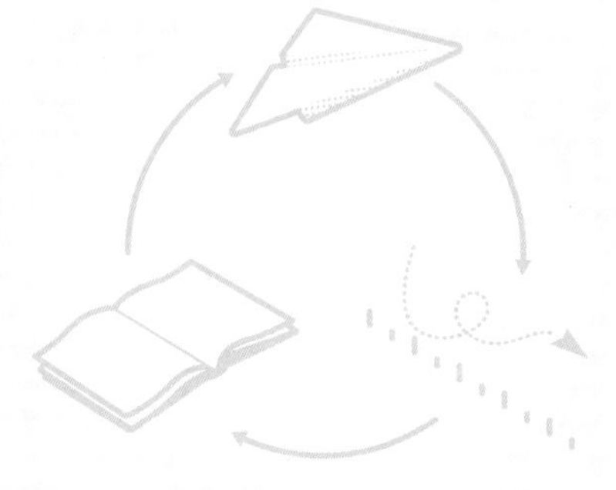

時間があれば、追加で実験を行ってもいい。特にいくつかの仮説が無効になって ExO 戦略を練り直した場合には、データは多ければ多いほどよい。新しい ExO 戦略（つまり新しい仮説）についてさらに実験を行うチャンスだ。

第5週
破壊

今週のテーマ

誰かに先を越される前に、今こそ会社に破壊的変化をもたらそう！

今週は、もっとも効果の見込めるExO戦略を、ディスラプターを相手に発表する機会がある。戦略を改善するためのフィードバックをもらおう。

覚えておいてほしいのは、失敗も1つのステップだということ。プレゼンテーション後に戦略がいくつか却下されるかもしれないが、それを個人への批判と捉えないことだ。時間とコストを費やしたあとで失敗するよりも、早めの失敗で無駄を抑えられるほうがよっぽどいい。

もらった意見に基づいて、ExOエッジ戦略をいくつか切り捨てることになるかもしれない。その一方で、のちに大きな実績となるような新案を思いつくかもしれない。目と耳を常に新たな可能性のほうへと向けていこう！

タスク 1 準備と手配を進める

解説

プレゼンテーションに適した環境を用意する。

メンバーの所在地や予算に応じて、プレゼンテーションを対面またはオンラインで行う。今週の活動全体を対面で行う場合、装飾などで特徴ある部屋作りをしてみるのはどうだろうか。オンラインで行う場合は、前もってビデオ会議システムの動作確認をしておく。また、ExO エッジストリームと ExO コアストリームを同時進行中であれば、今週の活動は両チーム合同で行う。

アドバイス

60’

固定の進行スケジュールに従ってプレゼンテーションを行う。チームごとに 60 分間で 4 つの ExO 戦略を発表し、各戦略の発表のあいだに短い休憩を挟む。ExO 戦略 1 つあたり 5 分間でプレゼンテーションを行い、その後 5 分間をフィードバックの時間とする。

アドバイス

プレゼンテーションの効果を高める鍵は時間管理だ。プレゼンテーションの進行スケジュールと順番を、前もって聞き手に伝えておく。

タスク2 プレゼンテーション

解説

さあ、このときがやってきた！ ExO エッジ戦略を発表し、フィードバックをもらおう。

1チームあたり60分間でExO戦略の発表からフィードバック受領までを行う。

プレゼンテーションの聞き手は、会社の首脳陣、ExOスプリントのほかのチーム、そして社外の人間3〜5人からなるExOディスラプターだ。ExOディスラプターは、同じ業界での経験や経営革新の経験を持つ人間から選定する。

アドバイス

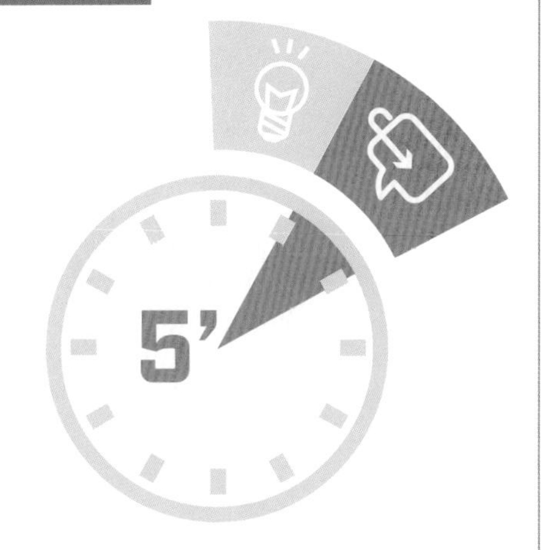

プレゼンテーションが1つ終わるごとに、聞き手からのフィードバックの時間を5分間取る。なお、ここでは質問ではなく意見と感想のみを受け付ける。戦略を売り込むことではなく、学びを得ることがこの段階での目的だ。

アドバイス

あとで見直すためにもプレゼンテーションはすべて録画する。

タスク 3 フィードバックをまとめる

解説

ほかのチームやExOディスラプターからもらった意見や感想を、残さず書き留める。1つ1つの言葉に大きな価値がある。今回のプレゼンテーションとフィードバックもまた進めてきた実験の一環であり、よりよいExO戦略を作成する糧になる。

もらったフィードバックはカテゴリー別に分類する。新しい仮説をまとめるカテゴリーがあってもいい。将来性のあるExO戦略に対するフィードバックは必ず収集すること。

ツール

フィードバックのテンプレートを使用する。

アドバイス

次の2種類のフィードバックが予想される。

- **ExOフレームワークに関する意見**：ExOのアプローチを熟知するExOディスラプターは、ExOのプロセスから最大の効果を得るための建設的な助言を与えられる知識を持っている。
- **内容に関する意見**：戦略のアイデア自体に対するフィードバック。解決を目指す課題や考案中の解決策に対する意見も出るかもしれない。必ずしもこうしたフィードバックに従って手法を変更する必要はない。あくまで仮説を評価するための追加情報を提供してくれるものだと考える。

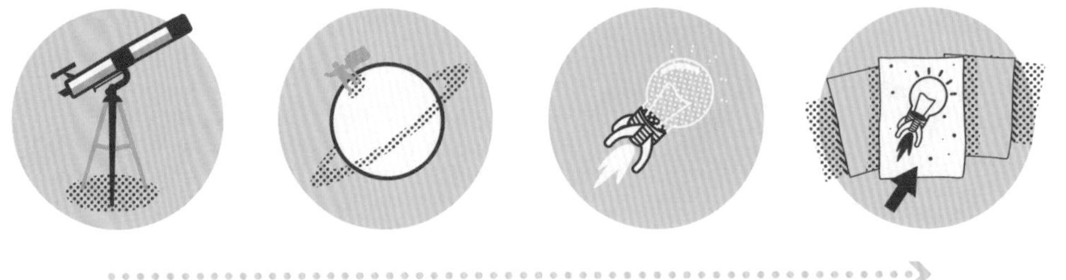

タスク 4 首脳陣に報告をする

解説

首脳陣と報告会議を行い、会社全体として目指す方向性に沿ったExO エッジ戦略はどれかを判断する。

アドバイス

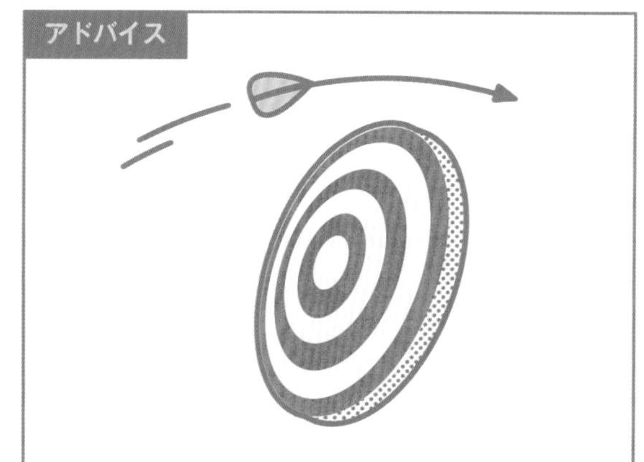

すばらしい戦略を発案しても、経営層が定めたExO スプリントの範囲と判断される可能性もあると、覚えておこう。

アドバイス

スムーズな意思決定のためにも、ExO ヘッドコーチが代表として会議に出席することをお勧めする。

アドバイス

首脳陣は実現させたい ExO 戦略を選択しがちだが、それはあくまで提案と捉えて（会社の免疫システムとならないためにも）ExO スプリントのチームで最終的な決断をしてほしい。とはいえ、首脳陣が最終的な決断を下す可能性もあると、覚悟はしておこう。

アドバイス

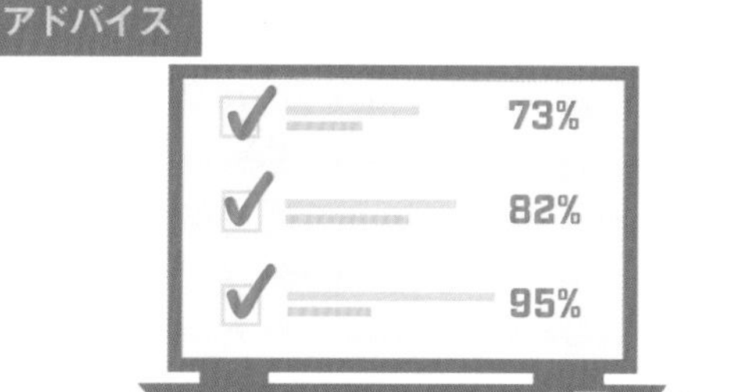

フィードバック内容について報告する際には、首脳陣に具体的なデータを見せるといい。たとえば対面でプレゼンテーションを行うのであれば、プレゼンテーション中にディスラプターにオンラインアンケートに回答してもらう。そうすると、得た意見やフィードバックを首脳陣への報告会議の場で参照できる。

タスク5 戦略を3つに絞る

解説

もっとも効果の見込める戦略を選定し、次のレベルへと押し上げる段階に入る。今週のプレゼンテーションと首脳陣への報告会議で得たフィードバックをしっかりと考慮したうえで、3つのExO戦略を選定する（首脳陣が選んだものでもいい）。

アドバイス

首脳陣のなかでは、採用する戦略がすでに決定事項とされているかもしれない。その場合は決定に従い、もし予想を超える数のExO戦略がリストから抹消されたとしても、過度に気落ちしないことだ。却下や失敗も変革プロセスの一部であり、個人への批判ではない。常に自信を持とう。

アドバイス

戦略を3つに絞り込むときは、単によいフィードバックを得たものを選べばいいとも限らない。MTPにマッチしている、戦略性がある、単にピンときたなど、ほかの理由から選んでもいい。

アドバイス

プレゼンテーションで得たフィードバックを基に、まったく新しいExOエッジ戦略を創り出してもかまわない。目的はあくまで、第5週の終わりまでに3つのExOエッジ戦略を選んでいることだ。

タスク 6 フィードバックを基に、選択した戦略を磨き上げる

解説

ここまでの ExO エッジ戦略の構築プロセスを振り返り、すべてのフィードバックを考慮して、戦略を磨き上げる。新出の ExO エッジ戦略がある場合は、主要な要素（MTP、問題／解決策のペア、ExO キャンバスなど）についてできる限り多くのアイデア出しを行い、これからの週でほかの戦略と足並みがそろうようにする。

アドバイス

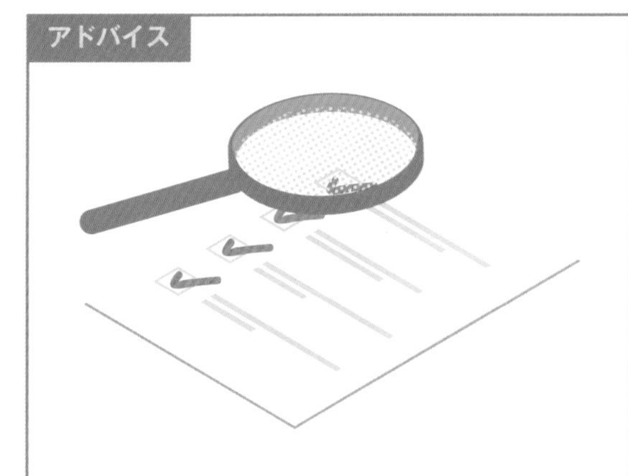

これまでの週の課題と説明を読み返し、戦略を磨き上げる。

アドバイス

大胆な考えを持てているだろうか？　エッジストリームでの狙いは、業界に次世代をもたらすことだ。それに値するアイデアを出せただろうか？

アドバイス

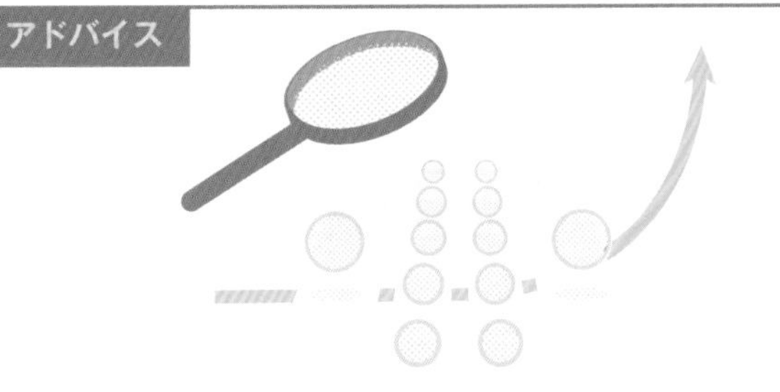

破壊セッションでは、参加者が ExO モデルとその概念を完全に理解するには何を重点的に学ぶべきかが浮き彫りになるだろう。今週は、メンバーの理解不足を埋めることに時間を割いてほしい。たとえば、チームの全員が ExO の 10 の特性を十分に理解しているか。規模拡大を見込める戦略とは何かを理解しているか。MTP の改善可能な箇所を把握しているか。初期に学んだ概念をあらためて復習すると、チームが経験を得ている分、以前よりも高い効果を得られるかもしれない。

アドバイス

ExO スプリントのこの段階から、チームを小グループに分け、各グループに戦略 1 ～ 2 個ずつを割り当てることをお勧めする。たとえば 6 人のチームであれば 2 人ずつ 3 グループに分け、各グループに ExO エッジ戦略を 1 つずつ割り当てる。グループや各自の貢献度に関係なく、チームメンバー全員が戦略 1 つ 1 つに対して意見を述べることを大切にする。

プレゼンテーションの進行スケジュール

挨拶

ExOエッジチーム1の
プレゼンテーション
（60分間）

小休憩

ExOエッジチーム2の
プレゼンテーション
（60分間）

休憩

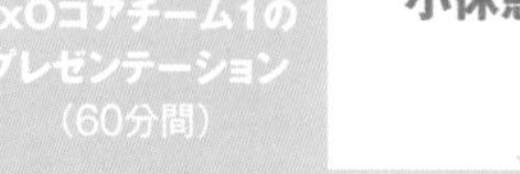

ExOコアチーム1の
プレゼンテーション
（60分間）

小休憩

ExOコアチーム2の
プレゼンテーション
（60分間）

まとめと
次のステップ
の準備

ExOスプリントの
リーダーと会社の
首脳陣による報告会議

フィードバックフォーム

	全体的なフィードバック	首脳陣の目的に沿っているか
AirEco	戦略には好反応。提案をいただいた。	
MTP	絶賛された！	
問題	ディスラプターも首脳陣も、一部の旅行者には価格が高すぎるという意見だった。	
解決策	料金が高すぎて利用できない旅行者向けに利用手段を作って市場を拡大してはどうかと、ディスラプターからの提案があった。	沿っている
ExO の特徴	「コミュニティ」を強化するようディスラプターからの提案があった。	
ビジネスモデル	この解決策は実行可能だと全員一致した。市場範囲（パートナー）を拡大する提案があった。	
（戦略の名前）		
MTP		
問題		
解決策		
ExO の特徴		
ビジネスモデル		
その他のフィードバック（一般的なもの、ほかのプロジェクトに対するもの、など）	首脳陣はすべての戦略を気に入ったわけではなかったようで、いくつかは却下された。	

今週のアドバイス

最終ヒント

よい ExO エッジ戦略を選定する条件

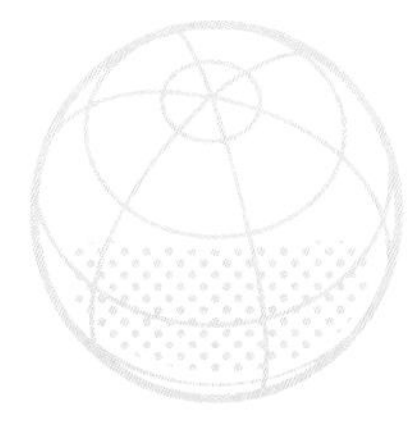

グローバル

いま創り上げようとしているのは、野心的な変革目標を持つ飛躍型企業だ。したがって、戦略はいずれもグローバル市場で戦える可能性を持つべきである。

破壊的変化

何らかの形で業界の現状を打破しない限り、現在市場で結果を残している企業をしのぎ、グローバルな企業になることはできない。

前の週に得たフィードバックを基に発表の練習を十分に行えるよう、可能であれば週の後半にプレゼンテーションを計画する。

チームメンバーの1人を、フィードバックを残さず書き留める役に任命する。戦略ごとに違うメンバーを指名してもよい。すべてのフィードバックの記録を確実に残すこと。

プレゼンテーション終了後に参加者（首脳陣、ExO スプリントのほかのチームのメンバー、ExO ディスラプター）と戦略について意見交換し、追加のフィードバックを得る。

繰り返しになるが、失敗も1つのステップだ。マイナスのフィードバックを得て不安になる必要はない。戦略を変更、保留、あるいは却下すべきかもしれないと気づくのは、早いに越したことはない。

今週の活動を通じて ExO 戦略がいくつか（あるいはすべて）却下されたとしても、それを個人への批判と捉えてはいけない。これも変革プロセスの1つだ。破壊セッションのあいだに ExO 戦略を軒並み棄却されたチームが過去にあったが、ExO スプリントの最後には、新たな戦略や改良した戦略で一番の高評価を得ていた。今週の活動は学びを得るための演習であり、戦略と実行プロセスを改良するよい機会と捉えよう。

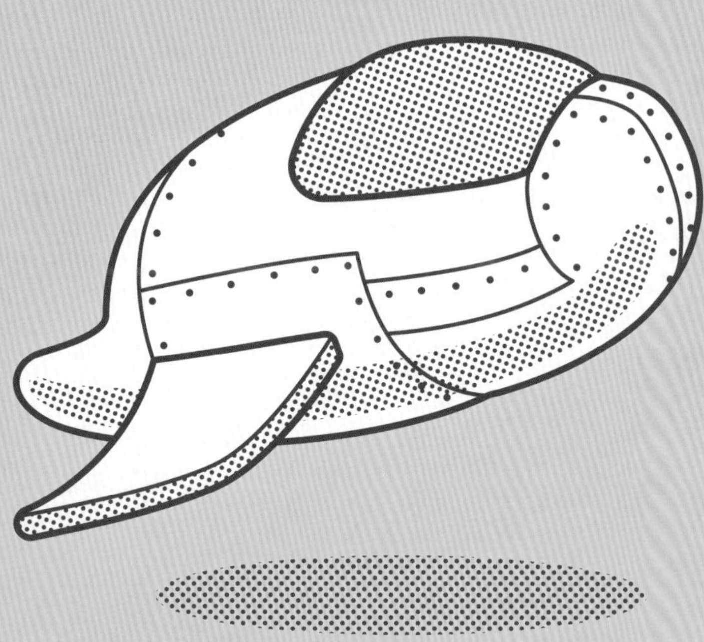

第6週
プロトタイプ

今週のテーマ

いよいよ、ExO 戦略を次の段階へと押し上げる。

今週は、アイデアの土台となっている前提や仮定をはっきりと定義して、市場での検証に備える。

特に前提などがない場合は、まずは ExO エッジ戦略のビジネスモデルを明確化すると、価値を生み出し、その価値を保持できる商品やサービスを創出できるだろう。

次のステップでは実用最小限の製品（MVP）の構築を開始する。MVP は、価値提案についての学びを促進するものだ。

たった 1 週間でこれだけのことをやり遂げられるのかって？大丈夫！

タスク 1 ビジネスモデルを明確にする

解説

ビジネスモデルとは、企業が価値を創造、提供、維持する仕組みを指す。ExO エッジ戦略のビジネスモデルをまだ明確化していなければ、今すぐ着手しよう。すでに確立したビジネスモデルが存在する場合は、この演習を通じて、これまでの学びを基に改良しよう。

現在の ExO 戦略はまだ初期段階にあり、学びを得ながら変化するものだ。ビジネスモデル生成テクニックを使用して、ビジネスモデルの明確化を進める。

まずは顧客セグメントから着手し、セグメントごとに使う付箋の色を分ける。次に同様の色分けをしながら、顧客セグメントごとの価値提案を明確にする。続けて、また同様の色分けで収益モデルを明示し、利益を得る仕組みを明らかにする。このようにして、ビジネスモデルキャンバスの残りのブロックを順に埋める。全顧客セグメントに共通するもの、業務全体に共通するものには、また別の色の付箋を使用する。

ツール

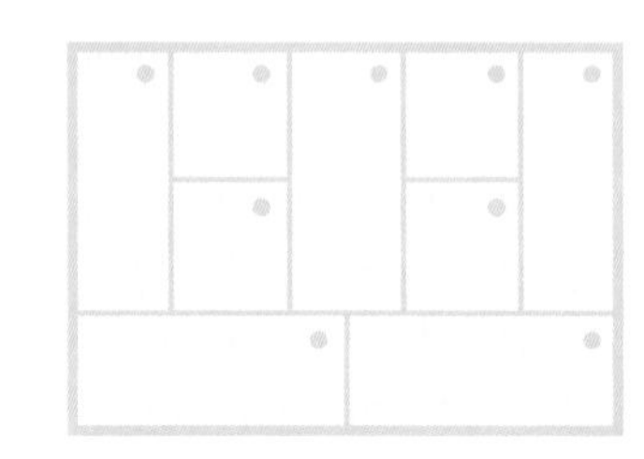

ビジネスモデルキャンバスのテンプレートを使用する。

リソース

「調整」のセクションに戻り、ビジネスモデル設計の演習を見直そう（p.136）。

リソース

アレックス・オスターワルダーの著書『ビジネスモデル・ジェネレーション』に、ビジネスモデルキャンバスの手引きが記載されている。

リソース

同じくアレックス・オスターワルダー著の良書『バリュー・プロポジション・デザイン』には、価値提案キャンバスに関する記載がある。今週必読の資料ではないが、役に立つだろう。

タスク 1 ビジネスモデルを明確にする

リソース

商品の詳細を詰める際には、世界中の150人を超えるイノベーターたちが共同で創り上げたプロダクト・マーケット・フィットキャンバス（www.productmarketfitcanvas.com）も参考になる。これも必読ではないが、役立つはずだ。

アドバイス

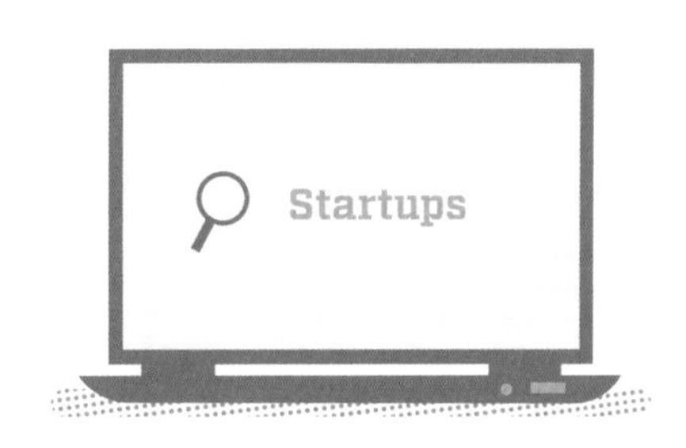

考えが煮詰まったら、第1週に調査した破壊的なビジネスモデルを見直そう。

アドバイス

営利組織、非営利組織に関係なく、ビジネスモデルは必要だ。

アドバイス

ビジネスモデルキャンバスの内容はいずれも仮説であり、変更可能なものであることを忘れずに。

アドバイス

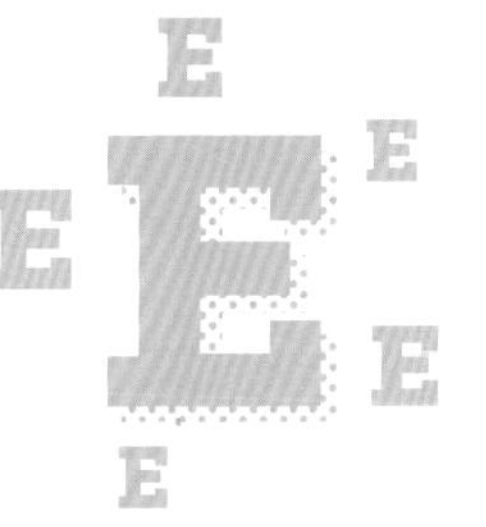

ExOリンクトエッジ戦略では、自社をパートナーの欄に記載する必要があるかもしれない。ほかにも記載するべき関連組織があるかを確認する。

アドバイス

最新状態のExO戦略を基にして、ExOキャンバスの見直しや改良を行おう。

タスク2 MVPを用いて評価する仮説を決定する

解説

リーン・スタートアップの提唱者エリック・リースは、MVPを「顧客についての最大限の学びを最小限の努力で得るために、新しく打ち出す検証用の製品」と定義している。ExOプロジェクトでは、このMVPの考え方を用いて、検討中の戦略に関する学びを深められる何かを構築する。ただし、MVPの設計と構築に入る前にまずは成果、つまりMVPを構築、検証した結果として何を得たいかを先に考えよう。

次に、評価を行う仮説を決める。ビジネスの成功や規模拡大のために欠かせない仮説を選定しよう。ここで言う仮設は、主にExOキャンバスやビジネスモデルキャンバスのなかから見つかるだろう。

- **ExOの特徴**：導入が決定したExOの特徴は、いずれも適切か。また、現実的に導入可能か。
- **商品の実現可能性**：商品とサービスが想定どおりのものとなるか（特にそれが新しいテクノロジーに依存するものである場合）。
- **価値提案**：クライアントはその価値提案を気に入るか。
- **収益モデル**：顧客はそれに対して料金を支払いたいと思うか。

ツール

仮説の決定と評価のテンプレートを使用する。現段階では評価を進める仮説と実験計画などを含む「構築」欄のみ記入し、「測定」と「学習」の欄は来週以降に埋める。

アドバイス

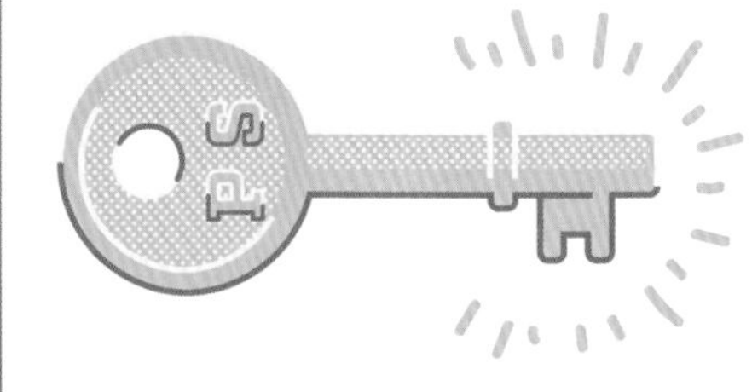

飛躍型企業はそれぞれ異なる。ビジネス成功の明暗を分ける重要な要素は何かを考えてみよう。それが評価を行うべき重要な仮説となる。

アドバイス

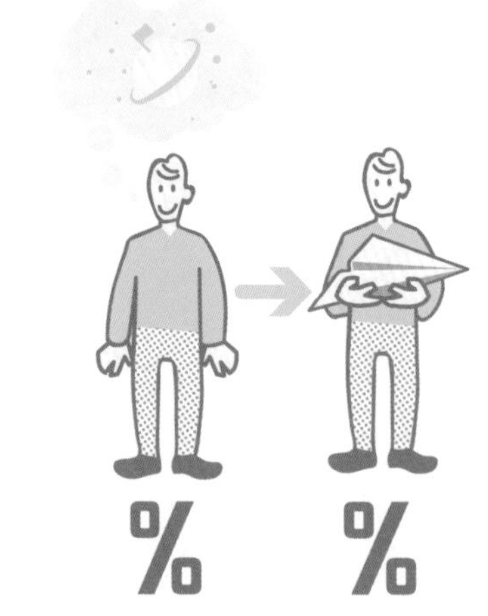

販売実験の成功基準を定義するには、販売プロセスに明確な評価基準を設定する。適切な評価基準として、一般的にはフェーズごとの見込み客の顧客転換率を使用する。具体的には、訪問客のうち実際に商品を購入した人の割合などを言う。これが革新会計と呼ばれる手法だ。ExOエッジ戦略の発展にとても有益な考え方であるため、ぜひインターネットで調べてみてほしい。

タスク 3 実用最小限の製品（MVP）を決める

解説

販売を始め、学びを得るにあたり、商品とサービスの完全版を作る必要はない。利用したい、料金を支払いたいと誰も思わないものに時間とコストをかけるのは無駄である。代わりに、実用最小限の製品（MVP）で実験を行う。MVP の開発に入る前に、検証用の商品とサービスに必要となる最小限の機能を決定する。

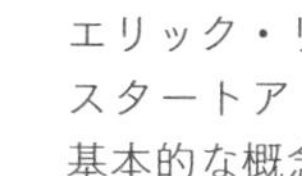

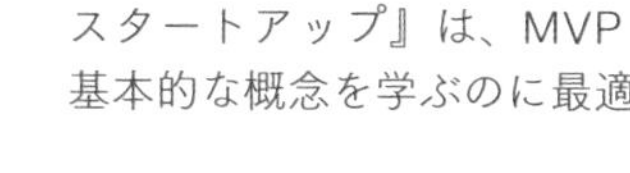

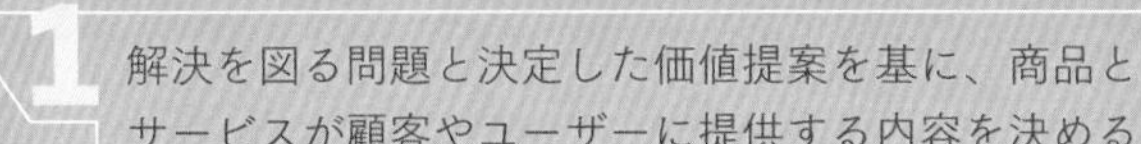

1. 解決を図る問題と決定した価値提案を基に、商品とサービスが顧客やユーザーに提供する内容を決める。
2. 顧客の抱える問題を解決するために、商品とサービスに必要となる機能をすべて書き出す。
3. ICE アプローチを用いて各機能を考察する。ICE とは、優先順位を決める際に考慮すべき 3 つの基本的要素の頭文字を取ったもので、影響力（Impact、ユーザーが得る価値のこと）、コスト（Cost、経費のこと）、労力（Effort、要する時間のこと）を指す。それぞれに 0 ～ 2 のスコアをつける。2 は価値が高いこと（最大の影響力、最小のコスト、最小の労力）を、0 は価値が低いこと（最小の影響力、最大のコスト、最大の努力）を示す。
4. ICE スコアの合計点に従って、各機能に優先順位をつける。もっとも高い点数を得た機能が、最優先するべき MVP となる。
5. 結果を分析し、次の要素を基に MVP の初版の仕様を決定する。
   - 評価を行う必要のある仮説。MVP の第一の目的は学びを得ることであるため、MVP の開発という次なる実験に進む前に、まずはこの仮説を検討すべきだ。
   - ICE スコアによる優先順位付けと、評価を行う必要のある仮説。
   - MVP の初版では、機能の追加や削除が必要となる可能性が高い。技術的な理由によるものや、開発に時間がかかりすぎるためにいまは諦めざるを得ないものもあるだろう。

リソース

エリック・リースの著書『リーン・スタートアップ』は、MVP とその基本的な概念を学ぶのに最適だ。

アドバイス

ここでの目的は、最高の商品を生み出すことでも、顧客に好かれる商品を作ることでもなく、学びを得られる商品を開発すること。そのためにも学びを追求した機能やアドオンを入れ込み、より有益なフィードバックを得られるようにしよう。

タスク 4 MVPを構築する！

解説

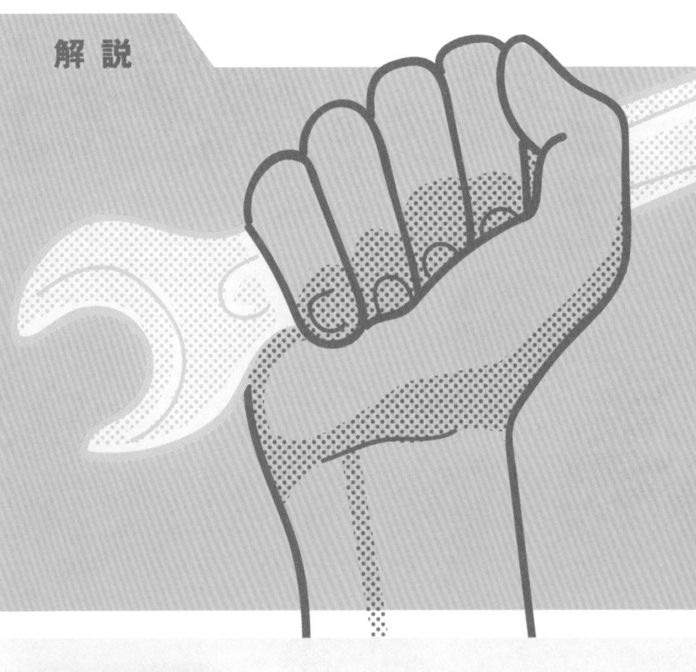

作成したビジネスモデルに基づいて、価値提案を実現できる MVP を作成する。

ここでは MVP 作成に役立つテクニックをいくつか紹介する。実際の商品の制作に役立つものもあれば、見込み客にサービス内容を伝える際に役立つものもある。MVP 作成に割くことのできる時間を考慮しながら、商品とサービスに最適なテクニックを選択すること。複数のテクニックを組み合わせるのも手だ。

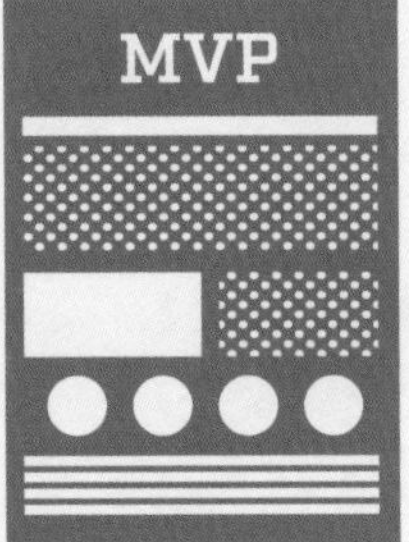

ランディングページ

MVP を紹介、説明するランディングページを作成する（商品とサービスの完全版を紹介するのもいいが、MVP の主要な機能に絞って作成することをお勧めする）。MVP または完全版のどちらを扱う場合も、商品とサービスの説明に加えて、顧客に先行予約を促そう。もしくは A／B テスト方式を用いて、異なる価値提案を示した 2 種類のランディングページを作成し、訪問客がどちらを好むか見るのもいい。

リソース

www.launchrock.com や www.landerapp.com がランディングページ作成に役立つ。

得られる学び

小：先行予約数と、ウェブサイト利用状況の解析結果から得た具体的なデータから、商品とサービスの価値提案と価格設定を顧客がどの程度気に入ったかを知ることができる。

動画

MVP を紹介し、販売促進する動画を作成する。

リソース

プロによる動画制作サービスや、www.animoto.com や www.goanimate.com などのオンラインツールを使用する。

得られる学び

中：動画を見た顧客の反応から、商品とサービスの価値提案を顧客がどの程度気に入ったかを知ることができる。また、先行予約に結びついた数から、価格と収益モデルへのフィードバックを得られる。

タスク 3 MVPを構築する！

ワイヤーフレーム

商品のイメージを伝えることのできるワイヤーフレームまたはウェブサイト設計図を作成する。

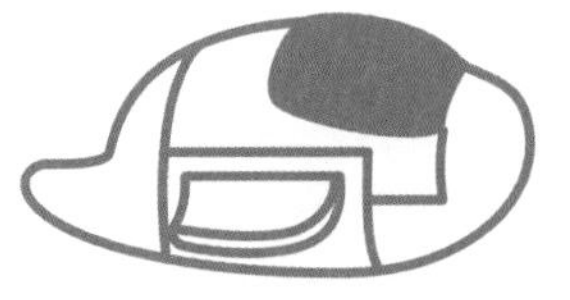

簡単なプロトタイプ

より深い学びを追求するための機能のみに絞り込んだプロトタイプを開発する。これがまさに真のMVPであり、たいていの場合は数日あれば作成が可能だ。完璧な商品を目指す必要はなく、短期間でそこから学ぶことができさえすればよい。

リソース

www.invisionapp.com や www.justinmind.com のようなラピッド・プロトタイピングツール、またはパワーポイントを利用する。

得られる学び

大：ワイヤーフレームに対する顧客の反応と意思表示から、商品とサービスの価値提案を顧客がどの程度気に入ったかを知ることができる。また、先行予約に結びついた数から、価格と収益モデルへのフィードバックを得られる。

得られる学び

特大：プロトタイプへの反応から、実際の商品とサービスの開発の難易度、顧客がその商品とサービスの価値提案で気に入った点、ユーザーエクスペリエンスのイメージなどを知ることができる。先行予約に結びついた数から、価格と収益モデルへのフィードバックを得られる。

リソース

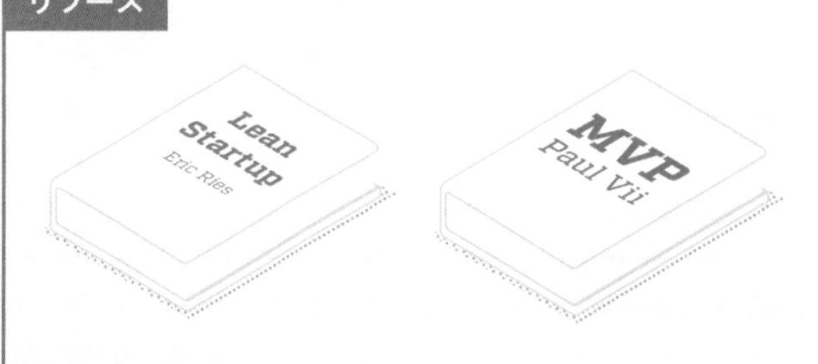

エリック・リースの著書『リーン・スタートアップ』は、MVPを数日間で開発する方法を解説している。また、ポール・ヴィーの著書『MVP』（未邦訳）からは、アジャイル開発手法を用いたMVP開発のヒントを得られる。

アドバイス

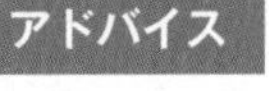

優先順位付けした機能の一覧を作成し、各機能の開発に必要な時間数を記入すると、来週中にプロトタイプを完成可能か判断できる。

テンプレート 提出用

ビジネスモデルキャンバス　AirEcoの例

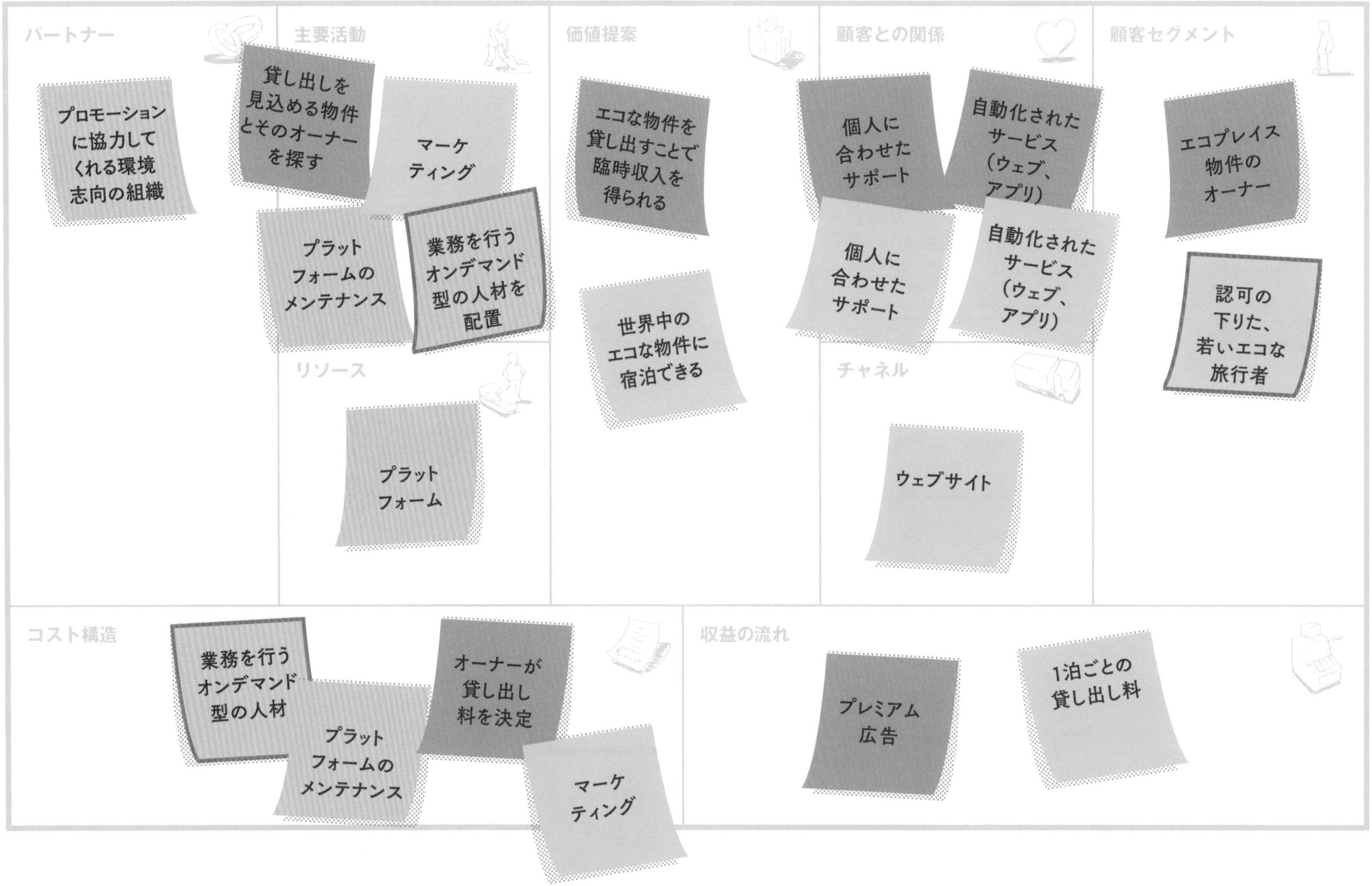

パートナー	主要活動	価値提案	顧客との関係	顧客セグメント
プロモーションに協力してくれる環境志向の組織	貸し出しを見込める物件とそのオーナーを探す マーケティング プラットフォームのメンテナンス 業務を行うオンデマンド型の人材を配置	エコな物件を貸し出すことで臨時収入を得られる 世界中のエコな物件に宿泊できる	個人に合わせたサポート 自動化されたサービス（ウェブ、アプリ） 個人に合わせたサポート 自動化されたサービス（ウェブ、アプリ）	エコプレイス物件のオーナー 認可の下りた、若いエコな旅行者
	リソース プラットフォーム		**チャネル** ウェブサイト	

コスト構造	収益の流れ
業務を行うオンデマンド型の人材 プラットフォームのメンテナンス オーナーが貸し出し料を決定 マーケティング	プレミアム広告 1泊ごとの貸し出し料

テンプレート 提出用

ExOキャンバス AirEcoの例

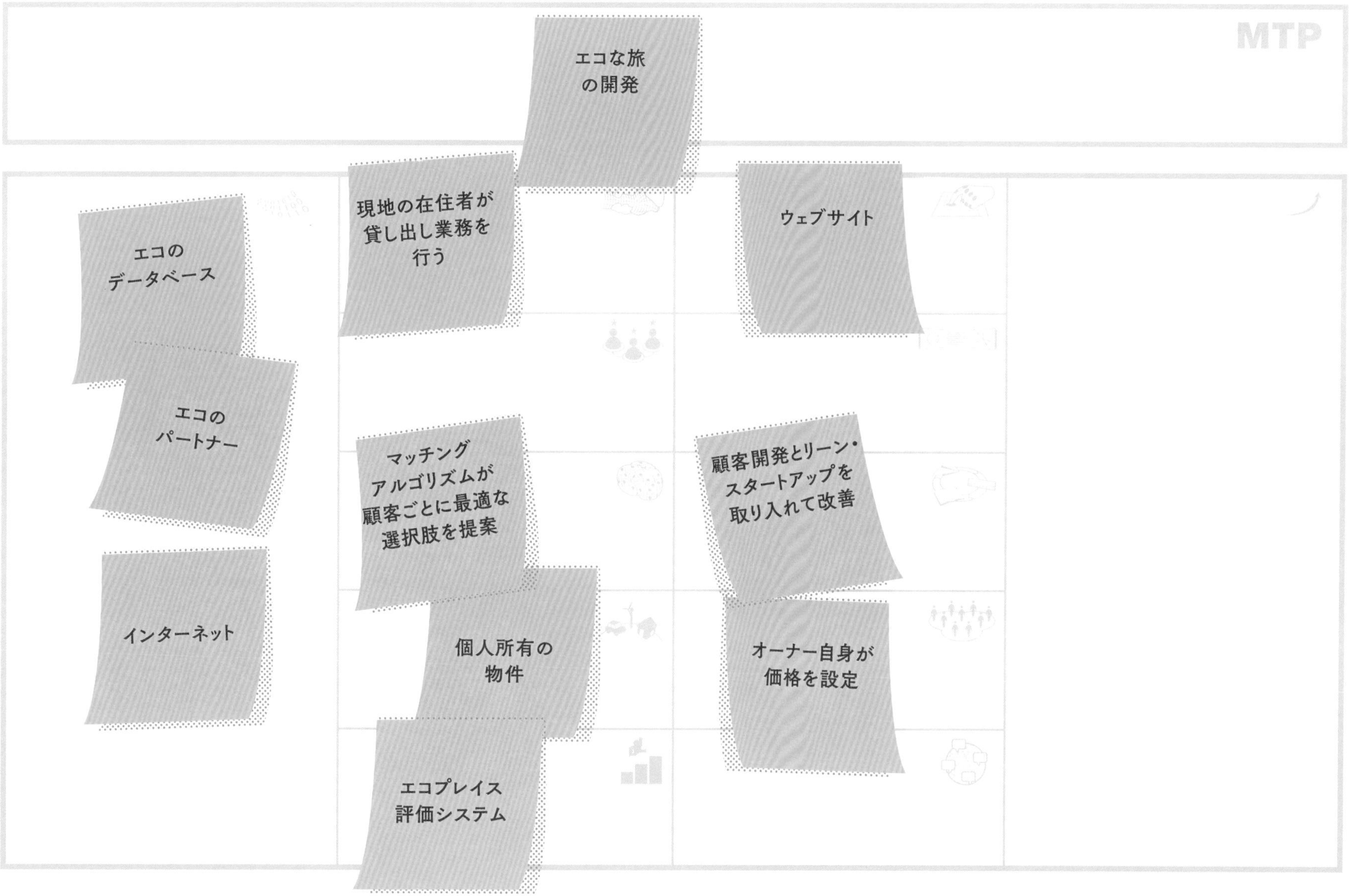

MTP

エコな旅の開発

エコのデータベース

現地の在住者が貸し出し業務を行う

ウェブサイト

エコのパートナー

マッチングアルゴリズムが顧客ごとに最適な選択肢を提案

顧客開発とリーン・スタートアップを取り入れて改善

インターネット

個人所有の物件

オーナー自身が価格を設定

エコプレイス評価システム

テンプレート 提出用

Eco Places

鍵となる仮説を決定、評価するためのテンプレート

	構築			測定	学習
ExO 戦略名	鍵となる仮説	実験内容	評価基準	実験結果	学び
AirEco	市場は十分に大きい。	見込み客数が十分に多いことを示すデータを得る。	年間 5000 万泊分を売り上げられる。		
	見込み客は、個人所有のエコな物件に宿泊したいと思っている。	■ランディングページを作成し、見込み客が会員登録するかを検証する。Google 広告で宣伝する。 ■見込み客に宿泊予約を勧めるプレゼンテーションを行う。	■ランディングページ訪問者の 5% 以上が会員登録をする。 ■インタビューを行った見込み客のうち 25% 以上が宿泊予約をする。		
	見込みオーナーは自分の物件を貸し出したいと心から思っている。	■ランディングページを作成し、見込みオーナーが会員登録するかを検証する。Google 広告で宣伝する。 ■見込みオーナーの物件の貸し出しを促進するプレゼンテーションを行う。	■ランディングページ訪問者の 5% 以上が会員登録をする。 ■インタビューを行った見込み客のうち 25% 以上が宿泊予約をする。		

MVPを作成する

機能	影響力（価値）	コスト（金銭面）	労力（時間面）	優先度
オーナーと旅行者向けの会員登録用ランディングページ	2	2	2	6
宿泊予約用の検索エンジン	2	1	0	3
ウェブサイト上での予約処理	1	1	0	2
サービス詳細のプレゼンテーション（見込みオーナー向け）	2	2	2	6
サービス詳細のプレゼンテーション（見込み旅行者向け）	2	2	2	6

MVPの検討結果

MVPの機能と内容を検討した結果、私たちは、時間とコストをかけてプラットフォーム全体のプロトタイプを開発するのではなく、見込み客と見込みオーナーの関心を得るための簡単なウェブサイトを立ち上げることにした。

また、対面式で行うプレゼンテーションを2つ準備した。1つは物件のオーナーを相手にAirEcoプラットフォームを紹介するもので、エコな旅行者向けに物件を貸し出す許可を得ることが目的。もう1つは、見込み客を相手にAirEcoプラットフォームを紹介し、次の旅行時の宿泊先として物件を提案することを目的としている。

今週のアドバイス

スムーズな進行のヒント

Sun	Mon	Tue	Wed	Thu	Fri	Sat

2日目以降の何日間かでMVPを開発する。このMVPは来週使う。

1日目にビジネスモデルをまとめ、鍵となる仮説の決定とMVPの設計を行う。

5日目にExOコーチと進捗確認を行う。

価値提案の検証に使えるものを作成する。

ランディングページのようなオンラインチャネルには、フィードバック（問い合わせフォームなど）とデータ（統計エンジンなど）を収集できる仕組みを、必ず実装すること。

来週はMVPの改良をさらに進めるが、まずは初版を完成させてリリースすることが重要だ。実際のプロトタイプを作成したいが開発に2週間を要する場合は、暫定的にランディングページを作成することをお勧めする。そうすれば、プロトタイプ開発にかける2週間のあいだに、少なくともデータの収集ができる。

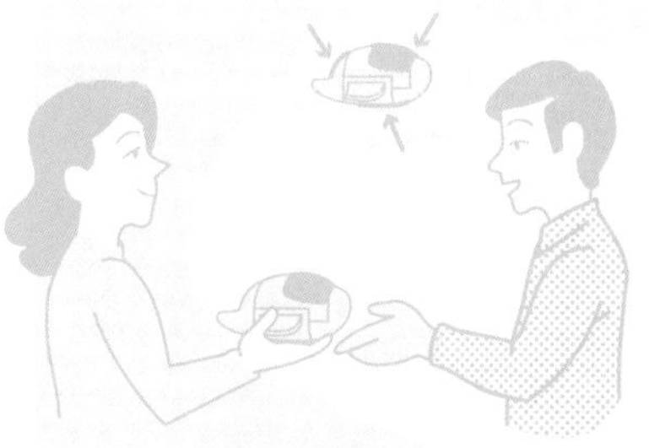

来週には、今週開発したMVPを見込み客に対して発信し、フィードバックを引き出し、最初の販売を完了させる。

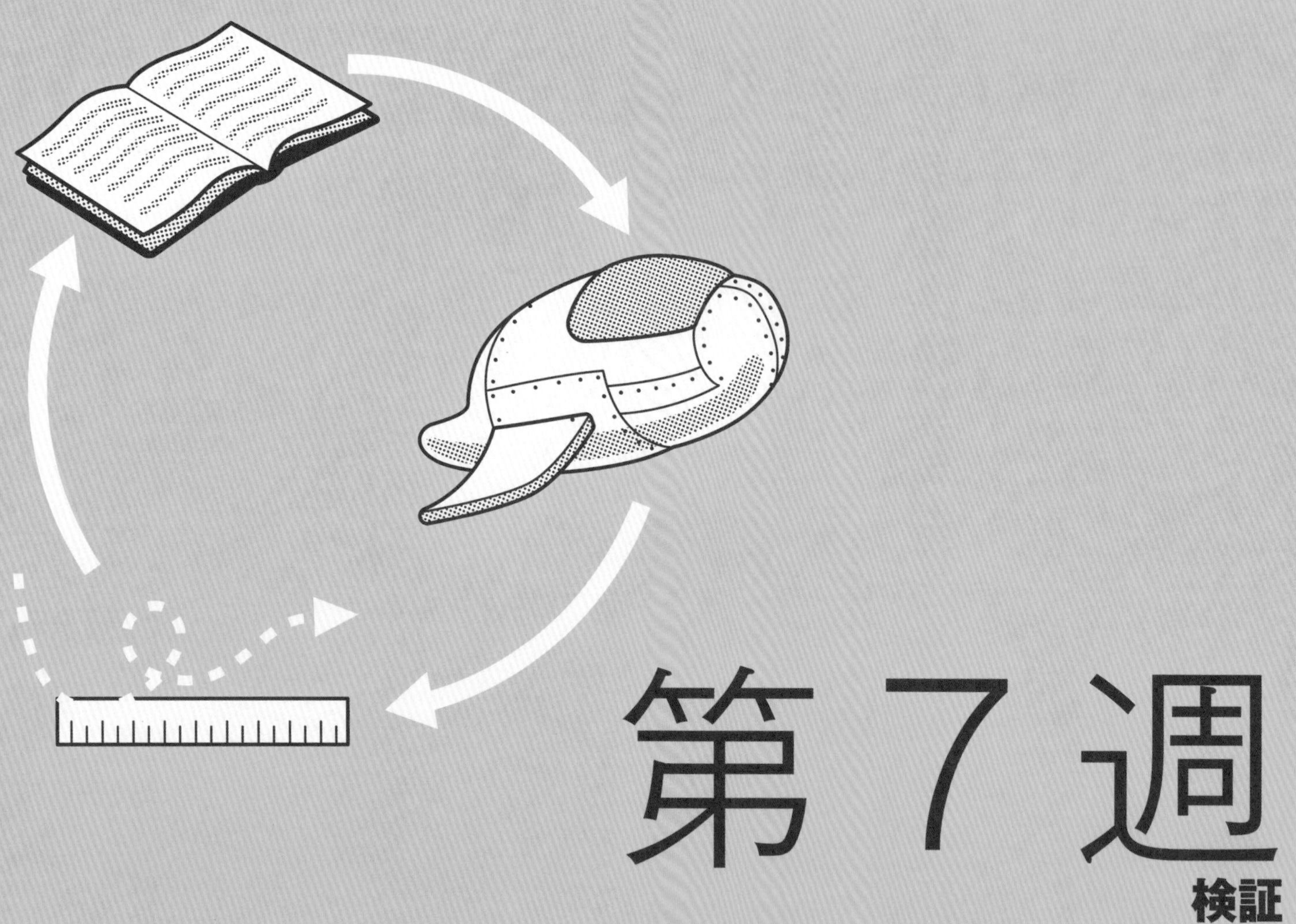

第7週

検証

今週のテーマ

さあ、真実を確かめるときがきた！

前の週を通して取り組んだMVPのプロトタイプ開発は、ExOエッジ戦略のより深い理解と改善につながったことだろう。

今週はアーリーアダプターにコンセプトを提示して反応を確認することで、ExOの10の特徴のうち「実験」をより深く実践する。MVPをアーリーアダプターに販売し、市場に対する価値提案の適切さを確認することが目的となる。

MVPを構築してアーリーアダプターに販売するという実験により、価値提案とビジネスモデル周辺の仮説の評価を行える。これがプロダクト・マーケット・フィットと呼ばれる手法だ。さらには、真の飛躍型企業を構築する鍵となるExOの10の特徴に、その仮説が当てはまっているかの評価も行う。

最初のクライアントの獲得は、新規企業にとってもっともわくわくする瞬間だ。さあ、始めよう！

タスク1 アーリーアダプターを見つけ出して商品を売る

解説

アーリーアダプターとは、新商品や新しいテクノロジーを周りよりも先に取り入れる個人または事業のことである。あなたのビジョンを支持し、MVPがまだ完璧でなくとも試用を希望する存在を指す。

次の課題は、MVPのアーリーアダプターをどこで探し、商品や販売プロセスを検証するためにどのような手段を取るかの検討だ。これはプロダクト・マーケット・フィットの実現に主眼を置いた実験とも言える。

MVPの種類によって、次のような手法でアーリーアダプターを見つけよう。

MVPとしてランディングページを作成した場合は、次のいずれかのオンラインチャネルに的を絞る。

- オンライン広告（Google広告など）を作成し、プロモーションサイトへのリンクを貼る。
- アーリーアダプターとなる可能性のあるユーザーが属するオンラインコミュニティで、ランディングページを宣伝する。
- アーリーアダプターとなる可能性のあるユーザーに、メールでウェブサイトのリンクを送る。

セールスプレゼンテーション、ワイヤーフレーム、動画、実物のプロトタイプを作成した場合は、次のようなオフラインチャネルを中心にアーリーアダプターに働きかける。

- 問題／解決策の仮説の最初の検証で、インタビューの対象とした人物や組織に、MVPを宣伝する。
- アーリーアダプターとなる可能性のある人物や組織の一覧を作成する。
- MVPのアーリーアダプターとなりうる人が属すると思われるコミュニティの一覧を作成する。

その後、アーリーアダプターを相手に複数の販売プロセスを立ち上げ、それぞれのフィードバックを得る。真の目的は販売することではなく学ぶことであると忘れないように。

タスク 1 アーリーアダプターを見つけ出して商品を売る

リソース

スティーブ・ブランクの著書『スタートアップ・マニュアル』には、アーリーアダプターを見つける方法と、アーリーアダプターに売り込む方法がまとめられている。顧客検証フェーズに関する部分をしっかりと読んでおくといい。

リソース

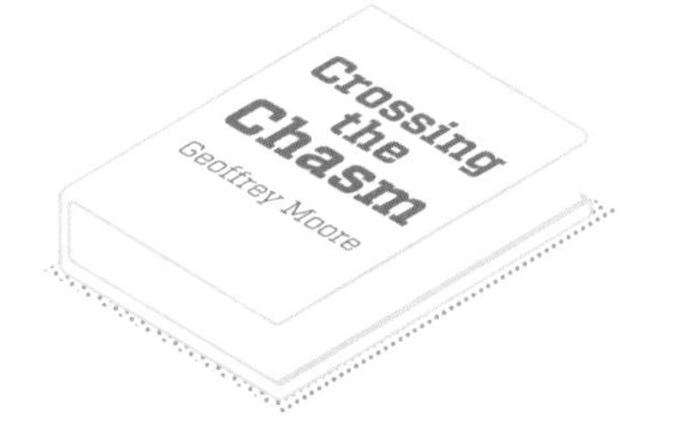

ジョフリー・ムーアの著書『キャズム』は、アーリーアダプターに売り込むコツに加えて、ターゲット市場を拡大する方法についても触れている。

アドバイス

理想的なアーリーアダプターとは、次のような人物または組織である。

チームの将来のビジョンを支持している。

以前の演習で明確化した問題をまさに抱えている。

その問題の解決を図っているが、現時点では成功していない。

その問題の解決に料金を支払う意思がある。

誠実であり、有意義なフィードバックを見込める。

アドバイス

アーリーアダプターを見つけるには、彼らの気持ちになって考えてみる。アーリーアダプターに出会える新たな場所が見つかるかもしれない。

アドバイス

ここでも目的は学びであることを忘れずに。アーリーアダプターとできる限り密にやりとりをする。

- **オンラインチャネル**（ウェブサイトなど）を使った場合は、プロセスを完了したユーザーや顧客1人1人にメールを送信し、価値提案や価格モデルに対するフィードバックや意見を伺う。
- **オフラインチャネル**（面会、電話など）を使った場合は、販売プロセスを外部委託してはならない。商品の検証と販売促進活動からできる限り多くの学びを得るためにも、1週間を通して密にやりとりをする。その後の販売プロセスは自分自身で行うこと。

タスク 2 検証結果を考察し、学びを得る

解説

MVPの構築を終えて販売プロセスが完了すると、鍵となる仮説を評価できるだけの経験とデータが蓄積されているはず。一番の目的は、ExOの10の特徴とビジネスモデル（特に価値提案と収益モデル）について学ぶことだと、忘れないでほしい。

販売プロセスまで完了したら、収集したデータを掘り下げる段階に入る。

ツール

前の週で使用した、仮説の選定と評価を行うテンプレートを使用する。今回は「測定」と「学習」の欄を埋める。

アドバイス

質的データと量的データ（数値）の両方を分析する。現在はまだビジネスの初期段階にあるため、質的データのほうが量的データよりも重要となる。

アドバイス

実験結果には不必要なデータも多く含まれるものだが、それもよい学びの機会である。たとえば、解決策の評価を終えて、その商品とサービスが特定の顧客層から人気を得た一方、別の層からは不評だったことに気づいたとする。具体的には、45歳未満からは人気、45歳以上からは不評であったとしよう。ここから何を学べるだろうか。45歳未満の顧客に絞って解決策を提供すればいい。

テンプレート 鍵となる仮説を決定、評価する

	構築		測定		学習
ExO 戦略名	鍵となる仮説	実験内容	評価基準	実験結果	学び
AirEco	市場は十分に大きい。	見込み客数が十分に多いことを示すデータを得る。	年間 5000 万泊分を売り上げられる。	年間 8000 万泊以上を見込める市場がある。	**仮説は有効** 見込み客は大量に存在する。
	見込み客は、個人所有のエコな物件に宿泊したいと思っている。	■ランディングページを作成し、見込み客が会員登録するかを検証する。Google 広告で宣伝する。 ■見込み客に宿泊予約を勧めるプレゼンテーションを行う。	見込み客は、個人所有のエコな物件への宿泊予約を希望している。	■ランディングページ訪問者の 7% 以上が会員登録をした。 ■プレゼンテーションでは情報が少なすぎるとの意見があったものの、インタビューを行った見込み客のうち 35% 以上が宿泊予約をした。	**仮説は有効** 見込み客の需要がある。プラットフォームに掲載する物件情報を充実させる必要がある。
	見込みオーナーは自分の物件を貸し出したいと心から思っている。	■ランディングページを作成し、見込みオーナーが会員登録するかを検証する。Google 広告で宣伝する。 ■見込みオーナーの物件の貸し出しを促進するプレゼンテーションを行う。	見込みオーナーは、物件の貸し出しを希望している。	■ランディングページ訪問者のうち会員登録をしたのはわずか 2% だった。 ■インタビューを行った見込みオーナーのうちわずか 20% が物件の貸し出しを希望していた。しかし 40% 以上が、宿泊客を審査する機会を持てるのであれば貸し出しを希望すると回答した。	**仮説は無効** 見込みオーナーは、所有する物件に宿泊する客の情報を求めていることがわかった。宿泊客を認可するプロセスを作る必要がある。

今週のアドバイス

スムーズな進行のヒント

1 日目に、アーリーアダプターに働きかける方法を決定する。決まりしだいすぐに実行に移そう！

5 日目に ExO コーチと成果を振り返る。

Sun　Mon　Tue　Wed　Thu　Fri　Sat

2 日目以降は、アーリーアダプターを対象とした販売実験に充てる。データ収集にさらに時間が必要な場合は、次週の前半まで実験を続けてもかまわない。いずれにせよ、今週の終わりにいったん結果をまとめること。

今週の目的は、有効な結果（とさらなる学び）を確実に獲得するために、実験から十分なデータを収集することだ。もちろん、その過程で商品を売り上げられればもう言うことはない。ExO エッジの最終プレゼンテーションで、聞き手が感銘を受ける実績となるだろう。なにしろ、何もないところから 10 週間経たないうちに現実の顧客を獲得したのだから……。さあ、やってみよう！

アーリーアダプターは単なる最初の顧客には留まらないことを忘れないでほしい。明確な考え方を持った特別な人物または組織でもあるのだ。

多岐にわたる仮説を評価する際の助けとして、業界や特定の技術、方法論の専門家である社外の人物に助言を求める必要が出てくるかもしれない。

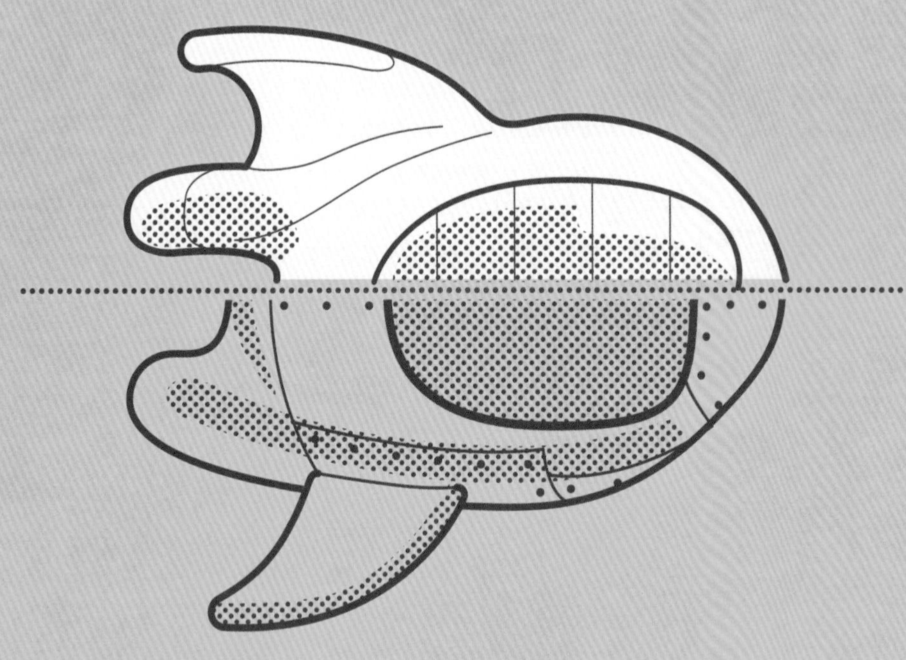

第8週

改善

今週のテーマ

前の週には、実際の顧客を相手にMVPを検証することで、ビジネスモデルとExOの10の特徴に関する多くの学びを得たはずだ。今週は、実験を通してMVPをさらに進化させる。

データが十分にそろったら、成功の機会を最大化するためにも現実に目を向け、ExOエッジ戦略に必要な変更を加えていく。

ExOエッジ戦略を修正し、必要であれば路線変更をもいとわず、成功に向けてよい布石を打てるようにしよう。

タスク 1 ExOエッジ戦略をさらに進化させる

解説

MVP構築からアーリーアダプターへの販促活動完了まで、たった2週間では足りないと感じるかもしれない。確かに短い時間ではあるが、やり遂げられる。

今週前半は、実験とその結果をふまえたMVP改善の流れを繰り返し行う。

ツール

アーリーアダプターへの実験を続けているチームは、2週間前から使用している仮説の決定と評価のテンプレートを引き続き使用する。

アドバイス

アーリーアダプターへの実験で得た情報から、新しいアイデアや、もしかするとまったく別の仮説が生まれるかもしれない。仮説の決定と評価のプロセスは流動的なものにしておこう。学びを取り入れながら、常に実験を見直しつづけていく気持ちが大事だ。

アドバイス

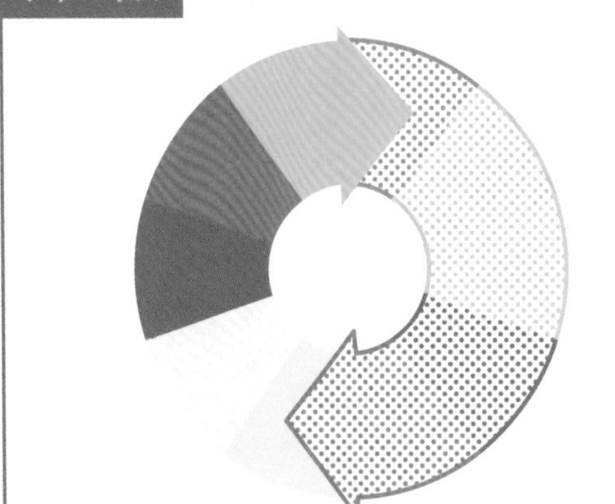

MVPの改良と進化の基本的なテクニックとして、アジャイル開発手法（スクラムなど）を活用してはどうだろうか。商品の機能と開発優先順位を常に見直しつづけるため、数日や数週間のサイクルで実験と改良を繰り返すことができる点が特徴だ。ExOスプリントの活動では使わなくとも、将来のための実用的な知識としてこの手法を学んでおくといいだろう。

タスク 2 方向転換、再修正、もしくは続行！

解説

十分な情報を収集したら（または実験やMVPに割く時間がなくなったら）、決断に移ろう。

これまでに得た学びに基づき、次のようにExOエッジ戦略を先へと進める。

ビジネスモデルの方向転換：

価値提案や収益モデルを支持する顧客セグメントを見出せなかった場合、ビジネスモデルの方向転換が必要となる。

商品とサービスの再修正：

アーリーアダプターが価値提案を気に入り、その商品とサービスを購入する意思はあるものの現在のMVPには満足していない場合、顧客に気に入ってもらえるMVPができるまで改良を重ねる。

続行：

アーリーアダプターが商品とサービスを気に入って購入の意思を示している場合、プロダクト・マーケット・フィットを達成できたことになる。次は、ビジネスを成長させる方法の検討に入る。ExOキャンバスを使い、飛躍型企業の規模をどう拡大するかを考えよう。

ツール

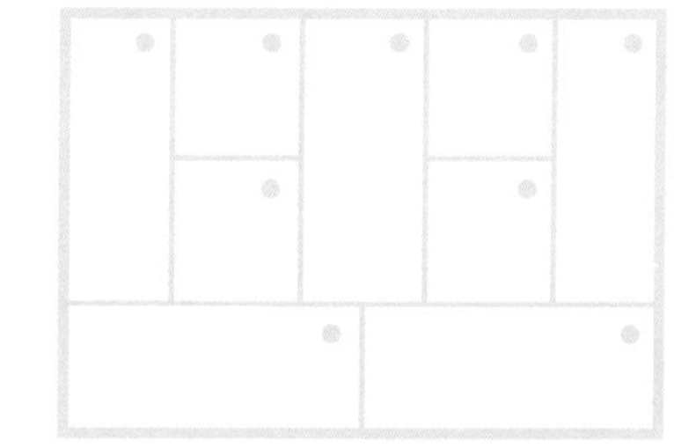

ビジネスモデルの方向転換には、ExOスプリントの前半で使用したビジネスモデルキャンバスを使用する。

タスク2 方向転換、再修正、もしくは続行!

アドバイス

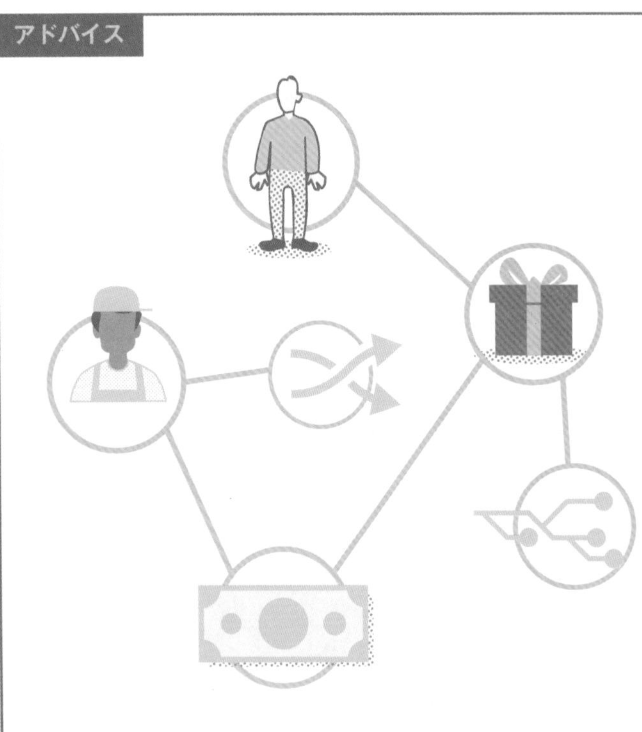

方向転換にはいくつかの種類がある。

- **顧客セグメントの変更**：その商品とサービスは、チームの予想とは異なる層の顧客に支持される可能性がある。その場合、ターゲットとする市場を修正する。
- **価値提案の変更**：価値提案を見直す必要性、あるいは商品の発信形態を変更する必要性があるかもしれない（商品ではなくサービスへと方向転換を要する可能性も）。
- **収益モデルの変更**：価格モデルを修正する必要があるかもしれない。
- **その他の変更**：チャネル、テクノロジー、パートナーなどの変更。

アドバイス

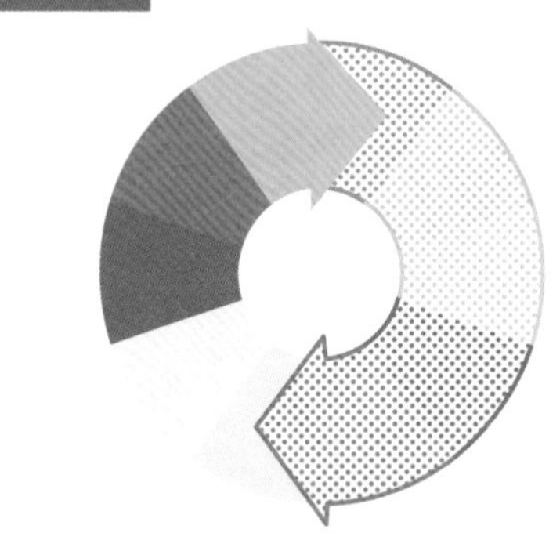

アジャイル開発手法の一環として商品とサービスの修正を繰り返す場合（つまりExOスプリントのような時間の縛りがない場合）には、プロダクトバックログを更新、活用する手もある。

アドバイス

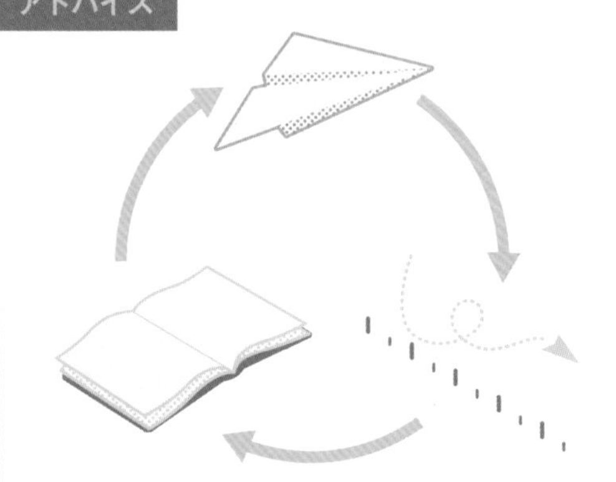

クライアントからのフィードバックを注意深く検討し、必要に応じてMVPの機能の優先順位を見直す。あらゆる活動に共通の、構築→計測→学習のサイクルを忘れずに。

アドバイス

ビジネスモデルの方向転換をするか、商品とサービスの修正を繰り返すかにかかわらず、必要に応じてExOキャンバスを更新し、現実に規模を拡大可能なビジネスを作る（つまり、飛躍型企業を実現する）には何が必要かを考える。

テンプレート 提出用

ExOキャンバス　AirEcoの例

MTP

エコな旅の開発

エコのデータベース

エコのパートナー

インターネット

現地の在住者が貸し出し業務を行う

環境に関するコミュニティ

マッチングアルゴリズムが顧客ごとに最適なホテルを提案し、宿泊客の認可プロセスを補助

個人所有の物件

エコプレイス評価システム

宿泊客の認可

ウェブサイト

宿泊客の認可

顧客開発とリーン・スタートアップを取り入れて継続的に改善

オーナー個人が価格を設定し、宿泊客を認可

認可プロセスにおいて、オーナーと宿泊客がコミュニケーションを取れるツール

テンプレート 提出用

ビジネスモデルキャンバス　AirEcoの例

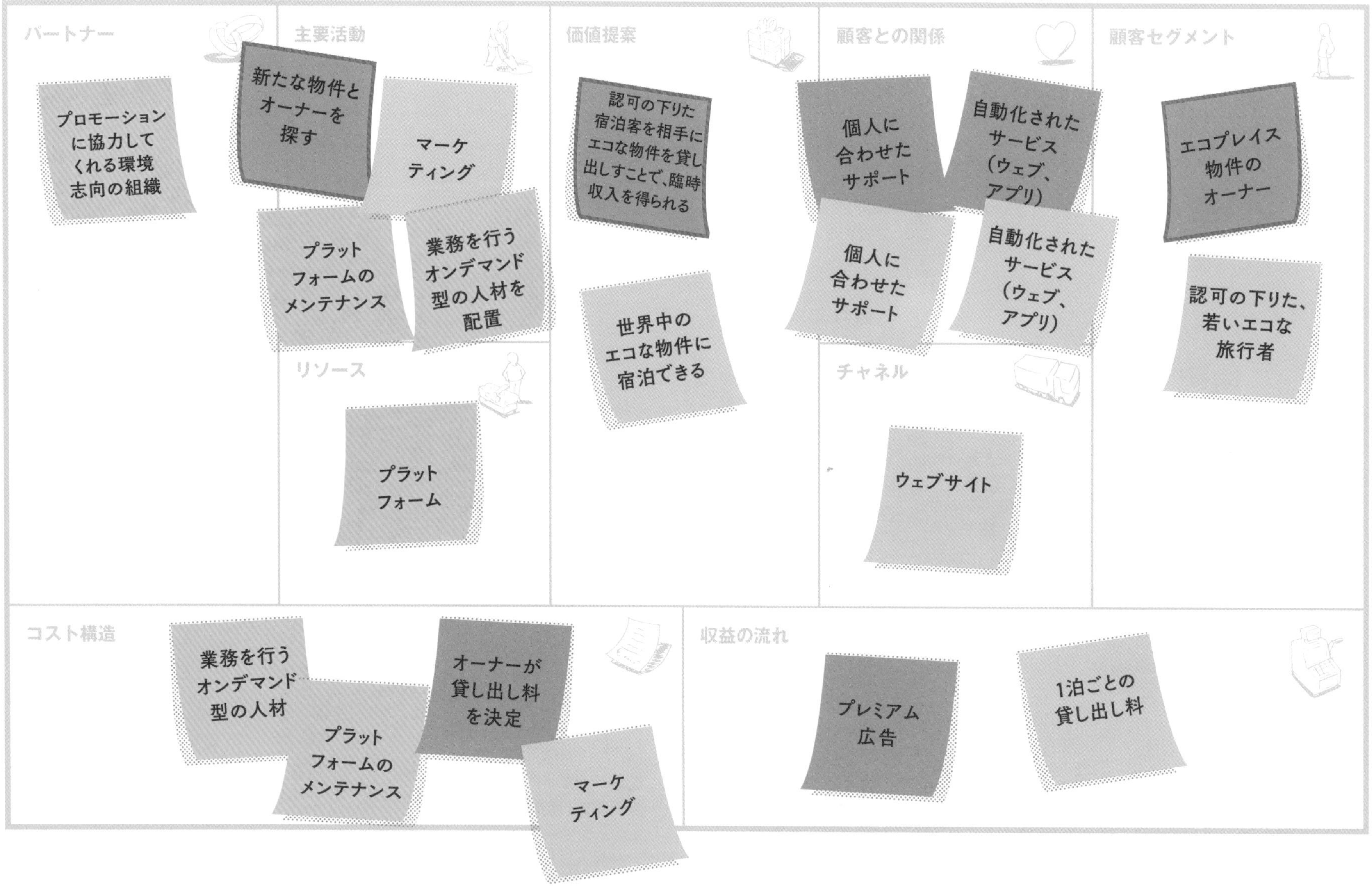

パートナー	主要活動 / リソース	価値提案	顧客との関係 / チャネル	顧客セグメント
プロモーションに協力してくれる環境志向の組織	主要活動: 新たな物件とオーナーを探す / マーケティング / プラットフォームのメンテナンス / 業務を行うオンデマンド型の人材を配置 リソース: プラットフォーム	認可の下りた宿泊客を相手にエコな物件を貸し出しすことで、臨時収入を得られる / 世界中のエコな物件に宿泊できる	顧客との関係: 個人に合わせたサポート / 自動化されたサービス（ウェブ、アプリ） / 個人に合わせたサポート / 自動化されたサービス（ウェブ、アプリ） チャネル: ウェブサイト	エコプレイス物件のオーナー / 認可の下りた、若いエコな旅行者

コスト構造	収益の流れ
業務を行うオンデマンド型の人材 / プラットフォームのメンテナンス / オーナーが貸し出し料を決定 / マーケティング	プレミアム広告 / 1泊ごとの貸し出し料

今週のアドバイス

スムーズな進行のヒント

1日目と2日目に、アーリーアダプターからできる限り大量のデータを集め、MVPを改良する。

5日目にExOコーチと進捗確認を行い、発進セッション（第10週）での最終プレゼンテーションに向けてまとめを始める。

Sun | Mon Tue | Wed Thu | Fri | Sat

3日目、4日目に結果を分析し、必要に応じてビジネスモデル、商品とサービス、ExOキャンバスに修正を加える。

ExO戦略に変更を加えるのは困難なことかもしれない（注力してきたアイデアを手放すのは辛いものだ）が、ここで企業内免疫システムを呼び覚ましてはならない！　ExOスプリントの各ステージで得た学びを活かし、最高のExO戦略を構築しよう。

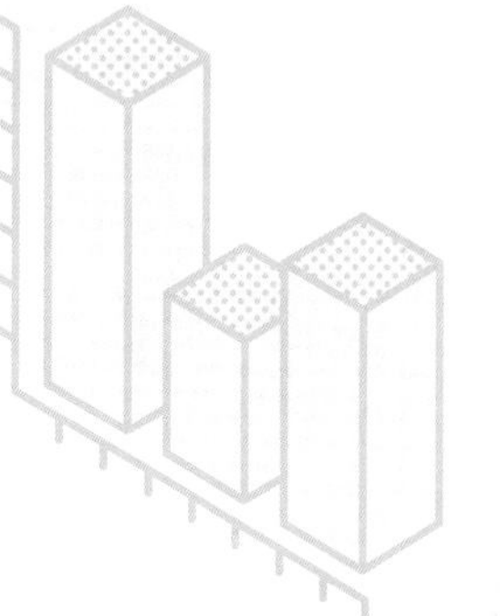

必ずデータに基づいた意思決定を行うこと。感情を挟まないためには、自我を脇によけ、アイデアや計画に対する個人的な思い入れを手放さなければならないときもある。

ExOスプリントの過程においては誰もが平等であり、上下関係は存在しない。つまり、社内の年長者の意見を尊重した意思決定をする必要はない。

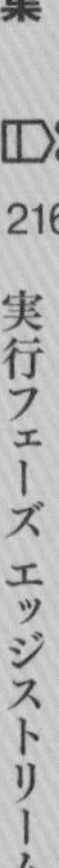

第9週
結集

今週のテーマ

いよいよ、最終プレゼンテーションの準備を始める。

次週、最善のアイデアを首脳陣の前で発表する。目的はさらなるフィードバックを得ること、そして何よりも、選ばれたExOエッジ戦略をさらに展開するための資金を得ることだ。

今週はExOエッジ戦略の各要素を結集させ、まとめる作業に入る。ExOスプリントを通してあげてきたすばらしい成果を披露すべく、集大成となるプレゼンテーションを作成しよう。

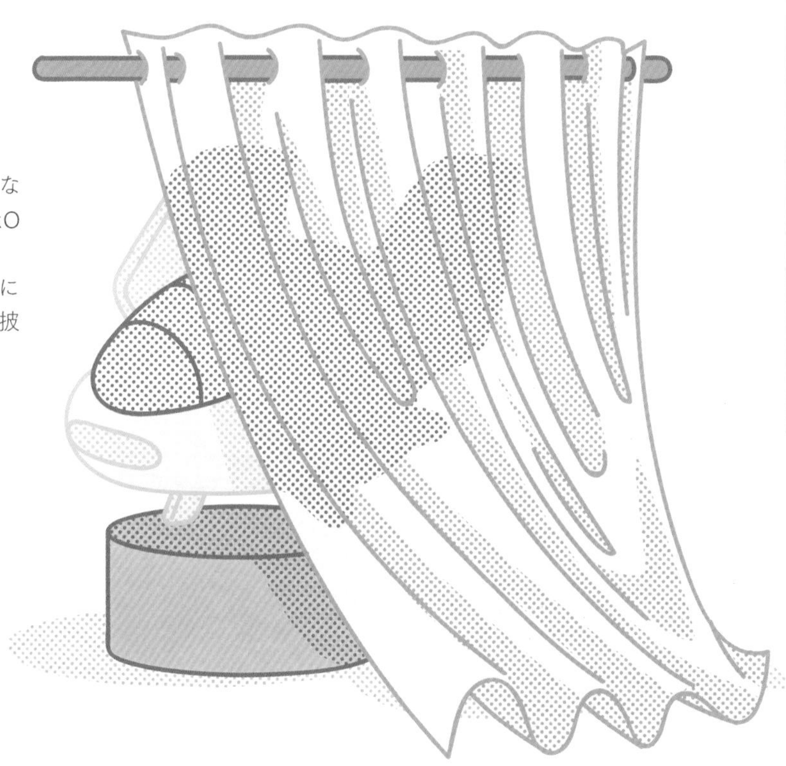

タスク 1 可能であれば、発表する戦略を2つに絞る

解説

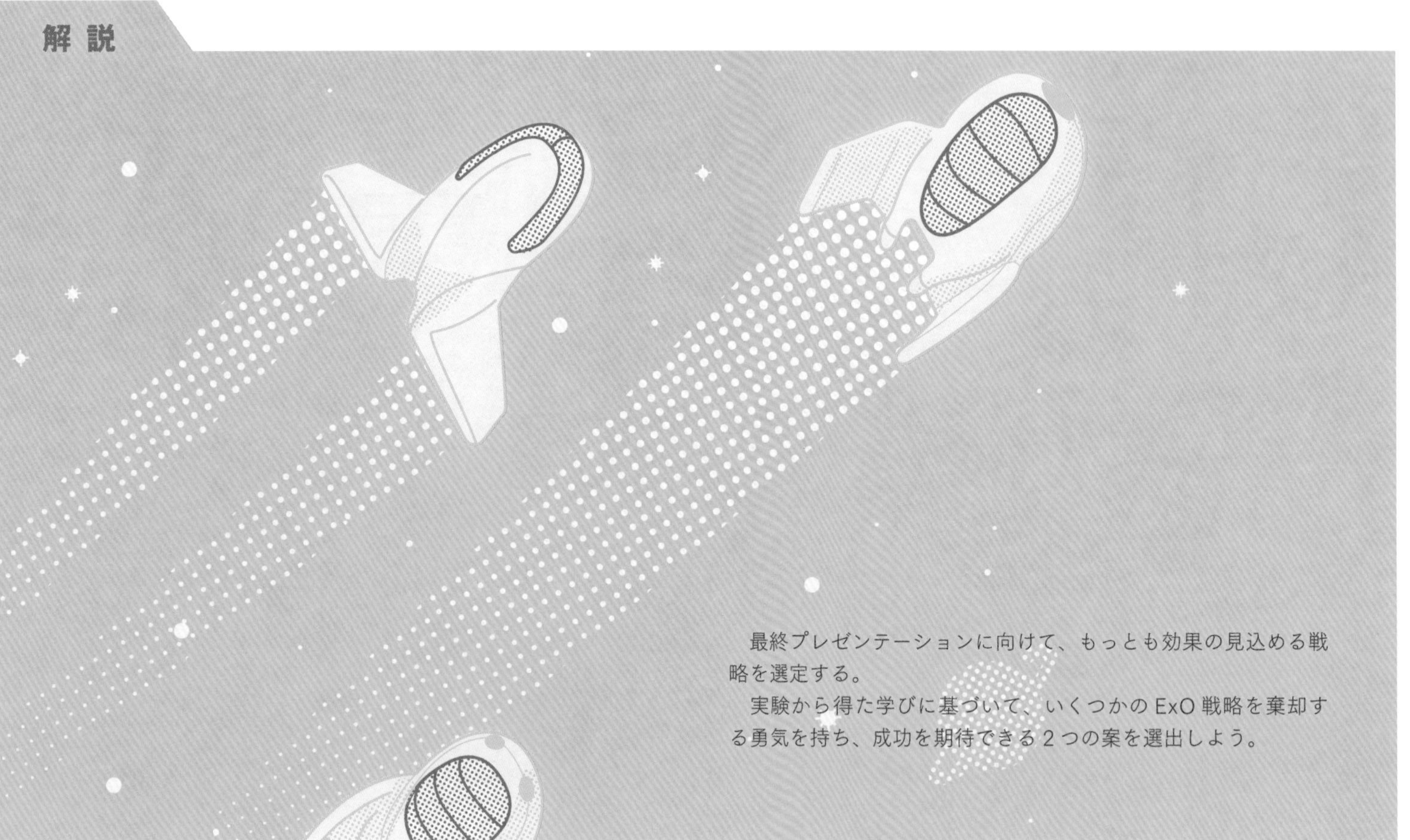

最終プレゼンテーションに向けて、もっとも効果の見込める戦略を選定する。

実験から得た学びに基づいて、いくつかのExO戦略を棄却する勇気を持ち、成功を期待できる2つの案を選出しよう。

タスク 2 中間目標と予算を検討して、ExOエッジ戦略を拡充する

解説

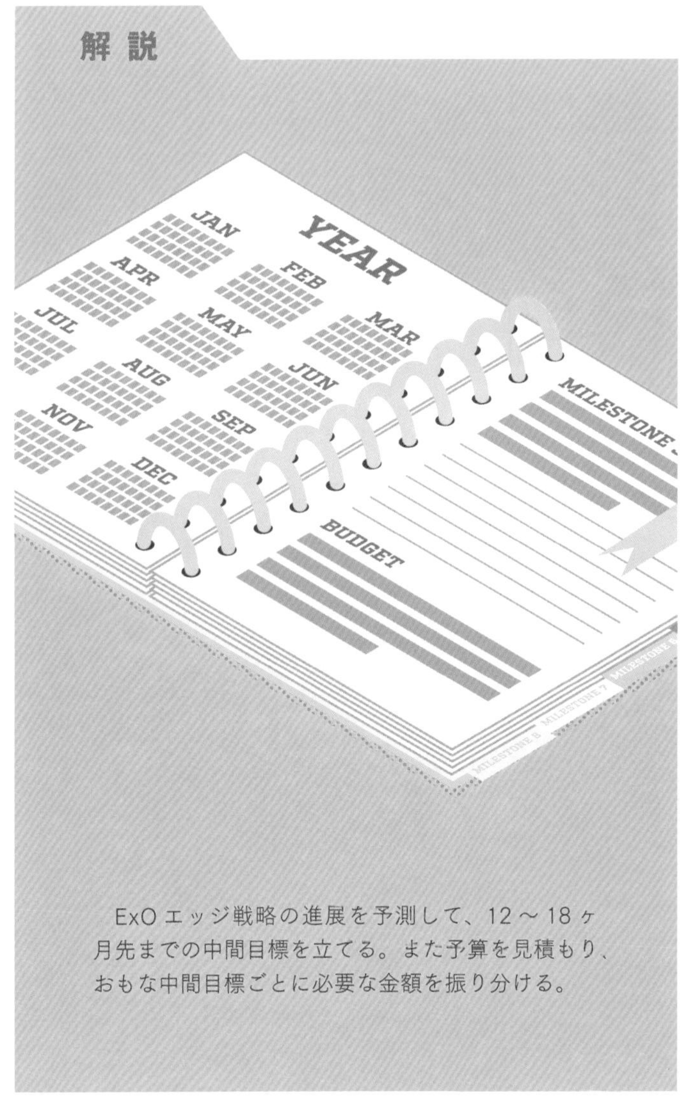

ExO エッジ戦略の進展を予測して、12 ~ 18 ヶ月先までの中間目標を立てる。また予算を見積もり、おもな中間目標ごとに必要な金額を振り分ける。

ツール

このセクションのテンプレートを使用する。

アドバイス

おもな中間目標には次のようなものがある。

■ 戦略の実行に適したチームを編成する

■ 仮説を評価するためにさらに実験を重ねる

■ MVP とその改作版を構築する

■ アーリーアダプターと収益を確保する

■ 理想とするプロダクト・マーケット・フィット（顧客満足度が最高となるスイートスポット）を明確にする

■ 可能であれば、パートナーシップを獲得する

アドバイス

収益の見積もりには、前の週で実験に用いた革新会計の手法を考慮に入れ、業務のなかの要因をいくつか設定する。

タスク 2 中間目標と予算を検討して、ExOエッジ戦略を拡充する

アドバイス

コストを見積もる際は、中間目標を達成するために必要となるリソースと外部からの補助を、現実的に割り出す。確保可能な資金額に見合った中間目標を立てること。

アドバイス

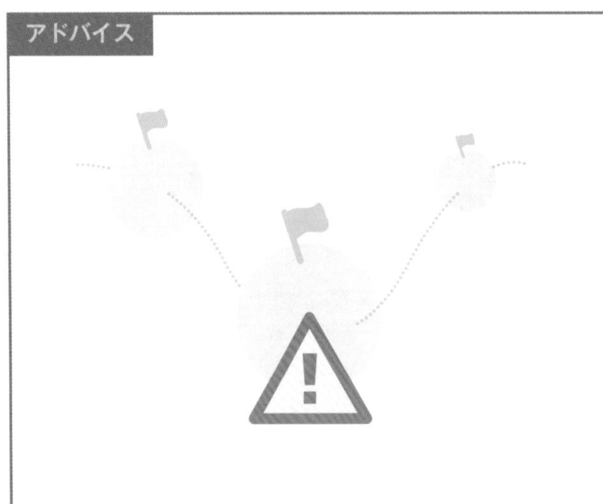

ExO エッジ戦略が最先端のテクノロジーに大幅に依存するものである場合、そのテクノロジーが成熟したときに取り入れられるよう、社内で準備を進めるような中間目標を暫定的に定めるといい。

アドバイス

中間目標は、管理しやすい流れを考慮する。たとえば、小規模な市場セグメントで方向性の検証を行う中間目標であれば、その流れで戦略の別の各要素も検証できるだろう。

タスク 3 ExOエッジ戦略の最終プレゼンテーションを作成する

解説

最終プレゼンテーションに向けて、ExO エッジ戦略ごとに作戦を立てる必要がある。

今回は短いエレベーターピッチ方式ではなく、各戦略を包括的に説明する長めのプレゼンテーションとする。

ツール

テンプレートを使用する。

リソース

ガー・レイノルズの著書『プレゼンテーション zen』が役に立つ。

アドバイス

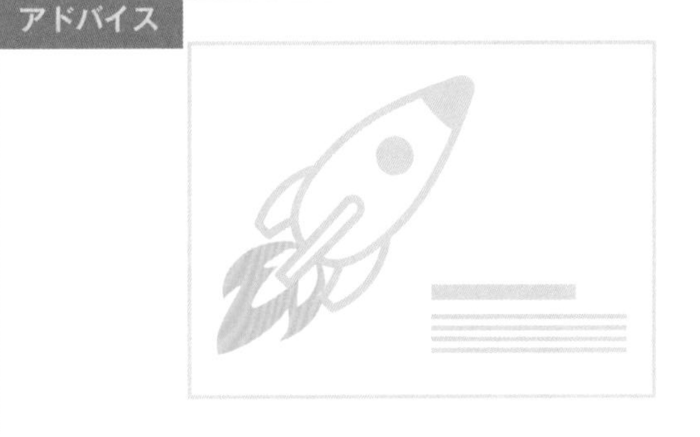

スライドには可能な限り文字ではなく画像を使おう。スライドを読ませるのではなく、話す内容に注意を向けさせるためだ。

タスク3 ExOエッジ戦略の最終プレゼンテーションを作成する

アドバイス

戦略ごとに、説得力のあるストーリーを組み立てる。まずは対象とする問題領域について延べ、明確な価値提案へとつなげる。戦略のコンセプトをわかりやすく伝えられているだろうか。価値は理解しやすいだろうか。

アドバイス

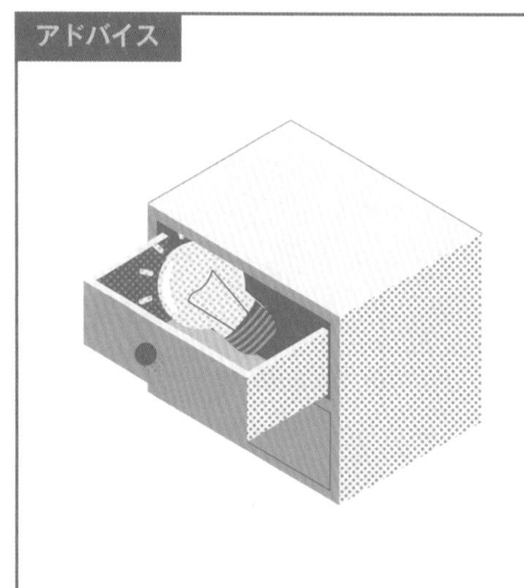

ExO戦略をいくつか却下せざるを得なくなったとしても、がっかりしないことだ。発進セッション（第10週）で少なくとも2件のExOエッジ戦略を発表するまでは、いつでも破壊セッション（第5週）以前に挙げていた戦略を復活させてかまわない。新しく加えた戦略は、前の週までの手順に従って可能な限り完成度を上げること。

アドバイス

プレゼンテーションは、戦略1件あたり15分間に収める。

アドバイス

すぐに練習を始めよう！

プレゼンテーション

プレゼンテーションは、次のスライドまたは内容を含めること。

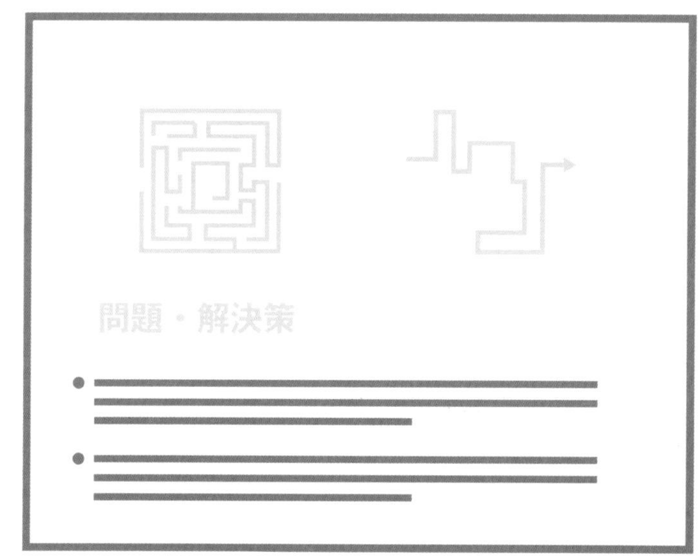

MTP

ExO エッジ戦略のプレゼンテーションは必ず MTP の紹介から始める。

複数の ExO エッジ戦略が 1 つの MTP を共有している可能性もあるだろう。その場合は、まず MTP、それから各戦略を説明する。

基本的には、MTP の紹介はスライド 1 枚に収める。

問題・解決策

まず問題を、それから解決策を説明する。

問題の概要を示したあとに、革新的な方法で解決策を紹介する。

問題と解決策を一緒に 1 枚のスライドで説明しても、別々に複数のスライドで説明してもかまわない。

プレゼンテーション

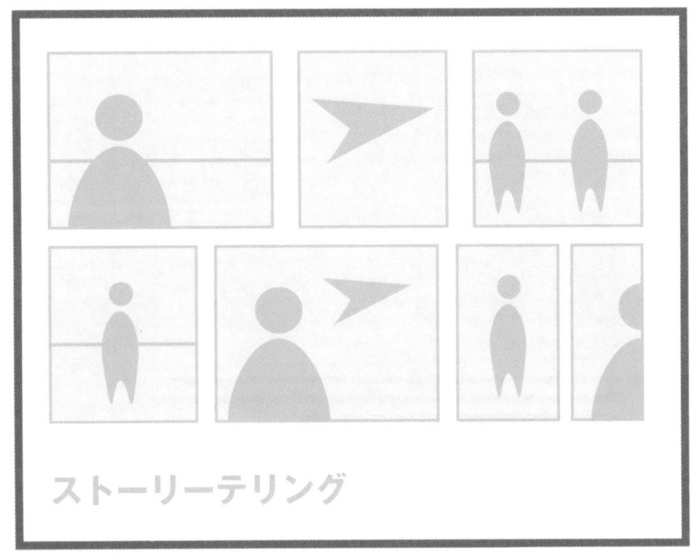

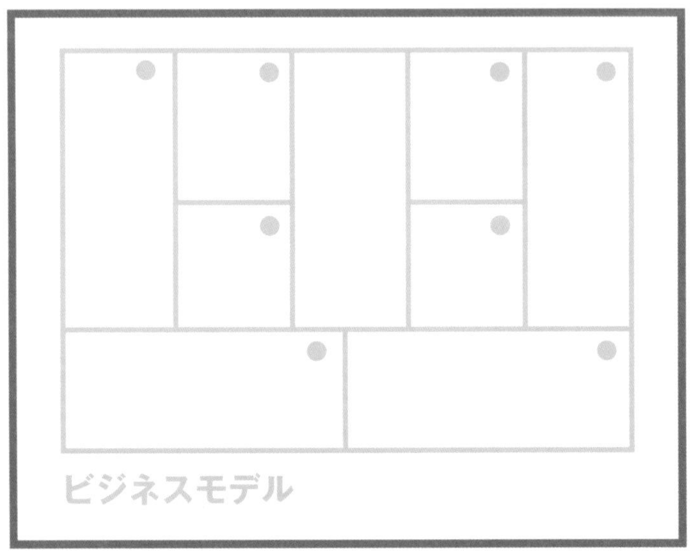

ストーリーテリング

新しいアイデアを伝える際には、ストーリーテリングのテクニックが効果的だ。

たとえば、ストーリーを創り、写真や図を用いて問題を描き出し、それをどう解決するかを伝える。

プレゼンテーションで紹介する戦略が6件以下であれば、ケーススタディの活用をお勧めする。時間配分は、戦略1件あたり5分間を目安とする。

ビジネスモデル

ユーザーに価値を提供する方法（すでに明確化されているかもしれない）のみならず、その価値を維持する方策についても伝えること。

スライド1枚にビジネスモデルキャンバスを掲載、またはスライド2枚を使ってビジネスモデルの基礎部分を説明する。

プレゼンテーション

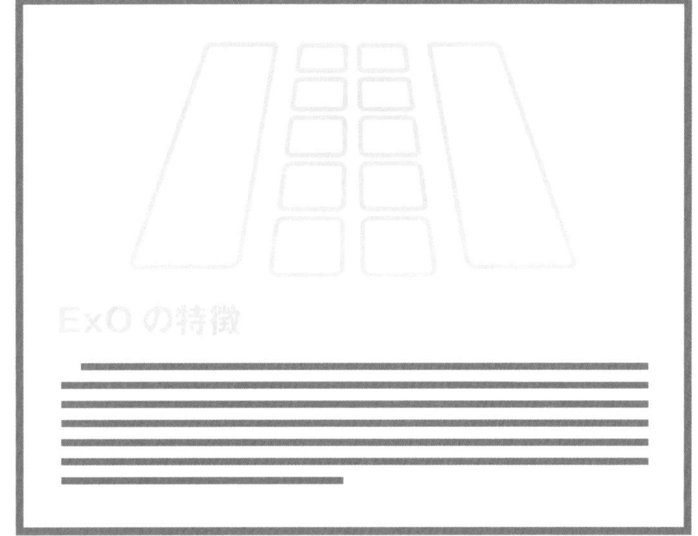

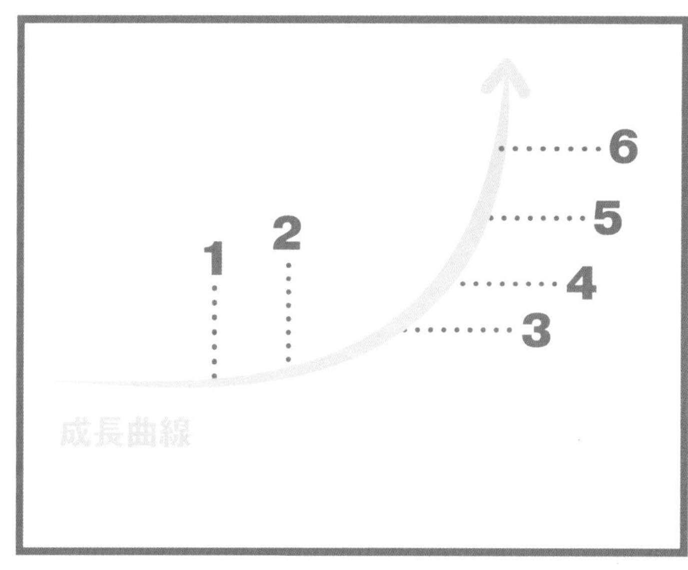

ExO の特徴

新しい ExO を立ち上げようとしているのだから、豊富な資源にアクセスする方法（SCALE を使う）と、それをマネジメントする方法（IDEAS を使う）を示さなくてはならない。

また、ExO キャンバスを示して、ExO エッジ戦略に適用する各 ExO の特徴について説明するのもいいだろう。

成長曲線

指数関数のグラフを用いて、ExO エッジ戦略が創出するグローバルな影響を時間経過とともに示す。

短期的、中期的、長期的な見通しも、要点を絞って説明する。

指数関数的な成長を生み出す思考を持ち続けよう！

プレゼンテーション

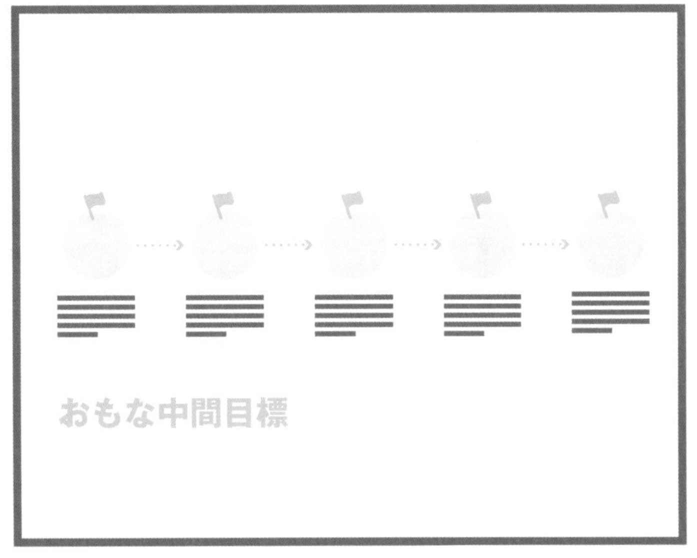

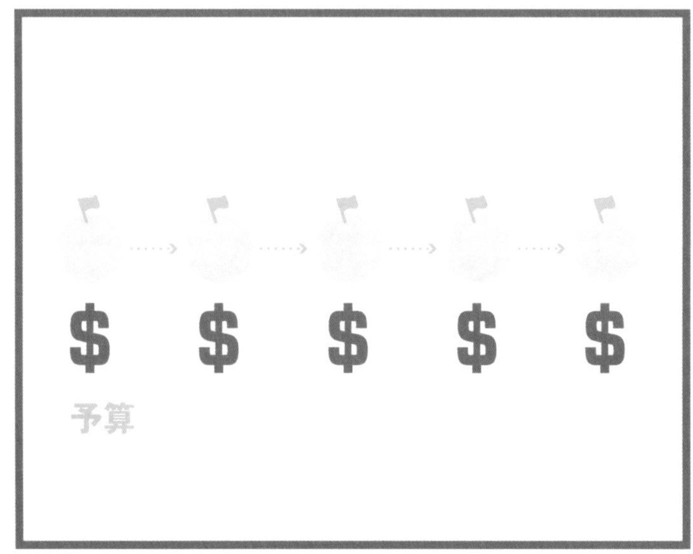

おもな中間目標

今後数ヶ月にわたっての重要な中間目標を記載する。

飛躍型思考を適用し、MTP 達成までの計画をまとめた、長期的な中間目標についても説明する。

予算

短期的な中間目標を達成するために必要となる予算を見積もる。

今週のアドバイス

スムーズな進行のヒント

4日目にプレゼンテーションの練習を行う。何度か全体を通して練習し、話し方とタイミングの取り方に慣れる。チーム内で発表者を決めておくこと。

1日目に中間目標と予算を設定する。

Sun　Mon　Tue　Wed　Thu　Fri　Sat

5日目にExOコーチの前でプレゼンテーションを行い、本番直前のフィードバックと助言を得る。

2日目、3日目をプレゼンテーションの準備に充てる。

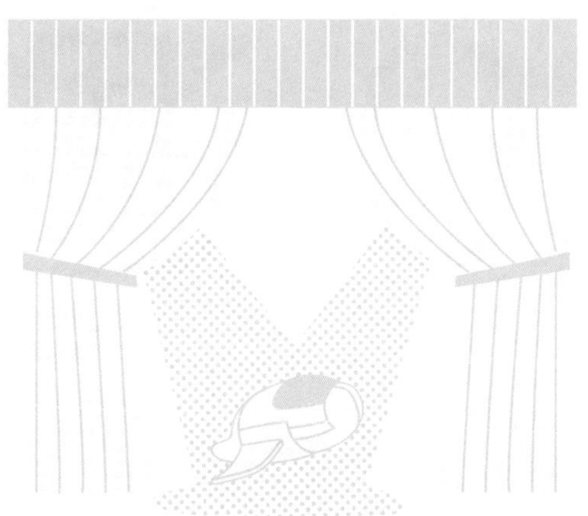

プレゼンテーションの形式には自由な発想を取り入れよう。たとえば、プレゼンテーションに効果音や動画をつけるのもいいだろう。

実験で得た具体的なデータを使用する。上手な話し方はプラスに働くものの、結局は飾りにすぎない。顧客や関係者、ユーザーから得たデータと意見（生の声など）を提示して、学びの内容を伝えることにこそ、常に大きな価値がある。

第10週

発進

今週のテーマ

ついにこの日がやってきた！

首脳陣と、厳選されたアドバイザーの前でExOエッジ戦略を発表し、投資を行って開発を進める戦略の最終決定を受ける。

しかしこの選定プロセスがゴールではない。ゴールどころか、あなたのExOエッジ戦略は、これから新たな産業革命の道を切り拓くのだ！

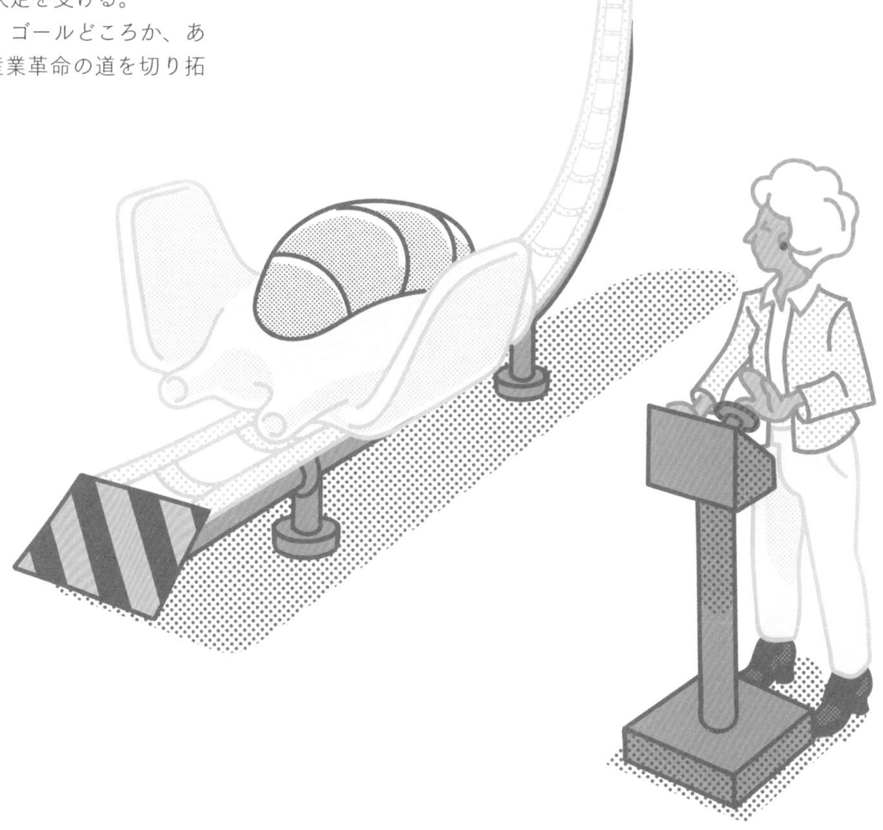

タスク1 準備と手配を進める

解説

プレゼンテーションに適した環境を用意する。

プレゼンテーションは対面で行ってもオンラインで行ってもかまわない。メンバーの所在地や予算に応じた手段をとろう。対面で行う場合は、装飾などで特徴ある部屋作りをしてみるのはどうだろうか。オンラインで行う場合は、前もってビデオ会議システムの動作確認をしておくこと。

ツール

固定の進行スケジュール（この後で指示する）に従ってプレゼンテーションを行う。発表するExOエッジ戦略の数を考慮して、各チーム60～90分間に収める。1つの戦略あたり15分間でプレゼンテーションを行い、そのあとで質疑応答の時間を10分間設ける。次の戦略に移る前には、短い休憩を挟む。

アドバイス

プレゼンテーションの効果を高める鍵は時間管理だ。プレゼンテーションの進行スケジュールと順番を、前もって聞き手に伝えておく。

タスク 2 プレゼンテーションとディスカッション

解説

首脳陣とその他関係者たちを相手にプレゼンテーションを行う。破壊セッション（第5週）でのプレゼンテーションとは異なり、今回はフィードバックと質疑の両方を受け付ける。

最終プレゼンテーションの形式は、破壊セッションで実施したエレベーターピッチよりも長いものにする。

リソース

より効果的なプレゼンテーションに役立つ書籍を2冊紹介しよう。いずれもカーマイン・ガロの著書で、『スティーブ・ジョブズ 驚異のプレゼン』と『TED 驚異のプレゼン』だ。

アドバイス

戦略1つごとに質疑応答タイムを10分間取ることをお勧めする。

タスク 3 最終評価

解説

全プレゼンテーション終了後に、首脳陣と厳選されたアドバイザーたちが協議を行い、実行に移すExOエッジ戦略と各案への投資額を決定する。

必ず、戦略を「破壊的」かどうかという観点から評価するよう意識すること。現在の業界のやり方はふさわしくないうえ、もはや現行の規制すら適切とは言えないかもしれない。首脳陣は企業の免疫システムの役割を果たさぬよう、注意して取り組む必要がある。

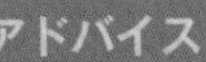

ツール

首脳陣は、投資する戦略を選定する際に、今週のテンプレートを活用すること。

アドバイス

ExOスプリントに参加していない首脳陣から免疫システム反応を示されぬよう先手を打つ目的で、破壊セッション（第5週）同様、ExOディスラプターを最終プレゼンテーションの評価者に加えることをお勧めする。ディスラプターが社外の人間であること（そして首脳陣とつながりのないこと）から、正当で公平なフィードバックを得られるはずだ。

アドバイス

保守的で伝統を重んじる考え方はここでは適切でないため、そうした価値観から来る意見や提案は取り入れないようにする。業界の当事者は難しさを実感するかもしれない。

タスク3 最終評価

アドバイス

ExO エッジ戦略はまだ発展の初期段階にあり、つまりこれからの数ヶ月が見込まれることを念頭に置く。現時点では、細かい部分をじっくりと見るよりも、俯瞰的な視点を保って ExO エッジ戦略の目的や固有のビジョンに主眼を置くことが重要だ。

アドバイス

首脳陣は、選定した戦略の資金を全額用意する必要はない。リーン・アプローチに倣い、最初の中間目標を達成するために必要な資金のみを割り当てる。

アドバイス

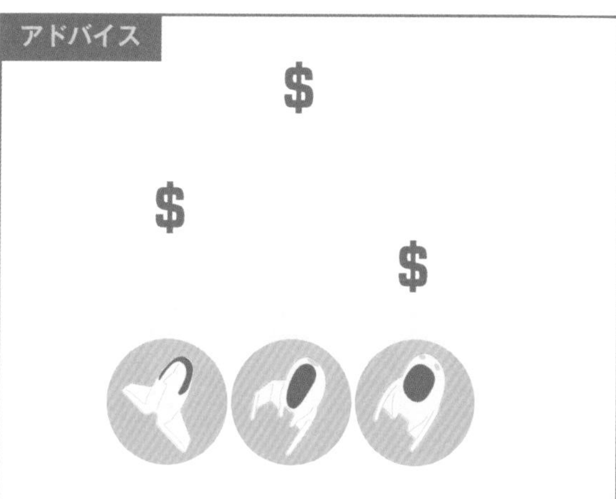

ExO スプリント終了直後のフェーズで費やす資金総額を決めておくのもいい。各戦略への期待値に応じて、資金を割り振る。

アドバイス

選定された ExO エッジ戦略をさらに発展させるため、起業家を1人以上含めた外部チームを編成する。戦略を発案したチームのメンバーは、今度は外部のアドバイザーとして戦略を育てる。この新たな「最先端の飛躍型組織」への参加を望む人はきっと多いだろう。

タスク4 告知する

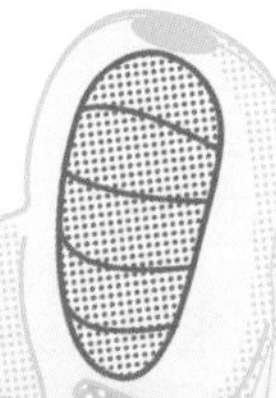

解説

今後の投資が決定したExO戦略をExOスプリント参加者たちに告知することが、推進力を持続させる鍵だ。

携わってきた戦略が選出されたかにかかわらず、ExOスプリントの参加者全員が今後も関与していくことが重要だ。参加者全員のすばらしい取り組みに対する賞賛を忘れないように。誰もが短期間でかなりの分量のタスクをこなしてきたはずだ。

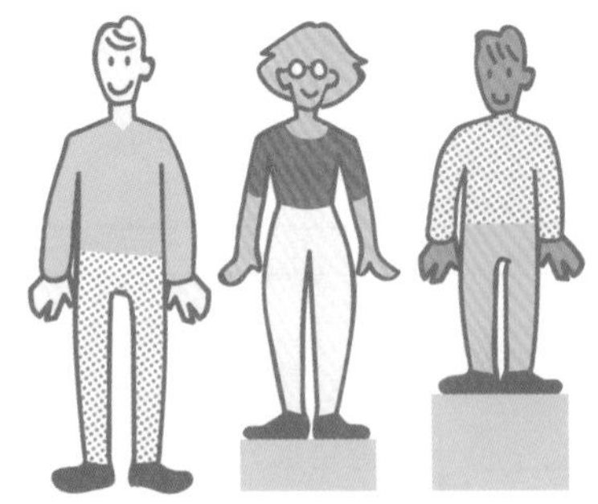

全員に関与を続けてもらい、成果を共有していくコツの1つは、ExOエッジ戦略実行においてExOスプリント参加者全員に（必要であればExOコアチームの参加者にも）株式やストックオプションを与えることだ。

プレゼンテーションの進行スケジュール

テンプレート 提出用

ExO エッジ戦略	ExO スプリントの範囲に沿ったものか？	破壊的か？	規模拡大を見込めるか？	実現性があるか？	実施決定するか？	割り当てる資金額
AirEco	はい	はい	はい	はい	はい	15 万ドル

今週のアドバイス

ヒント

できる限り多く練習を重ね、プレゼンテーションの改良を続ける。

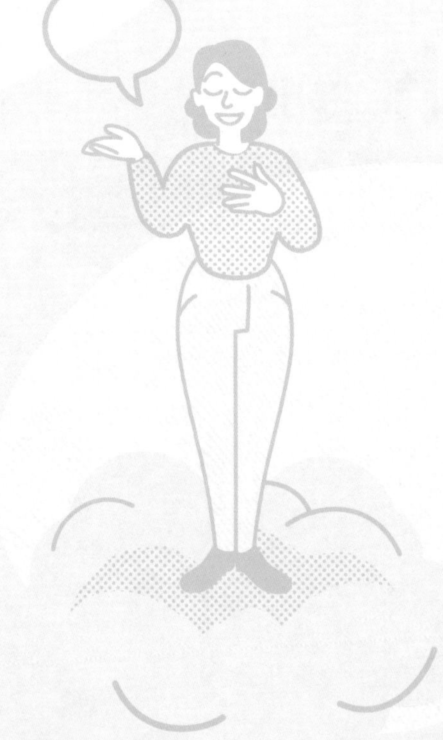

いよいよ ExO 戦略を発表するときがきたら、リラックスしてこの瞬間を楽しもう！

戦略の選定結果と、各戦略に割り当てられる資金額を、告知することが重要だ。

ExO スプリントの活動を通して、個人的な変化を遂げた参加者がいるかもしれない。選定された ExO エッジ戦略の活動への参加を待ち望むメンバーもいることだろう。ぜひとも、新たなキャリアパスを進んで支援しよう！

実行フェーズ

コアストリーム

イントロダクション

コアストリームは、新しいテクノロジーと組織改革テクニックを取り入れることで、現行の組織を業界の破壊的変化に適応させるプログラムだ。現在のビジネスモデルを維持しながら実施する。

特徴

企業の現状と業界について総合的な理解を深めるのに加え、コアストリームでは業界外からもたらされる破壊的変化についても調査する。企業には、実際に進行中のビジネスモデルと受け継がれてきた伝統があり、それは短期間で簡単に変えられるものではない。そのため、脅威とも好機とも取れる業界の破壊的変化に組織を適応させつつも、ビジネスモデルの基礎部分は維持しよう。

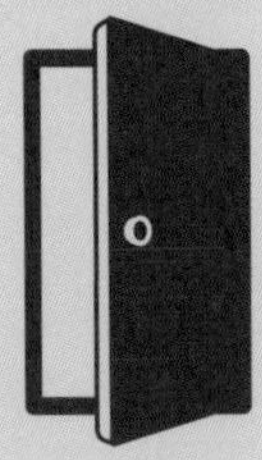

得られる機会

- 外からの破壊的変化に負けない適応力と柔軟性、敏捷性を備えた組織を育てる。
- 組織の価値提案を改善する。
- 効率を上げる。
- 売上を伸ばす。
- 収益の流れを多様化する。
- MTP につながる効果を多く生み出す。

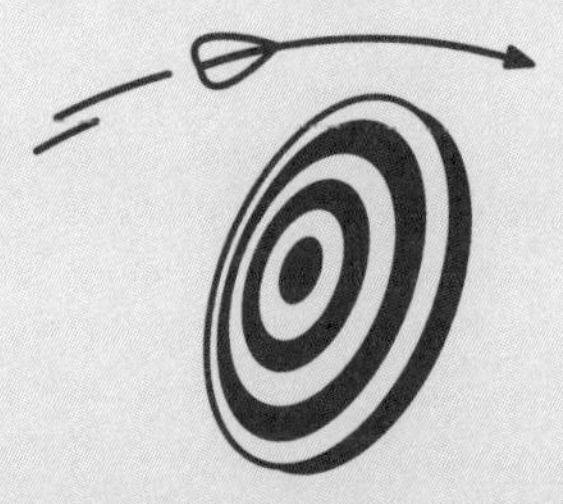

課題

・業界に外側から破壊的変化をもたらす可能性のある各要素（テクノロジーやビジネスモデルなど）について学び、評価する。
・加速しながら破壊的変化を続ける世界で生き残り、成長しつづけるための戦略を立てる。
・革新的な戦略やプロジェクトに対して社内の免疫システムが障壁となるのを、未然に防ぐ。
・失敗も成長過程の１つとして受け入れる。新しい計画が市場に適合した状態になるまで、実験と再挑戦を繰り返す。

用意するもの

・組織全体、または特定の部門を対象としたコアストリーム。
・業界の破壊的変化に組織を適応させる目的のもと、10 週間かけて新しい戦略の創出に意欲的に取り組めるメンバー。

得られるもの

・より柔軟かつ敏捷に､高い適応力をもって破壊的変化に対応できる組織。
・利益の指数関数的な成長。
・世界のよい方向への変化。

第1週
調査

今週のテーマ

世界は日々刻々と変化している。その変化があなたの会社に及ぼしうる影響を探求することは、すばらしい学びの機会のみならず、驚きをももたらすかもしれない！

多くの経営者が、社内の問題への対処に膨大な時間を取られるあまり、外の世界にまで気を回せない。しかし、そうなってはいけない。

あなたの会社にとって最大の脅威となり最大の好機ともなるのは、新しいテクノロジーとビジネスモデルの出現、そしていまの業界地図を塗り替える大きな変化だ。いずれも破壊的変化の一環であり、あなたの会社に短期的にも長期的にもかかわってくる可能性が高い。いまこそ、理解を深めよう。

今週はコアストリームの土台を築く。これにより、業界に破壊的変化をもたらしている、あるいは今後もたらすとみられる主要なテクノロジーの全体像を戦略的に把握できるだろう。あなたの業界で、すでに形を変え始めているものはあるだろうか。単に生き残るだけではなく今ある機会を活用するには、企業はどのように姿を変える必要があるのか、「オフィスの外」に目を向ければ多くの気づきを得られるはずだ。

タスク 1 飛躍型技術について学ぶ

解説

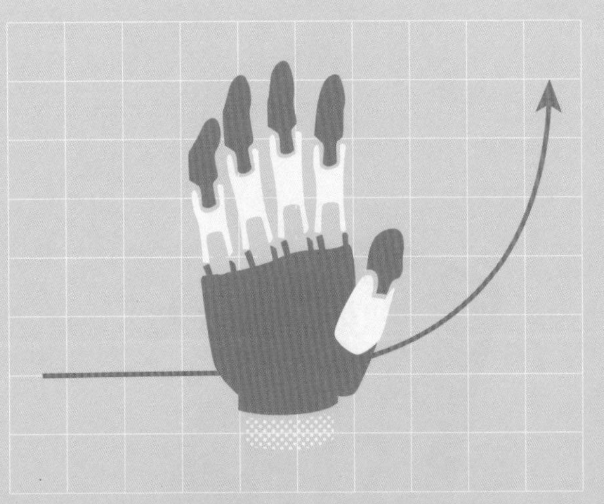

どの飛躍型技術も何かしらの点で、直接的または間接的な影響を業界に及ぼすだろう。現在の業界のあり方を破壊する一方で、大きな可能性を秘めた新しい機会をもたらすかもしれない。

次に挙げる新しいテクノロジーや飛躍型技術が業界に及ぼしうる影響や、すでに及ぼしてきた影響について考えてみよう。

- 人工知能（AI）
- ロボット技術
- 3D プリンティング
- 仮想現実（VR）
  拡張現実（AR）
- バイオテクノロジー
  バイオインフォマティクス
- ブロックチェーン
  ビットコイン
- ナノテクノロジー
- ドローン
- モノのインターネット（IoT）
- 量子コンピューティング

インターネットで、上に挙げた用語や「XX 業界 新技術」などをキーワードに検索すると、よい実例がたくさん見つかるはずだ。

ツール

テンプレートを使用する。

リソース

テクノロジー関連の情報を集めたウェブサイトで、新しいテクノロジーに関する記事を探そう。あなたの業界の話題ではなくとも、何か関連性や応用可能な情報が見つかるだろう。役に立つウェブサイトの一例を挙げる。

- MIT Technology Review
  https://www.technologyreview.com
  https://www.technologyreview.jp（日本版）
- Singularity Hub
  https://www.singularityhub.com
- Disruption Hub
  https://www.disruptionhub.com
- Wired
  https://www.wired.com
  https://wired.jp（日本版）
- Exponential View
  https://www.exponentialview.com
- Futurism
  https://futurism.com

アドバイス

左のウェブサイトが毎週発行しているニュースレターを購読しよう。新しいテクノロジーの最新の開発状況を定期的に知ることができる。毎週ざっと目を通しておくと、知識が深まるうえ、興味のある話題を見つけたときに詳しく調べることもできる。

アドバイス

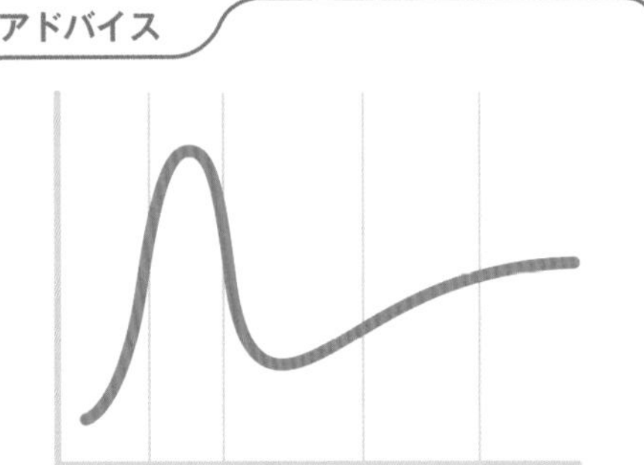

ガートナー社のハイプ・サイクルを見ると、新しいテクノロジーのデータや動向を視覚的に理解できる。

タスク 2 業界に破壊的変化をもたらす新しいビジネスモデルについて学ぶ

解説

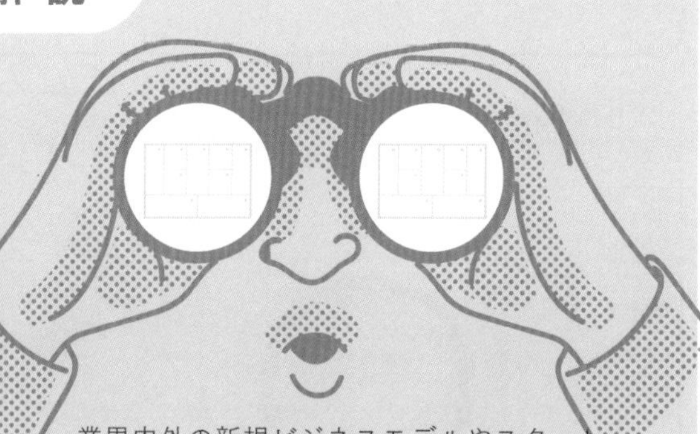

業界内外の新規ビジネスモデルやスタートアップが、あなたの会社の既存ビジネスを破壊する可能性がある。後れを取る前に、知識をつけておこう。

インターネットで各用語や「XX 業界　スタートアップ」などをキーワードに検索してみよう。

リソース

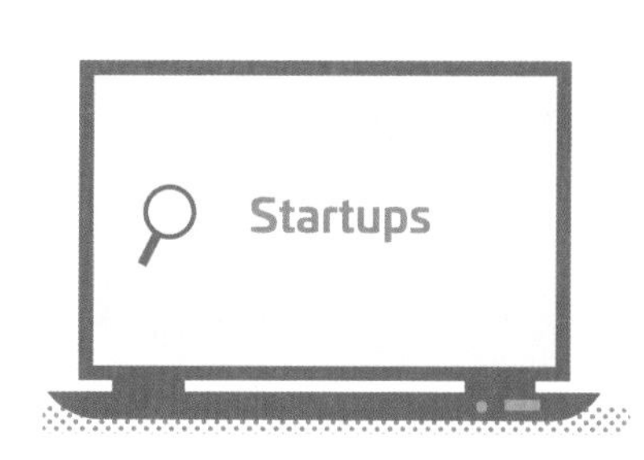

スタートアップ関連の情報を集めたウェブサイトで、ベンチャービジネスに関する記事を探そう。自分の業界のスタートアップに限らず、今後業界に応用できそうな新規ビジネスモデルについても知っておくこと。役に立つウェブサイトの一例を挙げる。

- TechCrunch
  https://techcrunch.com
  https://jp.techcrunch.com（日本版）
- AngelList
  https://angel.co
  https://angellist.jp（日本版）
- Gust
  https://gust.com
- Entrepreneur
  https://www.entrepreneur.com

ツール

テンプレートを使用する。

アドバイス

あなたの会社と同じ市場ニーズをターゲットとしている新規ビジネスモデルや企業について調べよう。新規企業が前代未聞の方法で顧客のニーズ解決を図ることをきっかけに、業界の外側から破壊的変化が訪れることもある。

アドバイス

無数のスタートアップが、業界のあり方を変える新しい道を模索している。その実例を知り、あなたの会社を前進させるヒントをもらおう！

アドバイス

あなたの業界を思い浮かべながら、以下の質問について考えよう。

- どんな新しいビジネスの方法が、世の中に革新的な影響を与えているだろう。
- スタートアップが次々に顧客と直接つながっていくなかで、どのようにして、従来の企業を介さない商品やサービスの提供が行われているだろう。

タスク3 企業の周辺環境の変化について知る

解説

周辺環境に起こる変化は、現行ビジネスにとっては脅威にも好機にもなりうる。破壊的変化に備えながらも新たな機会を創出するため、可能性のある変化について把握しよう。

業界や企業に影響を及ぼす次のような側面についてブレインストーミングを行い、周辺環境に起こりうる変化を洗い出す。

規定
新たな法律や政策

クライアント
新たな顧客セグメント、トレンド、購買行動、ユーザーエクスペリエンス

供給元
新たな仕入れ先、トレンド、業務モデル

競争相手
新たな組織、代替製品／サービス

環境
現行ビジネスに影響を及ぼしうる、実世界またはオンライン上での新たな出来事

ツール

テンプレートを使用する。

アドバイス

飛躍型技術は豊富な資源を生み、その豊富な資源が新たなビジネスモデルを生む。破壊的変化をつかむには、希少性から豊富さへの変遷に着目しよう。

タスク 3 企業の周辺環境の変化について知る

アドバイス

周辺環境が業界やビジネスに及ぼす影響について詳しく知る人間が、社内に多くいるはずだ。周囲の人と話をして情報を得よう。

アドバイス

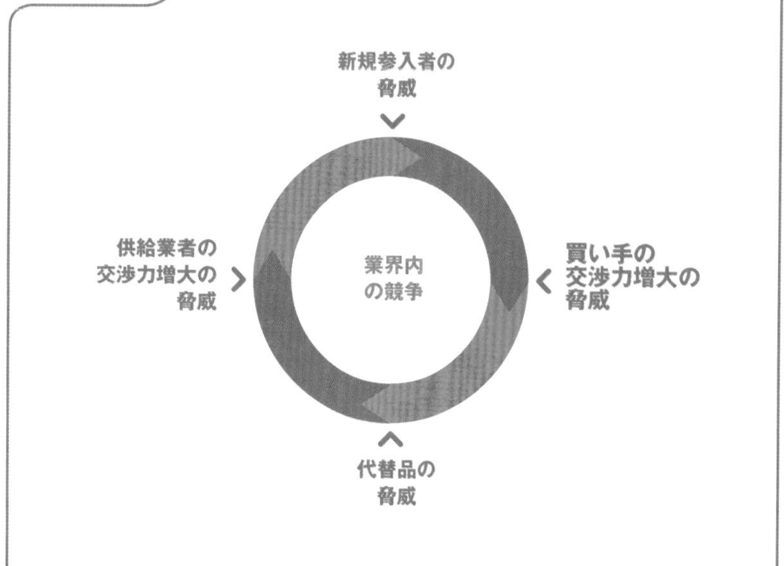

従来の手法（ポーターのファイブフォース分析など）は、周辺環境の変化が企業に及ぼしうる影響を総合的に分析する際の助けとなる。

アドバイス

周辺環境の変化にはマイナスに作用しそうなものもあるが、たいていは大きなチャンスを秘めている。

タスク4 現行組織のビジネスモデルをまとめる

解説

ビジネスモデルとは、企業が価値を創造し、流通させ、維持する仕組みのこと。まずは、企業の現在のビジネスモデルを説明してみよう。それがExO戦略の枠組みとなる。ExOコアストリームの目的は、現行のビジネスモデルを変えることなく業界の破壊的変化に適応することだ。

『ビジネスモデル・ジェネレーション』に書かれたテクニックを使用して、ビジネスの流れ全体を見渡せるように現行のビジネスモデルをまとめる。

ツール

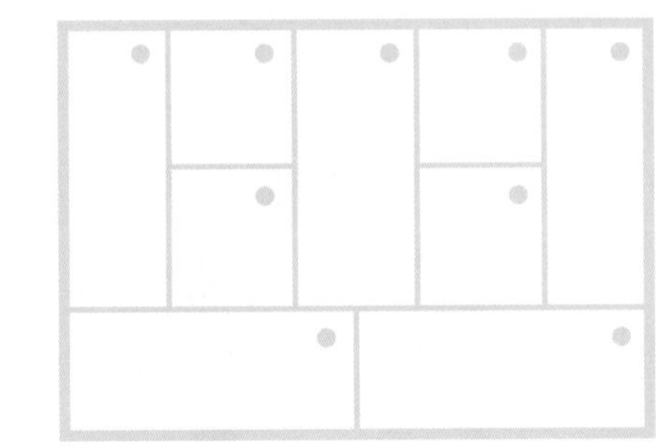

ビジネスモデルキャンバスのテンプレートを使用する。

リソース

アレックス・オスターワルダーの著書『ビジネスモデル・ジェネレーション』に、ビジネスモデルキャンバスの手引きが記載されている。

リソース

「調整」のセクションに戻り、ビジネスモデル設計の演習を見直そう（p.126）。

アドバイス

あくまで現行のビジネスモデルをまとめるのであり、作り直すのではないことに注意する。

アドバイス

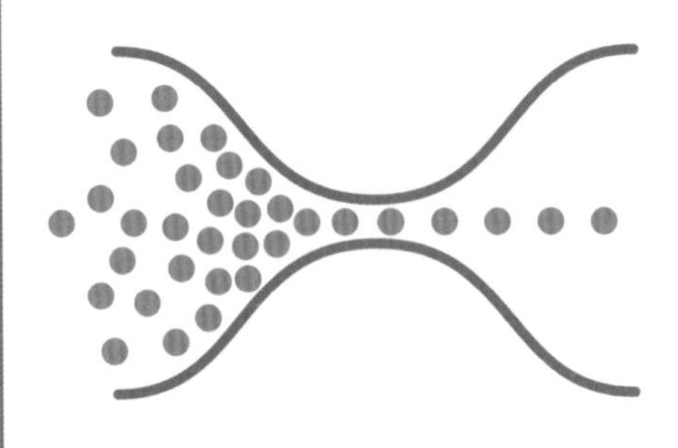

ここで重要となるのは、会社の敏捷性を奪い、破壊的変化の影響を受けやすくしているネックを特定することだ。私たちの経験上、こうした分析に十分な時間を割いたチームが、これからの課題をスムーズに進められる。

テンプレート 提出用

飛躍型技術	リスク	機会	時期
名称・説明	業界をどのように破壊するか	新しいビジネスの機会をどのようにもたらすか	その飛躍型技術が業界に影響を及ぼすのはいつか

破壊をもたらすビジネスモデル	リスク	機会	時期
企業名・説明	業界をどのように破壊するか	新しいビジネスの機会をどのようにもたらすか	この新規ビジネスモデルが破壊をもたらすのはいつか

周辺環境の変化	リスク	機会
説明	業界に及ぼしうる影響とは	業界が得る利益とは

テンプレート 提出用（エコプレイスの例）

飛躍型技術	リスク	機会	時期
名称・説明	**業界をどのように破壊するか**	**新しいビジネスの機会をどのようにもたらすか**	**その飛躍型技術が業界に影響を及ぼすのはいつか**
インターネット	シェアリングエコノミーとP2P型のビジネスモデルを実現する。	ホテルは顧客へアピールしやすくなり、新しいビジネスモデルを構築できるようになる	今
AIとロボット技術	ホテル業務の大半を自動化し、競争を激化する。	顧客の意図を汲みやすくなる。	2年以内
ドローン	旅行欲を低減させる可能性がある。	新しい旅行の手段を生む。	5年以内
仮想現実（VR）	旅行欲を低減させる可能性がある。	ホテルがテクノロジーを活用できる。	2年以内

破壊をもたらすビジネスモデル	リスク	機会	時期
企業名・説明	**業界をどのように破壊するか**	**新しいビジネスの機会をどのようにもたらすか**	**その新規ビジネスモデルが破壊をもたらすのはいつか**
Airbnb（シェアリングエコノミーで資産を活用）	エコな宿泊場所を顧客に提供する。	P2P型のシェアリングエコノミープラットフォームを立ち上げる。	今
Uber（オンデマンド型の人材）	競合他社が市場のニーズに応えやすくなる。	オンデマンド型人材を活用する。	今
Cratejoy（サブスクリプションというビジネスモデル）	サブスクリプションサービスを採用するホテルに顧客が流れ、市場のシェアを失う。	サブスクリプションを使ったビジネスモデルを構築する。	今

テンプレート 提出用

周辺環境の変化	リスク	機会
説明	**業界にどのような影響を及ぼしうるか**	**業界はどうすれば利益を得られるか**
シェアリングエコノミーを前提とした新規参入者が登場する。	シェアリングエコノミープラットフォームは、従来型ビジネスには大きな脅威となる。	シェアリングエコノミープラットフォームに従来型の販売方法を統合する。またはこの手法を基に新規ビジネスを立ち上げる。
旅行者は効率性と個々のニーズに合ったサービスを求めている。	進化をしない確立したビジネスは時代遅れとなりそうだ。	個々のニーズに合った商品／サービスを提供する。
旅行者は時間単位での宿泊費の支払いを求めている。	このニーズに業界は適応していない。	時間単位で宿泊費を算定する新たな商品／サービスを立ち上げる。

テンプレート

Eco Places

ビジネスモデルキャンバス、エコプレイス（母体組織）の例

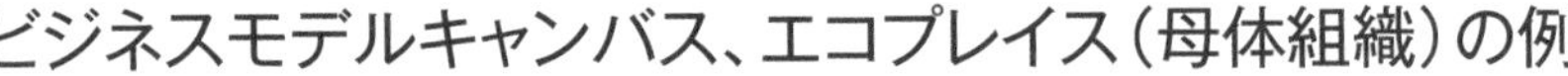

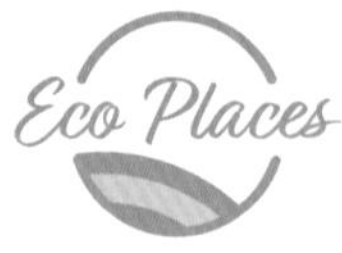

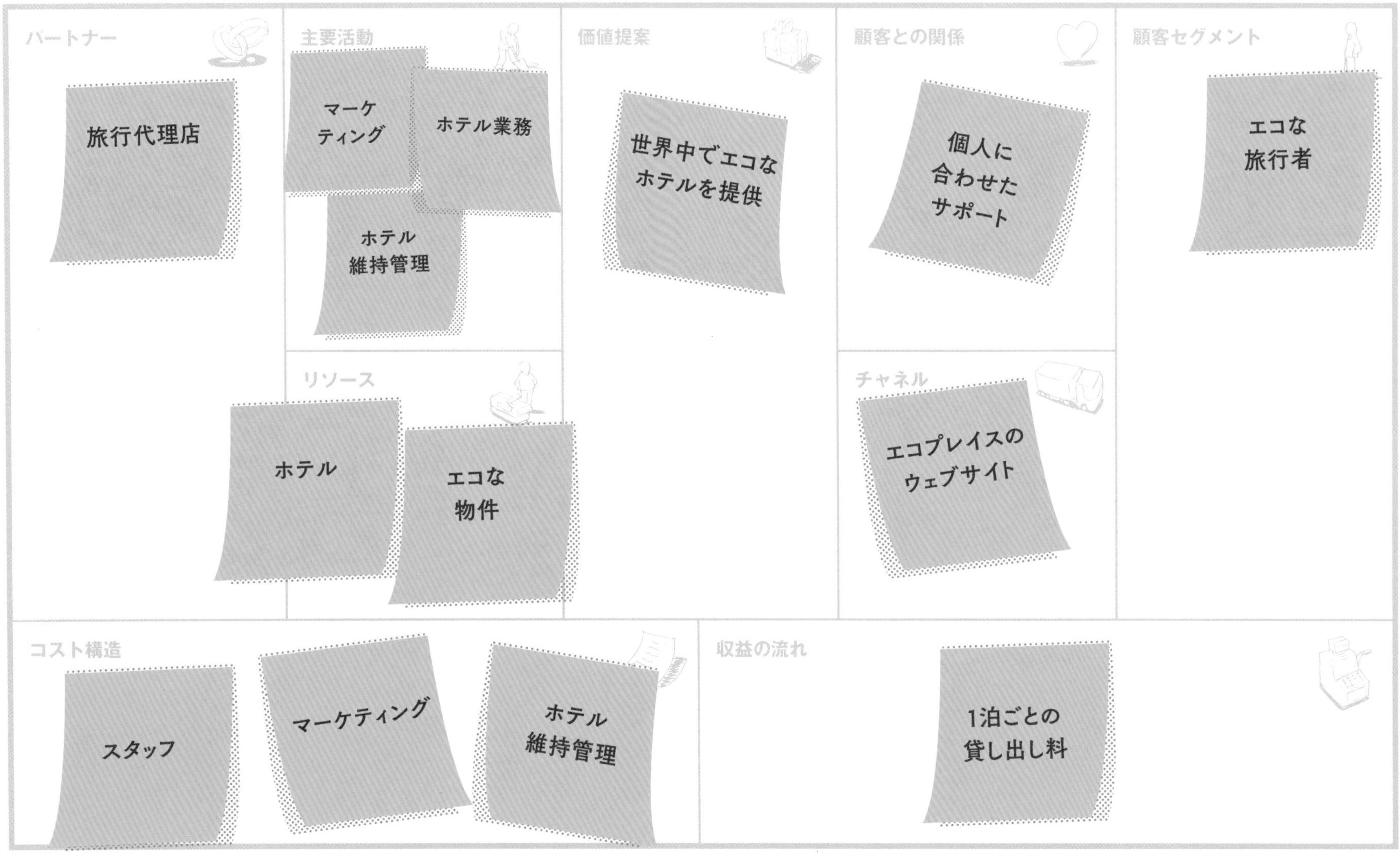
パートナー
旅行代理店
ホテル
主要活動
マーケティング
ホテル業務
ホテル維持管理
リソース
エコな物件
価値提案
世界中でエコなホテルを提供
顧客との関係
個人に合わせたサポート
チャネル
エコプレイスのウェブサイト
顧客セグメント
エコな旅行者
コスト構造
スタッフ
マーケティング
ホテル維持管理
収益の流れ
1泊ごとの貸し出し料

今週のアドバイス

スムーズな進行のヒント

4日間を調査に充てる。

5日目にExOコーチと成果を振り返る。

Sun	Mon Tue Wed Thu	Fri	Sat

週の終わりまでに、企業の現状と抱えるリスクについて理解を深める。成長を促進できそうなテクノロジーやビジネストレンドの評価も同時に進める。

社内の人々と話をして新しい知見を得よう。

よく見知った居心地のいい空間から外に出て、未知の領域を探索しよう。

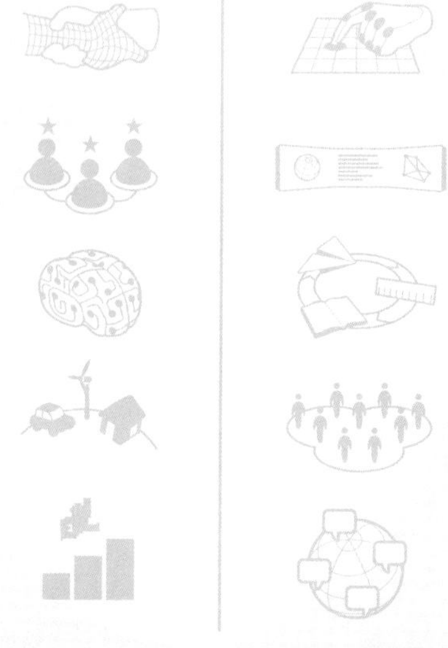

今週のタスクに加えて、ExOの特徴をより深く掘り下げてみるといいだろう。まずは本書の前半部分を読んだうえで、さまざまな企業が10の特徴をどう応用しているかを調べてみよう。

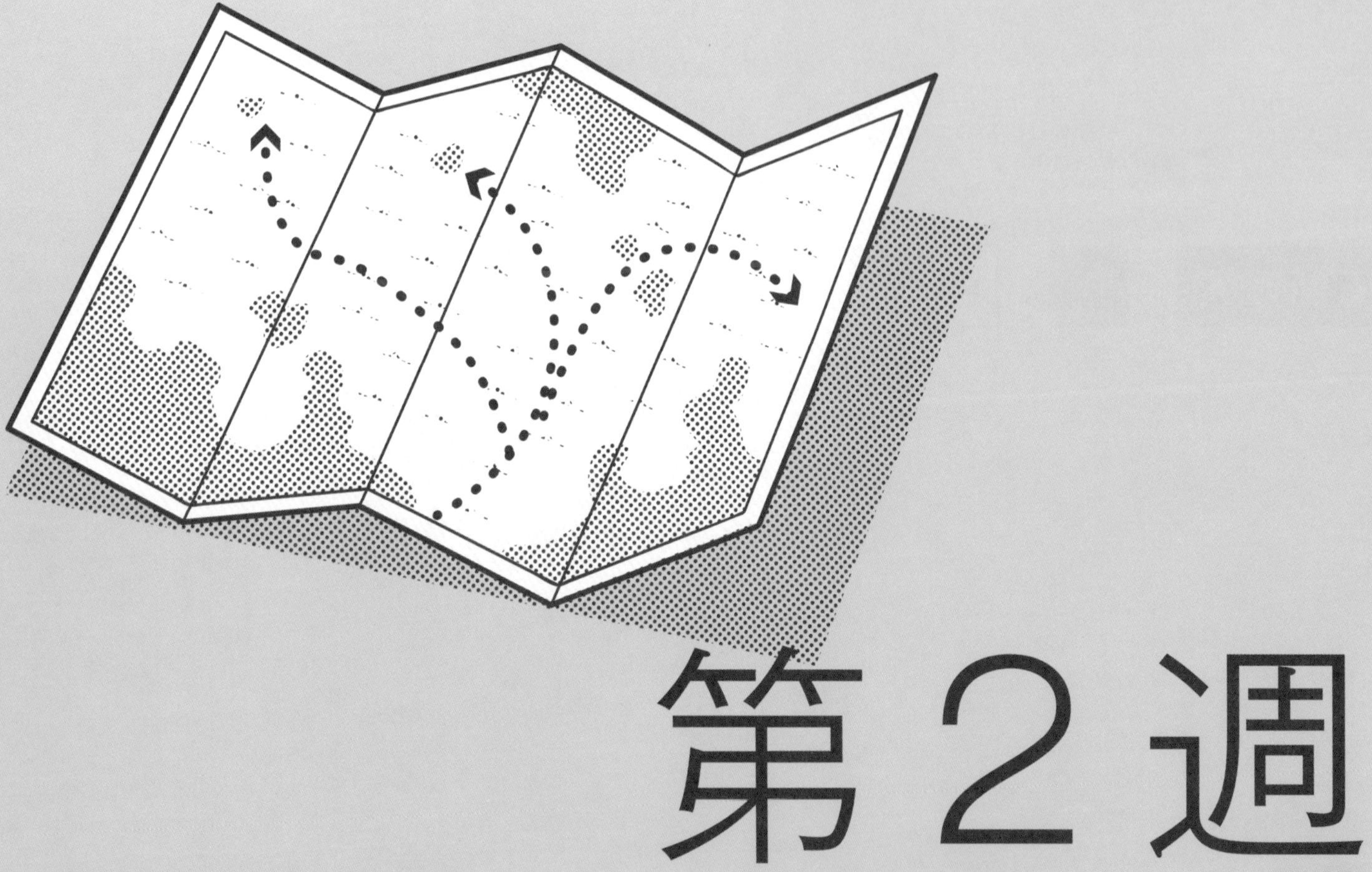

第2週
発案

今週のテーマ

組織を作り（または作り直し）、世界をよりよい場所に変えるチャンスは、すぐ目の前にある。

破壊的な変化は、どの業界でも少なからず起きている。飛躍型技術がビジネスモデルと生活環境の両方に影響を及ぼすことで、変化が起こる頻度は加速を続けている。

トーマス・エジソンは「偉大なアイデアを1つ得るには、たくさんのアイデアが必要だ」と言った。確実に成功をつかむためにも、今週はExOコア戦略のアイデアをできる限り多く捻出してほしい。

破壊的変化がもたらす脅威から企業を守り、また変化から絶えず生み出される大きな好機を活用するためにも、企業を業界の変化に適応させよう。

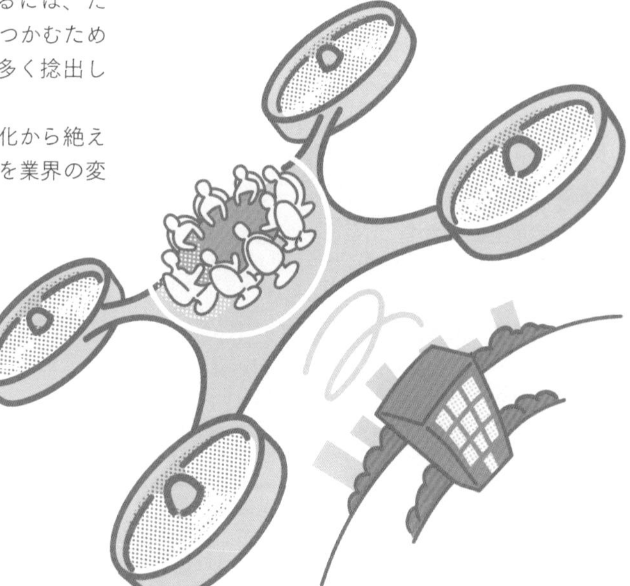

タスク 1 企業の（野心的な）変革目標を設定する

解説

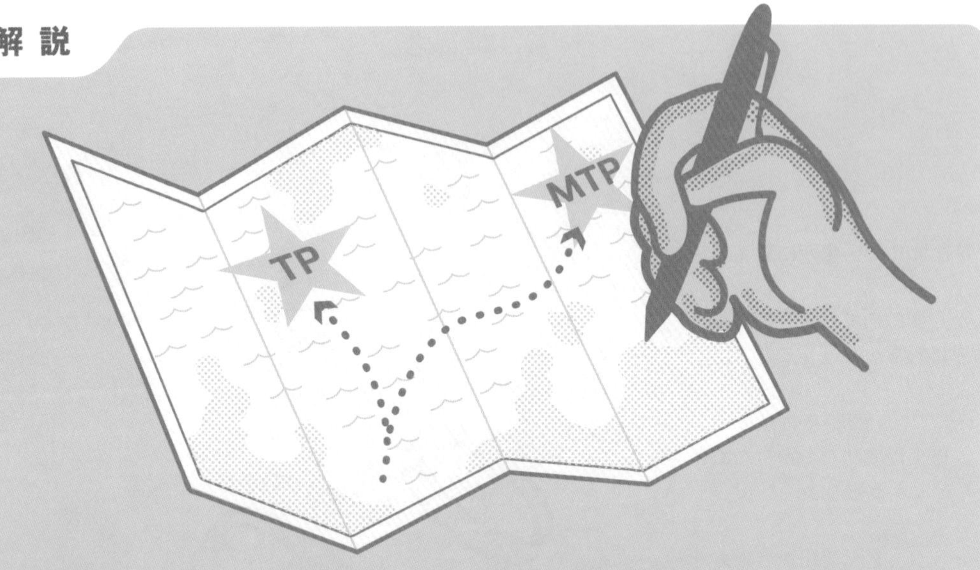

飛躍型企業はビジョンとミッション、そして明確な目標を持っている。企業を現状に適応させるためには、まずは目標をはっきりとさせなければならない。企業がすでにグローバルな市場を持っている、または持つことを目指しているなら、野心的な変革目標（MTP）を設定する必要がある。対象を国内の市場に限定する場合は、変革目標（TP）を設定する。

このセッションでは、ブレインストーミングや「What-if（もし～だったらどうなる？）」という思考、ビジュアルシンキングなどを活用しよう。

リソース

MTPのセクション（p.30）を読み直し、組織に適したMTPを設定する方法についてあらためて理解する。

アドバイス

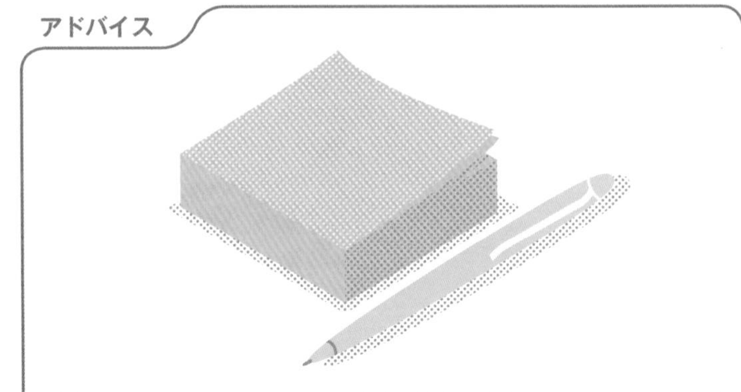

付箋とペンさえあれば、ブレインストーミングを実施できる。

アドバイス

ExOスプリントにおいて、いまは発案の段階だということを念頭に置くこと。MTP／TPのアイデアは多ければ多いほどよい（便宜上ここからはMTPのみに言及するが、該当する場合はTPも含むこととする）。これから課題に取り組むうえでの基盤となるよう、週の終わりにはMTPを1つに絞り込むことをお勧めする。なお、MTPはこの先でまだ変更可能だ。

タスク 2 MTP達成に向けて、破壊的変化と社内の行動のペアを挙げる

解説

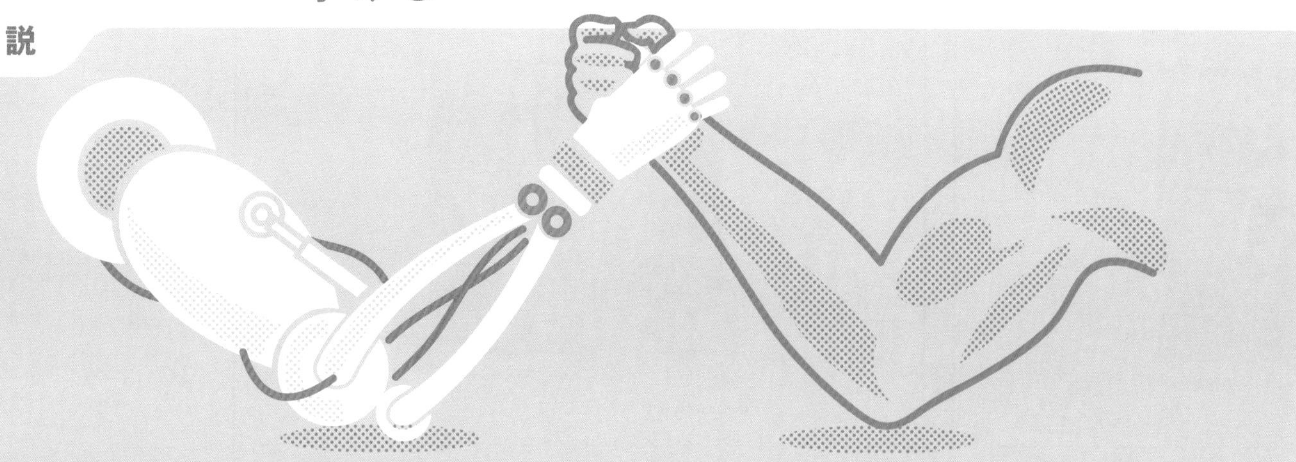

まずは、あなたの会社と関係のある社外の破壊的変化について考えよう。また、変化に適応、または変化を活用するために起こせる社内の行動を検討しよう。そのためには、タスク１で定めた企業の目標の範囲内で、「社外の破壊的変化／社内の行動」のペアを挙げる。このペア１組が１つの ExO コア戦略となる。

社内の行動のタイプ別に、次のような ExO コア戦略を考える必要がある。

ピュアコア戦略

現行企業専用の ExO コア戦略で、ほかの企業に展開したり売り込んだりはできない。例）AI ベースのテクノロジーで全行程を自動化する、その企業専用のデジタル化プロジェクト。

エッジコア戦略

まずは自社で実施し、その後場所を変えて展開したり売り込んだりできる ExO コア戦略。例）Amazon Web Services（AWS）は、子会社として大成功を収めた。

ブルーコア戦略

未開発の領域を狙った商品やサービス（ブルー・オーシャン戦略として知られる）を立ち上げる ExO コア戦略。（例）任天堂の Wii は、高めの年齢層をターゲットに、収益性の見込める新たな市場を開発した。

ツール

テンプレートを使用する。

タスク 2 MTP達成に向けて、破壊的変化と社内の行動のペアを挙げる

リソース

外部の破壊的変化を捉えるには、第 1 週で学んだ飛躍型技術、ビジネスモデルや周辺環境の変化を復習しよう（p.242）。

リソース

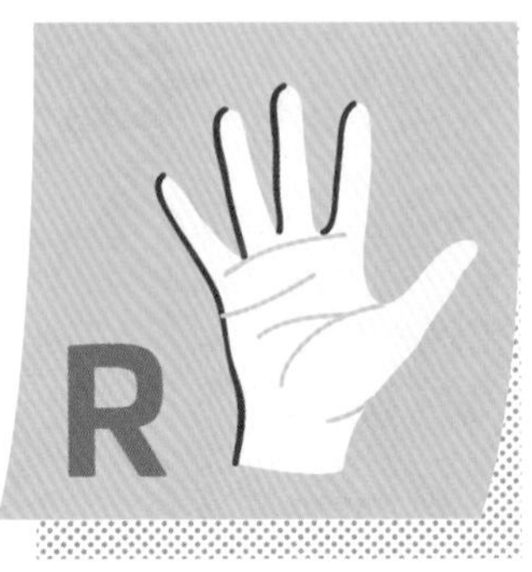

社内の行動のアイデアを得るには、第 1 週で学んだ飛躍型技術を復習しよう（p.242）。さらに ExO の 10 の特徴にも立ち帰る。

リソース

ピュアコア戦略、エッジコア戦略の社内の行動のアイデアを増やすには、ポーターのバリューチェーン図を作成し、改善可能な部分はどこかを考える。

リソース

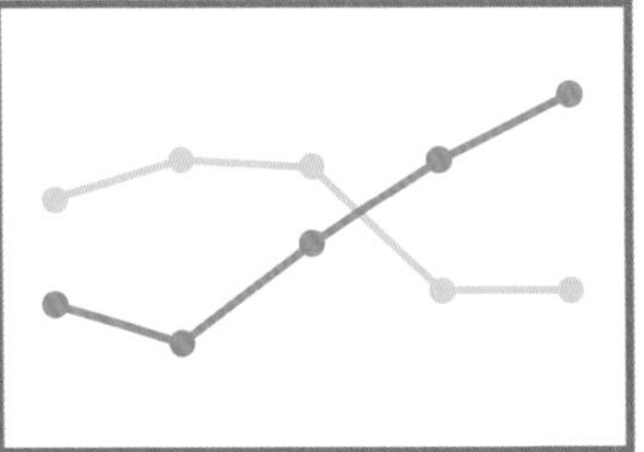

ブルーコア戦略の社内の行動のアイデアを増やすには、調整セッションで学んだブルー・オーシャン戦略キャンバスと、それに関連する演習を復習する。

アドバイス

付箋とペンさえあれば、ブレインストーミングを実施できる。

タスク 2 MTP達成に向けて、破壊的変化／社内の行動のペアを挙げる

アドバイス

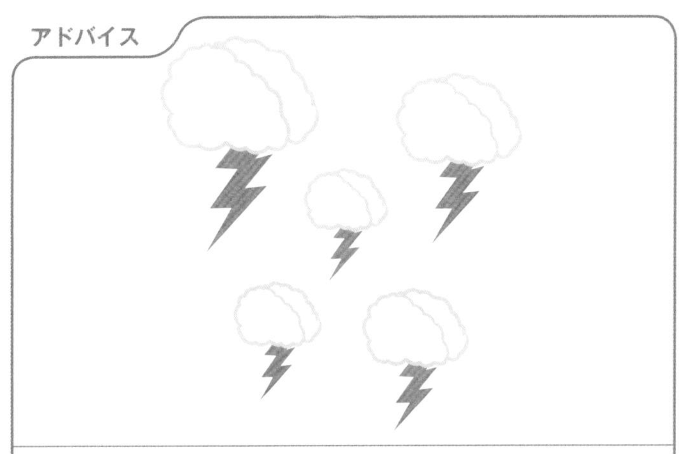

発案セッションを進め、ブレインストーミングとストーリーテリングの技法を取り入れると、外部の破壊的変化を見つけやすくなる。社内の行動を考えるには「What-if（もし〜だったらどうなる？）」という考え方が有効だ。

アドバイス

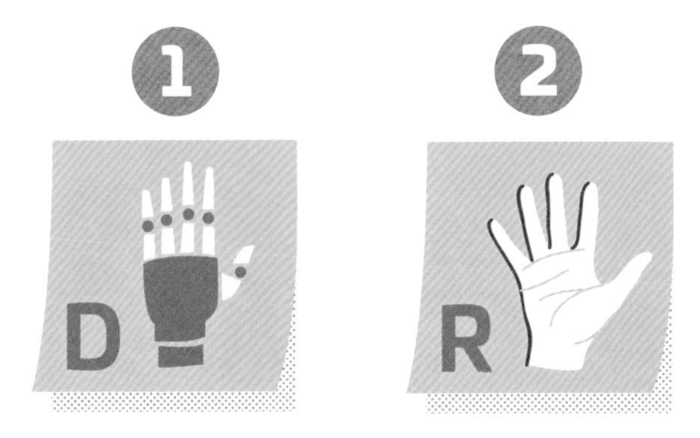

まず外部の破壊的変化を挙げ、その後に社内の行動を挙げる。

アドバイス

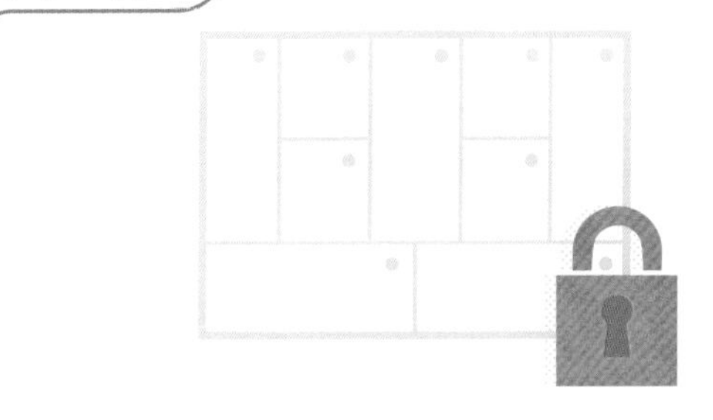

会社の既存ビジネスモデルを変えることが目的ではないことを忘れずに。つまり、ExOコア戦略はどれも、前の週に完成させたビジネスモデルキャンバスに適合する必要がある。小さな改善はプラスとなるが、大きな変更はここでは避けよう。

アドバイス

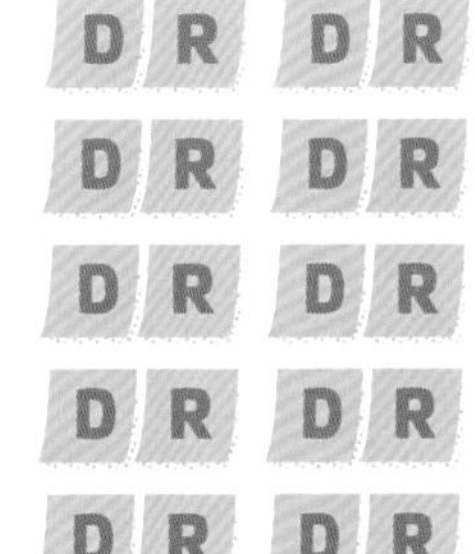

変化と行動のペアを最低10個は挙げるようにする。もっと多くてもいい。また、1つの破壊的変化に対し、2つ以上の社内の行動が挙がってもいい。つまり1つの破壊的変化を使ったペアが複数できてもかまわない。

アドバイス

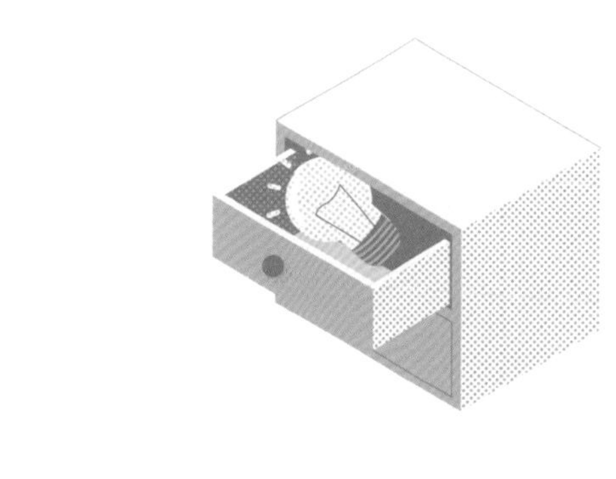

チームが発案したアイデアのなかに、これまでに社内で取り組んだことのあるものがないかを今週中に確認しておく。ExOスプリントを、既存のプロジェクトを進める手段にしてしまうのは避けたい。もし、あえて既存のアイデアを選ぶのであれば、首脳陣もExOスプリントに加わる必要がある。また、そのアイデアがExO基準すべてに間違いなく合致しているかも確かめる。だが、既存のアイデアを発展させる機会は別に訪れると思われるので、今回は白紙状態のアイデアを飛躍的に成長させよう！

テンプレート 提出用

MTP	ExO コア戦略名	外部の破壊的変化	社内の行動
自分だけのエコ体験	スマート・エコ	シェアリングエコノミーの発達により、時間を余らせることが減った。旅行者はこれまで以上に効率性と個々のニーズに合ったサービスを求めている。	AI を使用して可能な限りすべての手順を自動化する。スタッフをロボットで置き換えるなど。
	ショート・エコ・ステイ	旅行者は時間単位での宿泊予約を求めている。	ホテルの価格設定と、テクノロジーを使ったシステムを見直して、時間単位での予約を可能にする。
	パーソナル・ルーム	仮想現実（VR）テクノロジーの登場により、旅行欲が低減している可能性がある。	ホテルに VR テクノロジーを導入し、旅行に同行していない人が仮想的にホテルを訪問して宿泊客と「会える」サービスを始める。

今週のアドバイス

スムーズな進行のヒント

1日目と2日目をMTPの設定に充てる。

5日目にExOコーチと成果を振り返る。

Sun	Mon Tue	Wed Thu	Fri	Sat

3日目と4日目を、設定したMTPに関する変化／行動ペアの発案に充てる。

今週は最低10個の変化と行動のペアを挙げるよう指示したが、これは多ければ多いほどよい。過去には30個以上挙げたチームもあった。

コアストリームの目的は、現在の企業を業界の破壊的変化に適応させることだ。現段階で挙げるアイデアは、企業全体を対象としても、特定の部門を対象としてもいい。どちらかにそろえたアイデア出しを行おう。

アイデアは多く挙がれば挙がるほどよい（現段階では、ExOコア戦略ごとにMTPおよびTPと、変化と行動のペアが紐付く）。「破壊」のセクション（第5週）では最低4つの戦略を発表するが、次週の実験段階でいくつか却下となる可能性も考慮し、いまは可能な限り多くの案を練っておくに限る。

大量のExO戦略を練り上げて管理するのは、大きな負担となるかもしれない。省きたい箇所は省いてかまわない。現段階では、細部まで突き詰めた戦略がほんの少しだけあるよりも、内容がまだ充実していなくともできる限り多くのアイデアを生み出すほうがずっと有益だ。

第3週
共有

今週のテーマ

革新的なプロジェクトには、実験が必要不可欠だ。

そもそも、検討中の革新的なアイデアは結局は仮説にすぎないため、開発に移る前に検証を要する。最初に評価を進めるべき仮説は、前の週にまとめた外部の破壊的変化と社内の行動のペアだ。

ExO フレームワークが定める ExO の 10 の特徴のなかでも、「実験」は絶対に外すことのできない要素である。

今週は仮説を評価するための実験に焦点を置く。まずは ExO コア戦略の関係者に、その仮説について意見を求めてみよう。

タスク1 鍵となる仮説を決定し、実験を行う

解説

これまでに挙げてきた革新的なアイデアはどれも仮説にすぎず、その真偽の判定が必要だ。しかし全仮説の評価を行う時間はないため、ExO戦略の成功の鍵を握る仮説に的を絞ろう。

最終目標は、ExOの10の特徴を組織に導入し、飛躍型技術を活用して、業界の破壊的変化に企業を適応させることだ。しかしその前に、予想した破壊的変化が本当に脅威であり好機となりうるのかを確認する必要がある。また、それとペアを成す社内の行動が、実現可能で市場に合致するものかどうかも評価しなければならない。

鍵となる仮説をいくつか選定し、それぞれの実験を計画しよう。ExOコア戦略のタイプによって進め方は異なる。

ブルーコア戦略

真新しい商品やサービスを市場で（本物の顧客を相手に）テストすることとなる。スティーブ・ブランクの顧客開発テクニックの考え方を応用しよう。あなたが取り組んでいる問題に直面している人を探し出し、検討中の商品やサービスをよいと思うかを尋ねる（プロダクト・ソリューション・フィット）。手順は次のとおりだ。

- **今回評価を行う仮説を選定する**：クライアントやユーザーは想定どおりの問題を抱えている、考案した商品やサービスを気に入る、などの仮説が中心となるだろう。考案した商品やサービスの立ち上げが技術的に可能である、などでもよい。
- **仮説を評価するための実験を計画する**：仮説を裏付ける具体的なデータを集めるためには、インタビューを計画しよう。実験計画とともに、その仮説が有効か無効かを判断するための評価基準も設定する。

ピュアコア戦略、エッジコア戦略

基本的には、組織の敏捷性、適応力、効率性を向上させるための社内のプロジェクトである。まずは、外部の破壊的変化が現実的かを評価しよう。また、社内の行動として挙げた解決策を、最終的に承認して実行する立場にある社内の関係者に意見を聞くといいだろう。手順は次のとおりだ。

- **鍵となる仮説を選定する**：ExOコア戦略の成功に必要不可欠な仮説を選択する。外部の破壊的変化が本当に脅威や好機となるか、という仮説に焦点を置きがちだが、基本的には社内の行動に関連するものをExOコア戦略の鍵となる仮説にする。自社に受け入れられるものであること、かつ技術的に実現可能であることを確認しよう。
- **仮説を評価するための実験を計画する**：外部の破壊的変化の仮説については、調査を進めてその有効性を判断し、その話題に明るい人物の意見を聞く。社内の行動に関する仮説については、社内の関係者や、考案中のプロジェクトのユーザーとなる人にインタビューを行う。また、その解決策の実現可能性を、テクノロジー担当者や専門家に相談する必要もあるだろう。

タスク 1 鍵となる仮説を決定し、実験を行う

ツール

テンプレートを使用する。

リソース

「調整」のセクションの実験計画に関する演習を復習する（p.130）。

リソース

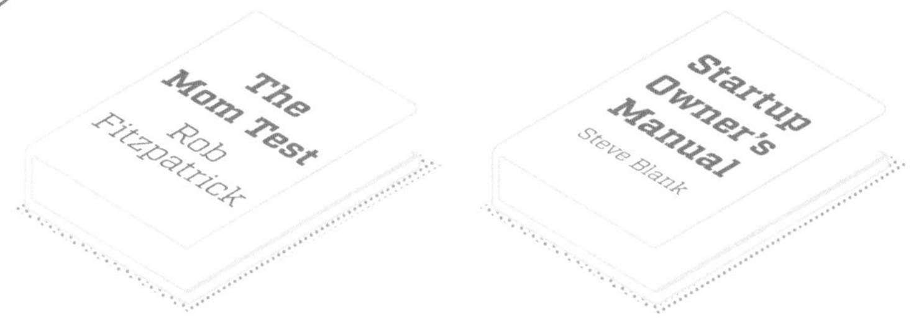

データ収集を目的とする実験では、ロブ・フィッツパトリックの著書『母に尋ねるな（The Mom Test）』が役に立つ。また、スティーブ・ブランクの著書『スタートアップ・マニュアル』は見込み客の意見を収集する方法をまとめており、特にブルーコア戦略に役立つ。

アドバイス

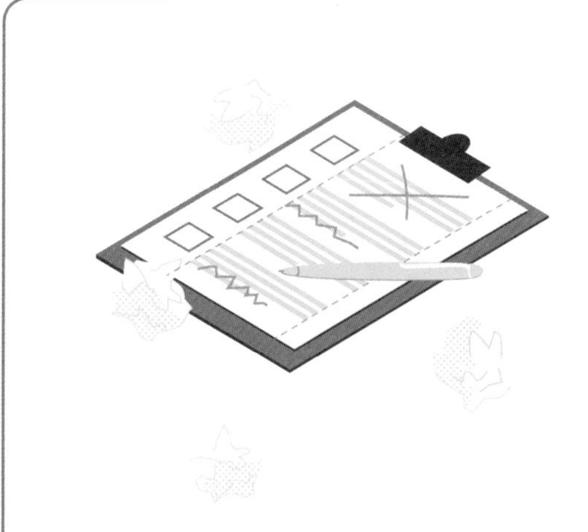

実験を開始する前に、実験計画をよく練ること。実験結果は、単なる「これはよいアイデアだろうか？」に対する答えではなく、社外の破壊的変化を評価して適切な社内の行動を選定できるものでなければならない。インタビューの質問の構成が鍵となる。建設的な質問を投げかける方法や、実験結果をどのように戦略の発展につなげるか、前もって考えておこう。また、何をもって実験を成功とするか、満たすべき最低基準などを明確にしておく。

アドバイス

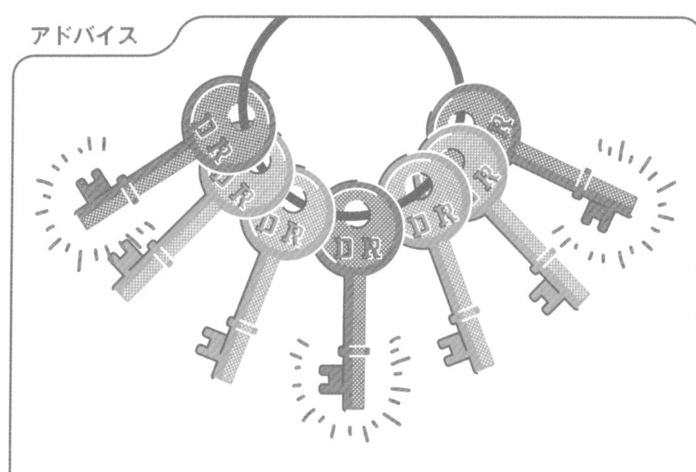

すべての仮説を１つ１つ実験している時間はないため、実験の優先順位付けが重要となる。

アドバイス

正直なフィードバックを求めよう。仮説の却下はマイナスではなく、むしろイノベーションの重要なプロセスだ。プラスの意見もマイナスの意見も大切な学びとなり、前進につながる。

タスク 2 ExO戦略を評価する実験を行う

解説

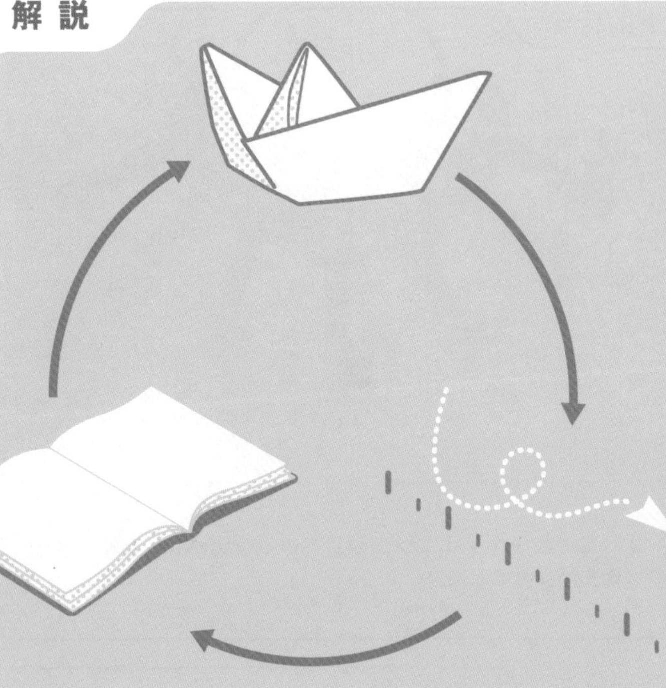

次のステップは、計画に沿って実験を行うことだ。社外の破壊的変化に関して調査を進めると同時に、ユーザーや見込み客（変化と行動のペアの評価のため）、技術の専門家（実現可能性の評価のため）へのインタビューも行う。今すぐに電話会議やミーティングのアポを取ろう。このインタビューの目的は、現場の情報を集めることだ。

実験が完了したら、実験結果の分析に十分な時間を割くことが重要だ。選定した仮説すべての実験を行い、そこから得た学びを基に ExO 戦略を改良し、改良後の ExO 戦略に対して最終的な評価を下す。

構築―測定―学習のサイクルに沿うと実験を進めやすくなるうえ、可能な限り多くの学びを得る（現時点での第一の目的だ）助けとなるだろう。

ツール

テンプレートを使用する。

リソース

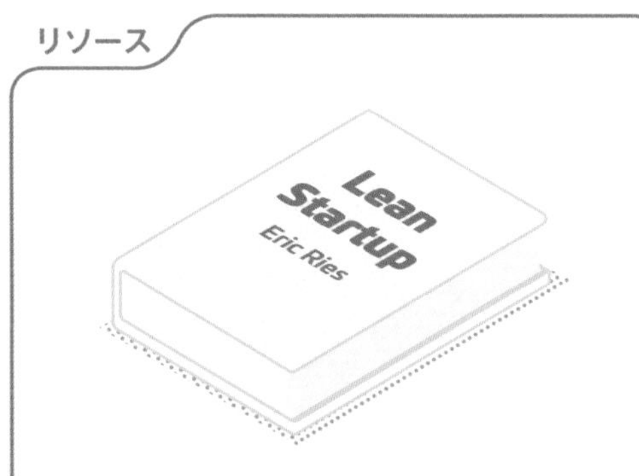

エリック・リースの著書『リーン・スタートアップ』に、構築―測定―学習のサイクルの解説がある。このサイクルを回すコツを学ぼう。

アドバイス

ここでもっとも価値ある資産は、実際のデータだ。構築―測定―学習サイクルでは、意見や直感ではなく確実なデータに基づいた意思決定を目指している。

アドバイス

正直なフィードバックを求めよう。仮説の却下はマイナスではなく、むしろイノベーションの重要なプロセス。一番の目的は学びを得ることだ！

アドバイス

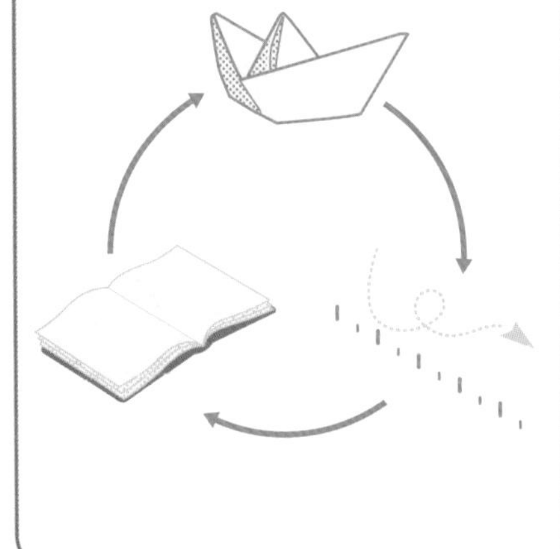

ExO の 10 の特徴の「実験」を導入するよい手段は、社内の業務に構築―測定―学習のサイクルを取り入れることだ。仮説の設定と検証を続けるうちに、より多くの学びを得て正しい方向へと前進できる。

テンプレート 提出用

実験を計画、実行する

	構築		測定		学習
ExO 戦略名	鍵となる仮説	実験内容	評価基準	実験結果	重要な学び
スマート・エコ	エコな旅行者は、効率性と個々のニーズに合ったサービスを強く求めるようになっている。	顧客開発のインタビュー用テンプレートを使用して、エコな旅行者10人にインタビューを行う。	見込み客の少なくとも60%がこの仮説に当てはまる必要がある。	見込み客の90%が仮説に当てはまった。	**仮説は有効** 客は部屋の仕様のパーソナライゼーションを求めていた（室温、特別な要望など）。
	エコな旅行者は、ロボットが人間の従業員を補助する考えに好意的である。	顧客開発のインタビュー用テンプレートを使用して、エコな旅行者10人にインタビューを行う。	見込み客の少なくとも60%がこの仮説に当てはまる必要がある。	仮説に当てはまったのは見込み客のわずか20%だった。	**仮説は無効** エコな旅行客はロボットを使う考えには前向きだが、サービスを限定した使用を望んでいる。

今週のアドバイス

スムーズな進行のヒント

Sun	Mon	Tue Wed	Thu	Fri	Sat
	1日目を仮説の設定、実験の計画、インタビューのアポ取り、アンケート内容の考案に充てる。	2日目、3日目に実験を行う（インタビューの実施、アンケートの送付など）。	4日目に結果を集約し、おもな学びをまとめる。	5日目にExOコーチと成果を振り返る。	

アンケート調査よりもインタビューのほうが好ましい。特に自由質問形式を用いると、よりすばらしい知見を得られるからだ。ただし、複数の仮説を評価する必要がある場合には、アンケートのほうが効率がよい。

社外の破壊的変化と社内の行動のペア1つ1つに対して実験を行う。ペアの数がチームの人数×1～2個であれば、メンバー1人あたり1～2個を担当して実験を行うとよいだろう。メンバー1人あたり3個以上となる場合は、見込み客に直接インタビューを行うよりもアンケートを送ったほうが、より広く浅く実験を行える。

多様な仮説を評価するには、業界や特定のテクノロジー、方法論などの専門家を外部アドバイザーとして、意見を聞いてみよう。

外に出て顧客や同僚と話すことが、仮説を事実へと進化させる唯一の手段であることを忘れずに。

いくつかのExOコア戦略で、同じ相手を対象にインタビューを行うことがあるかもしれない。その場合は、当てはまる戦略すべてのインタビューを一度に行えるようにする。

第４週
選定

今週のテーマ

ExO コア戦略を選定し、次のレベルへと押し上げる段階に入る。

来週の破壊セッションでは ExO 戦略を発表し、プロジェクトを改良するためのフィードバックを得る。

今週は、そのプレゼンテーションの準備に取り掛かろう。4 つの戦略それぞれにつき 5 分間ずつ発表できる。聞き手は会社の首脳陣、ExO スプリント参加メンバー、そして選考にも加わる ExO ディスラプターだ。

タスク1 もっとも有望なアイデア4つを選定する

解説

最初のタスクは、破壊セッションで発表する戦略を4つ選ぶことだ。そのために、先週の結果（実験や主要な学び）や以下の基準に従って、戦略を評価しよう。

- **焦点を当てている社外の破壊的変化：**それはグローバルなものか？　前の週の実験で有効と判断されたか？
- **検討を進めている社内の行動：**それを実行すると、社外の破壊的変化に組織が適応する、または変化を活用する助けとなるか？　現実的に実現可能か？　もしそうでなければ、飛躍型技術の発展により将来実現可能となりうるものか？　実験にて有効と判断されたか？

アドバイス

必ずデータに基づいた意思決定を行うこと。強力な根拠のあるプロジェクトを選定する。

アドバイス

選定されなかったExO戦略の記録もすべて保管しておくこと。今後、発展させる機会があるかもしれない。

タスク 1　もっとも有望なアイデア4つを選定する

アドバイス

ExO コア戦略よりも ExO エッジ戦略に適したアイデアがある場合は、考え方を変えてみてはどうだろう。そのまま ExO エッジ戦略として進めるのではなく、そのアイデアを支える（そして、もしかするとすでに世の中にその動きがある）新たな ExO コア戦略に作り変えてみる。たとえばあなたがホテルチェーンに勤めていて、宿泊予約のできる新しいオンラインプラットフォームの立ち上げ（ExO エッジ戦略）を考えているとしよう。そのアイデアを ExO コア戦略に変換するには、その新規プラットフォーム専門の社内 API の作成に焦点を置くのはどうだろうか。

アドバイス

それぞれの戦略に魅力的でわかりやすいタイトルをつける。1 行の説明もつけよう。

アドバイス

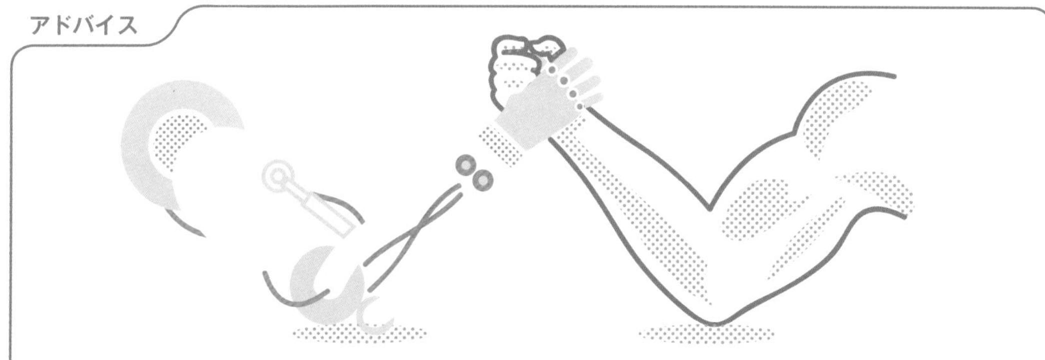

選定した戦略を実行することで、企業がどの程度業界の破壊的変化に適応できるかを確認するには、「社外の脅威に立ち向かう、または業界の破壊的変化を利用するために、この戦略が役立つだろうか」と自問してみよう。

タスク 2 ExOキャンバスを設計する

解説

企業にExOモデルを取り入れる準備を確実に進めるため、さらには、業界に起きつつある豊富な資源に基づいた破壊的変化に適応するためにも、ExOキャンバスを活用し、ExOの10の特徴の強化方法を考えよう。前回絞り込んだ変化と行動のペアの1つ1つに対してExOキャンバスを作成しよう。各ペアがそれぞれExOコア戦略となる。

ExOキャンバスの各項目に沿ってアイデアを出し、チームでブレインストーミングを行う。

ツール

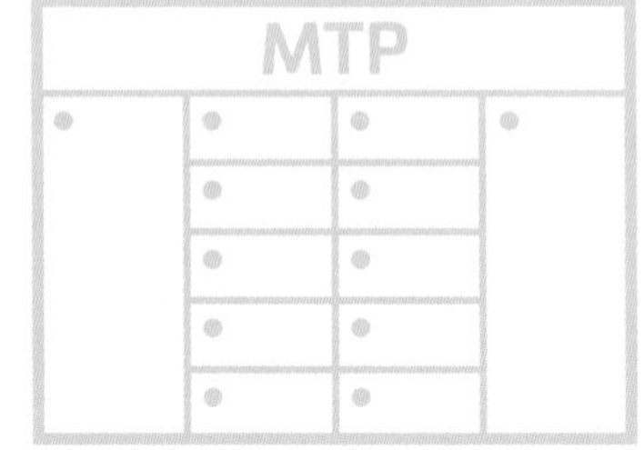

ExOキャンバスのテンプレートを使用する。

リソース

ExOの10の特徴を明確化するにあたり、ExOキャンバスのセクションを読み直そう（p.66）。

アドバイス

ExOキャンバスにはMTPやTPを忘れずに記載する。

アドバイス

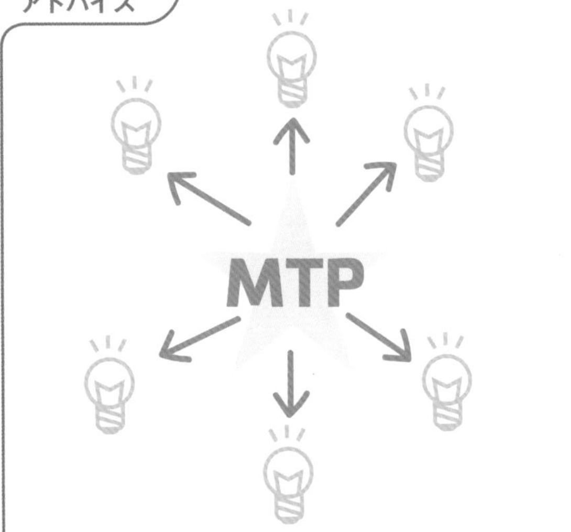

各ExO戦略のExOキャンバスには、MTPを忘れずに記載する。どのExOコア戦略も、以前設定した共通のMTPに沿っている必要がある。

タスク 3 各ExOコア戦略のエレベーターピッチ（ロングバージョン）を作成する

解説

ExO 戦略 1 件につき、5 分間のプレゼンテーションと補足説明用のスライドを作成する。

現時点（ExO 戦略の構想段階）では、エレベーターピッチの作成をお勧めする。これは、エレベーターに乗っている間という短時間を想定してアイデアの概要を説明するものだ。通常、エレベーターピッチは 60 ～ 90 秒間で行うが、今回は 5 分間バージョンを作る。

エレベーターピッチには次の項目を含めること。

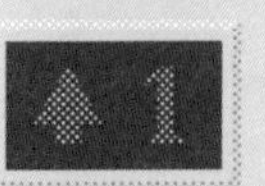

MTP
その ExO コア戦略が MTP 達成にどのように役立つかを示して、企業の存在意義を説明する。

社外の破壊的変化
ExO コア戦略発案のきっかけとなった社外の破壊的変化について説明する。

社内の行動
社外の破壊的変化への対処法、社内の行動により創出される価値、社内の行動が企業の適応力向上や規模拡大につながる理由に焦点を当てて説明する。

ExO の特徴
ExO の 10 の特徴の中から、組織が豊富な資源にアクセスする、またそれをマネジメントする助けとなる特徴を選び出し、もっとも重視する特徴として発表する。

タスク3 各ExOコア戦略のエレベーターピッチ（ロングバージョン）を作成する

リソース

エレベーターピッチの準備と実施について解説した有用なウェブサイトは無数に存在する。

リソース

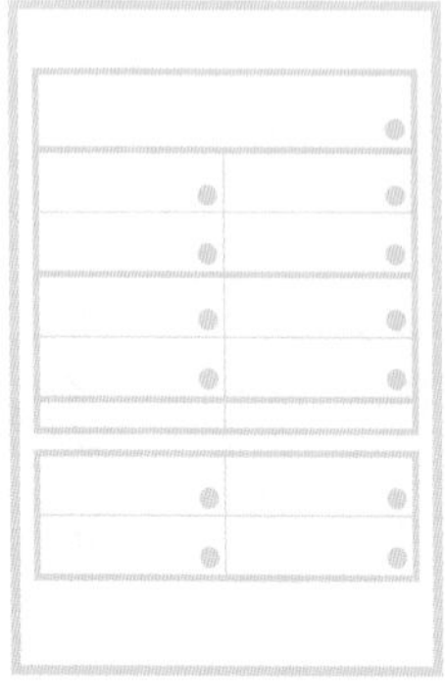

ExO ブルーコア戦略（商品やサービスに焦点）には、「ピッチキャンバス」を利用するといい。インターネットで手に入るブレインストーミング用ツールで、起業家がプレゼンテーション全体を1枚の紙に視覚化する際に使うものだ。

アドバイス

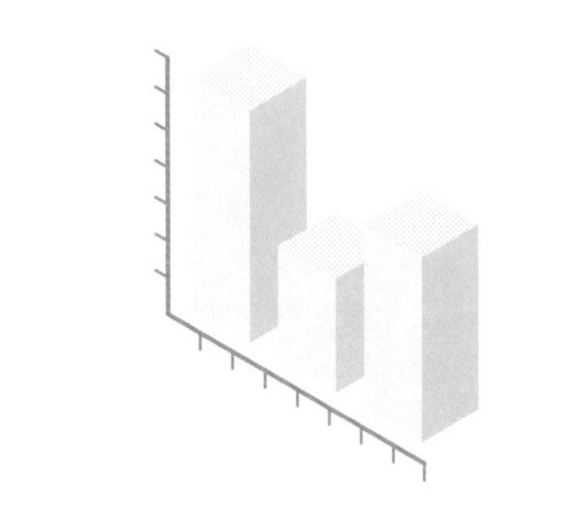

実験で収集した具体的なデータを用いること。すばらしいアイデアは価値あるものだが、実証済みのアイデアはさらによい。

アドバイス

ストーリーテリングはエレベーターピッチに適した手法である。

アドバイス

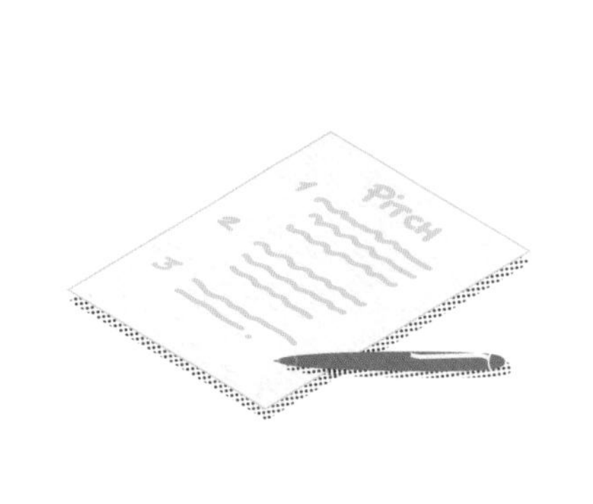

話す内容を紙に書き出してみると、繰り返し練習しやすい。

アドバイス

時間管理が重要な鍵となる。急ぐことなく5分間で完結するプレゼンテーションを作成する。

タスク 4 プレゼンテーションを補足するスライドを作成する

解説

5分間のエレベーターピッチ用に、スライドを作ってもいい。

作成する場合はシンプルなものを心がけ、画像の使用はイメージや理解を助ける絵やグラフ数点にとどめよう。

ツール

テンプレートを使用する。

リソース

ガー・レイノルズの著書『プレゼンテーション zen』がスライド作成に役立つ。シンプルさとストーリーテリングの技術を活用して聞き手にアピールする手法について解説した書だ。

アドバイス

企業の周辺環境についてもスライドに記載する。あなたの会社についてよく知らない社外のExOディスラプターが、次週の破壊セッションに参加する可能性もあるためだ。

アドバイス

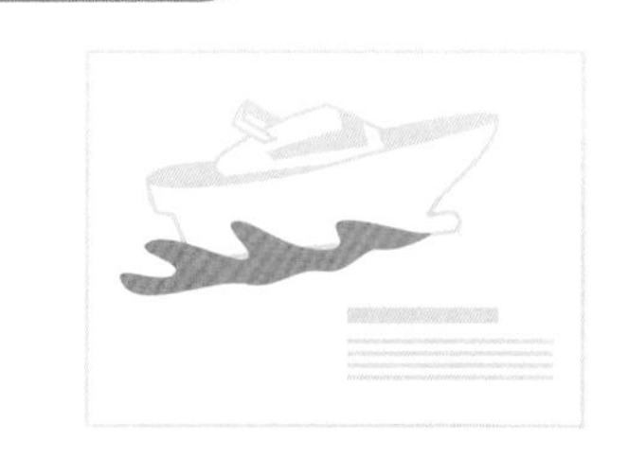

スライドの可能な箇所に、文字ではなく画像を使おう。スライドを読ませるのではなく、話す内容に注意を向けさせるためだ。

アドバイス

ExO戦略の設計にはExOキャンバスが便利だ。しかしプレゼンテーションではExOキャンバスを発表する必要はない。代わりに、各戦略より視覚的でクリエイティブな手法で説明しよう。

タスク 5 エレベーターピッチの練習をする

解説

たくさんのアイデアを発表するため、簡潔で要領を得た話し方を心がけよう。練習すればするほど上達する。
練習あるのみだ！

リソース

話の内容、声、そして情熱。

リソース

この段階でもらうフィードバックはとても重要だ。チームのメンバーをはじめ、さまざまな人にプレゼンテーションを聞いてもらおう。

アドバイス

時間管理が重要な鍵となる。できる限り多く練習を重ねよう。

アドバイス

コツは、肩の力を抜いて自然体で話すこと。繰り返しになるが、できる限り多く練習を重ねよう。

テンプレート

ExOキャンバス　スマート・エコの例

MTP

自分だけのエコ体験

ユーザーエクスペリエンス

ソーシャルメディア

AIを使ったパーソナライゼーションサービス（室温など）

エコプレイス評価システム

ロボットによるサービス補助

改善を続けるための顧客開発とリーン・スタートアップ

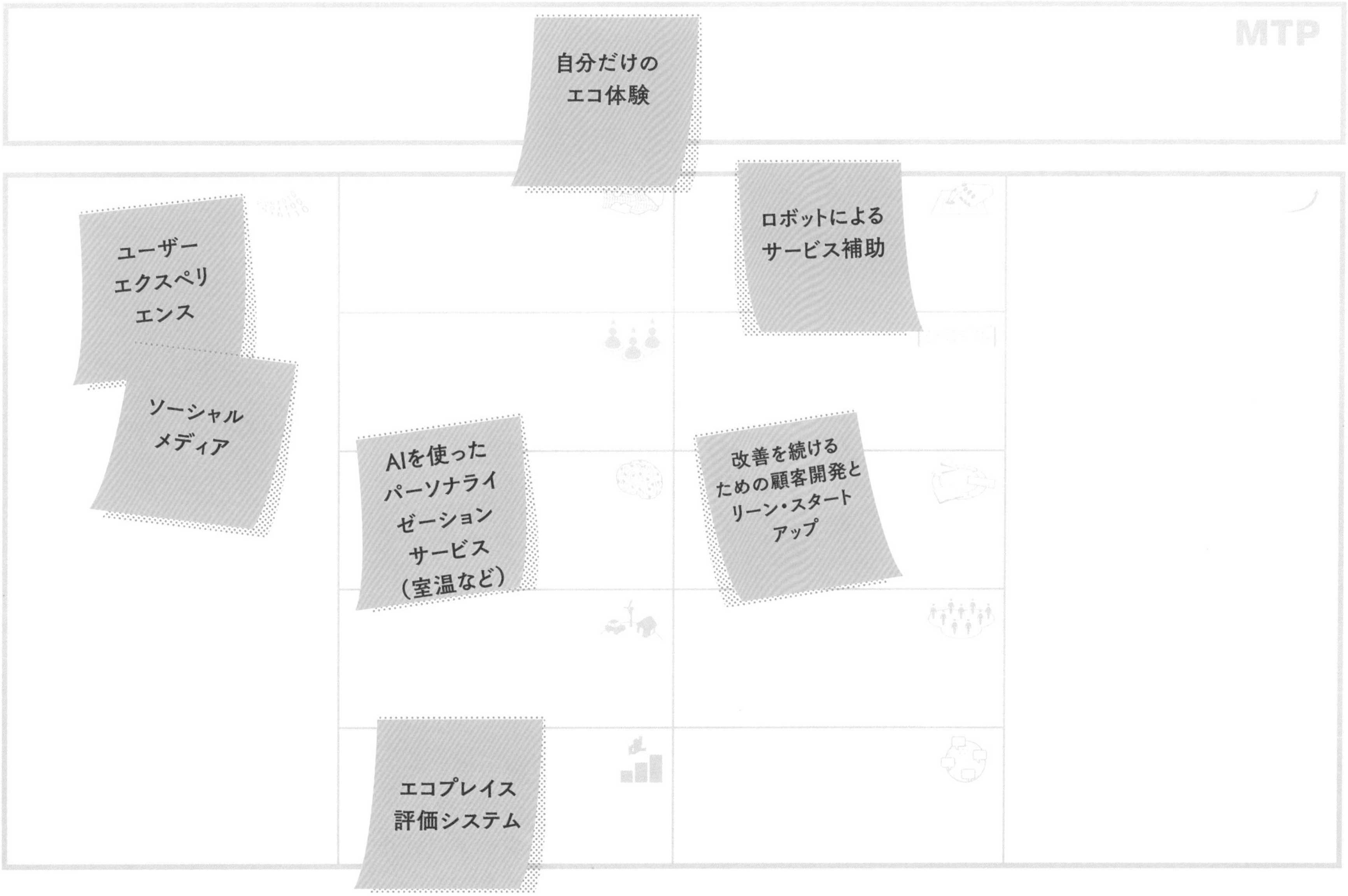

プレゼンテーション

次のスライドまたは内容を含む構成にする。

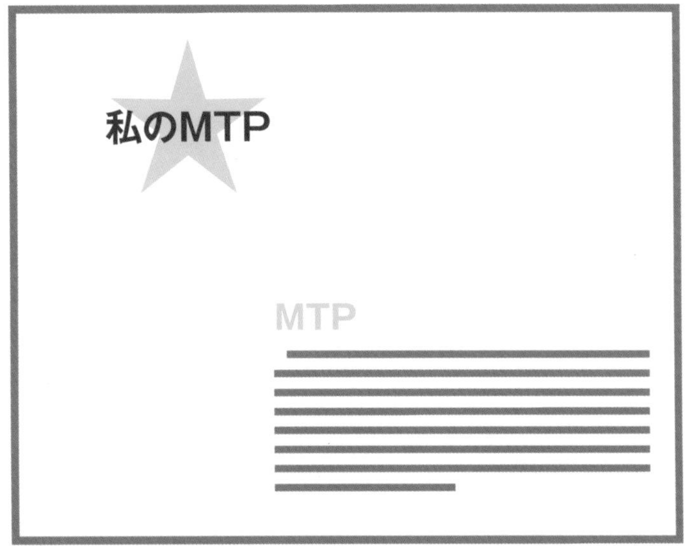

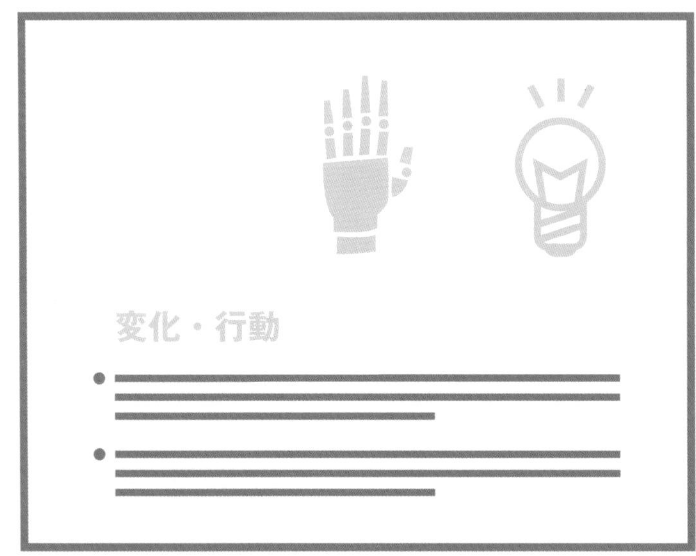

MTP

プレゼンテーションは必ずMTPやTPの紹介から始める。
すべてのExOコア戦略が1つのMTPを共有するようにする。
基本的には、MTPの紹介はスライド1枚にまとめる。

変化・行動

ExOコア戦略の主要な推進力となっている社外の破壊的変化について述べる。

破壊的変化の性質を明らかにした後に、その変化に取り残されないための行動、または変化がもたらす好機を活用する方法を、社内の行動として紹介する。

ExO の特徴

豊富な資源にアクセスする方法（SCALE を使う）と、その豊富さをマネジメントする方法（IDEAS を使う）を伝える。

ExO キャンバスを用いて、各 ExO コア戦略に当てはまる ExO の特徴を説明するのもいいだろう。

今週のアドバイス

スムーズな進行のヒント

Sun　Mon　Tue　Wed　Thu　Fri　Sat

Mon：1日目に発表するアイデアの優先順位付けと選定を行い、各プレゼンテーションを準備する担当者（またはグループ）を決める。

Tue・Wed：2日目、3日目をプレゼンテーションの作成に充てる。

Thu：4日目にチーム内でプレゼンテーションの練習を行い、フィードバックを改善につなげる。次週の課題を先に読み、プレゼンテーションのテクニックを取り入れるのもよいだろう。

Fri：5日目にプレゼンテーションを ExO コーチの前で行い、フィードバックを得る。破壊セッション（第5週）に向けて、プレゼンテーションの練習を繰り返す。

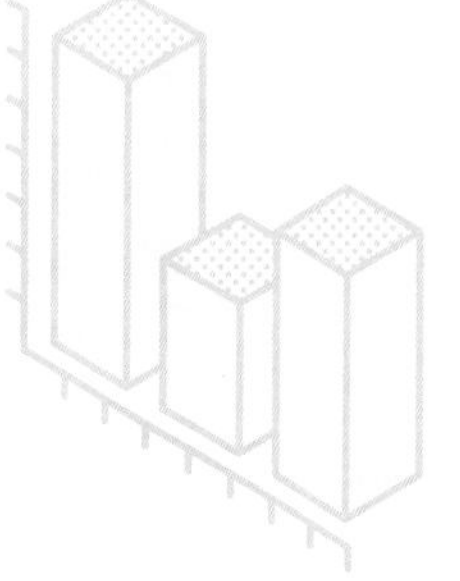

実験で得た具体的なデータを使用する。上手な話し方はプラスにはたらくものの、結局は飾りにすぎない。顧客や関係者、ユーザーから得たデータと意見（生の声など）を提示して、学んだことを伝えることに大きな価値がある。

時間に余裕があれば、実験をさらに進めるに越したことはない。仮説がいくつか無効となった、もしくは前の週に新たに発案した ExO 戦略があるならばなおさら、データをできる限り増やせるとよい。仮説の棄却は、新たな ExO 戦略（つまり新しい仮説）の実験をさらに進めるチャンスだ。

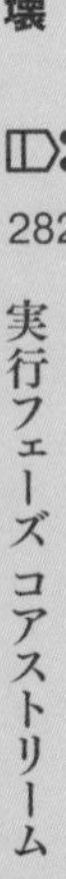

第5週
破壊

今週のテーマ

誰かに先を越される前に、会社に破壊的変化をもたらそう！

今週は、もっとも効果の見込めるExO戦略を、ディスラプターたちを相手に発表する機会がある。戦略を改善するためのフィードバックを得よう。

失敗も1つのステップだということを忘れずに。プレゼンテーション後に棄却される戦略があったとしても、それを個人への批判と捉えないようにしよう。時間とコストを費やした後で失敗するよりも、早めの失敗で無駄を抑えられる方がいい。

フィードバックに基づいて、ExOコア戦略をいくつか切り捨てることになるかもしれない。その一方で、のちに大きな実績となるような新案を思いつくかもしれない。目と耳を常に新たな可能性の方へと向けていこう！

タスク1 準備と手配を進める

解説

プレゼンテーションに適した環境を用意する。

メンバーの居場所や予算に応じて、プレゼンテーションを対面またはオンラインで行う。今週の活動全体を対面で行う場合は、装飾などで雰囲気ある部屋作りをしてみるのはどうだろうか。オンラインで行う場合は、前もってビデオ会議システムの動作確認をしておこう。また、ExOエッジストリームとExOコアストリームの両方を進行中であれば、今週の活動は両チーム合同で行う。

アドバイス

固定の進行スケジュールに従ってプレゼンテーションを行う。チームごとに60分間が与えられ、短い休憩を挟みながら4つのExO戦略を発表する。ExO戦略1つにつき5分間でプレゼンテーションを行い、その後5分間をフィードバックの時間とする。

アドバイス

効果的なプレゼンテーションの鍵は時間管理だ。プレゼンテーションの進行スケジュールと順番を、前もって聞き手に伝えておこう。

タスク2 プレゼンテーション

解説

さあ、このときがやってきた！　ExOコア戦略を発表し、フィードバックをもらおう。

1チームあたり60分間でExO戦略の発表からフィードバック受領までを行う。プレゼンテーションの聞き手は、会社の首脳陣、ExOスプリントのほかのチーム、そして社外の人間3〜5人からなるExOディスラプターだ。ExOディスラプターは、基本的には同じ業界での経験や経営革新の経験を持つ人から選定する。

アドバイス

プレゼンテーションが1つ終わるごとに、聞き手からのフィードバックの時間を5分間とる。なお、ここでは質問ではなく意見と感想のみを受け付ける。戦略を売り込むことではなく、学びを得ることがこの段階での目的だ。

アドバイス

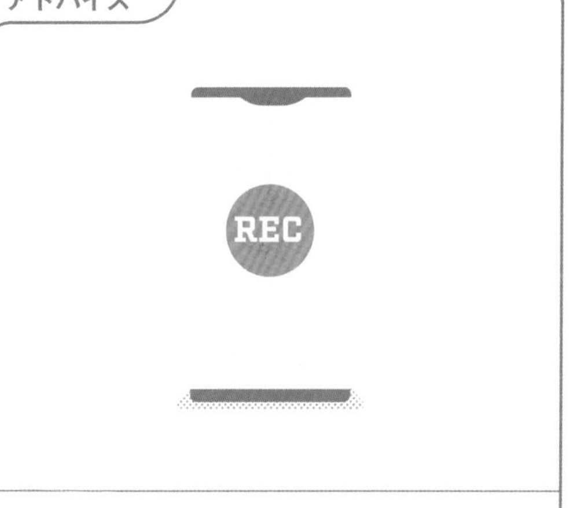

あとで見直すためにも、プレゼンテーションはすべて録画する。

タスク 3 フィードバックを集める

解説

ほかのチームやディスラプターからもらった意見や感想は、残さず書き留めよう。1つ1つの言葉に大きな価値がある。今回のプレゼンテーションとフィードバックもまた、進めてきた実験の一環であり、よりよいExO戦略を作成する糧になる。

もらったフィードバックはカテゴリー別に分類する。新しい仮説が生まれてもよい。将来性のあるExO戦略へのフィードバックを必ず収集すること。

ツール

フィードバックのテンプレートを使用する。

リソース

ExOコアチームにとって、ExOエッジチームの発表を聞くことはとても重要だ。ExOコア戦略を構築するには、ExOエッジチームが言及する社外の破壊的変化を考慮に入れる必要があるためだ。大切なのは、企業のエコシステムの調和をとることである。

アドバイス

次の2種類のフィードバックが予想される。

- **ExOフレームワークに関する意見**：ExOのアプローチを熟知するExOディスラプターは、ExOのプロセスから最大の効果を得るための建設的な助言を与えられる知識を持っている。
- **内容に関する意見**：戦略のアイデア自体に対するフィードバック。解決を目指す課題や考案中の解決策に対する意見も出るかもしれない。必ずしもこうしたフィードバックに従って手法を変更する必要はない。あくまで仮説を評価するための追加情報を提供してくれるものだと考える。

タスク 4 首脳陣に報告をする

解説

首脳陣と報告会議を行い、会社全体が目指す方向性に沿ったExOコア戦略はどれかを判断する。首脳陣が、発表されたMTPを1つに絞るか、新しいMTPを作成することもできる。

アドバイス

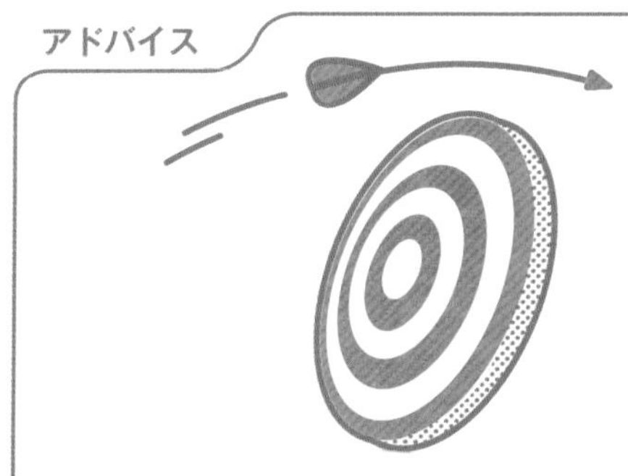

すばらしい戦略を発案しても、経営層が定めたExOスプリントの範囲から外れている結果に終わる可能性もあると、覚えておこう。

アドバイス

スムーズな意思決定のためにも、ExOヘッドコーチが代表として首脳陣と会議を行うといいだろう。

アドバイス

首脳陣は実現させたいExO戦略を選択しがちである。その選択はあくまで提案と捉えて（会社の免疫システムとならないためにも）ExOスプリントのチームで最終的な決断をしてほしい。とはいえ、首脳陣が最終的な決断を下す可能性もあると、覚悟はしておこう。

アドバイス

MTP MTP MTP MTP MTP MTP MTP MTP MTP MTP MTP MTP MTP MTP MTP MTP MTP MTP MTP MTP

企業に明確なMTPが存在していなくとも、すでに非公式のMTPに沿った活動を続けてきている可能性はある。その場合は、企業の個性にもっとも近いものをMTPとして設定する。

アドバイス

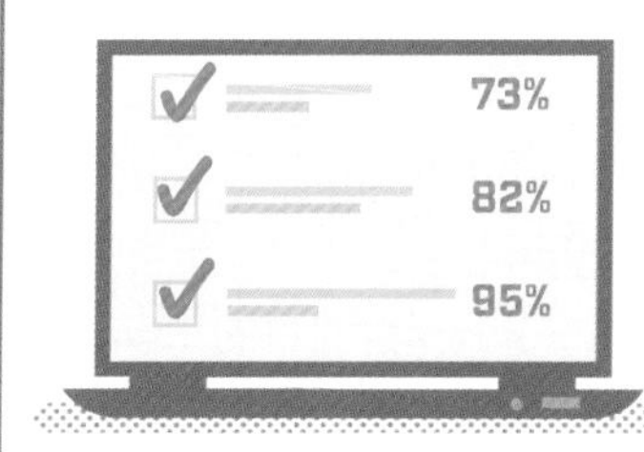

フィードバックの内容を報告する際には、首脳陣に具体的なデータを見せられるとよい。たとえば、対面で発表する場合は、ExOディスラプターにプレゼンテーション中にオンラインアンケートに回答してもらう。ここで得たさらに深い意見やフィードバックを、首脳陣への報告会議の場で共有する。

タスク 5 戦略を3つに絞る

解説

もっとも効果の見込める戦略を選定し、次のレベルへと押し上げる段階に入る。今週のプレゼンテーションと首脳陣との報告会議にて得たフィードバックをしっかりと考慮したうえで、3つのExO戦略を選定する（首脳陣が選んだものでもいい）。

アドバイス

首脳陣の中では、採用する戦略がすでに決定事項とされているかもしれない。その場合は決定に従い、もし予想を超える数のExO戦略がリストから抹消されたとしても、過度に気落ちしないことだ。却下や失敗も変革プロセスの一部であり、個人への批判ではない。常に自信を持って！

アドバイス

戦略を3つに絞り込むときは、単によいフィードバックを得たものを選べばいいとは限らない。MTPにマッチしている、戦略性がある、単にピンときたなど、ほかの理由から選んでもいい。

アドバイス

プレゼンテーションに対するフィードバックを基に、または他チームが発表したExOエッジ戦略を踏まえて、真新しいExOコア戦略を創り出してもかまわない。目的はあくまで、第5週の終わりまでに3つのExOコア戦略を選んでいることだ。

タスク 6 フィードバックを元に、戦略を改良する

解説

ここまでのExOコア戦略の構築プロセスを振り返り、すべてのフィードバックを考慮に入れて、戦略を磨き上げる。新出のExOコア戦略がある場合は、主要な要素（MTP、変化と行動のペア、ExOキャンバスなど）についてできる限り多くのアイデア出しを行い、これからの週でほかの戦略との足並みをそろえていく。

首脳陣がすでに企業のMTPをどれか1つに確定していた場合、それに沿うようにExOコア戦略の内容を調整する。

アドバイス

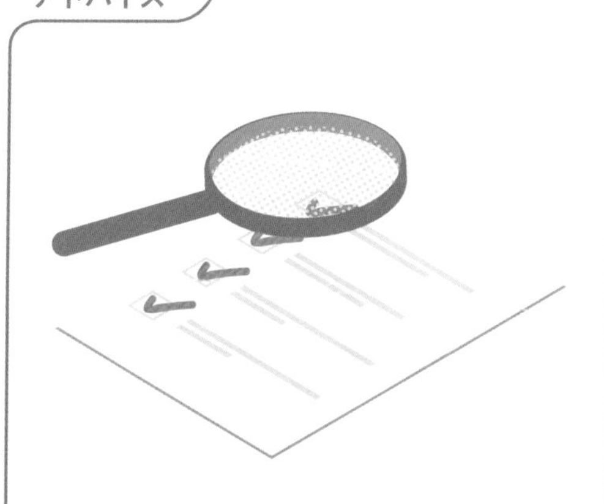

これまでの週の課題と説明を読み返し、戦略を磨き上げる。

アドバイス

コアストリームの狙いは、社外の環境への適応力を上げることだ。それに値するアイデアを出せただろうか？

アドバイス

破壊セッションでは、参加者がExOモデルや飛躍型企業の考え方を完全に理解するためにどの部分を重点的に学ぶべきかが浮き彫りになる。今週はメンバーの理解不足解消に時間を割こう。たとえば、チームの全員がExOの10の特性を十分に理解しているか。規模拡大を見込める戦略とは何かを理解しているか。MTPの改善可能な箇所を把握しているか。初期に学んだ概念をあらためて復習すると、チームが経験を得ている分、以前よりも高い効果を得られるかもしれない。

アドバイス

ExOスプリントのこの段階から、チームを小グループに分け、各グループに戦略1～2個ずつを割り当てることをお勧めする。たとえば6人のチームであれば2人ずつ3グループに分け、1グループに1つのExOコア戦略を割り当てる。グループ分けやどの程度関与してきたかに関係なく、チームメンバー全員が戦略1つ1つに対して意見を述べることが大切だ。

プレゼンテーションの進行スケジュール

挨拶

ExOエッジチーム1のプレゼンテーション（60分間）

小休憩

ExOエッジチーム2のプレゼンテーション（60分間）

休憩

ExOコアチーム1のプレゼンテーション（60分間）

小休憩

ExOコアチーム2のプレゼンテーション（60分間）

まとめと次のステップの準備

ExOスプリントのリーダーと会社の首脳陣による報告会議

フィードバックフォーム

	全体的なフィードバック	首脳陣の目的に沿っているか
スマートホテル	首脳陣はビジネスの目的に好意的だった！	沿っている
MTP	首脳陣はこの MTP を会社全体のものに選んだ。	
外部の破壊的変化	首脳陣と ExO ディスラプターは、この概念は業界を破壊しうると納得した。	
社内の行動	ExO ディスラプターからビジネスモデル改良の助言を得た（顧客データをリソースとして保管する、など）。	
ExO の特徴	ExO ディスラプターから ExO の 10 の特徴に関する助言を得た（個人に合わせたサービスやロボット活用に利用可能な、スマートアシスタントを売りにしたスマートフォンアプリを作成する、など）。	
（戦略の名前）		
MTP		
外部の破壊的変化		
社内の行動		
ExO の特徴		
新たな ExO コア戦略発案のきっかけとなった ExO エッジ戦略	AirEco がスタッフのニーズや余剰を減らすことで、市場の競争が激化するだろう。この ExO エッジ戦略に対する社内の行動として、AirEco にホテルスタッフサービスを提供する ExO コア戦略を立ち上げる。これにより、AirEco でプロのホテルスタッフによるサービスをゲストに提供できる。また、現在の会社に好機を創出することにもなる。	
その他のフィードバック（一般的なもの、ほかのプロジェクトに対するもの、など）		
企業の MTP や TP の最終案	自分だけのエコ体験	

今週のアドバイス

ヒント

スムーズな進行のヒント

対面でプレゼンテーションを行う場合、環境の手配や用意するものの準備を行う。

Sun	Mon	Tue	Wed Thu Fri	Sat

前の週に得たフィードバックを基に発表の練習を十分に行えるよう、週の後半にプレゼンテーションを計画する。

チームメンバーの1人を、フィードバックを残さず書き留める役に任命する。戦略ごとに違うメンバーを指名してもよい。すべてのフィードバックの記録を確実に残すこと。

プレゼンテーション終了後に参加者（首脳陣、ExOスプリントの他チームのメンバー、ExOディスラプター）と戦略について意見交換し、追加のフィードバックを得る。

よいExOコア戦略の条件

適応力

業界の破壊的変化への適応力を向上させる目的で、企業にExOフレームワークを適用している。よって、戦略はどれもこの目的に沿う必要がある。

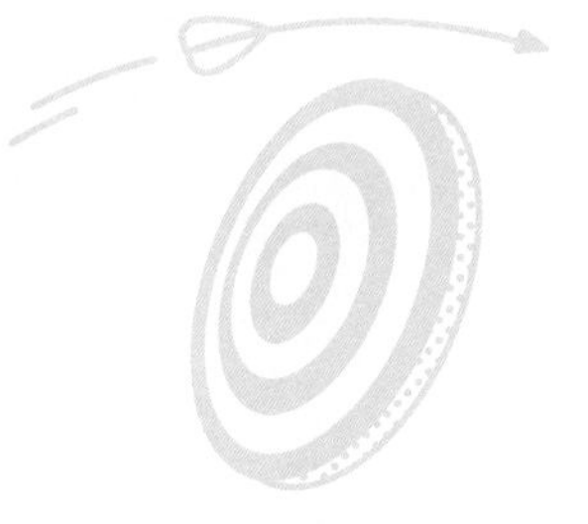

繰り返しになるが、失敗も1つのステップだ。マイナスのフィードバックに不安になる必要はない。戦略を変更、保留、あるいは却下すべきかもしれないことに気づくのは、早いに越したことはない。

拡張性

野心的な変革目標（または少なくとも変革目標）を掲げているからには、企業の活動範囲が今よりも広がるといいだろう。そのExOコア戦略は影響力の拡大に役立つかどうかを確認する。

今週の活動を通じてExO戦略がいくつか（あるいはすべて）棄却されたとしても、それを個人への批判と捉えてはいけない。これも変革プロセスの1つなのだ。破壊セッションの間にExO戦略を軒並み棄却されたチームが過去にあったが、ExOスプリントの最後には、新たな戦略や改良を経た戦略で一番の高評価を得ていた。今週の活動は学びを得るための演習であり、戦略と実行プロセスを改良するよい機会だと捉えよう。

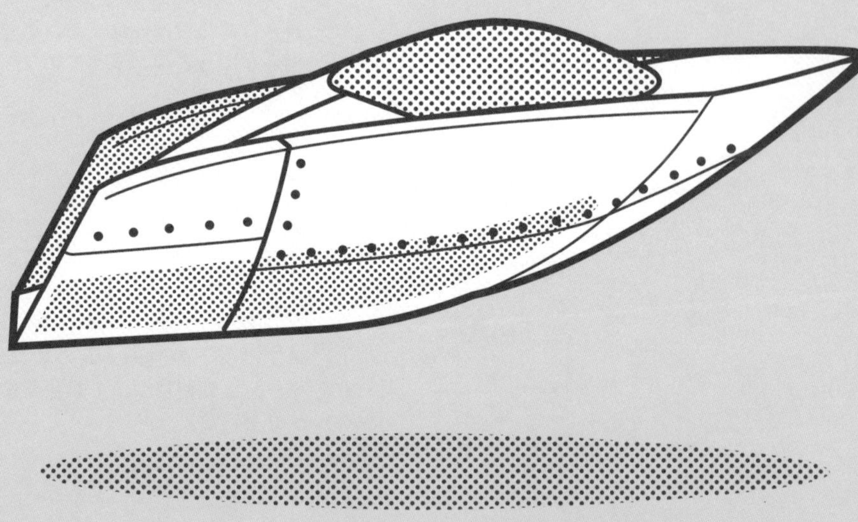

第6週
プロトタイプ

今週のテーマ

いよいよ、ExO 戦略を次の段階へと押し上げる。

今週はアイデアの根底にある前提や仮定をはっきりと定義して、市場での検証に備える。

まずは ExO コア戦略の詳細を細かく詰めよう。どの仮説を検証すべきかが見えてくるはずだ。

次に、実用最小限の製品（MVP）の構築を開始する。MVP は、ExO コア戦略とその改善方法についての学びを促進するものだ。

たった 1 週間でこれだけのことをやり遂げられるかって？　大丈夫！

タスク 1 ExOコア戦略の詳細を明確にする

解説

先週までは、環境に企業を適応させる目的で、社外の破壊的変化や社内の行動の明確化を進めてきた。ExO の 10 の特徴のうちどれを会社に適用すべきかも決定したはずだ。

ここからは ExO コア戦略の計画を細かく練る。鍵となる仮説を決定し、できる限り迅速に検証に移ることが目的だ。

ExO コア戦略の種類は多岐にわたるため（会社の柔軟性や効率を高めるための社内プロジェクト、新商品や新サービスなど）、1 つ 1 つを細かく明確化する必要がある。明確化する方法は自由だが、次のポイントを必ず考えること。

ユーザー／クライアント

その解決策を購入または利用するのは誰か。ユーザー／クライアントが抱える弱点と要望は何か。その解決策が創出する価値とは何か。

社内の関係者

社内でその ExO 戦略を承認し、資金投入を行うのは誰か。社内の関係者に提供できる価値とは何か。

解決策

ExO コア戦略実行後のイメージはどのようになるか。ユーザーエクスペリエンスはどうか。解決策の導入に何が必要となるか。

経済面

その戦略実行には何が必要か。会社はどのような利益を得られるか。投資対効果はどうか。

ツール

戦略を明確化する際に有用なツールを紹介する。

共感マップ

カスタマージャーニーマップ

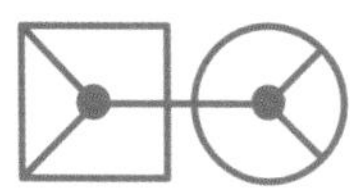
価値提案キャンバス

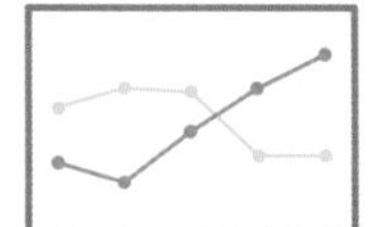
ブルー・オーシャン戦略キャンバス

独自の手法

タスク 1 ExOコア戦略の詳細を明確にする

リソース

アレックス・オスターワルダーの著書『バリュー・プロポジション・デザイン』を参照すると、価値提案キャンバス作成の助けとなるだろう。

リソース

W・チャン・キム、レネ・モボルニュ著『ブルー・オーシャン戦略』を参照すると、ブルー・オーシャン戦略キャンバス作成の助けとなるだろう。

リソース

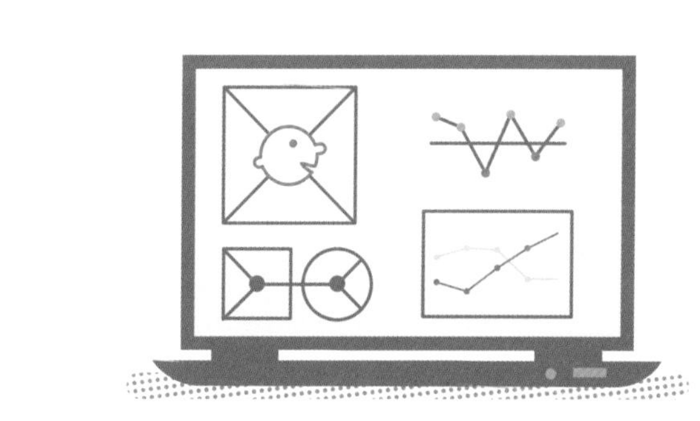

共感マップ、カスタマージャーニーマップ、その他ツールの使用法については、インターネットで情報収集できる。

アドバイス

ピュアコア戦略とエッジコア戦略には、プロジェクトの内容に適したツールを選択する。たとえばAIを利用したホテルスタッフ用の意思決定補助システムを検討中であれば、共感マップはどうだろうか。社内プロセスの改善や自動化を検討中であれば、使用事例をプロセスマップに表すといいだろう。

アドバイス

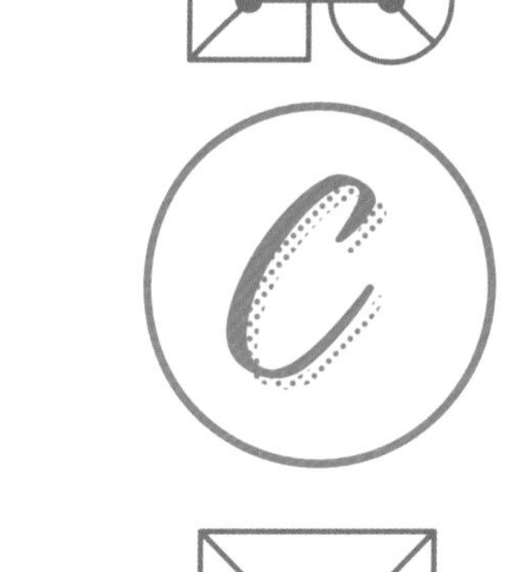

ブルーコア戦略には、共感マップまたは価値提案キャンバスを使用して顧客への理解を深める。また、ブルー・オーシャン戦略キャンバスを使用して革新的な商品やサービスを決定する。

タスク 1 ExOコア戦略の詳細を明確にする

アドバイス

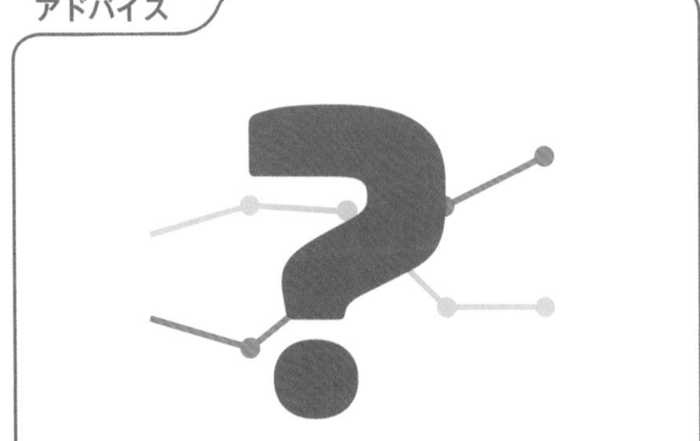

これまでに挙げたツールが取り組み中のExOコア戦略に合わない場合は、ツールに手を加えるか、自分たちでツールを作成しよう。

アドバイス

戦略の経済面を明確化する。たとえば、ExO戦略が要するコストと投資対効果（現段階では正確な金額でなくていい）、または商品やサービスの価格モデルと収益性を計算する。

アドバイス

ExOコア戦略を構築する際には、基本的には外部のテクノロジー業者の利用をお勧めする。社内でわざわざ一から作り直す必要はないからだ。将来的にExOエッジ戦略となる可能性のあるエッジコア戦略には、最初の社内用プロトタイプには外部のテクノロジー業者を利用し、その後「企業周辺部の飛躍型企業」が立ち上がったら社内で自力で構築してみよう。

アドバイス

ExOコア戦略の詳細を明確化する作業と同時に、ExOキャンバスの見直しと改善も進める。

タスク 2 会社のビジネスモデルにExOコア戦略を当てはめる

解説

ExO コア戦略の社内への影響範囲と影響度を分析するには、ExO コア戦略が既存のビジネスモデルに与える影響をさまざまな面から検討する（ビジネスモデルの基礎部分は変えないように）。

ビジネスモデルキャンバスを更新する際には、必要に応じて付箋を加え、ExO コア戦略により既存のビジネスモデルが影響を受ける点を視覚化する。

アドバイス

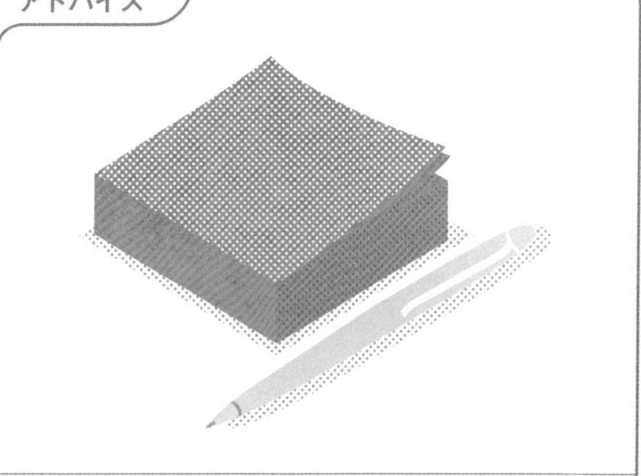

付箋の色を変えると、ビジネスモデルの改善履歴がわかりやすくなる。

アドバイス

ExO コア戦略は既存のビジネスモデルを変更するのではなく、あくまで改善を加えるにすぎないと覚えておこう。企業のビジネスの方法を変えるのであれば、そのアイデアは ExO エッジ戦略となる可能性が高い。

タスク3 MVPを用いて評価する仮説を決定する

解説

リーン・スタートアップの提唱者エリック・リースは、MVPを「顧客についての最大限の学びを最小限の努力で得るために、新しく打ち出す検証用の製品」と定義している。ExOプロジェクトでは、このMVPの考え方を用いて、検討中の戦略について学びを深められるものを構築する。ただし、MVPの設計と構築に入る前にまずは成果を考えること。つまりMVPを構築、検証した結果として何を得たいかを先に考えよう。

次のステップは、評価を行う仮説の決定だ。ExOコア戦略の成功に欠かせない仮説を選ぼう。現段階での仮説の大半は、ExOキャンバスやビジネスモデルキャンバス、またはExOコア戦略の詳細決定（1つ前のタスク）で得た学びのなかから見つかるだろう。

- **ExOの特徴**：導入を決定したExOの特性は、いずれも適切か。また、現実的に導入可能か。
- **価値提案**：クライアント、ユーザー、関係者はその価値提案を気に入るか。
- **プロジェクトの実現可能性**：想定どおりにプロジェクトを実施できるか（特にそれが新しいテクノロジーに依存するものである場合）。
- **投資**：相当の価値を見込める投資となるか。

ツール

仮説の決定と評価のテンプレートを使用する。現段階では、評価を進める仮説と実験計画などの「構築」欄にのみ記入し、「測定」と「学習」の欄は来週以降に埋める。

アドバイス

ExOコア戦略は1つ1つ異なる。ビジネス成功の明暗を分ける重要な要素は何かを考えよう。それが評価すべき重要な仮説だ。

アドバイス

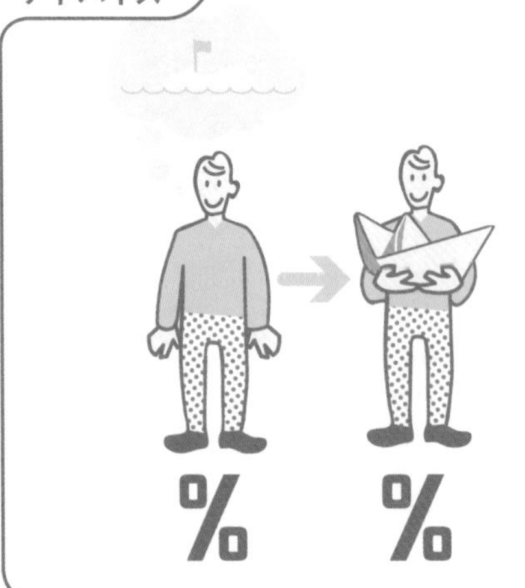

販売実験の成功基準を定義するには（特にExOブルーコア戦略）、販売プロセスに着目した評価基準を設定しよう。好ましい評価基準として、フェーズごとの見込み客の顧客転換率がある。たとえば、訪問客のうち実際に商品を購入した人の割合などを指す。これは革新会計と呼ばれる手法だ。

タスク 4 実用最小限の製品(MVP)を決める

解説

検証を始めて学びを得るにあたり、ExO コア戦略を丸々実行する必要はない。利用したい、料金を支払いたいと誰も思わないものに時間とコストをかけるのは無駄だからだ。代わりに、MVP で実験を行おう。

MVP の開発に入る前に、最初から必要となる最小限の機能を決定する。次のステップ(過去のタスクですでに終えているものもある)に従って進めよう。

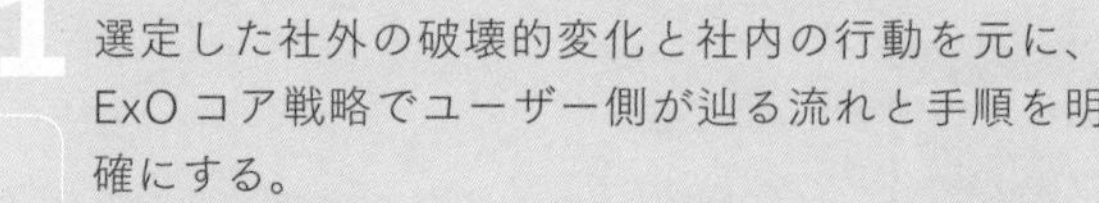

1 選定した社外の破壊的変化と社内の行動を元に、ExO コア戦略でユーザー側が辿る流れと手順を明確にする。

2 破壊的変化に対応するために、ExO コア戦略に必須となる機能をすべて書き出す。

3 ICEアプローチを用いて各機能を考察する。ICEとは、優先順位を決める際に考慮すべき3つの基本的要素の頭文字をとったもので、影響力(Impact、ユーザーが得る価値のこと)、コスト(Cost、経費のこと)、労力(Effort、要する時間のこと)を指す。それぞれに0～2のスコアをつける。2は価値が高いこと(最大の影響力、最小のコスト、最小の労力)を、0は価値が低いこと(最小の影響力、最大のコスト、最大の努力)を示す。

4 ICE スコアの合計点に従って、各機能に優先順位をつける。もっとも高い点数を得た機能が、最優先するべき MVP となる。

5 結果を分析し、次の要素を基に MVP の初版の仕様を決定する。

- 評価を行う必要のある仮説。MVP の第一の目的は学びを得ることであるため、MVP の開発という次なる実験に進む前に、まずはこの鍵となる仮説を考慮に入れよう。
- ICE スコアによる機能の優先順位付け。MVP の初版に機能を追加または削除する必要が出てくる可能性は高い。技術的な理由によるものや、開発に時間がかかりすぎるためにいまは諦めざるを得ないものもあるだろう。

リソース

エリック・リースの著書『リーン・スタートアップ』は、MVP とその基本的な概念を学ぶのに最適だ。

アドバイス

ここでの目的は、ExO 戦略を完璧に実施完了することではなく、学びを得られる商品を開発することだ。そのためにも学びを追求した機能やアドオンを入れ込み、より有益なフィードバックを得られるようにしよう。

タスク 5 MVPを構築する!

解説

ExO コア戦略と MVP 初版のイメージがしっかりと固まってきているはずだ。

いよいよ MVP の開発に入る。ユーザーや関係者になる可能性のある人に検証してもらい、フィードバックを得る。

ここでは MVP 作成に役立つテクニックをいくつか紹介する。実際のプロトタイプ開発に特化したものもあれば、ユーザーや関係者となりうる人に内容を伝える際に役立つものもある。MVP 作成に割くことのできる時間を考慮しながら、あなたの ExO 戦略に最適なテクニックを選択しよう。複数のテクニックを組み合わせるのも手だ。

ランディングページ

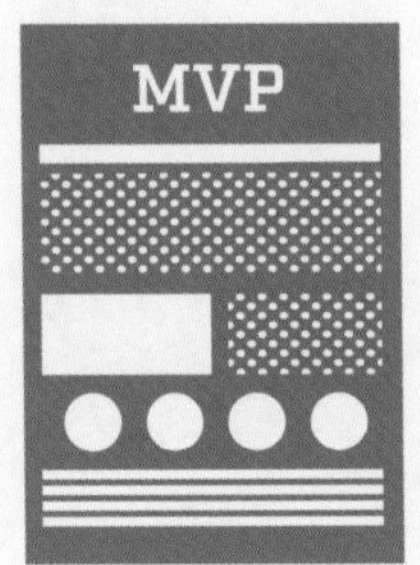

MVP を紹介し、内容を説明するランディングページを作成する（おもにブルーコア戦略や、新しい商品やサービスを立ち上げる戦略に適した手法。価値提案を見込み客に評価してもらうことが目的となる）。商品やサービスの完全版を紹介するのもいいが、MVP の主要な機能に絞ったランディングページの作成をお勧めする。MVP または完全版のどちらを紹介するにしても、商品やサービスの説明に加えて、顧客に先行予約を促そう。もしくは A/B テスト方式を用いて、異なる価値提案を示した 2 種類のランディングページを作成し、訪問客がどちらを好むか見るのもいい。

リソース

www.launchrock.com や www.landerapp.com がランディングページ作成に役立つ。

得られる学び

小：先行予約数と収集した実際のデータから、商品やサービスの価値提案と価格設定を顧客がどの程度気に入ったかを知ることができる。

動画

MVP を紹介し、販売を促進する動画を作成する。これも、クライアントや社内の協力者に価値提案を評価してもらう際に役立つ手法である。

リソース

プロによる動画制作サービスや、www.animoto.com や www.goanimate.com などのオンラインツールを使用する。

得られる学び

中：動画への反応から、ExO コア戦略の価値提案をユーザーと関係者がどの程度気に入ったかを知ることができる。また先行予約を促すことで、価格と収益モデルに対するフィードバックを得られる。

タスク5 MVPを構築する!

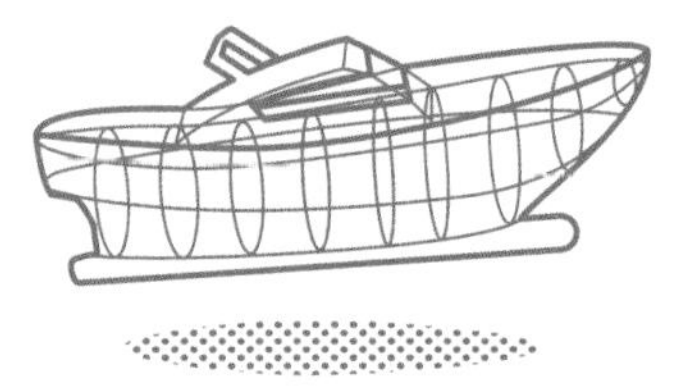

ワイヤーフレーム

商品のイメージを伝えるワイヤーフレームまたはウェブサイト設計図を作成する。クライアントや社内の協力者に価値提案を評価してもらう際に有効な手段である。

簡単なプロトタイプ

より深い学びを追求するための機能のみに絞り込んだプロトタイプを開発する。これがまさに真のMVPであり、たいていの場合は数日あれば作成が可能だ。完璧な商品を目指す必要はなく、短期間でそこから学ぶことができさえすればいい。

リソース

www.invisionapp.com や www.justinmind.com のようなラピッド・プロトタイピングツール、またはパワーポイントを利用する。

得られる学び

大：ワイヤーフレームに対するユーザーの反応と意思表示から、ExOコア戦略の価値提案と内容をユーザーがどの程度気に入ったかを知ることができる。また、先行予約に結びついた数から、価格と収益モデルへのフィードバックを得られる。

得られる学び

特大：プロトタイプへの反応から、実際のExOコア戦略の実行難易度、ユーザーやクライアント、関係者がその価値提案をどの程度気に入ったか、ユーザーエクスペリエンスはどのようになるかを知ることができる。また、先行予約を促すことで、価格と収益モデルへのフィードバックを得られる。

参考書籍

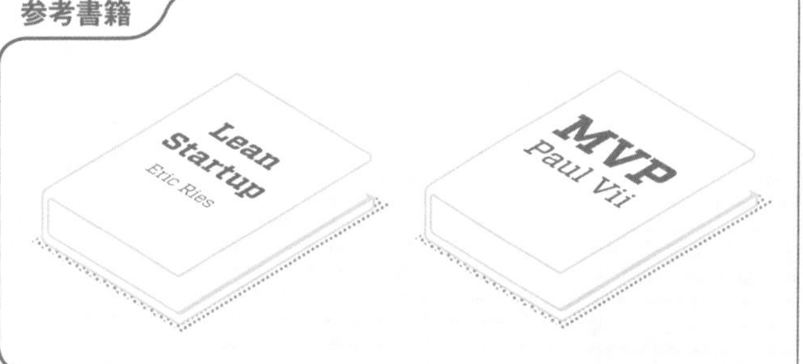

『リーン・スタートアップ』は、MVPを数日間で開発する方法を解説している。また、ポール・ヴィーの著書『MVP』からは、アジャイル開発手法を用いたMVP開発のヒントを得られる。

アドバイス

優先順位付けした機能の一覧を作成し、各機能の開発に必要な時間数を記入すると、次週の終わりまでにプロトタイプを完成可能か判断できる。

テンプレート 提出用

ビジネスモデルキャンバス、エコプレイス（母体組織）の例

パートナー	主要活動 / リソース	価値提案	顧客との関係 / チャネル	顧客セグメント
旅行代理店	主要活動：マーケティング、ホテル業務、ホテル維持管理 リソース：ホテル、エコな施設、顧客データ	世界中でエコなホテルを提供 世界一革新的なホテル パーソナライズド・サービスの提供	顧客との関係：個人に合わせたサポート、AIやロボットを利用してサービスを自動化 チャネル：エコプレイスのウェブサイト	エコな旅行者

コスト構造	収益の流れ
スタッフ マーケティング ホテル維持管理	1泊ごとの貸し出し料

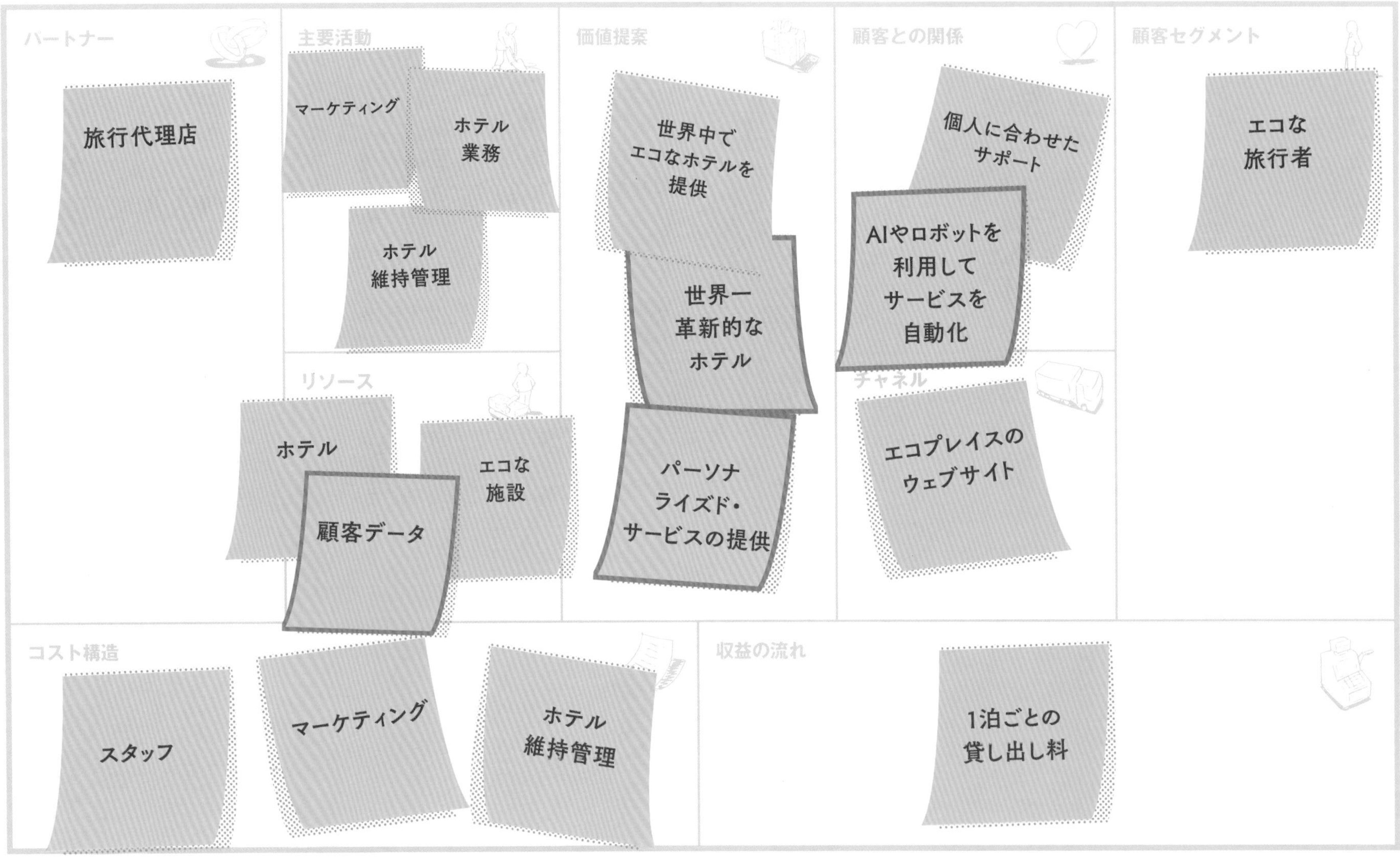

テンプレート 提出用

スマート･エコの例

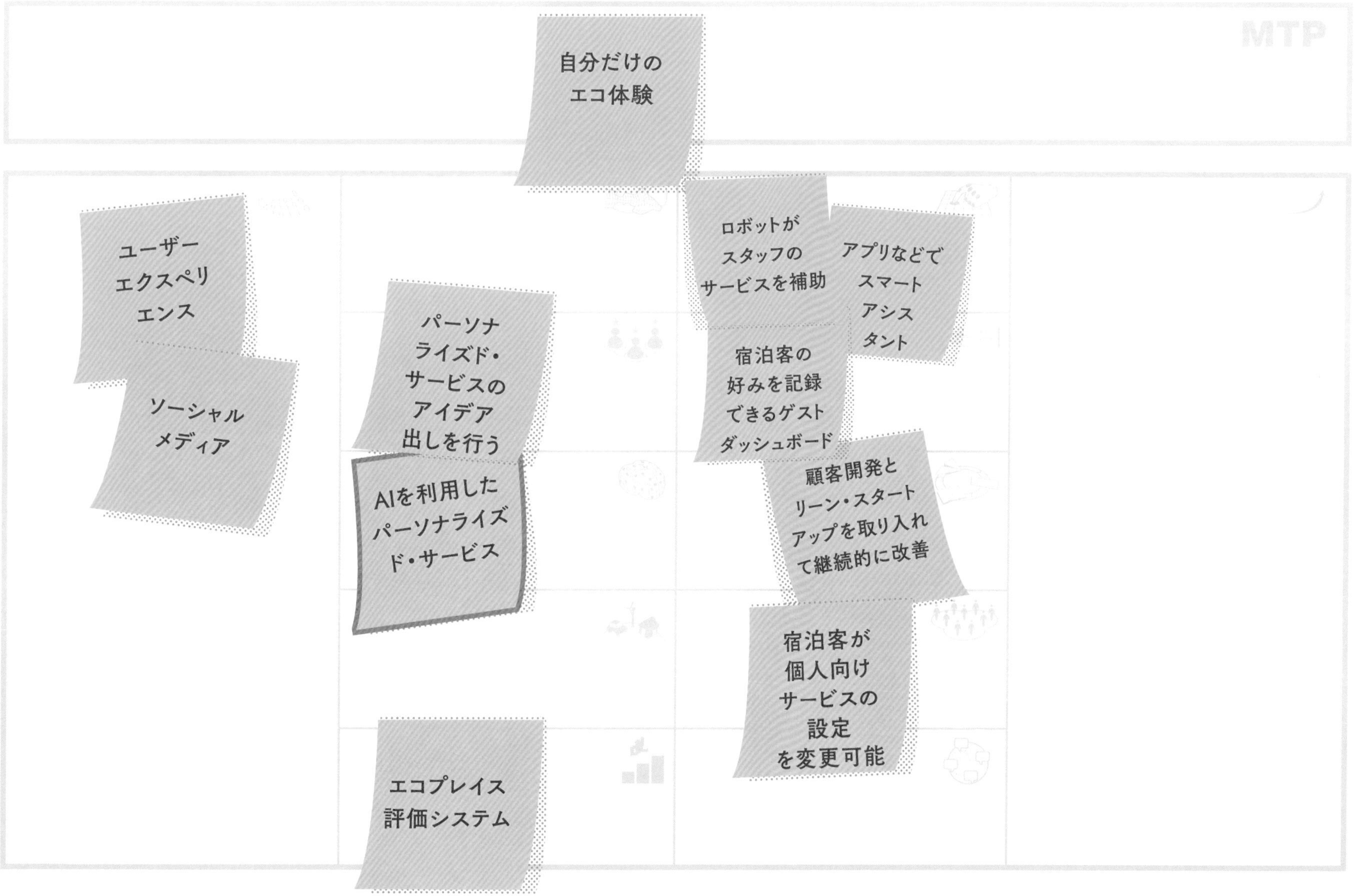

MTP

自分だけのエコ体験

ユーザーエクスペリエンス

ソーシャルメディア

パーソナライズド・サービスのアイデア出しを行う

AIを利用したパーソナライズド・サービス

エコプレイス評価システム

ロボットがスタッフのサービスを補助

アプリなどでスマートアシスタント

宿泊客の好みを記録できるゲストダッシュボード

顧客開発とリーン・スタートアップを取り入れて継続的に改善

宿泊客が個人向けサービスの設定を変更可能

テンプレート 提出用

鍵となる仮説を決定、評価するためのテンプレート

構築				測定	学習
ExO 戦略名	鍵となる仮説	実験内容	評価基準	実験結果	学び
スマート・エコ	AI を利用したパーソナライズド・サービス、業務補助、ロボットを導入するホテルに、顧客は宿泊したいと感じる。	ランディングページを 2 種類（既存のサービスと、スマート・エコ戦略）作成し、A/B テストを行って、どちらの宿泊予約数が多いかを見る。	ランディングページ訪問者の 60% 以上が、AI を利用したサービスのほうを好ましいと思う。		
	AI を利用したサービスや業務補助、ロボットの導入は実現可能である。	AI を利用したパーソナライズド・サービスを実現できるかの観点で、AI のプロバイダーを評価する。	AI を利用したパーソナライズド・サービスを構築可能なプロバイダーが見つかる。		
	AI を利用したサービスは価値を生み出す。	仮説検証用のプロトタイプを開発する。	宿泊客の 60% 以上がサービスに満足する。		

MVPを作成する

機能	影響力（価値）	コスト（金銭面）	労力（時間面）	優先度
ランディングページ	1	2	2	5
AI を利用したパーソナライズド・サービスのプロトタイプ初版として、室温調整を行う	1	1	1	3
AI を利用した業務補助のプロトタイプ初版	2	0	0	2
AI を利用したロボットのプロトタイプ初版	2	0	0	2
AI を利用した業務補助を、人間が補佐しながらシミュレーションする	2	2	1	5

MVP の検討結果

MVP の機能と内容を検討した結果、私たちは、2種類の MVP を紹介する簡単なランディングページを作成することにした。その後、顧客が MVP の価値提案を既存のサービスよりも気に入ったかを測定する A/B テストを実施する。

シンプルなインターフェースのスマートフォンアプリという形で、人間の介入も含んだ AI 利用の業務補助シミュレーションを構築する。最終目標は、顧客がもっとも気に入るホテルサービスを突き止め、それを人間が介入しない最終バージョンのアプリに埋め込む。

今週のアドバイス

スムーズな進行のヒント

2 日目以降の何日間かで MVP を開発する。この MVP は次週使う。

Sun | Mon | Tue Wed Thu Fri | Sat

1 日目にビジネスモデルをまとめ、鍵となる仮説の決定と MVP の設計を行う。

5 日目に ExO コーチと進捗確認を行う。

価値提案の検証に使えるものを作成する。

ランディングページのようなオンラインチャネルには、フィードバック（問い合わせフォームなど）とデータ（統計エンジンなど）を収集できる仕組みを必ず実装すること。

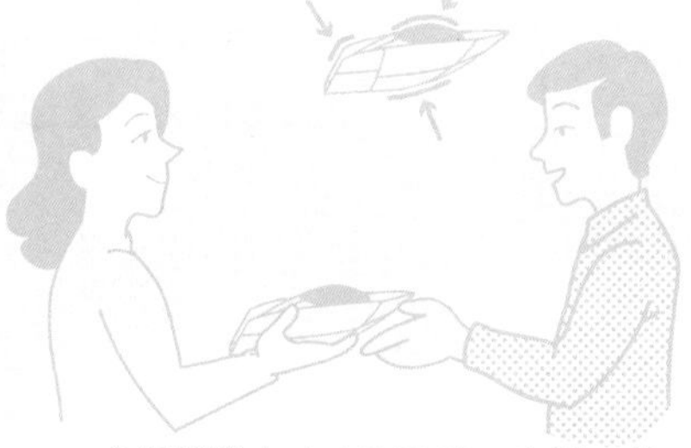

今週開発した MVP は、次週、見込みユーザー、クライアント、関係者に対して発信し、学びを得る。

来週は MVP の改良をさらに進めるが、まずは初版を完成させていったんリリースすることが大切だ。実際のプロトタイプを作成したいものの開発に 2 週間必要という場合は、その間に別の種類の MVP（プレゼンテーションなど）を開発することをお勧めする。そうすれば、プロトタイプ開発を持つ 2 週間の間に、少なくともデータの収集ができる。

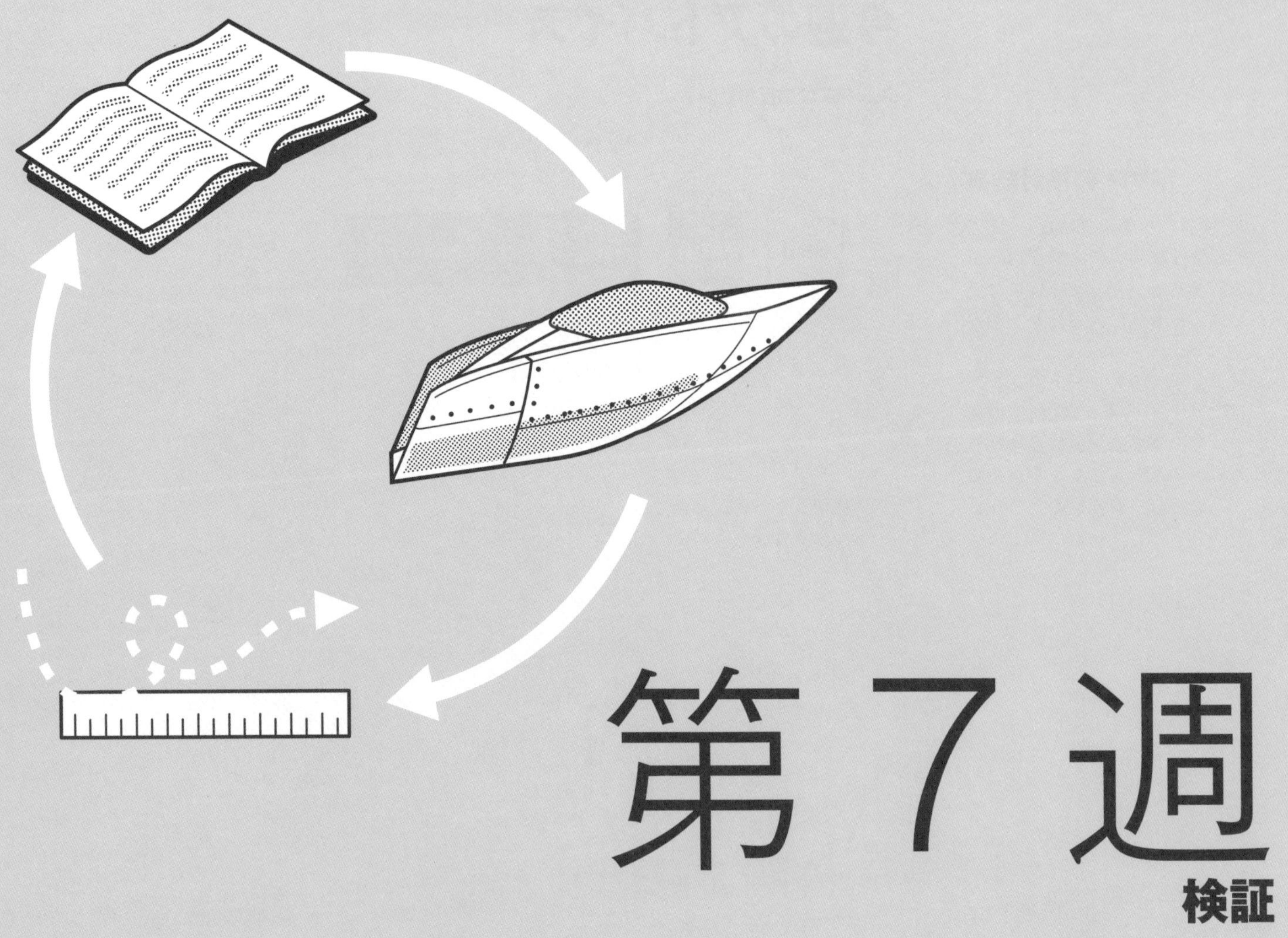

第7週 検証

今週のテーマ

さあ、真実を確かめるときがきた！

前の週を通して構築したMVP初版は、ExOコア戦略のより深い理解と改善につながることだろう。

今週は、ExOの10の特徴のうち「実験」をより突きつめて実践する。MVPを検証して、価値提案が適切かを確認することが目的だ。

MVPの構築と検証に「実験」を用いると、鍵となる仮説を検証でき、進めているExOコア戦略が、組織が破壊的変化に適応する助けとなるかを判断できる。

新しい商品やサービスを打ち出すExOコア戦略が、クライアントの関心を得るかもしれない。クライアント第1号の獲得は、新規企業にとってもっともわくわくする瞬間だ。さあ、始めよう！

タスク 1 アーリーアダプターを見つける!

解説

アーリーアダプターとは、新商品や新しいテクノロジーを周囲よりも先に取り入れる個人または事業をいう。あなたのビジョンを支持し、MVPがまだ完璧でなくとも試用を希望する存在だ。まずすべきことは、アーリーアダプターをどこで探し、どうすればExOコア戦略に投資してもらえるかを検討することだ。ExOコア戦略とMVPのタイプ別に、次のような手法でアーリーアダプターを見つけよう。

ブルーコア戦略(新しい商品やサービス)の場合

MVPとしてランディングページを作成した場合は、次のいずれかのオンラインチャネルに注力しよう。

- オンライン広告(Google広告など)を作成し、プロモーションサイトへのリンクを貼る。
- アーリーアダプターとなる可能性のあるユーザーが属するオンラインコミュニティで、ランディングページを宣伝する。
- アーリーアダプターとなる可能性のあるユーザーに、メールでウェブサイトのリンクを送る。

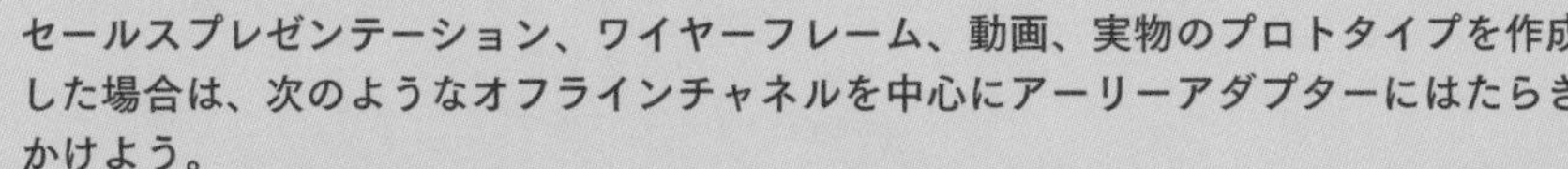

セールスプレゼンテーション、ワイヤーフレーム、動画、実物のプロトタイプを作成した場合は、次のようなオフラインチャネルを中心にアーリーアダプターにはたらきかけよう。

- 問題/解決策の仮説の初めての検証で、インタビューに協力してくれた人物や組織に、MVPを宣伝する。
- アーリーアダプターとなる可能性のある人物や組織の一覧を作成する。
- MVPのアーリーアダプターが属すると思われるコミュニティの一覧を作成する。

ピュアコア戦略とエッジコア戦略の場合

MVPの種類にかかわらず、多様なアーリーアダプターを見つける必要がある。

社内の関係者

ExOコア戦略を承認し投資を決める立場にある、社内の意思決定を担う人物

社内のユーザー

将来ExOコア戦略を利用して利益を享受する人々

社外のクライアントやユーザー

ExOコア戦略を利用し、利益を享受する可能性のある人々

タスク 1 アーリーアダプターを見つける!

リソース

ブルーコア戦略向け：スティーブ・ブランクの著書『スタートアップ・マニュアル』には、アーリーアダプターを見つける方法と、アーリーアダプターに売り込む方法がまとめられている。顧客検証フェーズに関する部分をしっかりと読んでおこう。

リソース

ブルーコア戦略向け：ジョフリー・ムーアの著書『キャズム』は、アーリーアダプターに売り込むコツに加えて、将来ターゲット市場を拡大する方法についても触れている。

アドバイス

ExO コア戦略では、次の 2 種類のアーリーアダプターが考えられる。

社外のクライアント

（ExO コア戦略が既存の商品やサービスを改善するものである場合、あるいは新しい商品やサービスを発表する場合）

MTP

チームの将来のビジョンを支持している。

ここまでの演習で挙げた問題を、まさに抱えている。

その問題の解決を図っているが、まだ解決できていない。

その問題の解決に料金を支払う意思がある。

誠実であり、有意義なフィードバックを見込める。

社内の協力者

（ExO コア戦略が企業の現状を改善するものであり、社内で承認を得ている、または社内での使用が決まっている場合）

チームで取り組もうとしている外部の破壊的変化を、認識している。

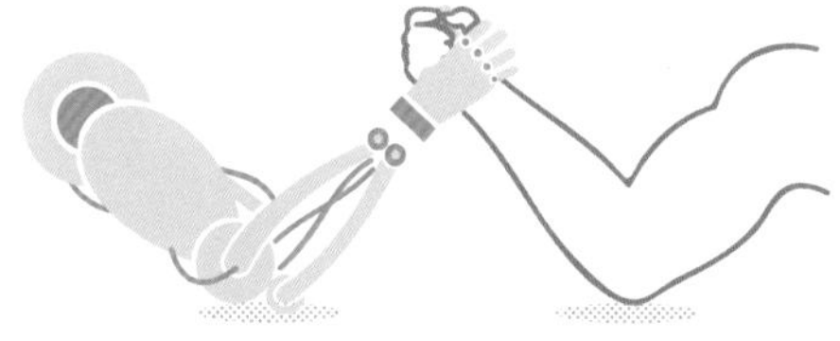

その破壊的変化に対して何らかの方法ですでに行動を起こしているが、まだ効果が現れていない。

その破壊的変化に対応するために、リソースを費やしている（または費やす意思がある）。

誠実であり、有意義なフィードバックを見込める。

タスク 1 アーリーアダプターを見つける!

アドバイス

アーリーアダプターを見つけるには、彼らの立場に立って考えてみよう。アーリーアダプターに出会える新たな場所が見つかるかもしれない。

アドバイス

ここでも目的は学びであることを忘れずに。アーリーアダプターとできる限り密にやりとりをしよう。

■ **オンラインチャネル**（ウェブサイトなど）を使った場合は、プロセスを完了したユーザーや顧客1人1人にメールを送信し、価値提案や価格モデルなどに対するフィードバックや意見を伺う。

■ **オフラインチャネル**（面会、電話など）を使った場合は、販売プロセスを外部委託してはならない。商品の検証と販売促進活動からできる限り多くの学びを得るためにも、一週間を通して密にやりとりをする。その後の販売プロセスは自分自身で行うこと。

タスク2 検証結果を考察し、学びを得る

解説

MVPの構築と検証を終えると、鍵となる仮説を評価できるだけの経験とデータが蓄積されているはずだ。

ExOコア戦略は、少なくとも最初のうちは、企業全体に導入するべきではない。アーリーアダプターを探すと同時に、企業内のどの組織に最初に導入するかを明確にする必要がある。

販売プロセスが完了したら、収集したデータを掘り下げる段階に入る。

ツール

前の週に使用した、仮説の選定と評価を行うテンプレートを使用する。今回は「測定」と「学習」の欄を埋める。

アドバイス

質的データと量的データ（数値）の両方を分析する。現在はまだビジネスの初期段階にあるため、質的データの方が量的データよりも重要となる。

アドバイス

実験結果には不必要なデータも多く含まれるものだが、それもよい学びの機会である。たとえば、新しい商品／サービスの評価を終えたときに、特定の顧客層から人気を得た一方で、別の層からは不評だったことに気づいたとする。具体的に、45歳未満からは人気、45歳以上からは不評であったとしよう。ここから何を学べるだろうか。45歳未満の顧客に的を絞ってその商品／サービスを提供すればよいことがわかる。

テンプレート 提出用

鍵となる仮説を決定、評価するためのテンプレート

	構築			測定	学習
ExO 戦略名	鍵となる仮説	実験内容	評価基準	実験結果	学び
スマート・エコ	AIを利用したパーソナライズド・サービスや業務補助、ロボットを導入するホテルに、顧客は宿泊したいと感じる。	ランディングページを2種類（既存のサービスと、スマート・エコ戦略）作成し、A/Bテストを行って、どちらの宿泊予約数が多いかを見る。	ランディングページ訪問者の60%以上が、AIを利用したサービスのほうを好ましいと思う。	AIをアピールしたほうのランディングページで、訪問者の50%以上が会員登録をした。	**仮説は有効**
	AIを利用したサービスや業務補助、ロボットの導入は実現可能である。	AIを利用したパーソナライズド・サービスを実現できるかの観点で、AIのプロバイダーを評価する。	AIを利用したパーソナライズド・サービスを構築可能なプロバイダーが見つかる。	すべての要件を満たすAIのプロバイダーは見つからなかった。とはいえ、そもそも多くの要件が制限を伴うことがわかった。たとえばプロバイダー側は、技術的な制約を理由に、ロボットの使用はルームデリバリーに限った方がよいとの考えだった。また、ロボットの技術性能はこれからの2年間で大幅に向上するだろうとの見解も示した。	**仮説は部分的に有効** 希望する機能すべての開発は難しいとわかった。ただ、ひとまずロボットの機能をルームデリバリーに限るのであれば、すぐに初版を立ち上げられる。そしてこれからの2年間で改良を重ねられる。
	AIを利用したサービスは価値を生み出す。	仮説検証用のプロトタイプを開発する。	宿泊客の60%以上がAIを利用したサービスに満足する。	80%もの顧客がAIを利用したパーソナライズド・サービスに好感を抱いた。	**仮説は有効** 宿泊客がもっとも頻繁に利用するのは、食事を部屋まで運ぶサービスであることがわかった。AI利用のサービスが顧客の好みを記憶するというアイデアが、顧客から高評価を得た。特に、チェーン内で初めて訪れる店舗にて重宝しそうだ。

今週のアドバイス

スムーズな進行のヒント

1日目にアーリーアダプターにはたらきかける方法を決定する。決まりしだいすぐに実行に移そう！

5日目にExOコーチと成果を振り返る。

Sun　Mon　Tue　Wed　Thu　Fri　Sat

2日目以降は、アーリーアダプターを対象とした販売実験に充てる。データ収集にさらに時間が必要なら、次週の前半まで実験を続けてもかまわない。いずれにせよ、今週の終わりにいったん結果をまとめ、ExOコーチと共有すること。

今週の目的は、有効な結果（とさらなる学び）を確実に獲得するために、実験から十分なデータを収集することだ。もちろん、その過程で商品を売り上げられればもう言うことはない。ExOコア戦略の最終プレゼンテーションで、聞き手が感銘を受ける実績となるだろう。なにしろ、何もないところから10週間経たないうちに現実の顧客を獲得したのだから……。さあ、やってみよう！

アーリーアダプターは単なる顧客第1号や社内の協力者にはとどまらないことを忘れないでほしい。明確な考え方を持った特別な人物や組織でもある。

多岐にわたる仮説を評価する際の助けとして、あなたの業界の専門家や、特定の技術と方法論の専門家である社外の人物からの助言が必要となるかもしれない。

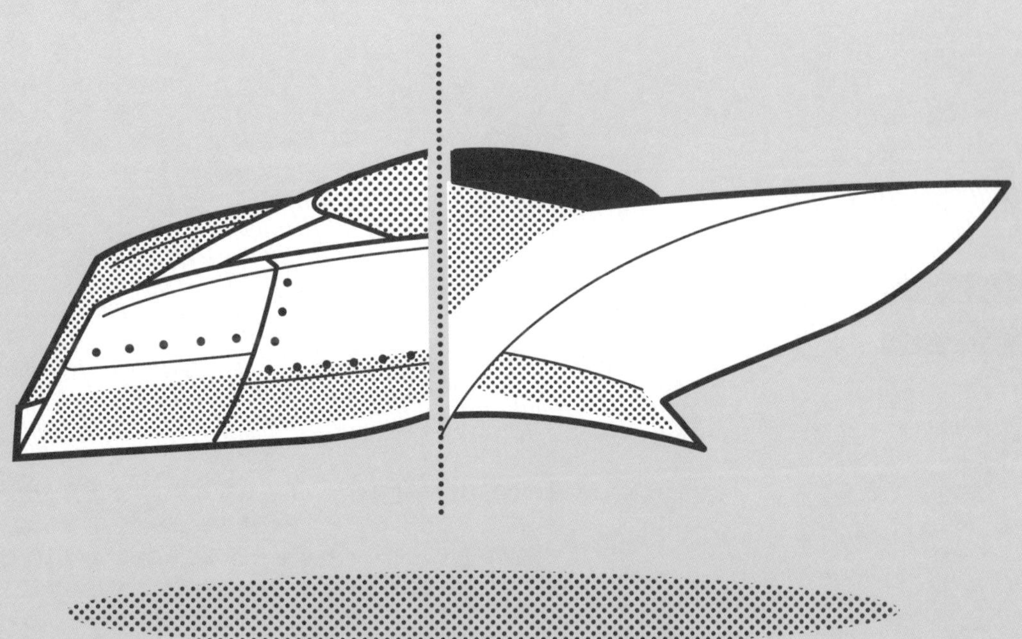

第８週
改善

今週のテーマ

前の週のMVPの検証を通じて、ExOコア戦略に関する多くの学びを得たはずだ。今週は、実験を通してMVPをさらに進化させる。

データが十分に揃ったら、成功の機会を最大化するためにも現実に目を向け、ExOコア戦略に必要な変更を加えていく。

ExOコア戦略を磨き上げよう！

タスク 1 ExOコア戦略をさらに進化させる

解説

MVPの構築から検証までをたった2週間では完了させられないと感じるかもしれない。たしかに短い時間ではあるが、やり遂げられるはずだ。

今週前半は、実験とその結果を踏まえたMVP改善の流れを繰り返し行う。

ツール

アーリーアダプターへの実験を続けているチームは、2週間前から使用している、仮説の決定と評価のテンプレートを引き続き使用する。

アドバイス

アーリーアダプターの実験で得た情報から、新しいアイデアや、もしかするとまったく別の仮説が生まれるかもしれない。仮説の決定と評価のプロセスは流動的なものにしておこう。学びを都度取り入れながら、常に実験を見直しつづける気持ちで。

アドバイス

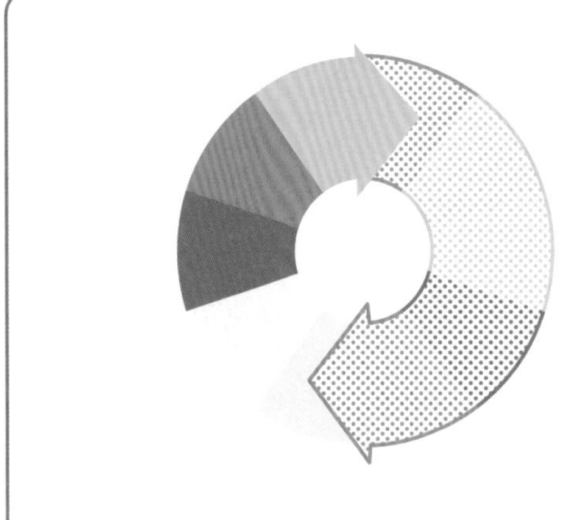

MVPの改良と進化の基本的なテクニックとして、アジャイル開発手法（スクラムなど）を活用してはどうだろうか。商品の機能と開発優先順位を絶えず見直すことで、数日や数週間のサイクルで実験と改良を繰り返せる点がこの手法の特徴だ。ExOスプリントの活動では使わなくとも、将来役立つ実用的な知識としてこの手法を学んでおくといいだろう。

タスク 2 改良を重ねて前進する!

解説

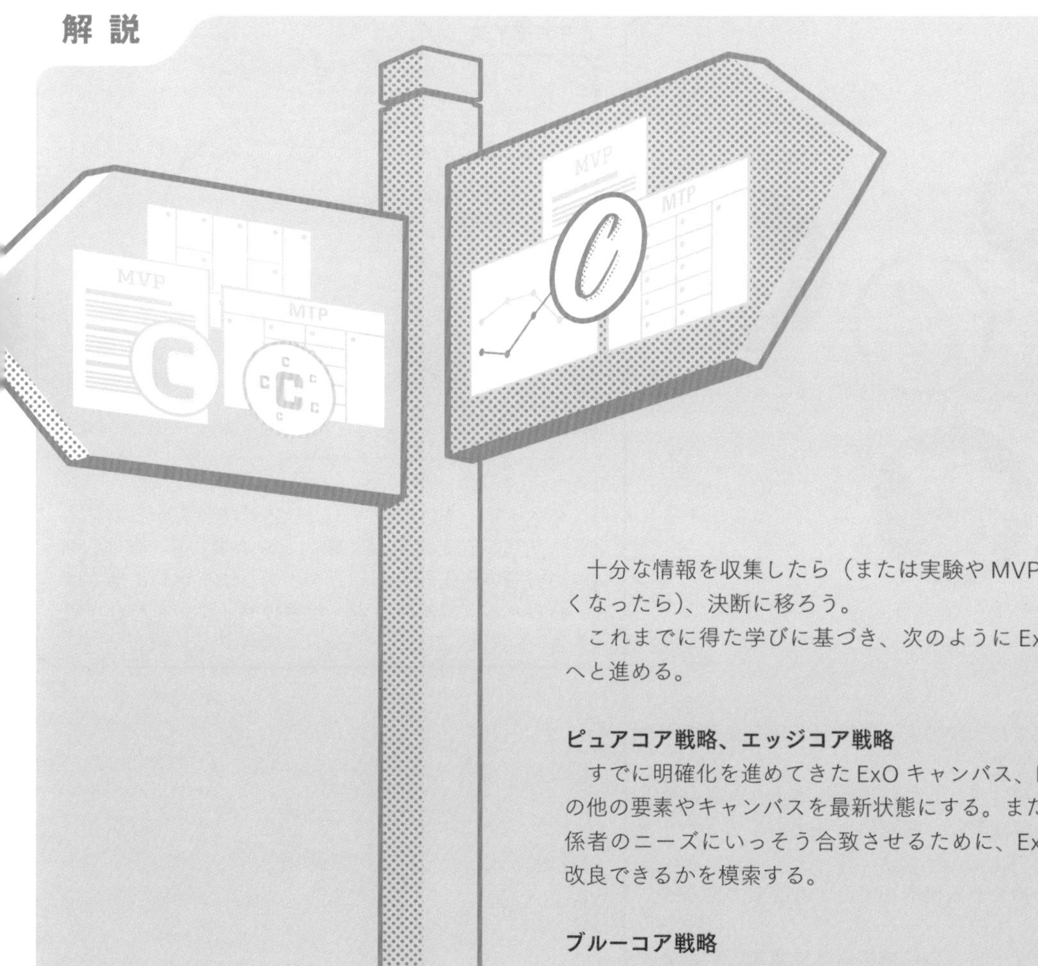

十分な情報を収集したら（または実験や MVP に割く時間がなくなったら）、決断に移ろう。

これまでに得た学びに基づき、次のように ExO コア戦略を先へと進める。

ピュアコア戦略、エッジコア戦略

すでに明確化を進めてきた ExO キャンバス、MVP の要件、その他の要素やキャンバスを最新状態にする。また、ユーザーや関係者のニーズにいっそう合致させるために、ExO 戦略をさらに改良できるかを模索する。

ブルーコア戦略

すでに明確化を進めてきた ExO キャンバス、ブルー・オーシャン戦略キャンバス、MVP の要件、その他の要素やキャンバスを最新状態にする。また、顧客のニーズに合うように商品やサービスをさらに改良する方法を模索する。顧客が商品やサービスに対し購買意欲を抱く可能性を最大化するため、価格モデルの調整も行う。

ツール

MTP

ビジネスモデルを修正する際には、ExO スプリントの前半で使用した ExO キャンバスとビジネスモデルキャンバスを使用する（p.124）。

タスク 2 改良を重ねて前進する!

ツール

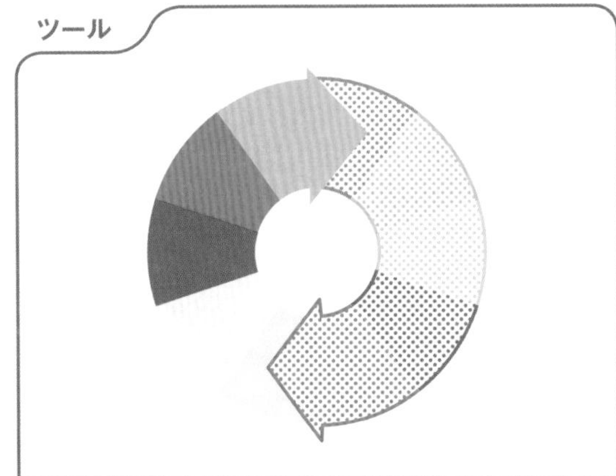

アジャイル開発手法を用いて商品やサービスの修正を繰り返す（つまりExOスプリントのような時間の縛りがない）場合には、プロダクトバックログの更新が必要となるかもしれない。

アドバイス

ブルーコア戦略では、次のような視点から商品やサービスの修正を繰り返す。

- **顧客ニーズ**：現在検討している解決策よりも高い効果を見込める解決策が、新しいニーズとして見つかるかもしれない。
- **機能**：商品に持たせる機能を変更する必要があるかもしれない。
- **価格**：商品やサービスの価格構造を見直す必要があるかもしれない。

アドバイス

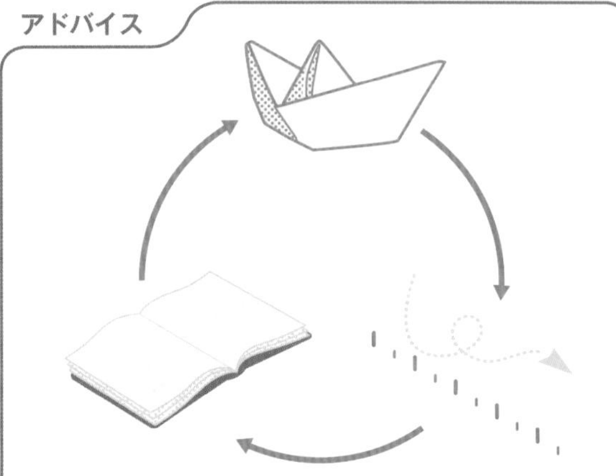

クライアント、ユーザー、社内の関係者からのフィードバックを注意深く検討し、必要に応じてMVPの機能の優先順位を見直す。あらゆる活動に当てはめられる、構築—計測—学習のサイクルを忘れずに。

テンプレート 提出用

ExOキャンバス　スマート・エコの例

MTP

自分だけのエコ体験

ユーザーエクスペリエンス

ソーシャルメディア

パーソナライズド・サービスのアイデア出しを行う

AIによるパーソナライズド・サービスの提供と、ホテルチェーンでの顧客記録の共有

エコプレイス評価システム

ロボットによるルームデリバリー

アプリなどでスマートアシスタント

宿泊客の好みを記録できるゲストダッシュボード

顧客開発とリーン・スタートアップを取り入れて継続的に改善

宿泊客が個人向けサービスの設定を変更可能

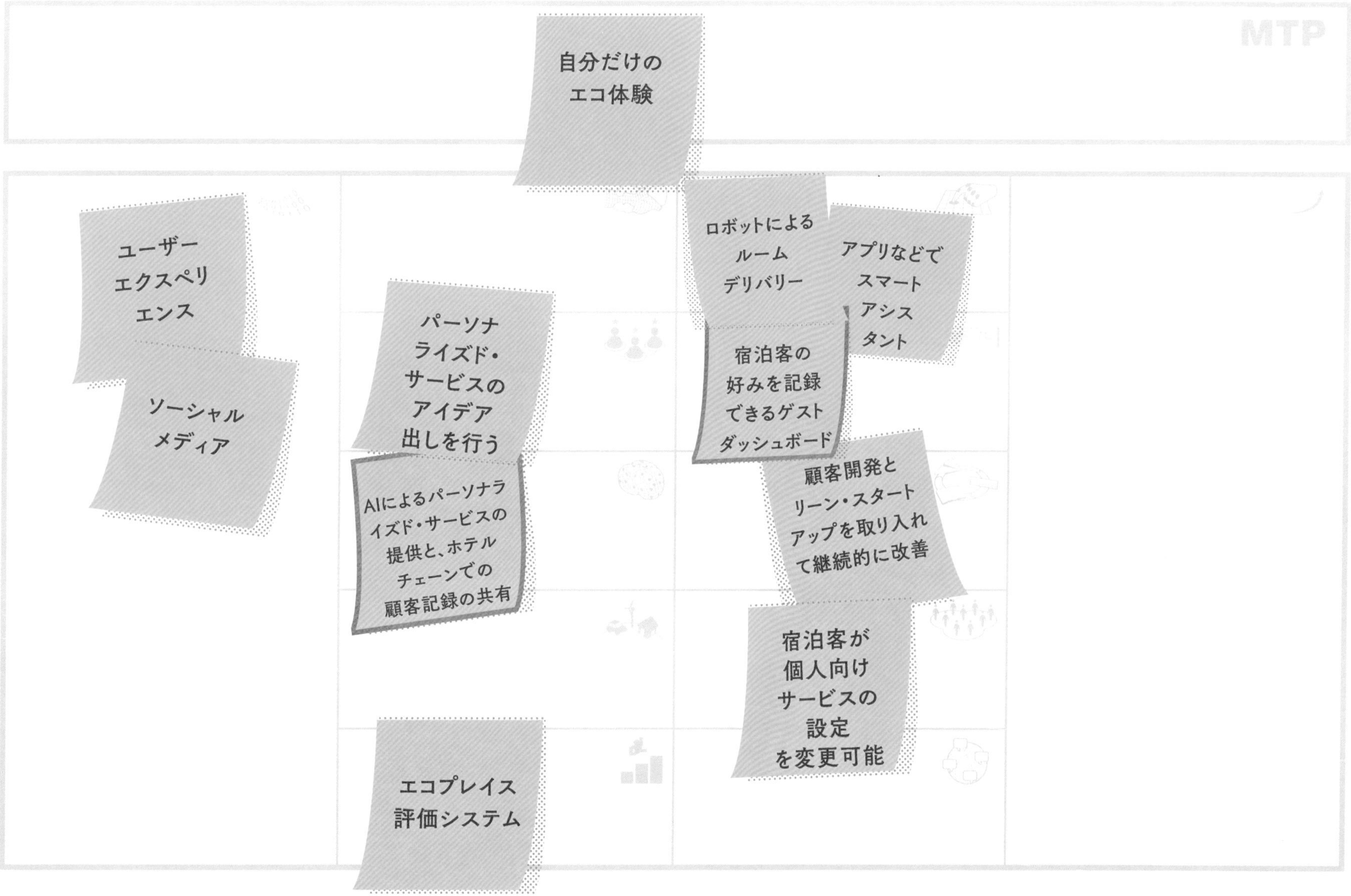

テンプレート 提出用

ビジネスモデルキャンバス、エコプレイス（母体組織）の例

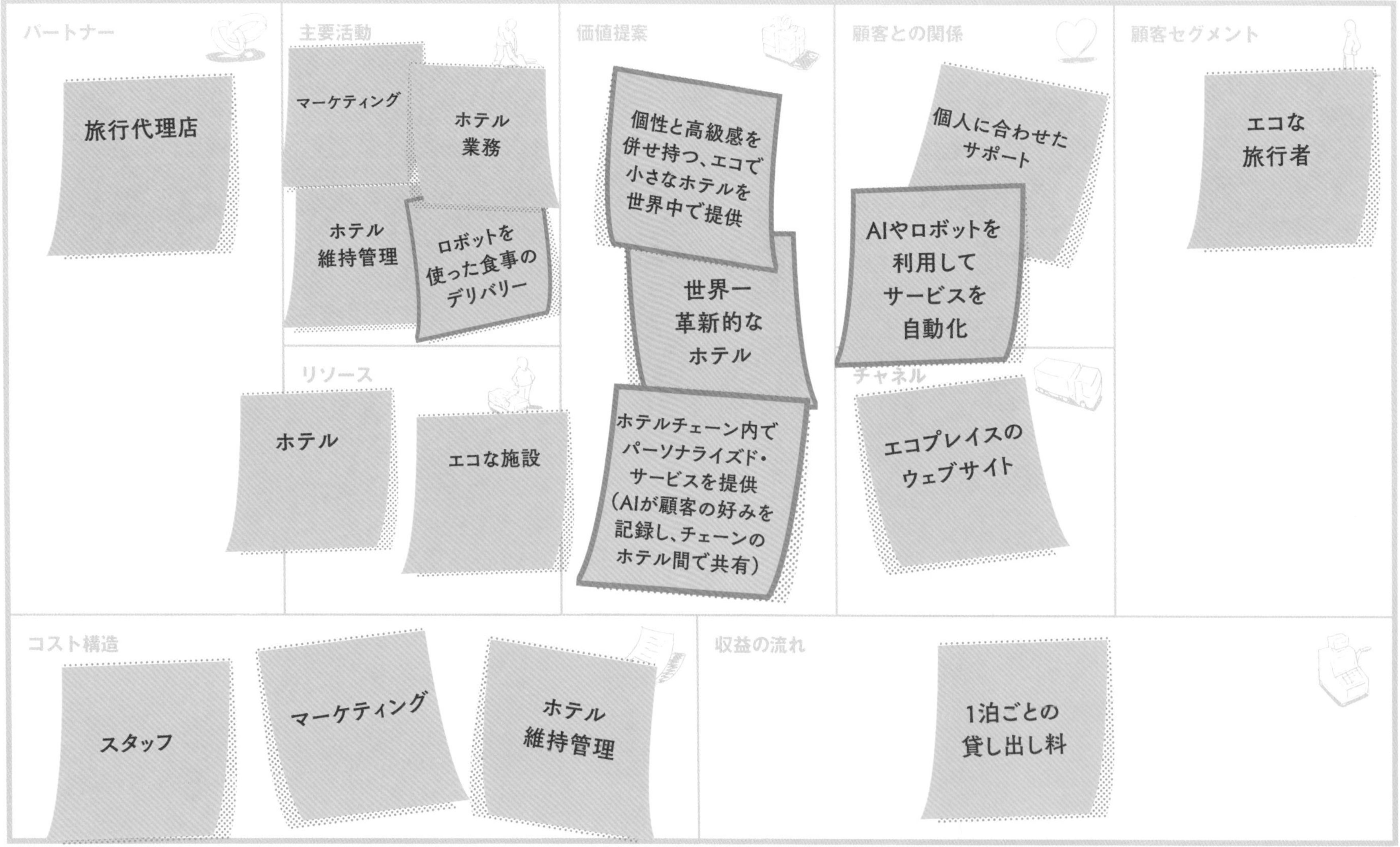

パートナー	主要活動 / リソース	価値提案	顧客との関係 / チャネル	顧客セグメント
旅行代理店 ホテル	**主要活動** マーケティング ホテル業務 ホテル維持管理 ロボットを使った食事のデリバリー **リソース** エコな施設	個性と高級感を併せ持つ、エコで小さなホテルを世界中で提供 世界一革新的なホテル ホテルチェーン内でパーソナライズド・サービスを提供（AIが顧客の好みを記録し、チェーンのホテル間で共有）	**顧客との関係** 個人に合わせたサポート AIやロボットを利用してサービスを自動化 **チャネル** エコプレイスのウェブサイト	エコな旅行者

コスト構造	収益の流れ
スタッフ マーケティング ホテル維持管理	1泊ごとの貸し出し料

今週のアドバイス

スムーズな進行のヒント

1日目と2日目に、アーリーアダプターからできる限り大量のデータを集め、MVPを改良する。

5日目にExOコーチと進捗確認を行い、発進セッション（第10週）での最終プレゼンテーションに向けてまとめを始める。

Sun　Mon　Tue　Wed　Thu　Fri　Sat

3日目、4日目に結果を分析し、ExOコア戦略のさらなる改良を進める。

ExO戦略に変更を加えるのは困難なことかもしれない（注力してきたアイデアを手放すのは辛いものだ）が、ここで企業内免疫システムを発動させてはならない！　最高のExO戦略を構築しよう。

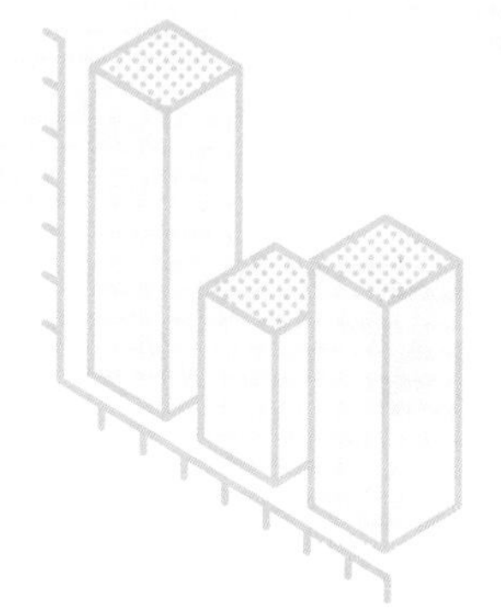

必ずデータに基づいた意思決定を行うこと。中立的でいるためには、自我を脇によけ、アイデアや計画に対する思い入れを手放さなければならないときもある。

多岐にわたる仮説を評価するために、あなたの業界の専門家や、特定の技術と方法論の専門家である社外の人物からの助言が必要となるかもしれない。

ExOスプリントでは誰もが平等であり、上下関係は存在しない。つまり、社内の年長者の意見を尊重した意思決定をする必要はない。

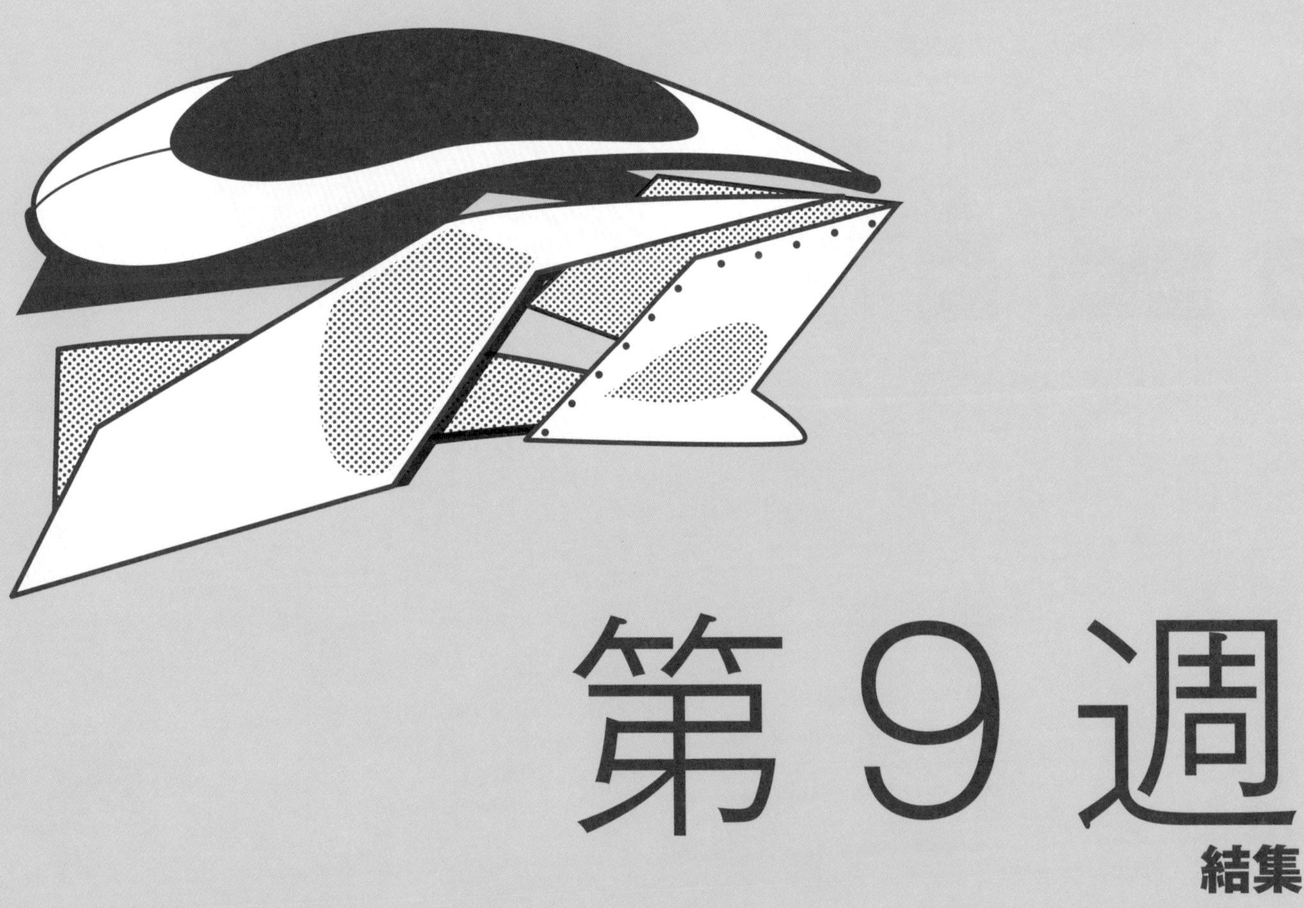

第9週 結集

今週のテーマ

いよいよ、最終プレゼンテーションの準備を始める。

来週には最善のアイデアを首脳陣の前で発表する。その目的はさらなるフィードバックを得ること、そして何よりも、選ばれたExO コア戦略をさらに発展させるための資金を得ることだ。

今週は、ExO スプリントを通してあげてきたすばらしい成果を披露する、まとめとなるプレゼンテーションを作成しよう。

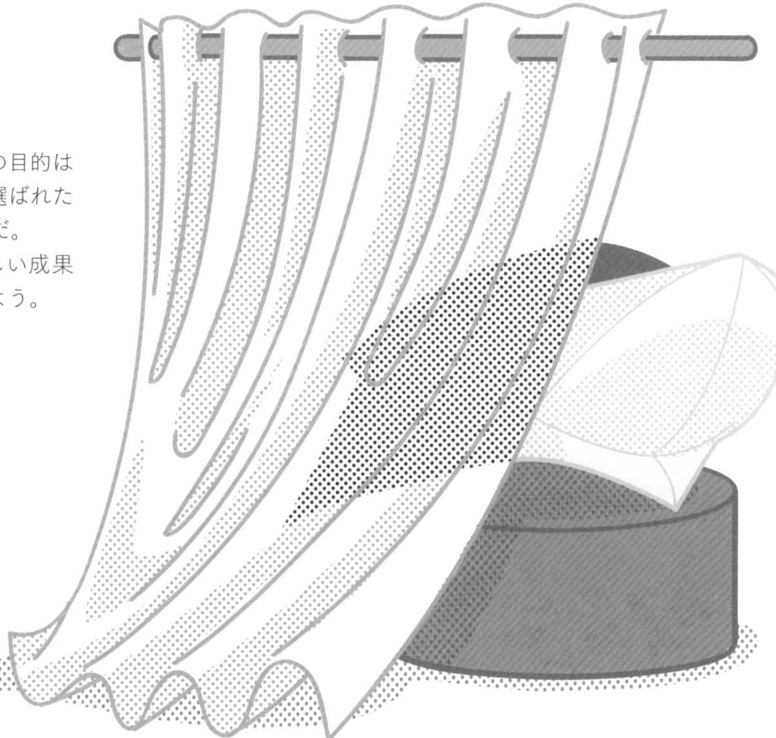

タスク 1 発表する戦略を2つに絞る

解説

最終プレゼンテーションに向けて、もっとも効果の見込める戦略を選定する。

実験から得た学びに基づいて、いくつかのExO戦略を棄却する勇気を持ち、成功を期待できる2つの案を選出しよう。

タスク 2 ExOコア戦略の展開に備え、中間目標と予算を検討する

解説

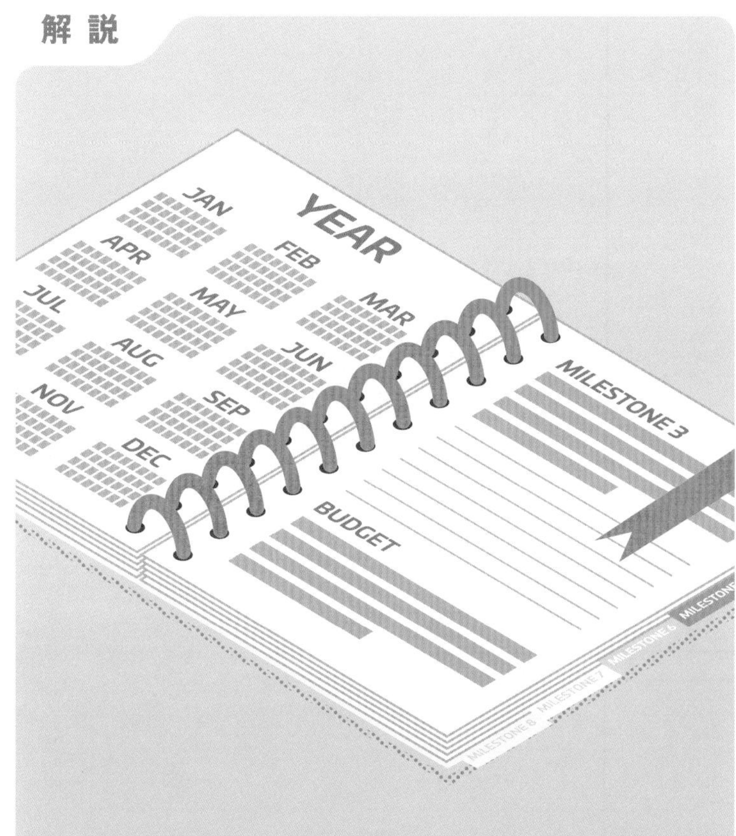

ExO コア戦略の進展を予測して、12～18ヶ月先までの中間目標を立てる。また、予算を見積もり、中間目標ごとに必要な金額を振り分けておくといい。

可能であれば、ExO 戦略の投資対効果（ROI、Return on Investment）を計算してみよう。ただし、革新的なプロジェクトで ROI を正確に計算するのは非常に難しいことを忘れずに。その数字を発表に使う際には、仮の金額である旨を必ず強調すること。

アドバイス

おもな中間目標には次のようなものがある。

戦略を導入するのに適切な部門や領域を選ぶ。

戦略の実行に適したチームを編成する。

仮説を評価するためにさらに実験を重ねる。

MVPとその改作版を構築する。

アーリーアダプター、社内での資金源、社外からの収益を確保する。

該当する場合は、パートナーシップを獲得する。

アドバイス

収益を見積もるには、前の週で実験に用いた革新会計の手法を考慮に入れて、ビジネスの範囲を定める。

タスク2 ExOコア戦略の展開に備え、中間目標と予算を検討する

アドバイス

コストを見積もる際は、中間目標の達成に必要となるリソースと外部からの援助を、現実的に割り出す。確保可能な資金額に合った中間目標を立てること。

アドバイス

ExOコア戦略が最先端のテクノロジーに大幅に依存するものである場合、そのテクノロジーが成熟したときに取り入れるための準備となる中間目標を定めよう。

アドバイス

管理しやすい流れを考慮して、中間目標を設定する。たとえば、小規模な市場セグメントで方向性の検証を行う中間目標ならば、同時に戦略の別の要素も検証できるだろう。

タスク 3 ExOコア戦略の最終プレゼンテーションを作成する

解説

来週の最終プレゼンテーションに向けて、ExO コア戦略ごとに作戦を立てる必要がある。

今回は短いエレベーターピッチ方式ではなく、各戦略を包括的に説明する長めのプレゼンテーションとする。テンプレートに沿って作成するとよい。

ツール

プレゼンテーションのテンプレートを使用する。

リソース

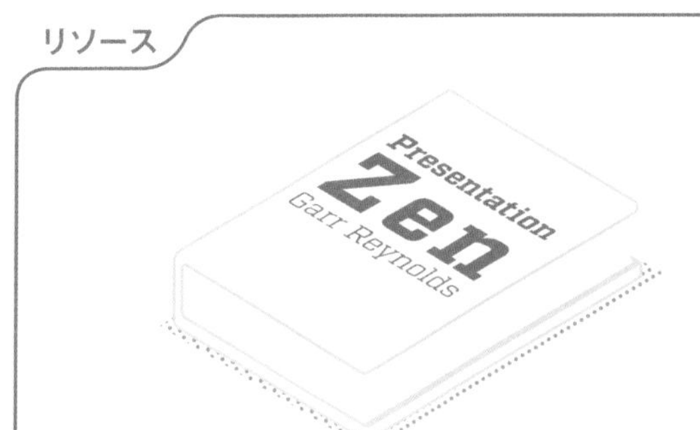

ガー・レイノルズの著書『プレゼンテーション zen』が役に立つ。

アドバイス

スライドには可能な限り文字よりも画像を使おう。スライドを読ませるのではなく、話す内容に注意を向けさせるためだ。

タスク 3 ExOコア戦略の最終プレゼンテーションを作成する

アドバイス

戦略ごとに、説得力のあるストーリーを組み立てる。対象とする問題領域から始め、価値提案を明確に示そう。戦略のコンセプトをわかりやすく伝えられているだろうか。価値は明確だろうか。

アドバイス

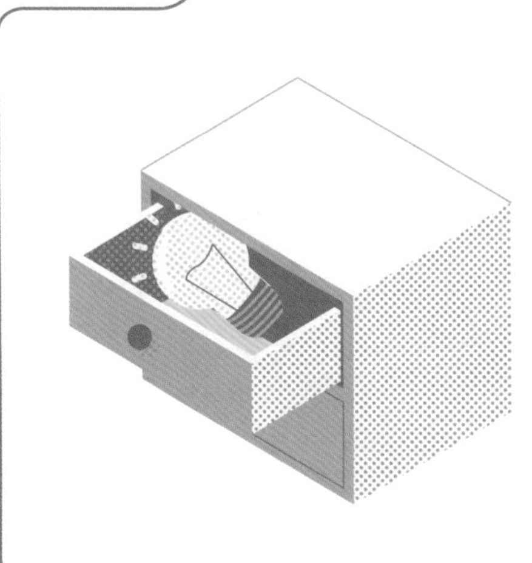

ExO 戦略をいくつか却下せざるを得なくなったとしても、がっかりしないことだ。発進セッション（第 10 週）で少なくとも 2 件の ExO コア戦略を発表するまでは、いつでも破壊セッション（第 5 週）以前に挙げていた戦略を復活させてかまわない。新しく加えた戦略は、前の週までの手順に従って可能な限り完成度を上げること。

アドバイス

プレゼンテーションは、戦略 1 件あたり 15 分間に収める。

アドバイス

すぐに練習を始めよう！

プレゼンテーション

プレゼンテーションごとに、次のスライドまたは内容を準備する。

MTP

ExO コア戦略の大枠を示すため、必ず最初に MTP を紹介する。基本的には、MTP の紹介はスライド 1 枚に収める。

変化・行動

ExO コア戦略の主要な推進力となっている社外の破壊的変化の説明も重要だ。破壊的変化の元となる ExO エッジ戦略がある場合、それについても忘れずに触れる。

破壊的変化を明らかにしたあとに、その変化がもたらす脅威を回避するための行動、または変化がもたらす好機を活用する方法を、社内の行動として紹介する。

プレゼンテーション

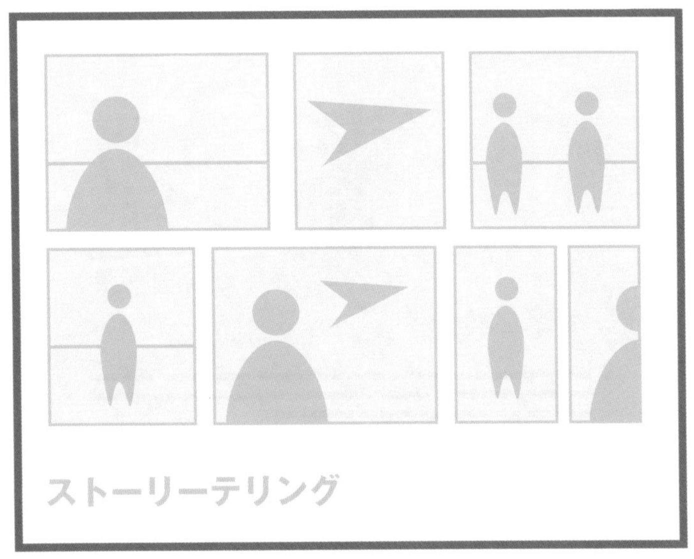

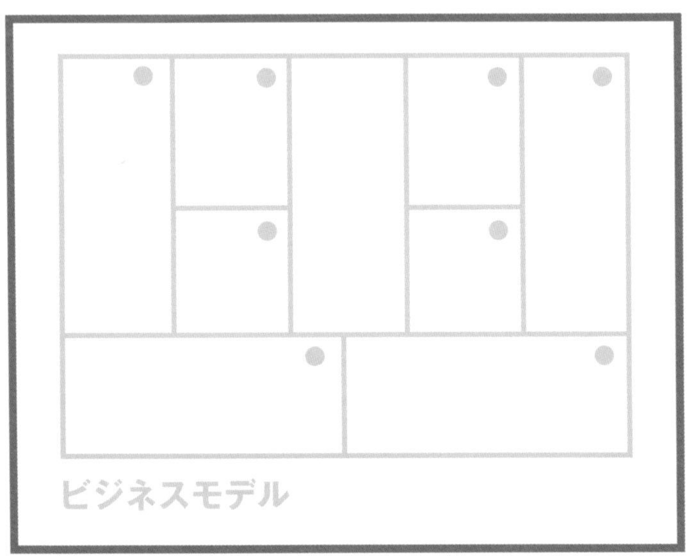

ストーリーテリング

新しいアイデアを伝えるには、ストーリーテリングのテクニックが効果的だ。

たとえば、ストーリーを創り、写真や図を用いて問題を描き出し、それをどう解決するかを伝える。

プレゼンテーションで紹介する戦略が6件以下であれば、ケーススタディの活用をお勧めする。時間配分は、戦略1件あたり5分間を目安とする。

ビジネスモデル

そのExOコア戦略が、企業の現行のビジネスモデルにどう合致するかを説明するといいだろう。

ビジネスモデルの改善方策や、社外の破壊的変化に適応させる方法（ビジネスモデルの変更は行わない）を紹介してもよい。

プレゼンテーション

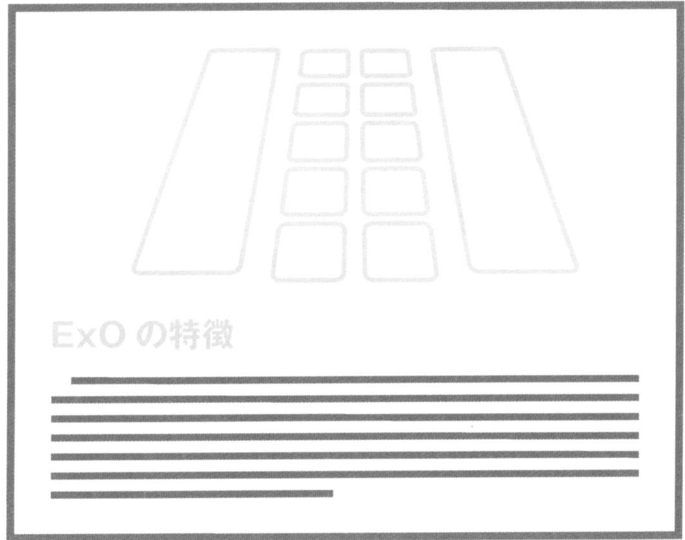

ExO の特徴

企業を飛躍的変化に適応させることと、豊富な資源とのつながりの確保の両方を目指しているのだから、企業が豊富さにアクセスする方法（SCALE を使う）とその豊富さをマネジメントする方法（IDEAS を使う）を説明する必要がある。

ExO キャンバスを紹介し、10 の特徴を ExO コア戦略に適用する方法についても説明する。

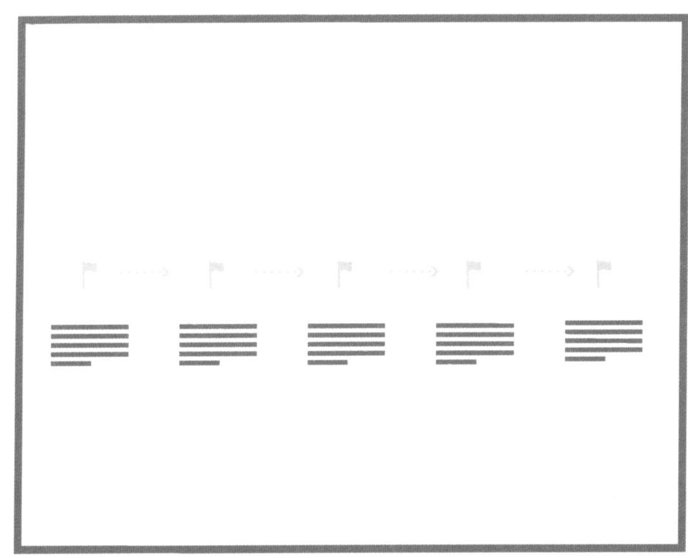

おもな中間目標

今後数ヶ月にわたっての重要な中間目標を記載する。

飛躍型思考に沿って MTP 達成までの計画をまとめた、長期的な中間目標についても説明する。

プレゼンテーション

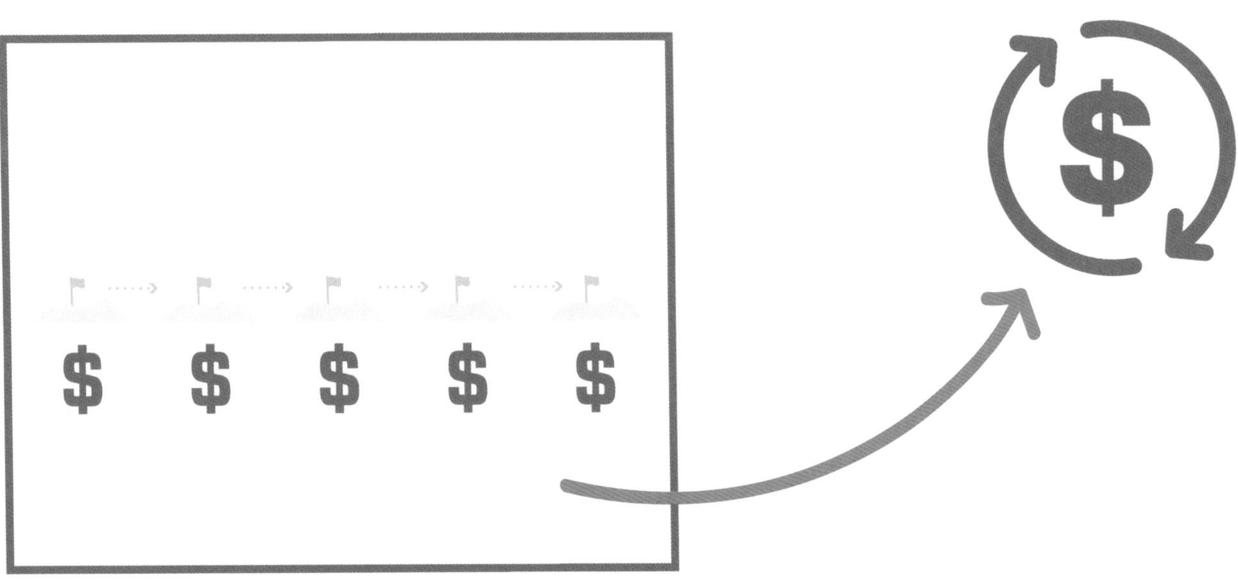

可能であれば、仮のROIの金額も発表する。

予算

短期的な中間目標を達成するために必要となる予算を見積もる。

今週のアドバイス

スムーズな進行のヒント

Sun Mon Tue Wed Thu Fri Sat

Mon: 1日目は、前の週で得たフィードバックを元にExO戦略の完成度をさらに高める

Tue Wed: 2日目、3日目に中間目標と予算を設定し、プレゼンテーションの準備をする。

Thu: 4日目にプレゼンテーションの練習を行う。何度か全体を通して練習し、話し方とタイミングの取り方に慣れる。チーム内で発表者を決めておくこと。

Fri: 5日目にExOコーチの前でプレゼンテーションを行い、晴れ舞台に向けて本番直前のフィードバックと助言を得る。

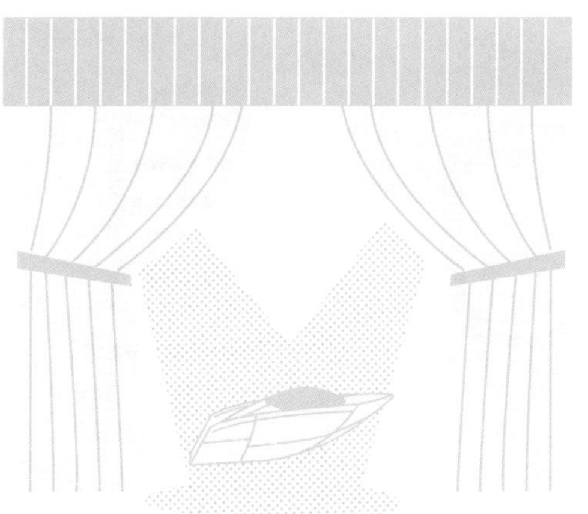

プレゼンテーションの形式には自由な発想を取り入れよう。たとえばシンプルなプレゼンテーションに効果音や動画を付けるのもいいだろう。

実験で得た実際のデータを使用する。上手な話し方はプラスにはたらくものの、結局は飾りにすぎない。顧客や関係者、ユーザーから得たデータと意見（生の声など）を示して、学びの内容を伝えることにこそ大きな価値がある。

第10週 発進

今週のテーマ

ついにこの日がやってきた！

投資して開発を進める戦略を最終決定する立場にある首脳陣と厳選されたアドバイザーの前で、ExO コア戦略を発表する。

しかしこの選定プロセスがゴールではない。それどころか、あなたの ExO コア戦略は、これから企業変革プロセスの道を切り拓くのだ！

タスク 1 準備と手配を進める

解説

プレゼンテーションに適した環境を用意する。プレゼンテーションは対面で行ってもオンラインで行ってもかまわない。メンバーの居場所や予算に応じて決定しよう。対面で行う場合は、装飾などで雰囲気ある部屋作りをしてみるのはどうだろうか。オンラインで行う場合は、前もってビデオ会議システムの動作確認をしておくこと。

アドバイス

固定の進行スケジュール（この後で指示する）に従ってプレゼンテーションを行う。発表するExOコア戦略の数を考慮し、各チーム60～90分間に収める。戦略1つにつき15分間でプレゼンテーションを行い、その後に質疑応答の時間を10分間設ける。次の戦略に移る前には、短い休憩を挟もう。

アドバイス

効果的なプレゼンテーションの鍵は時間管理だ。プレゼンテーションの進行スケジュールと順番を、前もって聞き手に伝えておく。

タスク 2 プレゼンテーションとディスカッション

解説

首脳陣と社内の関係者を相手にプレゼンテーションを行う。破壊セッション（第5週）でのプレゼンテーションとは異なり、今回はフィードバックと質疑の両方を受け付ける。

最終プレゼンテーションの形式は、破壊セッションで実施したエレベーターピッチよりも長いものにする。

アドバイス

より効果的なプレゼンテーションに役立つ書籍を２冊紹介する。いずれもカーマイン・ガロの著書で、『スティーブ・ジョブズ驚異のプレゼン』と『TED 驚異のプレゼン』だ。

アドバイス

戦略１つにつき質疑応答タイムを 10 分間取ることをお勧めする。

タスク 3 最終評価

解説

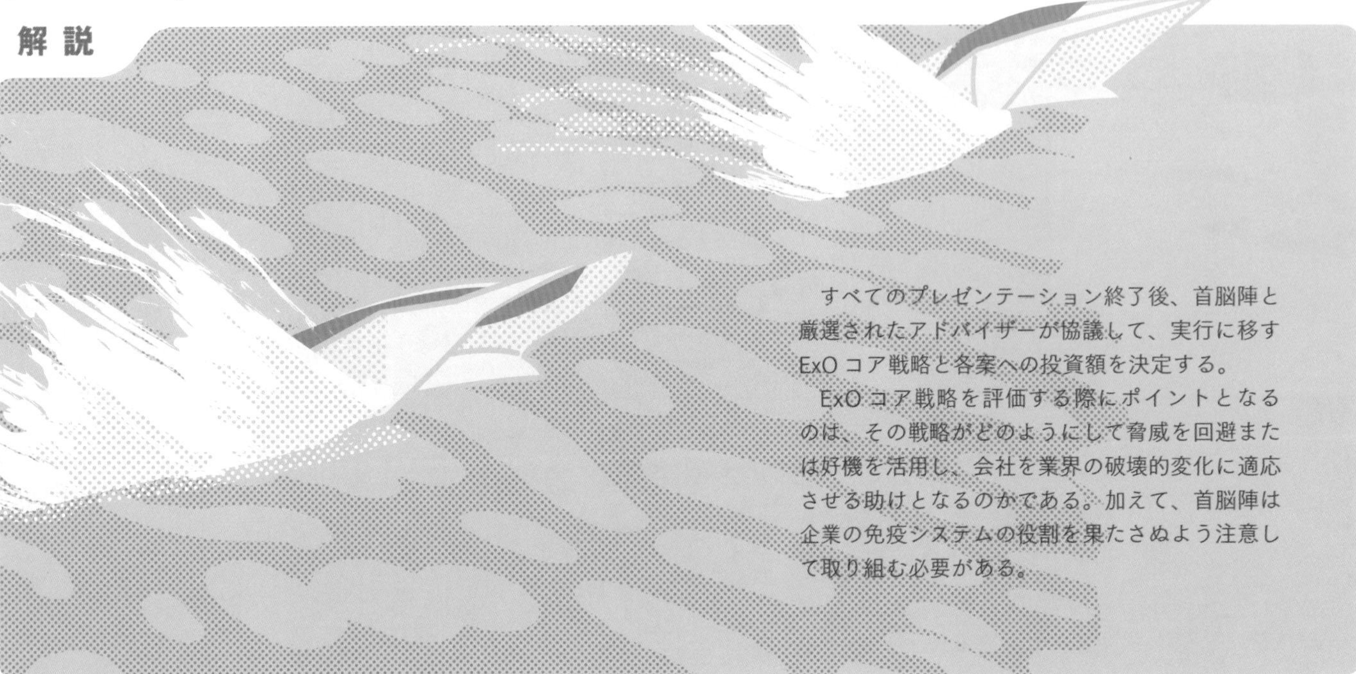

すべてのプレゼンテーション終了後、首脳陣と厳選されたアドバイザーが協議して、実行に移すExO コア戦略と各案への投資額を決定する。

ExO コア戦略を評価する際にポイントとなるのは、その戦略がどのようにして脅威を回避または好機を活用し、会社を業界の破壊的変化に適応させる助けとなるのかである。加えて、首脳陣は企業の免疫システムの役割を果たさぬよう注意して取り組む必要がある。

ツール

首脳陣が投資する戦略を選定する際に、今週のテンプレートが役立つ。

アドバイス

ExO スプリントに参加していない首脳陣から免疫システム反応を示されないよう先手を打つ目的で、破壊セッション（第５週）同様、ExO ディスラプターを最終プレゼンテーションの評価者に加えることをお勧めする。ディスラプターは社外の人間である（そして首脳陣とつながりがない）ため、正当で公平なフィードバックを得やすい。

アドバイス

保守的で伝統を重んじる考え方はここでは適切でないため、そうした価値観から来る意見や提案は取り入れないようにする。とはいえ、業界の当事者はその難しさを実感するかもしれない。

タスク 3 最終評価

アドバイス

戦略はまだ初期段階にあり、これからの数ヶ月で修正可能であることを忘れずに。現時点では、細かい部分をじっくりと見るよりも、俯瞰的な視点を保って ExO コア戦略の目的や最終目標に主眼を置くことが重要だ。

アドバイス

首脳陣は、選定した戦略の資金を全額用意する必要はない。リーン・アプローチに倣って、最初の中間目標達成に必要な資金のみを割り当てる。

アドバイス

ExO スプリント終了直後に必要となる資金総額を算定しておくと役に立つ。各戦略への期待値に応じて、資金を割り振ろう。

アドバイス

選定された ExO コア戦略の今後の開発を監督するチ--ムを編成する。選ばれた戦略を発案したチームから数名をメンバーに入れること。

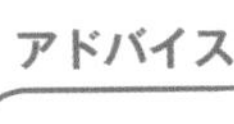

タスク 4 告知する

解説

今後の投資と開発が決定したExO戦略をExOスプリント参加者に告知することが、推進力を持続させる鍵だ。

アドバイス

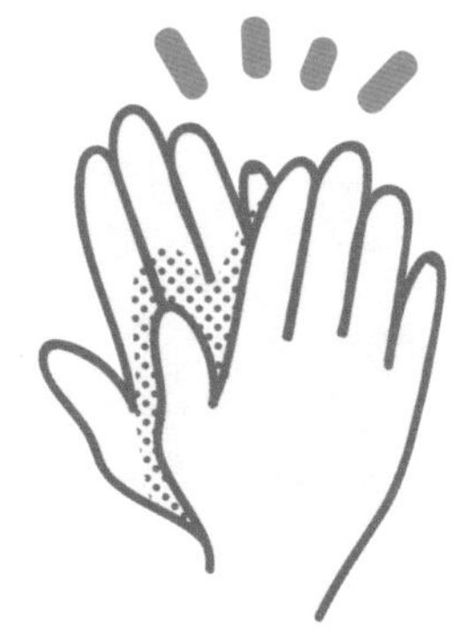

携わってきた戦略が選出されたかにかかわらず、ExOスプリントの参加者全員が今後も関与しつづけることが重要だ。参加者全員のすばらしい取り組みに対する賞賛を忘れないように。誰もが短期間でかなりの分量のタスクをこなしてきたはずだ。

アドバイス

全員に関与を続けてもらい、成果を共有していくコツの1つは、今後ExOコア戦略が生み出す利益をExOスプリント参加者全員（該当する場合はExOエッジチームの参加者も）に分け与えることだ。

プレゼンテーションの進行スケジュール

最終日のプレゼンテーション進行用テンプレート

テンプレート 提出用

ExO エッジ戦略	ExO スプリントの範囲に沿ったものか?	企業を業界の破壊的変化に適応させるものか?	企業の規模拡大を見込めるか?	実現性があるか?	実施決定するか?	割り当てる資金額
スマート・エコ	はい	はい	はい	はい	はい	15 万ドル

今週のアドバイス

ヒント

いよいよ ExO 戦略を発表するときがきたら、リラックスしてこの瞬間を楽しもう！

できる限り多く練習を重ね、プレゼンテーションの改良を続ける。

戦略の選定結果、各戦略に割り当てられる資金額、戦略の展開に取り組むメンバーを、告知することが重要だ。

ExO スプリントの活動を通して、個人的な進化を遂げた参加者がいるかもしれない。選定されたExO コア戦略への参加を待ち望むメンバーもいることだろう。その新たなキャリアパスを進んで支援しよう！

フォローアップフェーズ

おめでとう！　ExO スプリントはこれにて終了だ。

飛躍的な成長を遂げる力を持つ組織作りの過程で、チームのメンバー１人１人も、次のように成長してきた。

- 組織の垣根を越えて協力する新たな手法を学んだ
- 起業家の自覚を持って行動した
- IT を利用して共同作業やコミュニケーションをリアルタイムで行い、その生産性の高さを実感した
- 経営陣を相手に意見を発表する際に、これまで使ってきたであろう形式よりもずっと簡素な形式を用い、その「不十分さを快適と感じる」ようになった（経営陣もこの新しい形式の利点を実感できたはずだ）
- 毎週の難しい課題をすばやくこなすことで、リーンな（無駄のない）考え方が自然と身についた
- 早い段階でのフィードバックを反映して検証するサイクルをすばやく繰り返すことの意義を実感した
- 破壊する過程に立ち会った
- 「失敗」の中にこそ学びがあることを理解した
- 今後の日常業務にも応用できる、業務革新モデルと実践法（ExO モデルを含む）を幅広く経験した

今後も企業全体に及ぶ革新を推し進められる飛躍型思考を、ExO スプリントの参加者全員が身につけられたはずだ。

ExO 戦略をチームで発案し発展させたという事実が、企業の DNA を維持していく糧となる。どの戦略も、同じ DNA（少なくとも企業としての）を共有するメンバーで創り上げたものだからだ。よって、選出された ExO 戦略はすべて、チームや企業全体にうまく当てはまるものとなっている。

最初に設定した目的別に、次のいずれかの成果を手にできるだろう。

大手企業に属し、業界全体を改革して、破壊的変化とともに自社の企業をも進化させることが目的であった場合、ExO スプリントで得られる成果は ExO エッジ戦略と ExO コア戦略の両方となる。ExO エッジ戦略は、業界を（あるいは他業界をも）先導する次世代型企業の形成につながる。一方で ExO コア戦略は、業界に起きた破壊的変化（ExO エッジ戦略でもたらした変化も含む）に自らの組織を適応させる助けとなる。

伝統ある企業に属し、業界の破壊的変化への適応が目的であった場合、ExO スプリントで得られる成果は ExO コア戦略となる。この戦略を適切に実行することで、急速に変化を続ける世界で長く戦っていける企業となるはずだ。

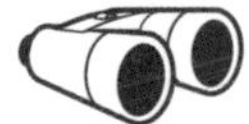

特定の業界を変化させるために飛躍型企業を立ち上げようとしている**起業家または起業支援組織**の場合、ExO スプリントで得られる成果は ExO エッジ戦略となる。この戦略をさらに発展させることで、あなた自身の目的を達成しつつ、業界の「Next Big Thing（注目の新規企業）」となる可能性を手にできる。

次の円形図に最終的なExO戦略を当てはめると、ExOスプリントの成果を整理することができる。

ExOスプリントを完走すると、個々のExO戦略が生む成果を単に足し合わせたもの以上の成果を得られる。企業が業界の破壊的変化のみならず、作成したExOエッジ戦略にも適応した姿を、新たなエコシステムとして表している。

ExOエッジストリームの成果として、業界を牽引する力を持った企業が生まれる。

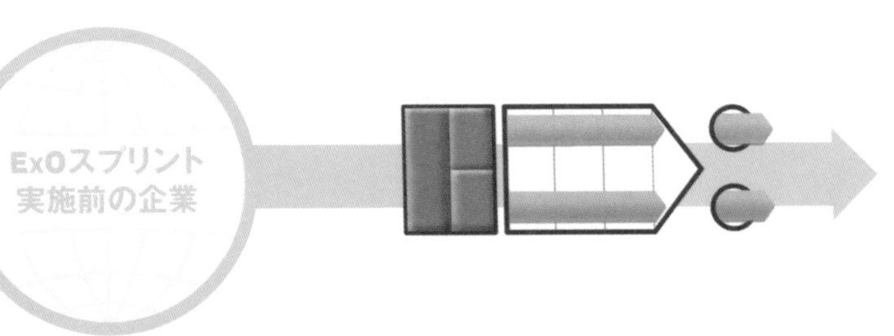

ExOコアストリームの成果として、業界の破壊的変化に適応した企業が生まれる。こうした企業は、同じ業界内に構築されうる別のエコシステムにも加わる力を持つ。

このとおり、ExOスプリントの成果は企業改革のみにとどまらない。業界全体の変革にも一役買う可能性がある！
次のセクションに、ExO戦略をさらに発展させて次の段階へと押し上げるための実用的なアドバイスをまとめている。

ExOスプリントの成果

あなたの ExO スプリントの成果を図式化しよう

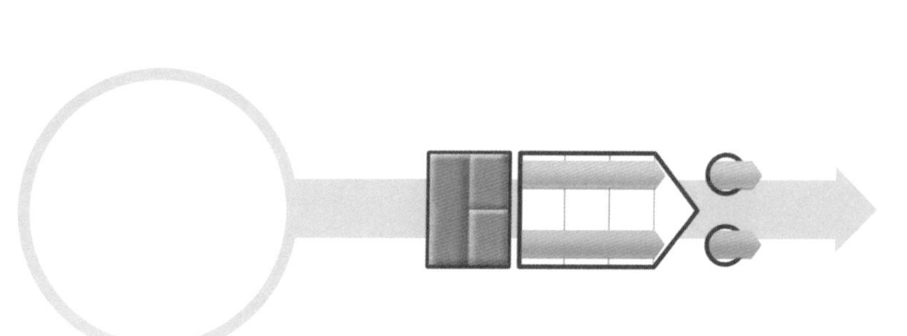

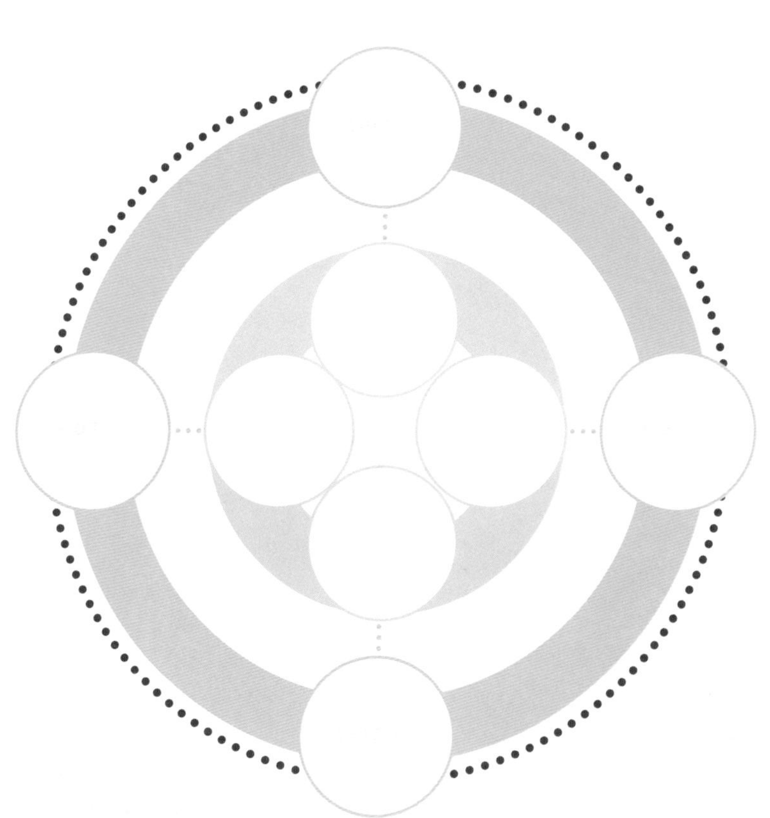

ExOエッジ戦略の実行

ExO エッジ戦略を適切に発展させるためには、次をしっかりと考慮しよう。

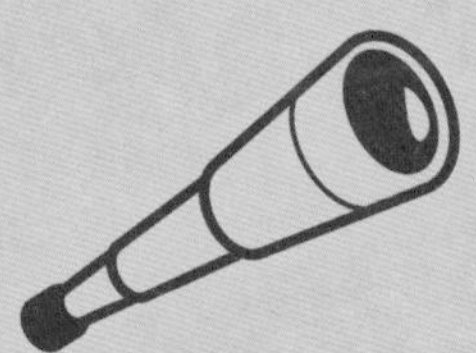

規模

まずは MVP に注力し、適切なプロダクト・マーケット・フィットを達成できるまで検証と修正を繰り返す。顧客の大多数が満足すれば、達成だ。その次に成長に目を向け、マーケティングや売上の規模拡大に取り組む。

環境

ExO エッジ戦略を次の段階に移すには、適切な環境や要素（イノベーション・エコシステム）を見つける必要がある。起業家や起業支援組織に助言を求めるのもいいだろう。主要な協力者（起業家、投資家、パートナー）との関係作りも必要だ。

チーム

CEO を指名し、チームを結成する。CEO は、社外のイノベーション・エコシステムから選ぶのがいいだろう。既存の大企業で働いた経験のある人物ならたいてい、研究開発に偏りすぎるのではなく、ビジネスの執行に力を注ごうとするためだ。また、創業チームのメンバーには、適度なストックオプションを与えることも忘れずに。

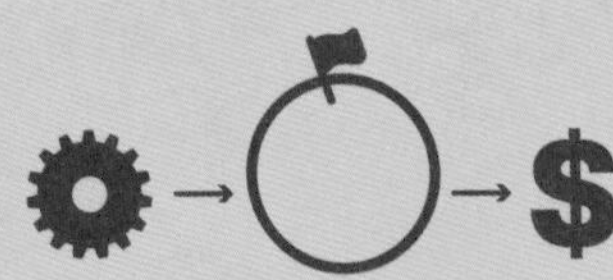

リソース

主要な中間目標に基づいて、ExO エッジ戦略にリソースを割り当てる。中間目標を1つ達成したり、重要な学びを得たりするたびに、リソース配分の見直しを行う。2回目の資金投入に向けて社外の資金源を探しておくのもいいだろう。社外の投資家は、資金提供のみならず、新しい飛躍型企業を検証する役割をも果たす。

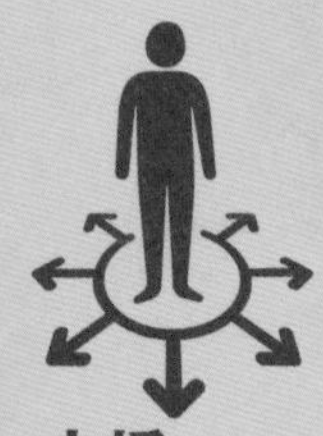

支援

ExO 戦略の実行に移る前に、会社の経営陣からの全面的な支援を得られていることを確認する。すべての ExO チームが、新たな CEO の意思決定のもとで、会社からの妨害を受けることなく活動に取り組めるようにすべきだ。会社の免疫システムが新規企業を攻撃することがあってはならない。

投資対効果（ROI）

初期段階にある ExO は、本質的にはスタートアップであるため、ROI を要求してはならない。適切なビジネスモデルを確立し、明確なプロダクト・マーケット・フィットを得るまで、実質的には、ROI は見込めないだろう。

ExOコア戦略の実行

企業内部に ExO コア戦略を適切に導入するためには、次をしっかりと考慮しよう。

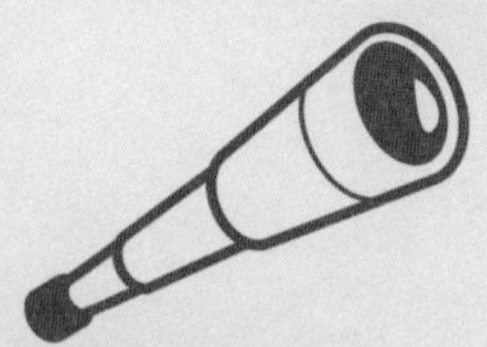

規模

はじめに、特定の業務や部門にパイロットプロジェクトを導入する。その後、パイロットプロジェクトから得た学びを適用しつつ、規模を拡大する。

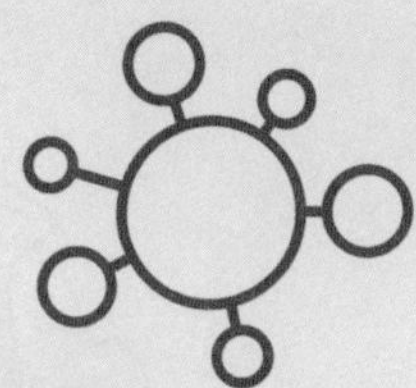

環境

ExO コア戦略を企業内で成長させる。選定された戦略を、まずは「サンドボックス」（パイロットプロジェクト）として始め、徐々に社内に展開していく。

チーム

ExO スプリント参加者の中からリーダーを指名する。リーダーは戦略を実行するチームの監督を行う（チームメンバーは必ずしも ExO スプリント参加者である必要はない）。

リソース

主要な中間目標に基づいて、ExO コア戦略にリソースを割り当てる。中間目標を１つ達成したり、重要な学びを得たりするたびに、リソース配分の見直しを行う。

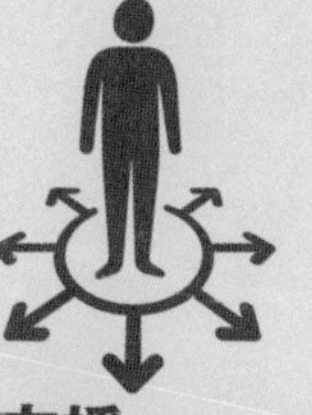

支援

ExO 戦略の実行に移る前に、会社の経営陣からの全面的な支援を得られていることを確認する。

投資対効果（ROI）

ROI を見積もり、追跡するが、期待値は柔軟に保つこと。革新的なプロジェクトは多くの仮説に基づいているため、具体的な ROI の設定は困難であることを念頭に置く。少なくともパイロットフェーズ終了までは、正確に見積もるのが難しい。

飛躍的変化へ!

ExO スプリントの実施は、業界の破壊的変化に適応して飛躍型技術を活用できる企業への変化という、飛躍的な成果を生む。
しかしそこがゴールではない。飛躍型企業を作り、グローバルな影響力を持つ存在へと育て上げるために、さらにできることを紹介する。

テクノロジーを活用：

規模を拡大する唯一の手段は、テクノロジーを活用して豊富な資源を手に入れ、管理することだ。
世界規模の企業改革エコシステムである ExO Lever には、ExO スプリントやその他 ExO サービスの実施に必要な人材が豊富にそろっている。必要に応じて、公認 ExO スタッフ（ExO コーチ、ExO アドバイザーなど）やその他の主要なリソースからの支援を、オンラインで求めることができる。また、ExO Lever プラットフォームでは、企業の首脳陣や中間管理職をはじめとした ExO スプリント参加者を対象に、進行中のプロジェクトへのフィードバックを提供、推奨している。

定期的な実施を!

社外からの支援（ExO コーチやその他 ExO 関連スタッフのサポート）を利用したか否かにかかわらず、ExO スプリントを一度完遂したあなたは、今後は自力で ExO スプリントを実施できるすばらしい立場にある。
ExO スプリントの参加者 1 人 1 人が、ExO モデルをはじめとした変革の手法（顧客開発、デザイン思考、リーン・スタートアップ）の経験をしっかりと積んだ。ということは、今後 ExO スプリントを実施したり先導したりするのに必要な知識と考え方を備えた人材が育ったということだ。必要に応じて社外の ExO コーチに助けを求めるのももちろんよい手段だが、次回以降、頼る機会はぐっと減ることだろう。
企業で ExO スプリントを定期的に実施する目的は、新たな戦略を生み出すことに限らない。進化を促進し、常に最新のスキルを身につけることや、従業員の企業文化への理解を深め、進化への意欲を増すことでもある。
企業の DNA に ExO のプロセスを取り込んできた結果、今後の ExO スプリントを管理し、先導できるチームが仕上がっている。
さあ、次の ExO スプリントを計画しよう！

ExOスプリント
ケーススタディ

インタープロテクション

 メキシコシティ　10週間　36名が参加

メキシコのインタープロテクションは、保険ブローカー、再保険、質の高い保証を専門とする保険会社グループだ。保険ブローカーとして、最高の契約条件を求めて保険会社と交渉し、費用対効果の高い解決策をクライアントに提供している。ラテンアメリカに5,000社を超える法人顧客を抱え、グローバルな存在感を示しつつ世界中で広く認知されている。

ExOスプリント実施前から、インタープロテクションは保険業界をはじめとした多くの業界に到来しつつある破壊的変化に気付いていた。そこで、破壊される側ではなく破壊する側となる道を選んだ。新しいテクノロジーとビジネスモデルこそが鍵である点、たとえばB2Cの革新的なビジネスモデルを立ち上げることで、現在の市場の枠を超える飛躍的な成長を遂げられる点も、すでに認識していた。

準備

インタープロテクションのExOスプリントの目的は、会社と保険業界、さらには周辺の業界にも変化をもたらすことであったため、ExO戦略はすべて保険業界と周辺業界をターゲットとした。

このExOスプリントは私たちにとっても初めての導入事例であったため、ExOチームの数や種類の点で現在推奨しているものとは異なる。何を隠そう、本書にまとめたExOスプリントは、インタープロテクションなどのアーリーアダプターとのExOスプリント実施を通して、私たちが得た学びと改善点を反映した集大成なのだ。

実行

インタープロテクションのExOスプリントは2016年3月に開始され、全11週間（目覚めセッションと調整セッションに最初の1週間、その後ExOスプリントの週ごとの課題に沿って10週間）のプロジェクトとなった。

インタープロテクションCEOのパキ・カサヌエバ氏がリーダーに就任し、いち参加者としてもExOスプリントに参加した。CEOの参加はチームにとって大きなモチベーションとなり、メンバーの考え方の革新を後押しした。

プロジェクトでは、合計6チームが編成された。2チームが既存の主要ビジネスに（ExOコア）、2チームが新しいテクノロジーを取り入れた新規ビジネス考案に（ExOエッジ）、2チームが他業界の新規ビジネスモデルを参考にした新規ビジネス考案に（ExOエッジ）取り組んだ。各チームにExOコーチがつき、フランシスコ・パラオがヘッドコーチとして全ExOコーチの理論指導を監視、補助する役割を担った。

ExOコーチ陣

ヘッドコーチ
フランシスコ・パラオ

コーチ

ケント・ラングレー

ジョエル・ディーツ

ラーズ・リン・ヴィルベック

ダニエル・マルコス

ディエゴ・ソロア

ルネ・デ・パウラ

もっとも苦労したのは、すべてのチームを管理してまとめあげる部分だった。6チームは多すぎたのだ。具体的には破壊セッション（第5週）と発進セッション（第10週）に十分な時間を取れず、どのチームもわずかな時間でExO戦略のプレゼンテーションを行うことになってしまった。それでも、どのExOチームも努力の末に大きな成果を上げた。インタープロテクションはExOスプリントにとって真のアーリーアダプターであり、ここでの学びはその後のExOスプリントの改良と確立に多大なる貢献をしてくれた。

成果

ExOスプリントの成果として6つのExO戦略が生まれた（ExOコア戦略2つ、ExOエッジ戦略4つ）ほか、ExOスプリント実施期間中に経営革新ラボが設立された。最終プレゼンテーションで発表された全ExO戦略がその後の開発対象となり、総額250万ドルの資金が投入された。

全体としては、革新しつづける仕組みを社内につくることと、破壊的変化を企業本体の外にもたらすことで、会社を変革する方法を学んだ。また、ExO戦略（中身）を量産することも重要ながら、同時に経営革新ラボ（入れ物）を設立すること、またはExOスプリント完了後にExO戦略の開発を担う社外の起業支援組織を見つけることも重要であるとわかった。

また、現在進行中の破壊的変化の影響を受け、業界トップクラスを保つ（そしてその地位を固める）ためのExO戦略実施を経た後の保険業界の新しい形を模索した。つまり、インタープロテクションは変化に対して「実践しながら学ぶ」向き合い方を選びとった。

結果として、ExOスプリントは会社全体に精神的な変化をもたらした。インタープロテクションは、免疫システム反応を抱えた企業から、飛躍型企業の考え方を持つ革新者集団へと進化を遂げたのだ。

フォローアップ

ExOスプリントはさまざまなレベルで大きな影響を残している。ExOエッジ戦略のうちいくつかは、実際の市場での立ち上げからわずか数日間で何千ドルもの収益を生み出した。新設の経営革新ラボがExOエッジ戦略の開発を進め、社外のプロジェクトへの投資を行っている。結果的には、企業全体の考え方が変化し、社員としての集中的な成長期間を経験したExOスプリント参加者の大半が、昇進したか新しい役職を任されている。

プロジェクト主催者
パキ・カサヌエバ
インタープロテクションCEO

「自分たちがまさに破壊されるであろう分野にいることはわかっていましたが、まず何をすればいいのかわかりませんでした。でも、ExOスプリントがその答えでした。前進するための最高の投資となりました。ExOスプリントによって私たちの文化はがらりと変わり、限界が取り払われ、まったく新しいイノベーションの世界への扉が開かれました。会社全体の思考回路が一新されました。ExOスプリントは、私たちが最大限の力を発揮できるよう促してくれました。競合他社は、当社に何が起きたのか不思議がっていることでしょう」

ドバイ電力水道局

ドバイ　10週間　20名が参加

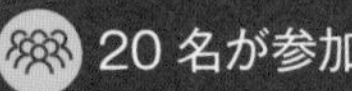

ドバイ電力水道局（DEWA）は、電気、水道、地域冷房ニーズの管理を担う1992年創業のドバイの公益企業である。7つの業務部門で合計12,000人の従業員を抱え、B2BとB2C両方の顧客形態（商業市場、住宅市場、産業市場）を有している。年間の総売上高60億ドル、収益18億ドルを誇り、ロールモデル企業として湾岸地域に認識されている。世界銀行発表の「Doing Business 2018」によると、DEWAが属するアラブ首長国連邦は、電気の入手しやすさインデックスで世界1位に輝いた。

準備

2016年、グローバル、ローカルの両面において業界に大きな変化が迫っていると認識していた我々DEWAは、当社の変革戦略を定義しなおす決心をした。目的は価値ある企業であり続けること、そして何よりも、新たな機会を創出し、掴むことで今後業界を牽引する存在となることだった。DEWAはExOフレームワークを手本に選び、変革を推進する手段としてExO Worksの採用に踏み切った。

DEWAが一番に掲げた目標は、従来型の公益企業から、デジタル化の進んだイノベーション主導型の公益企業へと変化を遂げることだった。エネルギー事業、公益事業、金融業、サービス業、政府関連事業など、ありとあらゆる事業を変革対象とした。

DEWAには、ExOスプリントの手法を社内で試したいという熱烈な希望があった。変革推進に新たな手法を試すようドバイ政府より推奨されていたこともあり、ExOスプリントのような方法論は理想的な選択肢だった。DEWAの全部門が参加を決め、業界と会社の両方に変化をもたらすことを狙いとした。

実行

壮大な旅路を前に、当社はすぐにスタートを切った。2016年12月5日にドバイにてExOスプリントがキックオフされ、2017年3月12日に終了した。

チーム

ヘッドコーチ
ミシェル・ラピエー

コアコーチ

アウグスト・ファツィオリ

エミリー・シドニー＝スミス

エッジコーチ

ラーズ・リン・ヴィルベック

ミハル・モニット

当社は、ExOスプリント準備フェーズの内容を省略して迅速に完了させ、早く首脳陣全員の関与と参加チームの最終選定に入ることを望んだ。しかし、この準備こそがスプリントの成功への鍵だったと後々学ぶことになった。次回、同様のプロジェクトに取り組む際には、ExOスプリントにかかわる必要のあるメンバーが高優先度の業務に追われない時期を選ぶつもりだ。

成果

ExOスプリントは、1つの目的の元に他部門のメンバーと協力しあい、そこから豊かな経験を得るまたとない機会となった。社内に眠る未開発の才能を発見し、実験の機会を広げるよいきっかけになった。

全チームで合計7つの戦略を発案し、その全案を組み合わせると当社の新たなエコシステムができあがった。どのプロジェクトも、柔軟なビジネスモデルを基盤に、飛躍型技術（ブロックチェーン、AI、空気から水を作る技術、エネルギー貯蔵技術など）を組み合わせて開発された。

結果、次のように多くの面ですばらしい成果を残すことができた。

- 戦略面：DEWAはExOの理論を取り入れた湾岸地域初の企業となった。アーリーアダプターとなり、経営革新を正しい方向へと後押しした。
- 文化面：ExOスプリントが文化的な障壁を取り除き、アイデアと解決策を前進させる新手法を示したことで、社内に効果的な協力関係を築くことができた。
- 個人面：ExOスプリントは従業員に社内外の新しいリソースを教示した。また、スプリント参加者は新しいテクノロジーの導入対象と方法について理解を深めた。
- アイデア面：空気から水を作る戦略をはじめとした、いくつかのExOスプリント戦略を当社の研究開発部門が引き継いだ。残りの戦略は、ドバイ政府が立ち上げた破壊的イノベーションを促進する「ドバイ10X」プログラムに向けて発表された。

フォローアップ

DEWAがExOスプリントの過程で構築したものの見方は、「Dubai Government Accelerators」プログラムと自社の研究開発プログラムの一環として立ち上げた、スタートアップへの投資という形で今も生きている。

革新的なリソースとテクノロジーに対するDEWA従業員の認識は非常に高くなり、互いに協力する社内文化が根付いた。考え方に変化が起きた明白な証拠だろう。

当社の目的は、すばやい意思決定と価値創出を両立するまったく新しい手法を検証することだった。結果としてそれを達成できたのみならず、チーム間の協力関係の強化や、幅広い業務で新規テクノロジーやトレンドを実験し、素早く探求する習慣づくりなど、数々の大きなメリットを得ることができた。

プロジェクト主催者
マルワン・ビン・ハイダー
ドバイ電力水道局 EVP Innovation and The Future
（イノベーション・未来部門 執行副社長）

「ExOの理論は、すばらしいアイデアを実現性の高いビジネスチャンスへと変換する術を教えてくれました」

StanleyBlack&Decker

スタンレー・ブラック・アンド・デッカー

北アメリカ、ヨーロッパ  10週間

30名が参加

工具メーカー世界最大手のスタンレー・ブラック・アンド・デッカーは、電気セキュリティ機器で世界第2位、工業用ファスナーで世界トップクラスを誇る企業だ。本社はコネチカット州ニューブリテンのグレーター・ハートフォード市街地に位置する。年間総売上額は120億ドルを超え、全世界におよそ5万8000人の従業員を抱える。世界中の主要な市場で175ヵ国以上を相手に、スタンレー・ブラック・アンド・デッカーのブランドの製品を販売している。B2CとB2B両方の顧客形態を有し、購買客層は非常に幅広い。過去10年間、総売上高は平均20%以上成長しつづけている。

準備

スタンレー・ブラック・アンド・デッカーは、自律的成長と買収の両方により今後5年間で売上高を倍にする取り組みを、2年前に始めた。これを達成するには、新たなビジネスモデルを受け入れ、新しいテクノロジーを採用し、大きな成長機会を秘める新事業を模索する必要があった。同社にとってExOスプリントは、飛躍的な成長の可能性を秘めた戦略をどのように発案、検証、実行するかを経験する、唯一無二の機会となると判断した。

会社に大きな変化を迅速にもたらしたかったため、全4回のExOスプリントをそれぞれ異なる業務部門にて実施することで、会社全体の変革を試みることにした。並行して、既存の社内プロジェクトの中からExO Incubation Partnerの力を借りて推進するものを選定した。また、飛躍的成長を狙う新規ビジネス生成をとりまとめる役割を担う、社内育成機関Exponential Learning Unit（ELU）を設立した。

当社初のExOスプリントは、サービスの急速な画一化が見られる業界であるセキュリティ部門を対象とした。業界の破壊的変化を認識し、急速に成長できる新規ビジネスの創出が目的となった。

実行

セキュリティ部門でのExOスプリントは、北アメリカとヨーロッパの拠点にて10週間かけて行われた。2017年8月24日に目覚めセッションを開始し、2017年12月12日に最終プレゼンテーションを終えた。

新たな手法を学ぶために、社内に根付いた習慣や慣れた方法を捨て

ExOコーチ陣

ヘッドコーチ
ルシアナ・ラデスマ

コアコーチ

ローラン・ボワノ

ラルフ・バーメルト

エッジコーチ

クリスティーナ・マリア・トロイアーノ・グティエレス

エドゥアルド・ラバルカ

去るのは、非常に難しいことだった。たとえばチームで仮説を検証する際に、特にこれを実感した。「オフィスから出て」自分たちで検証するのではなく、つい第三者機関に依頼しようとする傾向が見られたのだ。ExO スプリントのおかげで、より敏捷な仕事のやり方を身につけることができた。

参加者がもっとも苦労したのは、ExO スプリントに割くべき時間の捻出だった。担当業務を日々こなしながら会社のために新たな価値を創出する術を習得するのは、なかなか辛い道のりではあった。それでも、この破壊的変化の時代に価値ある企業であり続けたいならば、これは欠かすことのできない訓練だったと思っている。

四半期の業績に向き合いつつ ExO スプリントとともに未知の海へ漕ぎ出すという、緊張状態を乗り越えられたのは、経営層の強力なサポートがあったからだ。経営層は、新しい手法を意欲的に採用する勇気ある姿勢を示し、プロジェクトの最初から最後まで参加者に揺るぎないサポートを与えてくれた。

成果

ExO スプリントを通して、すばらしい成果を上げることができた。多くのチームが最終プレゼンテーションでデモを披露した。最終セッションで発表された全 8 件の戦略中 7 件に対して、その場で資金投入が決定し、開発を進める承認が下りた。

新規市場に参入し、抱えていた課題のいくつかを解決し、新しいテクノロジーとアプリケーションを開発する機会を ExO スプリントが与えてくれた。そのうえ、参加者はもちろん、ExO スプリントに興味を持ち、その成果に驚いた周りの従業員に対しても、深く根付いた考え方の転換を促してくれた。

今回得られた学びを紹介する。

- 当社はすばらしい才能を社内に有している。画策された手法と敏捷なプロセスで会社に価値を生み出す構造を創り上げる、そのための時間を作らない限り、才能は未開発のまま、または手の届かぬままとなってしまう。
- 何かを創造するプロセスは、はじめは手に負えないように思えるものの、忍耐強く実践経験を重ねて自信を得ると、力強い経験値となる。
- 価値創出の好機は至るところにある。

ExO スプリントのプロセスと結果を目の当たりにした経営層は、変化の必要性、そして好機を捉えて成長を遂げる新しい手法の必要性をあらためて認識した。

フォローアップ

ExO 戦略が残した影響の大きさは、はかりしれない。新規ビジネスが立ち上がり、コア戦略はいくつかの地域で社内の効率を以前の 10 倍にした。複数のエッジ戦略の開発を加速する目的で、スタートアップ買収にも着手している。

ExO スプリントによって当社は、飛躍的な成長と適応の機会を発見、構築し、すばやく検証することができるようになった。強く根付いていた思考習慣をゆっくりと変えていった。場所を選ばずつながり合うテクノロジーを動力源とする世界で、豊富な資源を活用することで、四半期目標の達成のみに焦点を当てた単一速度の業務モデルを、四半期目標の達成と価値創造の両方に焦点を当てた二段階速度の業務モデルへと進化させた。

現在、別の業務部門で実施する ExO スプリント 2 本の準備を進めているところだ。

プロジェクト主催者

ジェイミー・ラミレス

スタンレー・ブラック・アンド・デッカー、SVP（上席副社長）兼 President Global Emerging Markets（グローバル新興市場部門責任者）

「ExO スプリントを取り入れて企業全体の変革に取り組んでいます」

HP 大判プリンティング部門

スペイン、バルセロナ　10 週間

28 名が参加

HP Inc. の Large Format Design Printing（大判デザインプリンティング）部門は、スペイン、バルセロナで 10 週間かけて ExO スプリントを実施した。2017 年 9 月 7 日に目覚めセッションを開始し、2017 年 12 月 14 日に最終プレゼンテーションを終えた。HP 大判プリンティング部門が、第二位以降を大きく引き離して大判印刷業界を牽引する存在であることは、明白な事実である。なんと 25 年間以上も大判デザイン業界のトップを走り続けているのだ。購買客層は非常に幅広く、工業デザイン（建築家、設計者、建築業者、公益事業、技術者）、制作関連（複製サービス、印刷専門店、企業内集中印刷）、屋内外のグラフィック制作、グラフィックデザインやプロ写真家の写真など多岐にわたる。HP は定期的に業務改革に取り組んでおり、3D プリンターや Latex プリンターなど新規ビジネスを創出している。

準備

当社では、第 1 週開始前に一週間、最終プレゼンテーション前に二週間の休みを挟みつつ、実質 10 週間を費やして ExO スプリントを実施した。目的は、大判デザインビジネスの成功を前代未聞の方法でさらに拡充することだった。その手段として、飛躍型技術の力を利用し、発見と成長の新たなベクトルを示し、常に革新的であり続ける力を強化する、新たな革新手法を採用した。

当社はおもに 2 つの目的から、変革の対象を大判デザインプリンティング部門に決定した。大判印刷業界に変化をもたらすこと、そして現在の会社の柔軟性と適応力をより高めることだ。大判デザイン部門の中核事業（製薬、化粧品、プリンティング、通信、建築など）を対象とすれば、多くの業界に変化をもたらせるであろうことに気が付いた。

大判デザインプリンティング部門を皮切りとする決断ができたのは、プロジェクト主催者に、業務革新と新手法の採用に関して先見の明があったからだと言えよう。

実行

当社は標準の ExO スプリントに 4 つのカスタマイズを施した。

1. 既存ビジネスの中核部分を基盤に新規ビジネスを立ち上げることで、ほかの業界にも破壊的変化をもたらす可能性を、エッジチームは受け入れていた。
2. 2000 年代生まれのメンバーから成る「純白」チーム（入社 6 ヶ月以内のメンバーのみ）を 1 つ編成した。
3. まとめのセッションに、社外の ExO アドバイザーに参加してもらった。
4. 第 9 週で追加のフィードバックサイクルを回し、ExO の特徴の 1 つである「実験」を、普段用いている手法を根本から覆す手段として、チームが確実に取り入れられるようにした。

予想していたとおり、ExO スプリントで参加者の課題となったのは、慣れた仕事のやり方から離れること、毎週の課題を遅れずにこなすこと、社外に向かう新しい視野を身につけることだった。

日々新しい経験に出会う参加者たちを支えるにあたり、コーチングの「ソフトスキル」（共感、励まし、言い換えなど）が重要となることがわかった。また、チームの処理能力低下への対処策として、途中で参加者を追加した。

ExOコーチ陣

ヘッドコーチ
コリーナ・アルマグロ

ExO スプリントアドバイザー
フランシスコ・パラオ

コアコーチ

ソレダー・ジョレンテ

トニー・マンリー

エッジコーチ

ディエゴ・ソロア

ミハル・モニット

成果

ExOスプリントの終わりに戦略8件（戦略名の公表は差し控える）が発表され、次のステップが明確化された。

戦略1

- 1ヶ月以内に3人の技術者を選定する
- 1ヶ月以内に製品管理担当者を1人任命する
- 技術提供元の候補あり

戦略2

- 開発を進める費用として5万ドルを割り当てる
- 技術提供元の候補あり

戦略3

- 開発を進める費用として2万ドルを割り当てる
- 1ヶ月以内にこのテーマの専門家を1人選定する
- 1ヶ月以内に、チームの5割を製品管理担当、残る5割を顧客体験担当に任命する
- 技術提供元の候補あり

戦略4

- 開発を進める費用として5万ドルを割り当てる
- チーム決定、メンバーは25%の関与を続ける

戦略5

- 社外の起業家または起業支援組織を見つけ、1ヶ月以内の立ち上げを目指す
- 3ヶ月以内に続行するかを判断する

戦略6

- 既存製品ラインに追加する新製品の機能を決定する
- チームの3割を顧客体験担当、別の3割を研究開発担当に任命する

戦略7

- 既存の製品と併合する

戦略8

- 1週間以内に別の業務部門に対しプレゼンテーションを行う

フォローアップ

成果には目を見張るものがあった。組織面で次のような変化が見られた。

- 実行スピードの面で企業文化が変わった。完璧さよりも速さを目指すようになった。
- 顧客分析の面で企業文化が変わった。当社の文化に実験（顧客開発、高速なプロトタイピング）が加わった。
- 当社の業務を社外へと開いた。たとえば、社外のExOアドバイザーが定期的に（月1～2回）プロジェクトの進捗確認を行うこととなった。
- 戦略的な話題において以前はタブーであった「破壊」という言葉を使用するようになった。
- 飛躍型技術とExOの10の特徴について深く理解した。
- 今後発展を見込める新たな機会とアイデアを創出した。当社の現在の変革プロセスには、飛躍型企業の考え方が組み込まれている。

前例に倣って、現在はほかの業務部門にて自前のExOスプリントを実施している。最初のExOスプリント参加者の一部がこれをサポートし、社内アドバイザーとして活躍している。

プロジェクト主催者

グアイェンテ・サンマーティン

HP Inc.、HP大判デザインプリンティング部門ゼネラルマネージャー

「私が確認したもっとも価値ある成果は、企業文化の変化です」

Cuerva

グルーポ・クエルバ

 スペイン、グラナダ 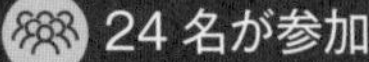 10 週間 24 名が参加

グルーポ・クエルバはスペインのグラナダにて、2017 年 10 月から 10 週間を費やして ExO スプリントを実施した。
同社は電力業界で 75 年以上の歴史を持つ、発電、配電、電力販売を監督する企業である。電気設備の設置と維持管理にもかかわっている。
そのほかの特徴としては、社内に破壊的イノベーションラボ「Lab on the Edge」を設置しており、Turning Tables の組織名で大々的に活動している。当ラボは、電力業界に次世代のビジネスを生み出す目的で 2 年前に立ち上げられたものだ。
グルーポ・クエルバの従業員約 80 人のうちおよそ 30%が、各部門の代表者として ExO スプリントに参加した。

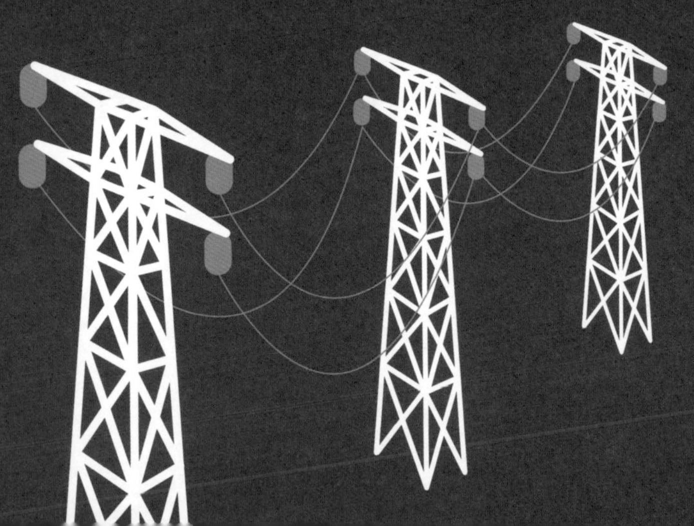

準備

エネルギー業界には、将来的に業界全体をがらりと変えるような数々の変化が訪れている。今後 10 年以内に電力無料化が実現するのではないかとさえ思えるほどだ。こうした特大の変化が業界を襲うなかで当社が目指すのは、イノベーションを中心に据えた企業への進化だ。業界を変えるだけでなく、会社をも変える。そのために、業界内外のどの分野にも通じる内容で、エッジストリームを実施することにした。

実行

当社 CEO のイグナシオ・クエルバがプロジェクトリーダーに就任した。彼が持参した本書の原稿を手引き書として使用し、チームは大きな成功を収めることができた。

ExO スプリントでは 5 人チームを 4 つ編成し、内訳はコアチーム 2 つ、エッジチーム 2 つとした。パキ・ルビオが 2 つのコアチームのコーチを務めながら、エッジチームのメンバーとして活動に参加した。アルフレード・リベラ（Turning Tables の CEO）が 2 つのエッジチームのコーチを務めた。そして本書の著者の 1 人でもあるフランシスコ・パラオがヘッドコーチに就任し、方法論に関する質問に答えるなど、ExO コーチ 2 名のサポート役を務めた。

ExOコーチ陣

ヘッドコーチ
フランシスコ・パラ

エッジコーチ
アルフレード・リベ

コアコーチ
パキ・ルビオ

成果

コアチームから5つ、エッジチームから5つの合計10件の戦略が発表された。CEOを含む経営陣がその中から8件を選出し、次の段階へ進める資金投入を承認した。社内のイノベーション部門がExOコア戦略を統括し、当社のイノベーションラボ、Turning TablesがExOエッジ戦略の開発に取り組んでいる。

今は戦略の開発開始から間もないため、結果報告はまだできないが、会社全体の考え方が根本から変わったことは明白だ。加えてExOスプリントに参加した従業員は、業界の変化を先導する存在を目指し、新しいことに挑戦する意欲を持つようになった。

フォローアップ

ExOエッジ戦略のうち2つは、それぞれ新規企業の設立につながる予定だ。残り2つは、ディスラプティブ・イノベーション・ラボのエコシステムの一部となるだろう。このエコシステムは、Turning Tablesが戦略展開のパートナーとして以前構築したものだ。

ExOコア戦略は、新たな役割（データサイエンティストなど）の設置や、クリーンエネルギーに関する破壊的変化に会社を適応させるなど、その大半がデジタル化に着目した内容となった。

ExOスプリントで最大の課題となったのは、どの程度専念すべきかという問題だった。参加者は勤務時間の50%以上をプロジェクトに充てる必要があると、首脳陣に常に認識してもらうのは難しかった。それでも、CEOからの強力な支援とExOスプリント参加者の熱意のおかげで、プロジェクトのすべてが全員にとってすばらしい経験となり、すぐれた成果を残すこともできた。

ExOスプリント参加者が特に価値を実感しているのは、実験を行うことや、早い段階で顧客に商品を公開することなどの新しい概念だ。いまでは日常の基本業務に、この新しい考え方や取り組み方を適用している。

従業員の3分の1が参加したExOスプリントは、当社にとってとてつもなく重要な任務となり、言い換えると、当社の文化と可能不可能の判断基準を大胆に変えるものだった。従業員の多くが変化に対し柔軟な姿勢を保つようになり、日々の業務のなかで新しい仮説を作成し検証する流れが、当社にとっての「標準」となった。

プロジェクト主催者
イグナシオ・クエルバ
Grupo Cuerva、CEO

「次に業界に破壊的変化が起きたときに、会社を変えるために取るべき行動を学びました。当社のチームはすでに準備万端の状態で、そのときを待ち望んでいます」

付録

ExOワークショップ

ExO ワークショップは、参加者に ExO フレームワークを理解してもらい、その活用法の実践経験を積んでもらうことを目的とした、終日のイベントだ。1 つの企業を対象に行うことも、異なる分野から参加者を集めて行うこともできる。企業はこのワークショップを基にして、業務革新を実際に行う手段として ExO スプリントを採用するかどうかを判断できる。

ExO ワークショップで得られる成果

- 飛躍型技術と組織改革の影響力から刺激を受ける
- 社内に変化を起こす必要性を認識する
- ExO モデルと ExO の 10 の特徴について学ぶ
- ExO スプリントのプロセスが会社に変化をもたらす仕組みを理解する
- 革新と破壊的変化との違いを知り、その両方を実現する方法を学ぶ

ExO ワークショップで得られないもの

- 行動面の変化。ExO スプリントは 10 週間にわたって実施され、新しい思考法を身につけさせる。一方で ExO ワークショップでは行動面への同様の変化は見込めないものの、参加者を行動に駆り立て、なぜ ExO が有効な手法なのかの理解を促すだろう。
- すぐに導入可能な ExO 戦略。ExO ワークショップですばらしいアイデアが生み出されることも多いが、それを企業に導入する準備まではワークショップでは行わない（その段階で導入を試みたとしても、失敗して挫折感と不満を味わうだけだろう）。実を言うと、アイデアは変革プロセスにおいて最重要の材料ではない。少なくとも初期段階では、もっとも重要なのは企業の免疫システム反応（変化の兆しが見えた瞬間に始動する）を阻止する方法を理解すること。そして、仮に経営陣が一歩踏み出すことができて、ExO スプリントの実施を決意したときのために、社内の変革プロセスに着手する準備を行っておくことだ。

参加すべき人

- **首脳陣**：ExO ワークショップの第一の目的は、変革の必要性と ExO フレームワークの有効性を社内に認識してもらうことであるため、首脳陣の参加は必須となる。CEO とその他経営陣（CIO、CTO、さらには CFO が参加してもいい）は、社内の免疫システム防御の最前線として闘うことができる。
- **中間管理層**：ExO フレームワークを学ぶ目的で、中間管理層にも参加してもらうといいだろう（特に 1 つの企業を対象に ExO ワークショップが開催される場合）。ただし ExO スプリントの説明が主となるため、必須ではない（中間管理層は ExO スプリントで生まれた ExO 戦略をその後実行する立場であるため）。

内容

当ワークショップは1日かけて開催され（半日開催も可能だが、基本的には終日開催をお勧めする）、飛躍型企業のモデルを模索し、ExOフレームワークの主要コンセプトを実験する機会を参加者に提供する。

飛躍型技術セッション

ExOスプリントの目覚めセッション同様、ExOワークショップの最初のフェーズでは、各業界における最先端の飛躍型技術とその影響について学ぶ。

ケーススタディ

実情に即した講義を行うため、参加企業のビジネスモデルとその他の情報を調査し、演習にケーススタディを用いている。

飛躍型技術の演習

ケーススタディで扱った業界に対し、どの飛躍型技術が影響を及ぼしうるか、参加者でブレインストーミングを行う。その業界にとって脅威となりうる飛躍型技術を各チーム3つ以上挙げ、各技術がケーススタディの企業にもたらすリスクと好機について検討する。

飛躍型企業セッション

ExOフレームワークの導入。業界の破壊的変化に取り残されることなく、飛躍型技術が生み出す豊富な資源を最大限活用できるモデルを示す。

飛躍型企業の演習

ケーススタディの企業が豊富な資源を入手し管理するためのExOの10の特徴の適用法を、参加者で考える。

ExO実施セッション

ExOの10の特徴を利用してExOフレームワークを実現する方法を大まかに説明する。また、ExOコア戦略とExOエッジ戦略の違いについても解説する。

ExOコア／エッジの演習

ケーススタディを用いて、参加者がさまざまなExOコア戦略とExOエッジ戦略の検討を行う。

まとめと次のステップ

参加者がワークショップの流れを振り返り、得た学びをまとめて次のステップを明確にする。

ExO ワークショップは、さらに上を目指して飛躍的な変化を遂げる意識を高める企業に、最適な環境を提供します！

準備

- ExO ワークショップに参加するメンバーを入念に選定する。ワークショップの規模にもよるが、CEO をはじめ、できる限り多くの首脳陣が参加することが好ましい。なぜなら、首脳陣はワークショップ後に ExO スプリントを推進する役となって、変革を実現する立場にあるからだ。社内各部門の中間管理層の参加もお勧めする。
- 参加者をチームに分ける。演習をひとつ終える度に全チームが成果を発表するため、チーム数によってワークショップの進め方が決まってくる。4～8 人で 1 チームを構成し、全部で 4～6 チーム編成することをお勧めする（したがって参加者の総数は 16 人～48 人となる）。
- 温かみと活気のある空間作りを目指して、自然光や観葉植物を取り入れた広い会場を探す。発表者用のステージと、チームにつき 1 台の大きめのテーブルも必要となるだろう。

実行

- スタッフ：ExO フレームワークの知識とワークショップ進行役の経験を豊富に持つ ExO トレーナーが、ExO ワークショップを進行する。演習時に追加のサポートを希望する場合は、プロセスを監督するスタッフを追加することもできる。
- 流れ：ExO ワークショップは鍵となるコンセプトを中心としたセッションで構成される。実践的な演習を取り入れることで、参加者はそのコンセプトを行動に移せるようになる。セッションでは、全チームが成果を発表し、ExO トレーナーがフィードバックを返して質疑応答を行う時間も用意されている。

フォローアップ

ExO ワークショップは、企業変革プロセスの成功に ExO フレームワークがどう役立つかの理解を促す。ワークショップ後の自然な流れとして ExO スプリントを実施すると、社内免疫システムにうまく対応しつつ変革を成功させる能力を、社内に構築しやすくなる。

よい実践例

- ExO ワークショップでのケーススタディには、別の企業を用いる。自社を使用してしまうと、演習中に発案した ExO 戦略をすぐに社内で展開できるという誤解を参加者に与えかねない（なお、展開はできない）。
- ケーススタディには B2C のビジネスモデルを探す。消費者中心のビジネスは認知度が高いため、ExO フレームワークを当てはめて理解しやすい。小売店、航空会社、自動車メーカー、銀行など、誰もがイメージしやすい企業を選択するのもいいだろう。
- 実験と学びを推進する。ExO ワークショップでは、ExO フレームワークに沿って実験を行うことで、実践しながら学ぶ手法を参加者に体験してもらおう。したがって参加者は、ワークショップの演習の目的は完璧な成果を生むことではなく、ExO フレームワークの主要な要素を実践することだと理解しておく必要がある。

ExOスプリントでの役割に関するヒント

経験に勝る教師なし。それが、私たちが何百人もの ExO スプリント経験者にインタビューを行い、助言を集めた理由だ。ここまで読んだ皆さんはおわかりのとおり、ExO スプリントは企業を変化させる強力な方法論だ。ここからはあなたの会社の変化を一歩先のレベルに押し上げるためのヒントを紹介する。

ExO スプリント主催者

- ExO スプリント主催者は、可能な限り役職の高い人が務めるべきだ。CEO や総括管理者（GM）、または最低でも ExO スプリントを実施する事業分野の部長がいいだろう。
- ExO スプリント主催者は、ExO スプリントに対して意欲的であり、その価値に確信を持っているべきである。また、進捗管理に十分な時間を割き、各グループの話を聞いたりサポートしたりする質の高い時間を持てるよう、準備しておく必要もある。
- ExO ヘッドコーチとともに目標と期待する成果を設定し、それを ExO スプリントの参加者に伝える。
- ExO スプリントの特に前半部分は、参加者をいらだたせたり参らせたりする可能性があると心に留めておくこと。それが普通の反応だ。参加者は普段と違う方法で仕事を進めることとなり、慣れるまでには時間が必要だ。
- ExO スプリント参加者をじっくりと選定し、その参加者が戦略に十分な時間を割けることを確認する。
- チームのうち 1 つを、企業や業界での経験が少ない若者で編成する。ExO 戦略の発案や開発プロセスに、新鮮な視点を持ち込んでくれるはずだ。
- ExO スプリントの参加者として自身も直接 ExO スプリントに参加する。これを実行した CEO は皆、すばらしい学びとチーム作りの経験を得たと話している。主催者の参加は、ExO スプリントの成果を最大化する効果もある。
- ExO スプリントの参加者に、このプロジェクトに勝ち負けはなく、プロセスに沿って全力で取り組むことがもっとも重要であると伝える。参加者がこれを理解していれば、たとえば ExO 破壊セッション（第 5 週）で戦略が却下されたときなどに、挫折感を回避しやすくなる。
- ExO スプリントを進行するチームを正しく選定する。社外の ExO スピーカーと ExO トレーナーには、ExO スプリントが持つ可能性を活用して ExO スプリント参加者の既成概念を変えられる人材を選ぶ。
- ExO スプリントの「発進」セッションで選定された戦略に予算を割り振る際、戦略を十分に支援できる額か前もって確認しておく。ExO スプリント完了後数ヶ月間は、推進力を維持して最大の利益を上げられるよう、戦略の管理に直接携わる。

ExO スプリントの参加者

・社外では多くの物事が進化を遂げており、なかには自分の業務に関係するものも多くあることに意識を向ける。よく情報収集を行い、活用につなげよう！
・偏見にとらわれない心を終始持ち続けよう。最初のアイデアや実験が完全に現実離れしたものだとわかったとしても、気にすることはない。最後には何か大きなものを掴めるはずだ。
・1つの考えに執着せず、進んで変化させよう。最高のアイデアは修正を繰り返すことで生まれるものだ。個人的な感情は不要！
・「不十分さを快適に感じ」よう。プロセスを信頼せよ。そのプロセスの一環として、新しい管理手法と開発手法を学ぶわけだから、やり方に確信が持てないとしても（特にExO スプリントの前半では）当然のことだ。学びは、ExO スプリントの道程の大切な一歩である。
・時間をかけよう。ExO スプリントに費やしたものの分だけ成果を手にできる。一日最低2時間は、チームメンバーに会ったり1人で課題に取り組んだりする時間を確保する。日々のマイルストーンと、各週の優先順位とタスクを設定しよう。
・他部門のメンバーと協業する機会を活用し、普段とは異なる経験を得よう。新たに構築した関係から学びを得ることは、個人と仕事の両方のスキルアップにおいてプラスにしかならない。
・ちょっとしたことにも手を貸してくれる人を見つけておく（モックアップ、プロトタイプ、アンケートなど）。ほんの少しのサポートが、プロジェクトの成功に違いをもたらす。
・自分のExO 戦略をテーマに、飛躍型企業に勤める人や飛躍型技術の専門家とブレインストーミングを行い、彼らの言葉をじっくりと吟味する。
・ExO スプリントは、野心的に物事を考え、社内外に影響を及ぼすには最適の舞台だ。大胆であれ！
・ExO スプリントのプロセスは会社のみならず、一参加者としてのあなたにも変化をもたらす。人生のあらゆる場面で、飛躍型成長を生み出す考え方ができるようになろう。楽しんで！

ExO ヘッドコーチ

・ExO スプリント主催者が決定したプロジェクトの目標と期待する成果を理解し、それを上回る成果を目指す。
・ExO スプリント開始前に、ExO スプリント主催者とともに最適なチームメンバーの選定とチーム編成を行う。
・ExO スプリント主催者と週に 1 度ミーティングを行い、ExO スプリントの進捗が満足のいくものか、失敗につながりかねない課題がないかを確認する。
・ExO コーチ全員と週に 1 度ミーティングを行い、ExO スプリントの進捗を確認する。一週間の報告を聞き、次の週に向けて全チームの足並みを揃える。
・週の終わりのチーム内ミーティングに必ず参加し、その週の課題の確認と振り返りを行う。
・ExO コーチに自由に動く余地を与える。チームの指導法について指南することは避け、求められたときにコーチをサポートする。
・参加者が ExO スプリントに意欲的に従事できていること、ExO スプリント主催者から必要な支援を得られていることを確認する。
・ExO スプリント参加者と ExO コーチを精神面でサポートする。学びのプロセスのなかに笑ったり楽しんだりできる空気をつくり、緊張をほぐす手助けをする。
・社内免疫システムの問題をいち早く察知し、ExO スプリント主催者と協力して対策をとる。
・ExO スプリントの進行を支えるソフトウェアとツールを確保する。

ExO コーチ

・明らかに会社にメリットがない ExO 戦略の開発を進めるチームがないようにする。ExO ヘッドコーチと共有した対象範囲に照らし合わせ、必要に応じて指導する。
・チームに対し、内容についての指導は避ける（アイデアを提案、評価するなど）。プロセスの観点から指導を行い、メンバーが課題を達成したり、アイデアを評価したりするための適切な実験を行えるよう後押しする。
・点と点をつなげよう。前の週の内容の上に、次の週を構築する。チームがこれまでの学びの上に次を構築し、作成済みの資料をすべてふまえていることを確認する。
・飛躍的成長につながる思考を常にチームに持たせる。
・チームが「実行モード（実行に重きを置く）」ではなく「探求モード」にて実験を進められるよう支援する。
・週に 1 度、参加者が得た学びを ExO 戦略と参加者個人の両方の観点から把握する。
・チームの代わりに何かを実施してはならない。コーチの任務は指導することであり、代わりにタスクをこなすことではない。
・チームからのフィードバックをもらおう。コーチングと指導方法の改善につなげられる。
・常に対応可能でいよう。チームの前から姿を消さない。チームに費やした実際の時間数よりも、必要とされたときにいつでも力を貸せることが重要だ。
・人的な面の管理を行う。人材と精神面の管理があなたの枠割だ。仮にチーム内で摩擦が生じた際に問題解決を手助けできるよう、動向に常に目を向けていること。

ExO ディスラプター

ExO
ディスラプター

- 破壊セッション（第 5 週）が始まる前に、企業とその企業の ExO スプリントの目的を学んでおくと、実情に合ったフィードバックを提供しやすくなる。
- 破壊セッション（第 5 週）参加前に、ほかのスタートアップや業界の破壊的変化について勉強する。研究を重ねることで、有用なアドバイスをする力を養える。
- 各 ExO 戦略に対するフィードバックをすべて書き留め、プレゼンテーション後にキーポイントを口頭で伝える。破壊セッション（第 5 週）または発進セッション（第 10 週）の後に、より細かい評価を伝えてもよい。
- フィードバックでは、チームが戦略を具体化するために行ったよい点をまず指摘する。次に、改善するために何ができるかを、正直かつ率直に伝える。
- ExO フレームワークに基づいて、プロセスに対するフィードバックと指導を与える。たとえば、ExO コア戦略と ExO エッジ戦略への分類を、判断理由も伝えながら手助けする。
- 内容に対するフィードバックは、特定分野の専門家としての知識と経験に基づいて提供する。なお、指摘が単に個人的な意見であり、別の仮説を裏付ける必要があることもはっきりと伝えること。
- 飛躍的な成長につながる考え方をチームに推奨する。
- ExO エッジ戦略に対しては、それが ExO エッジ戦略として適切か、そして破壊的変化をもたらし規模拡大できるものかを評価する。
- ExO コア戦略に対しては、それが ExO コア戦略として適切か、そして現在のビジネスモデルを（変えることなく）改善し、業界の破壊的変化に組織を適応させるものかを評価する。
- チームに次にとるべき行動をアドバイスし（特定の実験を行う、プロトタイプを開発する、など）、ExO スプリント終了時にそのプロジェクトに何を期待するかを伝える。

推薦図書

『楽観主義者の未来予測　上・下』（早川書房）ピーター・H・ディアマンディス、スティーブン・コトラー著、熊谷玲美訳
『ブルー・オーシャン戦略』（ダイヤモンド社）W・チャン・キム、レネ・モボルニュ著、有賀裕子訳
『ボールド　突き抜ける力　超ド級の成長と富を手に入れ、世界を変える方法』（日経BP）ピーター・H・ディアマンディス、スティーブン・コトラー著、土方奈美訳
『ビジネスモデル・ジェネレーション』（翔泳社）アレックス・オスターワルダー、イヴ・ピニョール著、小山龍介訳
『キャズム　Ver.2　増補改訂版　新商品をブレイクさせる「超」マーケティング理論』（翔泳社）ジェフリー・ムーア著、川又政治訳
『シンギュラリティ大学が教える飛躍する方法』（日経BP）サリム・イスマイル、マイケル・S・マローン、ユーリ・ファン・ギースト著、小林啓倫訳
『アントレプレナーの教科書』（翔泳社）スティーブ・ブランク著、堤孝志、渡邊哲訳
『スティーブ・ジョブズ 驚異のプレゼン 人々を惹きつける18の法則』（日経BP）カーマイン・ガロ著、井口耕二訳
『プレゼンテーションzen　プレゼンのデザインと伝え方に関するシンプルなアイデア』（丸善出版）ガー・レイノルズ著、熊谷小百合訳
『ティール組織　マネジメントの常識を覆す次世代型組織の出現』（英治出版）フレデリック・ラルー著、鈴木立哉訳
『SPRINT 最速仕事術　あらゆる仕事がうまくいく最も合理的な方法』（ダイヤモンド社）ジェイク・ナップ著、櫻井祐子訳
『TED　驚異のプレゼン 人を惹きつけ、心を動かす9つの法則』（日経BP）カーマイン・ガロ著、土方奈美訳
『第四次産業革命 ダボス会議が予測する未来』（日本経済新聞出版社）クラウス・シュワブ著、世界経済フォーラム訳
『リーン・スタートアップ』（日経BP）エリック・リース著、井口耕二訳
『ザ・セカンド・マシン・エイジ』（日経BP）エリック・ブリニョルフソン、アンドリュー・マカフィー著、村井章子訳
『サービス・スタートアップ――イノベーションを加速するサービスデザインのアプローチ』（早川書房）テニー・ピニェイロ著、武山政直訳
『バリュー・プロポジション・デザイン』（翔泳社）アレックス・オスターワルダー、イヴ・ピニュール、グレッグ・バーナーダ、アラン・スミス著、関美和訳
『スタートアップ・マニュアル ベンチャー創業から大企業の新事業立ち上げまで』（翔泳社）スティーブ・ブランク、ボブ・ドーフ著、堤孝志、飯野将人訳

未邦訳

- MVP: 21 Tips for Getting a Minimum Viable Product, Early Learning and Return on Investment With Scrum, by Paul Vii
- The Mom Test: How to Talk to Customers and Learn If Your Business is a Good Idea When Everyone is Lying to You, by Rob Fitzpatrick

日本語版解説

本書は、2018年10月に北米で出版された「*Exponential Transformation*」の邦訳である。この「*Exponential Transformation*」という本は、「*Exponential Organization*（邦訳『シンギュラリティ大学が教える飛躍する方法』）」の続編、いわば実践編という内容となっている。この2タイトルは何ヵ国語にも翻訳され、世界中でベストセラーとなるなど注目を浴びている。

『シンギュラリティ大学が……』の共著者の1人のサリム・イスマイルは、ヤフーの元バイスプレジデントで、シンギュラリティ大学の創設者でもある。サリムらはこの本のなかで、UberやAirbnb、Googleをはじめとする急成長企業を徹底的に分析し、企業を指数関数的（Exponential = ExO）に急成長させている秘訣を明らかにし、世界中のイノベーターを震撼させた。

『シンギュラリティ大学が……』が料理の〝材料〟を記したものとするならば、本書に書かれている内容は〝レシピ〟に相当するもので、実際にどのようにイノベーションを生み出すかという手順をステップバイステップで紹介している。より具体的に言うなら、「ExOスプリント」という10週間のプロセスを経ることで、新たなイノベーションを生み出し、ビジネスを飛躍的に成長させるノウハウが書かれている。このExOスプリントは、非常に体系立てられており、科学的なメソッドである。

本書のケーススタディで紹介している企業のほかにも、VISA、P&G、ユニリーバ、Gucci、エアバス等、数多くの世界的企業がExOスプリントを導入している。また、世界各国の政府機関もExOスプリントのメソッドを利用し、さまざまなプロジェクトを進めている。

ExOスプリントでは主に次の2つの成果物を手に入れることができる。

（1）会社組織の免疫機能に順応するイノベーションの創設
（2）会社を10倍成長させるアイデアの生成

「10倍成長」など不可能と思われがちだが、決して不可能ではない。実際、アップルの利益の80%以上は数年以内に開発されたプロダクト（つまり短期間で売上規模が10倍以上に急成長したプロダクト）から生み出されている。ぜひあなたの会社も、ExOスプリントを活用することで、これら2つの成果物を手に入れてほしい。

なお、本書ではこのExOスプリントを「コア」と「エッジ」という2つのストリームに分けて説明している。元々のExOスプリントは1つのストリームで進められるプログラムだったが、さまざまな企業の現場でExOスプリントを数多く実践しているなかで、「コア」と「エッジ」に分けてプログラムを進めるほうが効果的であることが判明したのである。

簡単に言うと、「エッジ」ストリームはExOのテクノロジーを全面的に適用して、ゼロからまったく新しい事業を創っていくという手法で、これだけでも十分価値は高い。しかし、老舗の大企業などでは、いわば免疫システムのような組織基盤が確立している。経営陣や経営幹部は会社を誇りに思いながら、その伝統を脈々と引き継ごうとしている。こうした場合、既に存在している会社の仕組みや資産、販売網などを有効活用しつつ、新たな事業を生み出すことができれば、大手企業の強みをよい形で活かすことができる。その半面、過去の基幹技術や成功体験にとらわれるあまり、新しい時代の流れに取り残されてしまう可能性も否定できない。

そんな現実の状況に対応するために誕生したのが「コア」ストリームなのである。こちらは「エッジ」と違い、既存の企業の仕組みを上手に利用して、これをExOのテクノロジーと組み合わせて相乗的効果を生み出し、新しい事業を創り上げてゆく。老舗の大手企業でありながら、ユニコーンを目指せる新規事業を作り上げていくメソッド——これがExOスプリントなのである。

私は、シンギュラリティ大学やExOのメソッドを日本に紹介する活動に携わってきた。ExOの活動に参加した当初は、シンギュラリティ大学関係者ばかりの十数名の集まりだったが、この活動に興味を持ってくれる人々は日々増えている。今では、世界中から様々な分野の専門家が仲間に加わり、ExOのエコシステムの中でイノベーションを生み出そうと尽力している。すでに北米・ヨーロッパ・中南米・中東・アフリカ圏では大きなエコシステムができていて、世界的に有名な企業がExOスプリントを導入したり、ExOのワークショップやサミットを開催したといった情報が日々届いている。

私は、ExOスプリントの実践方法などについても、著者のサリムと何度も話をしたことがあるが、そこで彼が強調していたのは、日本企業にExOスプリントを試してもらいたいということだった。日本とドイツには社歴の長い大企業が数多く存在するが、組織の規模が大きすぎてイノベーションが生まれにくい傾向が目につく。そうした企業の多くは「イノベーション」を目標に掲げ、巨額な予算を組んでいるのだが、それで本物のイノベーションが生み出されることは少ない。会社の免疫機能が真のイノベーションを阻んでいるのだと、サリムは指摘し、日本とドイツでハイテク企業と呼ばれてきた会社が10年後には何社生き残っているのだろうかと懸念している。こうした現状を打開するために、サリムは、日本企業やドイツ企業も含めた世界中の大企業（彼自身は「グローバル5000」と呼んでいる）に、ExOのメソッドを導入すべきだと提唱しているのである。

本書の日本語版の出版を機に、日本の大企業の皆さんに（そして、中堅中小企業やスタートアップの皆さんにも）ExOメソッドの有効性を知っていただき、ビジネスの飛躍的成長に役立てていただければ幸いである。

最後に、サリムから日本の読者の皆さんへのメッセージを記して、解説を締めくくることにしよう。

Let's transform the world for a better future together! Cheers!
（エクスポネンシャルな成長を！）

サリム・イスマイル

2020年1月
シンギュラリティ大学東京リーダーシップ／ExOアンバサダー／
ハーバードビジネススクール オンラインコミュニティー オーガナイザー
吉田聡美

著者プロフィール

フランシスコ・パラオ
受賞歴もある起業家で、数多くの企業の変革を支援してきたイノベーター。人工知能の分野で博士号を取得後、破壊的なスタートアップを複数社立ち上げ、適切なイノベーションの方法論と最新鋭のテクノロジーを使うことの重要性を知る。ExO スプリントの方法論を考案し、継続的な改善やアクセシビリティに力を注いでいる。

ミシェル・ラピエール
変化に対応しようとする組織のリーダーや幹部たちをサポートしてきたコンサルタント兼ビジネスアドバイザー。リーダーシップやコーチング、実践のサポートによって、官民両セクターで本格的な変革を促進してきた。今日の彼女の活動は、さまざまな組織に、ExO スプリントのモデルを駆使して業界のディスラプションを読み解く力を与えている。

サリム・イスマイル
ベストセラー『シンギュラリティ大学が教える飛躍する方法』で世界的な ExO ムーブメントを巻き起こした、第一線で活躍するテクノロジーの戦略家。数年にわたり ExO を研究し、その特徴を ExO スプリントのモデルを構成する 11 の要素にまとめた。この新しい時代をどのように捉え、そのなかでどう適応し、繁栄していくかを理解するための、魅力的なフレームワークを提供している。

［訳者略歴］

山本真麻（やまもと・まあさ）
英語翻訳者。慶應義塾大学文学部卒。訳書に『アニマルアトラス 動きだす世界の動物』（青幻舎）など。

日高穂香（ひたか・ほのか）
英語翻訳者。九州大学工学部卒。フリーランスとしてさまざまな分野の英日・日英翻訳に携わる。

シンギュラリティ大学が教える
シリコンバレー式イノベーション・ワークブック

2020年2月25日　第1版第1刷発行

著　者　サリム・イスマイル、フランシスコ・パラオ、
ミシェル・ラピエール

翻　訳　山本真麻、日高穂香

翻訳協力　リベル

発行者　村上広樹

発　行　日経BP

発　売　日経BPマーケティング

〒105-8308 東京都港区虎ノ門4-3-12

https://www.nikkeibp.co.jp/books

装　幀　小口翔平＋喜來詩織（tobufune）

制　作　アーティザンカンパニー

印刷・製本　図書印刷

ISBN 978-4-8222-8990-4　Printed in Japan

本書籍に関するお問い合わせ、ご連絡は下記にて承ります。
https://nkbp.jp/booksQA

EXPONENTIAL TRANSFORMATION
by Francisco Palao, Michelle Lapierre and Salim Ismail